Patricia Hickman

AN STÜRMISCHEN UFERN

Patricia Hickman

An stürmischen Ufern

Australien-Saga – Band 4

francke

Über die Autorin:
Patricia Hickman widmet sich als Frau eines Pastors ganz dem Romanschreiben. Mit zwei Kindern lebt sie in Florida.

Bibliografische Information Der Deutschen Bibliothek
Die Deutsche Bibliothek verzeichnet diese Publikation in der Deutschen Nationalbibliografie; detaillierte bibliografische Daten sind im Internet über http://dnb.ddb.de abrufbar.

ISBN 978-3-86827-026-6

Originally published in English under the title *Beyond the Wild Shores* by Bethany House Publihers, a division of Baker Publishing Group, Grand Rapids, Michigan 49516, USA

Deutsch von Silvia Lutz
Umschlaggestaltung: Henri Oetjen, DesignStudio Lemgo
Satz: Verlag der Francke-Buchhandlung GmbH
Druck: Koninklijke Wöhrmann, Niederlande

www.francke-buch.de

Inhaltsverzeichnis

Teil eins

Der Herr behütet dich

„Der Herr behütet dich;
der Herr ist dein Schatten
über deiner rechten Hand.“

Psalm 121,5

1. Stürme des Herzens

„Bete für mich, Laurie." Bailey Templeton warf einen letzten Blick in das alte Goldmedaillon, steckte es dann in ihr Täschchen und zog die Kordel zu. Das Medaillon mit dem Porträt war so abgegriffen, dass sie es nicht mehr um den Hals trug, aber sie liebte das winzige Bild ihrer jüngeren Schwester. Sie lehnte sich an die verwitterte Tür ihrer Kajüte an Bord der *Victoria* und ärgerte sich über ihre Seekrankheit. Sie hatte schon viele Schiffsreisen unternommen und war gern auf hoher See. Normalerweise gewöhnte sie sich ziemlich rasch an das Schaukeln. Es gab keinen Grund, warum es an diesem Juninachmittag im Jahr 1807 irgendwie anders sein sollte. Sie zwang ihre Gedanken, sich auf etwas anderes zu konzentrieren und beschloss, die Übelkeit allein durch ihre Willenskraft zu überwinden. Ihre Geschwister kamen ihr in den Sinn. Sie war erleichtert, dass sie nicht mit ansehen konnten, wie ihre ehrgeizige, abenteuerlustige Schwester bei dem leichten Seegang aschfahl im Gesicht wurde. Laurie würde bestimmt lachen. Aber sie fand vieles von dem, was ihre ältere Schwester tat, belustigend. Sie malte sich Laurie vor Augen – wie sie perfekt gekleidet für die Verabschiedung ihrer Schwester im Hafen gestanden hatte. Bailey war nie eine Frau gewesen, die sich den Kopf darüber zerbrochen hätte, was sie anziehen sollte. Aus diesem Grund hatten auch Laurie und ihre Mutter keine Ruhe gegeben, bis Baileys Reisetruhe mit neuer Garderobe fast überquoll. *Laurie, du und ich, wir sind so verschieden.* Sie rief sich ins Gedächtnis, wie Laurie und ihre Familie reagiert hatten, als sie ihnen von ihren Plänen erzählt hatte, in einer abgelegenen Kolonie fernab von jeder Zivilisation mitten in der Wildnis Kinder zu unterrichten – in einer Sträflingskolonie wohlgemerkt. Das besorgte Gesicht ihrer Mutter – die „Was-in-aller-Welt-tust-du-jetzt-schon-wieder?"-Miene, die sie immer aufsetzte, wenn Bailey der Familie ihre Pläne verkündete – erzeugte immer noch ein unbehagliches Gefühl in der Magengegend. *Immer mit der Ruhe, Bailey.* Sie richtete sich gerade auf und atmete tief ein. Aber statt dadurch wieder einen klaren Kopf zu bekommen, passierte genau das Gegenteil. Ihr Blick fiel auf das stürmische grüne Meer jenseits der Reling. Die Wellen stiegen erbarmungslos mit ihrer Seekrankheit an, der Gegenwind nahm an Geschwindigkeit zu. Bailey wollte in ihre Kajüte gehen, überlegte es sich dann aber plötzlich anders und eilte schnell zur Reling.

„Kann ich Ihnen helfen, Miss?" Ein Matrose tauchte aus dem Nichts auf.

Mit der Hand über dem Mund schüttelte Bailey den Kopf. „Nein ... danke." Gereizt und unglücklich wandte sie sich ab. Schweißperlen standen ihr auf der Stirn. Sie erinnerte sich an die letzten Wochen, in denen sie Vorbereitungen für ihre Reise getroffen hatte, und stellte sich wieder das Gesicht jedes ihrer Familienmitglieder in Virginia vor. Sobald sie sich einmal dazu entschieden hatte, die Stelle als Lehrerin in Neu-Südwales anzunehmen, war ihre Zuversicht wieder gewachsen. Die Herausforderung, in der Pionierschule zu unterrichten, hatte sie gereizt, und ihre ansteckende Freude und ihre praktischen Argumente hatten ihre Familie schließlich überzeugt. Es wäre aussichtslos gewesen, ihr dieses Unterfangen noch ausreden zu wollen. Aber jetzt dämpften doch eine gewisse Angst und Unsicherheit ihre Zuversicht. *Wenn du mich jetzt sehen könntest, würdest du mich nicht mehr für so tapfer halten, Laurie.* Sie umklammerte die Reling, gewann ihr Gleichgewicht zurück und hob das Gesicht. Dann schlug sie die dunkelbraunen Augen auf, die einen hellen kupferfarbenen Funken hatten, und sagte sich, dass sich die Seekrankheit und ihre Einsamkeit legen würden, sobald sie sich auf die Schule konzentrieren könnte.

„Miss?"

Bailey hatte nicht bemerkt, dass der Matrose immer noch neben ihr stand. „Entschuldigen Sie. Mir geht es wirklich gut ..."

„Ich sage es nicht gern, aber der Sturm, der sich von Backbord her zusammenbraut, ist nicht zu unterschätzen. Kapitän Gabriel hat alle Mann an Deck beordert. Sie sollten am besten in ihre Kajüte zurückgehen.“

Kein Wunder, dass ich seekrank bin. Ein rauer Wind zerrte an ihren langen rabenschwarzen Locken, die in ihrem Nacken hochgesteckt waren. Ihre Frisur löste sich auf, und die Haare wehten ihr um das Gesicht und die Schultern. Ohne auf ihre zerzausten Locken zu achten, drehte Bailey ihr Gesicht zur Backbordseite und betrachtete die dunklen Wolken, die sich dort zusammenbrauten und den blauen Himmel immer stärker verdunkelten. Die Sturmwolken sperrten wie eine verhängnisvolle dunkle Decke das Tageslicht aus und brachten in ihrem Gefolge stürmischen Wind und prasselnden Regen mit sich. Bailey bahnte sich ihren Weg über das schaukelnde Deck, bewegte sich vorsichtig durch den Türrahmen und gelangte schließlich sicher in ihre Kajüte. Mit einem Seufzen schob sie den Riegel vor die Kajütentür. Ihr Reisekleid aus türkisfarbener Wolle war für diese kleine, enge Kajüte zu warm. Also knöpfte sie das modisch geschneiderte Kleid auf, schlüpfte eilig heraus und räumte es in ihre dicht bepackte Truhe. Sie schüttelte den Kopf und fragte sich, wie sie je Verwendung für die vielen Kleidungsstücke finden sollte, die ihre Mutter und Schwester für sie eingepackt hatten. Sie hoffte, dass an einem so rauen Ort wie Sydney Cove niemand ihre modische Garderobe für angeberisch hielte. Aber sie hatte nie den Mut aufgebracht, mit Laurie über so etwas zu diskutieren, da sie sich nicht sicher war, ob ihre Schwester diese Bedenken je verstehen würde. Ungeduldig zog sie ein Spitzenkleid aus der Truhe und schlüpfte hinein. Dann setzte sie sich auf das wackelige Bett und lehnte sich mit dem Rücken an die Wand. Bailey seufzte schwer und schloss die Augen. Seltsamerweise hatte sich die Übelkeit schon etwas gelegt.

Nachdem sie sich kurz ausgeruht hatte, stand Bailey wieder auf und beschloss, erneut einen Blick nach draußen zu werfen. Durch die schmutzige Scheibe ihres winzigen Fensters sah sie, wie der Schiffsjunge über das Deck lief und die Dochte in den mit Walöl gefüllten Schiffslaternen anzündete. Mühsam zog sie den zerschlissenen Vorhang zurück, um Licht in die schattenhafte Dunkelheit ihrer Kajüte zu lassen, dann ging sie wieder zu ihrem Bett und nahm ihre Bibel von einer kleinen Tischplatte. *Vielleicht lenkt es mich ab, wenn ich lese,* dachte sie. Aber das Schiff hob und senkte sich unaufhörlich. Sie seufzte missmutig, legte die Bibel zur Seite und ließ ihren schlanken, wohlgeformten weiblichen Körper auf die Matratze sinken. Als sie eine bequeme Stellung fand, versuchte sie erneut, sich zu entspannen. Plötzlich musste sie leise kichern, als der lose befestigte Tisch zuerst auf die eine und dann auf die andere Seite kippte und ihre Samttasche mit Inhalt über den dunklen Boden verstreute. Sie warf einen schnellen Blick durch das Fenster. Der Himmel strahlte gerade so viel Licht aus, dass sie das stürmische, brausende Meer sehen konnte. Es sah so aus, als stünde ihr eine lange unruhige Nacht bevor.

Sie beugte sich über das Bett, stopfte ihre Sachen schnell wieder in die Handtasche, zog die Kordel zu und lehnte sich anschließend wieder an die Wand zurück. Plötzlich fiel ihr Blick auf ein zusammengefaltetes Blatt Papier, das hinter dem Tischbein versteckt lag. Bailey hob es auf, kratzte das Wachssiegel weg und öffnete den Brief. „Ein Brief von Laurie", flüsterte sie. Ihre fein geformten Augenbrauen zogen sich fragend nach oben. „Sie hat mir heimlich eine Nachricht in die Tasche gesteckt ... diese kleine Taschendiebin!" In Wirklichkeit war Laurie ihre größte Unterstützung bei ihrer Entscheidung gewesen, von zu Hause fortzugehen. Als Jüngste in der Familie hatte Laurie Bailey immer bewundert, auch wenn sie früher ihre Schwester manchmal als Konkurrenz betrachtet hatte. Aber sehr zu Baileys Freude hatten sie und Laurie, sobald sie etwas älter wurden, eine enge Beziehung zueinander entwickelt. Laurie zeigte ein außergewöhnliches Interesse daran, jede Einzelheit über die verschiedenen jungen Männer zu erfahren, die in den letzten

Jahren im Haus der Templetons ein- und ausgegangen waren – alle in der Hoffnung, Baileys Interesse zu erregen. Bailey hatte sie jedoch nie ernst genommen und den meisten von ihnen einen Korb gegeben, bis der Sohn eines Kaufmanns, Gavin Drummond, sich eines Tages vorgestellt hatte. Mit dem Segen ihres Vaters hatte Bailey mit dem gut aussehenden jungen Mann an einem Gemeindeausflug teilgenommen. Sie hatte sich jedoch in den Kopf gesetzt, eine gute Lehrerin zu werden und hielt es für nötig, auch bei ihm keine falschen Hoffnungen aufkommen zu lassen. Aber sein freundliches Wesen und sein schneller Witz hatten sie in seinen Bann gezogen, und es hatte nicht lange gedauert, bis sie sich in ihn verliebte. Binnen kürzester Zeit hatte Gavin ihr ganzes Denken bestimmt.

Mit einem Anflug von Unruhe und Schmerz erinnerte sie sich an den Tag, an dem sie ihm ihr Herz ausgeschüttet hatte. Sie hatte ihm erklärt, wie viel es ihr bedeute, Kinder zu unterrichten, und wie sehr sie es hasse zu kochen. Sie genieße den Blick im Gesicht eines Kindes, wenn unter ihrer Anleitung sein Verstand angeregt werde. Es reize sie unvorstellbar, einen ungebildeten Bauernjungen zu nehmen und aus ihm einen talentierten Schriftsteller zu machen. Das Staunen im Gesicht eines kleinen Mädchens zu sehen, wenn es ein Buch aufschlage und eine Welt entdecke, die ganz anders sei als ihre eigene, lasse ihr Herz schneller schlagen. „Ich kann später immer noch lernen, eine Tasse Tee aufzubrühen", hatte sie ihm eifrig erklärt. „Aber wenn ich einem Kind die Mittel in die Hand geben kann, etwas zu lernen und Neues für sein Leben zu entdecken, kann ich damit vielleicht sogar das Gesicht einer ganzen Nation verändern." Sie hatte Gavin alle ihre Träume und Wünsche offenbart und würde seinen teilnahmslosen Blick und die arrogante Art, mit der er das alles als „unrealistische Kindheitsphantasien" abtat, bestimmt nicht so schnell vergessen.

Bailey versuchte, die Erinnerung an jenen Tag aus ihrem Kopf zu verbannen. Als ihr das nicht so recht gelingen wollte, konzentrierte sie ihre Augen auf das Blatt Papier, das vor ihr lag. Sie lächelte. Lauries vertraute graziöse Handschrift vermittelte ihr das Gefühl, ihre Schwester sitze unmittelbar neben ihr. Der Brief begann:

Liebe Bailey, wenn Du diesen Brief liest, vermisse ich Dich bereits schmerzlich. Aber ich weiß, dass Du glücklich bist ...

Ein Lächeln huschte über Baileys volle rosige Lippen. Sie sog die Worte ihrer Schwester auf.

Du warst schon immer abenteuerlustig. Oh, ehe ich es vergesse: alle lassen liebe Grüße ausrichten – Vater, Mutter, Harry, Charles und Quinton ...

Bailey nickte, als grüße sie jedes einzelne lächelnde Gesicht – ihre Eltern und ihre spitzbübischen Brüder.

Aber es gibt etwas, das mich sehr bedrückt. Es fällt mir nicht leicht, mit Dir darüber zu sprechen. Es handelt sich um Gavin Drummond.

Laurie hatte sich nicht eingemischt, als Bailey die schwere Entscheidung getroffen hatte, Gavins Heiratsantrag abzulehnen. Aber Bailey war aufgefallen, dass sich eine gewisse Spannung in ihrem Gespräch ausgebreitet hatte, sobald dieses Thema angesprochen wurde. Sie seufzte innerlich und las nur widerwillig weiter.

Als Du Mr Drummond sagtest, dass Du Dein Studium nicht aufgeben würdest, um ihn zu heiraten, war er tief verletzt. Er vertraute sich mir an. Ich wusste nicht, welchen Rat ich ihm geben sollte. Ich erzählte ihm, dass ich Dich sehr achte, Bailey. Wie hätte ich auch anders reagieren sollen? Aber er war so deprimiert, dass ich eines Nachmittags bei ihm blieb, wäh-

rend Du an der Universität warst. Ich hatte gewiss nicht die Absicht, dass irgendetwas passieren würde –

Baileys Finger verkrampften sich um den Brief. Ihre Augen schossen in die Höhe. *Oh, Laurie!* Sie schüttelte entsetzt den Kopf. *Bitte ... nicht!* Sie zwang ihre Augen, wieder auf das Blatt Papier zu schauen, und las Lauries Geständnis mit aufgewühlten Gefühlen weiter:

Aber so schwer es mir auch fällt, ich muss Dir sagen, dass ich mich in Gavin verliebt habe. Ich war dagegen machtlos, Bailey. Wir haben vor, im nächsten Frühjahr zu heiraten. Du weißt, dass ich nie das zustandebringe, was Du in Deinem Leben beabsichtigst. Gavin ist alles, was ich brauche, alles, was ich je brauchen werde. Bitte sag, dass Du mich nicht hasst. Ich weiß, dass Du diesen Brief für einen feigen Weg halten musst, aber ich konnte es nicht ertragen, Dir offen ins Gesicht zu sagen, was mir allein schon beim Schreiben die Seele zerreißt. Wenn Du mir nicht vergeben kannst, kann ich ihn nicht heiraten. Eher sterbe ich. Bitte schreib mir bald Deine Antwort. Gavin sagt, auch er müsse wissen, was Du in dieser Frage empfindest. Er wird Dich immer lieben wie eine Schwester. Alles Liebe, Laurie.

„Dummkopf!" Das Wort entfuhr Baileys Lippen, bevor sie es zurückhalten konnte. Ihr Gesicht lief puterrot an. Sie wusste nicht, auf wen sie zuerst wütend sein sollte – auf Gavin, auf Laurie oder auf sich selbst! Sie knirschte mit den Zähnen. Sie war wütend und verletzt. War nicht ihre Beziehung zu ihnen beiden immer tadellos gewesen? *Ehrlichkeit, Laurie, egal, wie weh sie tut. Ich war immer ehrlich zu dir.* Sie versuchte, sich an Lauries letzte Worte im Hafen zu erinnern, aber sie fielen ihr nicht mehr ein. Laurie hatte zwar nervös gewirkt, aber unter den gegebenen Umständen war Nervosität an diesem Tag nichts Ungewöhnliches gewesen. „Laurie ...

warum?", flüsterte sie. Eine heiße Träne rollte über ihre Wange. Sie wirbelte herum, schleuderte den Brief auf den Boden und vergrub ihr Gesicht in dem modrig riechenden Kissen. Sie schämte sich und kam sich angesichts der Wut, die in ihrem Inneren brodelte, sehr egoistisch vor. *Du hättest Gavin haben können, Bailey Templeton, aber du hast dich für diese Schule entschieden! Es war deine Entscheidung. Ganz allein deine Entscheidung.*

Draußen heulte der Wind, und der Sturm ließ seine Wut erbarmungslos an dem Schiff aus. Aber Bailey bemerkte das Unwetter, das um sie herum tobte, nicht. In ihrem Inneren wütete ein ganz anderer Sturm aus Bitterkeit und Schmerz.

* * *

Bailey hievte ihre schwere Ledertasche auf das Deck. Die *Victoria* war im Morgengrauen vor Anker gegangen. Der kühle, frische Morgen belebte ihre Sinne und linderte irgendwie den Schmerz, der sie in den letzten Wochen an Bord des Schiffes gequält hatte. Sie drückte die Spitze ihres Stoffschuhs gegen die schwerfällige Tasche und versuchte, sie über das feuchte Deck zu schieben.

„Erlauben Sie, Miss", rief eine tiefe Stimme.

Bailey hielt sich an der Kajütenwand fest, um das Gleichgewicht nicht zu verlieren, und warf einen flüchtigen Blick in die Richtung, aus der die Stimme kam. „Ich komme schon zurecht. Danke."

„Davon will ich nichts hören." Der uniformierte Herr trat auf sie zu. Sein Tonfall ließ vermuten, dass er niemand war, der sich etwas ausreden ließe. „Maat, schicken Sie Faukner zu der Dame! Sorgen Sie dafür, dass ihre Taschen an Land gebracht werden!"

Mit einem resignierten Seufzen lächelte Bailey den Seemann freundlich an, der sofort herbeieilte, um dem Befehl des Offiziers zu gehorchen. „Wenigstens diese eine kann ich selbst tragen." Sie hob die leichtere Tasche auf. „Danke – Herr Kapitän, nicht wahr?"

„Gabriel, Miss. Kapitän Robert Gabriel." Der untersetzte Kapitän nahm die Mütze vom Kopf und fuhr mit den Fingern durch seine rotbraunen Locken.

Bailey nickte dem gut aussehenden Mann höflich zu und schaute dann zum Himmel hinauf. „Heute haben wir einen schöneren Tag. Das Wetter bessert sich." Sie streifte ihr graues Tuch glatt und legte es enger um ihre Schultern und Arme.

„Ich bin froh, wieder festen Boden unter die Füße zu bekommen", gab Kapitän Gabriel zu. Um seine Augen und seinen Mund zogen sich leichte Falten, aber sie strahlten gleichzeitig Jugend und Reife aus. „Ich bleibe selbst für zwei Monate in Neu-Südwales, und ich muss gestehen, dass ich gern eine Landratte bin."

„Lebt Ihre Familie in diesem Land?"

Gabriel schüttelte den Kopf. „Ich muss hier nur ein paar geschäftliche Dinge erledigen." Er schaute an Baileys Gesicht vorbei und trat langsam einen Schritt vor.

Trotz seines leichten Hinkens stellte Bailey fest, dass er eine starke Autorität ausstrahlte. „Ich hoffe, Sie genießen Ihren kurzen Aufenthalt, Sir." Mit einem letzten Nicken und einem höflichen Lächeln steuerte sie auf die Menschentraube zu, die gerade das Schiff verließ. „Ich werde Sydney Cove zu meiner neuen Heimat machen." Ihre Worte überraschten sie selbst. Sie fragte sich nach ihren Motiven und war sicher, dass sie gegen die Welt, die sie zurückließ, keinen Groll hegte. „Ich wünsche Ihnen einen guten Tag, Herr Kapitän", verabschiedete sie sich höflich und strich die glänzenden schwarzen Locken, die ihr über den Rücken fielen, glatt, dann wies sie den Matrosen an, ihr auf den Kai zu folgen. Während sie sich ihren Weg durch den Hafen bahnte, in dem sich viele Menschen drängten, und mehrfach angerempelt wurde, wurde ihr bewusst, dass sie sich keinen einzigen Augenblick Zeit genommen hatte, um die Kulisse dieser Stadt auf sich wirken zu lassen. Abgesehen von den typischen Hafen- und Fischgerüchen sah sie manche Ähnlichkeit zwischen diesem Hafen und den Häfen in Amerika, aber die Unterschiede waren deutlich größer. Das Gelände wirkte flacher. Die Gebäude waren keine stabilen Steinhäuser und vermittelten eher den provisorischen Eindruck von Baracken – ganz anders als das bodenständige, gediegene Aussehen der Wohnhäuser und Geschäfte, die in Williamsburg in die Höhe schossen. Viele der Siedler in Sydney Cove gaben ebenfalls ein ziemlich verwahrlostes Bild ab. Eine Welle des Mitleids durchflutete sie. Die Kinder der Kolonie, die durch die Straßen liefen, waren eine barfüßige, zerlumpte Horde mit schmutziger Kleidung und rußverschmierten Gesichtern. Sie fürchtete, dass einige von ihnen keine Eltern hatten. Bailey blieb stehen, um ein Taschentuch aus ihrem Täschchen zu holen. Sie tupfte an ihre Augen und stieß einen tiefen Seufzer aus.

„Geht es Ihnen gut, Miss Templeton?"

„Ja. Es ist nur – nun, die Kinder." Der Anblick der Kinder, die zerlumpt durch die Straßen liefen, rührte ihr Herz an.

„Nehmen Sie sich gut vor ihnen in Acht, Miss Templeton. Sie sind ein Haufen kleiner Diebe."

Bailey dachte verwirrt über die Worte des Matrosen nach, versuchte aber, keine Verteidigungshaltung einzunehmen. Immerhin stand es ihr nicht zu, das Leben der Kinder zu beurteilen, weder in die eine noch in die andere Richtung. „Würde es Ihnen etwas ausmachen – ich brauche einen Wagen und einen Fahrer."

„Wohin wollen Sie, Miss?"

„Ich soll mich bei einem Leutnant Frye im Regierungsgebäude melden. Man hat mir erklärt, dass das britische Militär die Kontrolle über die Siedlung habe – stimmt das?"

„Ja, das ist wahr. Ein schlimmeres Verbrecherpack finden Sie nirgendwo sonst auf Gottes ganzer Erde."

Bailey biss sich auf die Lippe und wurde ungeduldig. *Anscheinend hat er über niemanden etwas Gutes zu sagen.* „Entschuldigen Sie, aber wie viel wissen Sie wirklich über Sydney Cove? Haben Sie je hier gelebt?"

„Nein. Ich weiß nur die Dinge, die wir Seeleute über alle Orte wissen. Wir hören sie voneinander."

„Aber Gerüchte entsprechen nicht immer der Wahrheit. Hoffen wir ..."

„Es ist recht unwahrscheinlich, dass ich mich irre, Miss. Kein normaler Mensch hat vor, länger hierzubleiben. Es ist nur ein Gefängnis für die schlimmsten Verbrecher aus England, für die sie in London keinen Platz mehr hatten." Er betrachtete sie von Kopf bis Fuß. „Sie sagen, Sie planen, hierzubleiben?"

„Ja, das habe ich vor. Ich werde hier in der Schule unterrichten." Bailey ließ ihre Augen über den belebten Marktplatz wandern. Ihr gefiel seine Andeutung nicht, dass es eine falsche Entscheidung gewesen sei, hierherzukommen, aber sie sah keinen Sinn darin, mit diesem Mann darüber zu diskutieren.

Der Seemann zuckte mit den Achseln. Sein Gesicht verzog sich zu einer Miene bitterer Resignation. „Da vorne ist das Regierungsgebäude. Dort finden Sie die Leute, die Sie fragen müssen, wenn Sie etwas brauchen." Er tippte unwirsch an seine Mütze.

Bailey bemühte sich, ihre Verzweiflung zu unterdrücken. Sie hob ihren hellen Seidenrock und schritt auf das lange Gebäude zu, während der Matrose mit ihrer Truhe und ihrem Lederkoffer hinter ihr hertrottete. An der Holzveranda angekommen, blieb sie stehen und bedankte sich mit einer unüberhörbaren Endgültigkeit in der Stimme bei dem Mann.

„Dann viel Glück." Er stellte ihre Habseligkeiten ab, drehte sich auf dem Absatz um und war im nächsten Augenblick verschwunden.

Froh, diesen pessimistischen Begleiter los zu sein, erkundigte sich Bailey bei einem Gefreiten der Marine, der trotz seines etwas unordentlichen Aussehens ein freundliches Gesicht hatte: „Entschuldigen Sie bitte. Ich suche Leutnant Frye. Kennen Sie ihn vielleicht?"

Der Gefreite spitzte die Lippen. Seine Brauen zogen sich mit plötzlich gewecktem Interesse nach oben, was bei Bailey ein gewisses Unbehagen auslöste. „Ich kenne ihn, Miss. Sind Sie seine Freundin?" Er beugte sich mit unübersehbarer Neugier zu ihr vor.

Sie wog ihre Antwort ab und entschied sich für Ehrlichkeit. „Nein. Aber er erwartet mich. Ich nehme an, das ist das Regierungsgebäude – nicht wahr?"

Der Gefreite grinste. „Ich führe Sie gern zu ihm, Miss ..."

„Danke, das ist nicht nötig." Sie drehte sich auf dem Absatz um, da sie sich mit diesem ungepflegten Mann auf kein längeres Gespräch einlassen wollte. Ihre Truhe und ihren Lederkoffer ließ sie stehen und ging, nur mit ihrem Handtäschchen und einer kleinen Tasche in der Hand, forschen Schrittes weiter. Sie ging durch den langen Gang im Inneren des Gebäudes und blieb kurz stehen, um ihren Rock glattzustreichen. Er war aus hellgrauer Seide, hatte einen Satinbesatz und graue, mit Seide überzogene Rosetten, die mit Quasten verziert waren. Wie sie vermutet hatte, zog ihre Kleidung mehr Blicke auf sich, als sie für eine Lehrerin in der neuen Kolonie für geraten hielt. Im Schulzimmer würde sie sich mehr wie die Frauen hier vor Ort kleiden, falls sie welche fände, die sie als Anhaltspunkt nehmen könnte.

Mehrere Gefreite schritten an ihr vorbei. Sie richtete absichtlich die Augen auf den Boden, drehte sich schnell um und ging in die entgegengesetzte Richtung weiter. Dabei wanderten ihre dunkelbraunen Augen über Sydney Coves Regierungssitz, in dem ein reges Treiben herrschte. Kleine Gruppen von Militärbeamten, Offizieren, Siedlern – hauptsächlich Männer – bewegten sich an ihr vorbei und unterhielten sich über England, die hohen Lebensmittelpreise und das Wetter. Bailey schlängelte sich an den Grüppchen vorbei, achtete sorgfältig darauf, dass ihr Blick gesenkt war, und spähte nur gelegentlich durch einen offenen Türrahmen. Der abstoßende Gestank nach Rum durchdrang die Luft, aber sie ließ sich ihr Unbehagen nicht anmerken. Im Gegenteil, ihr Wunsch, den Leutnant zu finden, verlieh ihren Schritten eine unübersehbare

bare Zielstrebigkeit, die sogar die gaffenden Männer dazu veranlasste, zur Seite zu treten und sie vorbeigehen zu lassen.

Bailey hatte ihr selbstsicheres Auftreten von ihrem Vater, Fern Templeton, geerbt. Fern Templeton war ein Kaufmann, der von England nach Amerika ausgewandert war und in dem weiten, grenzenlosen, unberührten neuen Land eine chancenreiche Zukunft vorgefunden hatte. Er hatte sein ganzes Vermögen als englischer Kerzenmacher genommen und war nach Virginia ausgewandert, wo er sich in Williamsburg einen kleinen Laden kaufte und mit Kurzwaren handelte. Sein Geschäft florierte, und es dauerte nicht lange, bis er zwei Angestellte beschäftigte und sogar im hinteren Teil des Ladens einen Schneider einstellte. Er erzählte oft von den schlauen Methoden, mit denen er in den ersten Tagen Kunden anlockte.

Bailey erinnerte sich gern an seine persönliche Geschichte vom Tellerwäscher zum reichen Mann: „Ich war schon frühmorgens auf den Straßen von Williamsburg unterwegs, beide Arme mit Stößen von Papier beladen. Ich ließ den Laden nicht aus den Augen und eilte auf das Geschäft zu. Eines Tages fragte mich jemand, ob ich glaube, das Gebäude stehe in Flammen. ‚Nein', sagte ich. ‚Ich habe nur so viel Arbeit zu erledigen.'" Bald hatte sich der Ruf des erfolgreichen Geschäftsmannes in ganz Williamsburg herumgesprochen, und es dauerte nicht lange, bis die Kunden in langen Schlangen vor Templetons Kurzwarengeschäft anstanden, um bei ihm ihre Waren zu kaufen und das kostenlose Brot zu probieren. Bailey hatte das bestimmende Auftreten ihres Vaters immer bewundert und es sich ebenfalls angeeignet. Fern war oft stolz auf seine selbstsichere Tochter und ihre fachmännische Handhabung geschäftlicher Angelegenheiten. „Ihr kluger Kopf macht die Tatsache wett, dass sie nicht einmal eine Tasse Tee kochen kann, selbst wenn sie damit ihr Leben retten könnte!" Aber obwohl er manchmal seine hübsche Tochter lobte, erinnerte er sie auch immer wieder daran, dass Stolz bei den Templetons keinen Platz habe. Während ihre Brüder im Familienunternehmen als Verkäufer arbeiteten, hatte Bailey sich an den alten Mann gehalten, hatte ihn in der ganzen Stadt begleitet, seine Verhandlungen mit anderen Kaufleuten beobachtet und nachgeahmt. Diese Erfahrungen kämen ihr jetzt in Sydney Cove bestimmt zugute. Niemand wusste von dem Kloß in ihrem Hals oder der Unsicherheit, die in ihrem Magen kribbelte. *Davon braucht auch niemand etwas zu wissen,* beschloss sie.

Als sie eine Gruppe von fünf Marineoffizieren erblickte, die sich in einem kleinen Büro aufhielten, baute sie sich im Türrahmen auf. „Entschuldigen Sie bitte." Der Zigarrenrauch in der Luft drang an ihre Nase, aber da sie an derartige männlichen Belästigungen gewöhnt war, räusperte sie sich nur und warf dem Mann, der seiner Uniform zufolge der ranghöchste im Raum war, einen selbstsicheren Blick zu.

Der Offizier zog eine buschige Braue nach oben und trat auf sie zu. „Guten Tag. Können wir – kann ich Ihnen helfen?"

„Ich versuche, Leutnant Frye zu finden." Sie zog einen Brief aus ihrer Handtasche und reichte ihn dem Mann. „Samuel Frye."

„Frye ist schon seit einem Monat fort – oder sind es bereits zwei?" Der Leutnant drehte sich um und warf einen fragenden Blick auf seine Kollegen, die bestätigend nickten, ihre Augen jedoch nicht von der schönen jungen Frau abwandten.

„Fort?" Das Wort hallte niederschmetternd in ihrem Kopf wider. Aber Bailey bewahrte ihre Haltung und ließ sich nicht so schnell entmutigen. „Mein Name ist Bailey Templeton. Ich bin die neue Lehrerin für die Schule in Sydney Cove."

Mehrere Offiziere grinsten. Schließlich ergriff einer von ihnen das Wort. „Ich erinnere mich daran, dass Frye nach England schrieb und einen Schul*lehrer* anforderte. Aber ein *Lehrer* sind Sie bestimmt nicht!"

Die Männer lachten über diese Bemerkung, doch Bailey weigerte sich, auf diese Anspielung einzugehen. „Wer hat den Verantwortungsbereich von Leutnant Frye übernommen? Oder bin ich hier an der falschen Adresse?"

Das Lachen legte sich, und der Leutnant wurde wieder ernster. „Sydney Cove ist kein Ort für feine Damen. Sie sollten am besten wieder Ihre Sachen packen und nach England zurückfahren, Miss Templeton."

Bailey hörte den Ernst in seiner Stimme und zügelte ihre Worte, verlor aber nicht die Fassung. „Ich komme nicht aus England. Ich bin Amerikanerin. Und ich habe gewiss nicht die Absicht, postwendend nach Hause zurückzukehren."

„Gibt es irgendwelche Probleme?"

Sofort drehten sich die Offiziere um und grüßten den Mann, der gerade das Zimmer betreten hatte – ein groß gewachsener Offizier und so kräftig gebaut, dass sein muskulöser Körper den ganzen Türrahmen ausfüllte. „Hauptmann Hogan. Nur ein kleiner Irrtum. Diese junge Dame sagt, sie sei die neue Lehrerin", erklärte der Leutnant schnell die Situation.

„Oh?" Der Hauptmann erwiderte Baileys hoffnungsvolle Miene mit einem nüchternen Blick. „Verstehe." Sein eckiges Kinn spannte sich sichtlich an.

Bailey betrachtete sein ungezähmtes, aber doch makelloses Gesicht. Er strahlte Stärke und Selbstbewusstsein aus. Der dunkle Schatten um sein Kinn verstärkte sein männliches Aussehen nur noch. Aber sie wollte sich von diesem Mann nicht einschüchtern lassen. „Herr Hauptmann." Sie begrüßte ihn mit einem leichten Nicken.

„Ich bedaure, aber ich muss Ihnen mitteilen, dass ich bereits einen neuen Lehrer eingestellt habe. Ein Mr Bailey Templeton kommt noch in diesem Monat aus Amerika zu uns."

Ein belustigtes Funkeln huschte über Baileys Gesicht. Sie warf den anderen Offizieren, die leise schmunzelten, einen vielsagenden Blick zu. „Ein *Mister* Bailey Templeton sagten Sie?" Sie hob genüsslich das Kinn und faltete ihre Hände vor sich. Sie konnte sich im Stillen die Frage nicht verkneifen, ob ihr Professor aus England möglicherweise für diese Verwechslung verantwortlich sei.

Hauptmann Hogan schob den Papierstoß in seinen Händen zusammen. Mit seinen Gedanken war er offensichtlich anderswo. „Hmm?"

Mit unübersehbarer Ungeduld blickte er zu ihr auf. Eine Braue war fragend in die Höhe gezogen. „Wie bitte?" Er schaute sie an, als sei er tief in Gedanken versunken gewesen. „Ja. Ein Mister Templeton wurde als neuer Schulmeister angestellt. Ich kam zu dem Schluss, dass ein Mann mit einer starken Hand die Probleme der Schule am besten lösen könne. Wenn Sie aufgrund unseres Verschuldens vergeblich eine weite Reise unternommen haben, werde ich dafür sorgen, dass Ihnen alle dadurch entstandenen Unkosten erstattet werden." Er nickte einem der untergebenen Offiziere mit dem Kopf zu. „Johanssen, sorgen Sie dafür, dass Miss ..."

„Templeton. Miss Bailey Templeton", lächelte Bailey genüsslich und verschränkte die Arme vor der Brust.

„Natürlich, Miss Temple –"

Als sie den Schock in seinen Augen sah, atmete Bailey tief ein und streckte ihm die Hand entgegen. „Herr Hauptmann. Ich bin Ihr neuer Schulmeister, Ihre Lehrerin oder wie auch immer Sie mich nennen wollen. Ich bin Bailey Templeton."

2. Zwei Verehrer

Baileys Kleider lagen verstreut auf der Veranda vor dem Regierungsgebäude. Sie stemmte die Arme in die Hüften und schaute sich nach allen Seiten um. Sie hoffte, den Schuldigen, der den Inhalt ihrer Truhe verwüstet hatte, zu finden. Zum Glück hatte sie ihr Geld in ihrem Handtäschchen versteckt. Aber die Kleider und Unterröcke, die ihre Schwester und der Schneider ihres Vaters mit so großer Mühe nach der neuesten Mode genäht hatten, waren wie Puppenkleider über die verstaubte Veranda verstreut. Als sie das eiserne Schloss der Truhe untersuchen wollte, sah sie auf den ersten Blick, dass es aufgebrochen worden war. *Wer konnte so etwas getan haben? Mit* einem schweren Seufzer begab sie sich an die mühsame Arbeit, ihre Habseligkeiten wieder einzusammeln und in der Truhe zu verstauen.

Ihr Gespräch mit Hauptmann Hogan war eine herbe Enttäuschung gewesen. Jetzt lag auch noch alles, was sie besaß, im Schmutz und Staub. Plötzlich fiel ein Schatten über sie.

„Ich habe sie verjagt, Miss."

Bailey blickte auf und sah den ungepflegten Gefreiten über sich stehen.

„Sie haben gesehen, wer das getan hat?"

„Es waren die Straßenratten – die Kinder aus der Gosse."

„Kinder haben das getan?"

„Ja. Ich habe das ganze Pack vertrieben."

„Ich stehe tief in Ihrer Schuld. Wie heißen Sie, Gefreiter?" Bailey stand auf und wischte sich den Schmutz von ihren Handschuhen.

„Ferris Dade, Miss. Sie brauchen sich bei mir nicht zu bedanken."

„Oh, natürlich danke ich Ihnen."

„Soll ich dafür sorgen, dass sie verhaftet werden? Ich habe sie alle gesehen – jedes einzelne schmutzige kleine Gesicht."

„Nein." Mit einem ernsten Kopfschütteln beugte sich Bailey vor und schloss die Truhe wieder. „Wenn ich den Kindern helfen will, dann ist es wohl nicht gerade das Sinnvollste, wenn ich sie einsperren lasse."

„Wie Sie wollen. Soll ich die Sachen auf Ihrem Wagen verstauen?"

Bailey sah einen Funken Ehrlichkeit in den blauen Augen des Mannes und nahm sein Angebot dankend an. „Einverstanden. Ich nehme an, das Militär wird mir einen Wagen schicken." Sie musste wieder an das herablassende Verhalten des Hauptmannes denken, unterdrückte aber ihre Wut.

„Sie sind also die neue Lehrerin?"

Bei der Erinnerung an Hogans starrsinnige Haltung zuckte sie nur mit den Achseln. „Vorerst – bis ein *Mann* für die Stelle gefunden wird." Sie sah einen Wagen und einen Fahrer um die Ecke des Regierungsgebäudes biegen. „Das muss mein Wagen sein, Gefreiter Dade." Sie beugte sich vor, um das beschädigte Schloss zuzudrücken. „Ich werde mir später ein neues Schloss kaufen müssen. Fürs Erste glaube ich, hält es." Während Dade die Truhe und ihr anderes Gepäck auf den Wagen lud, lehnte sie sich gedankenverloren an das Geländer. Hauptmann Hogans Worte hatten sich in ihre Ohren eingebrannt. „Ich kann nicht zulassen, dass eine Frau das Wagnis eingeht, diese ungezogenen Rüpel zu unterrichten! Sie können als Lehrerin in Sydney Cove bleiben, bis ein Mann gefunden ist." Sie fragte sich, warum Hogan so ein schwieriger Mann war. Trotz seiner Redegewandtheit hatte er selbst das raue Äußere eines Rüpels. Was hatte ihn so hart gemacht? Und warum war er so felsenfest entschlossen, einen Mann für die Schule einzustellen? Als der Freund ihres Vaters aus England Kontakt zu ihr aufgenommen und ihr von der Schulsituation in Neu-Südwales erzählt hatte, hatte er sie gewarnt, dass kein Engländer diese Stelle haben wolle. Bailey schmunzelte leise. *Hauptmann Hogan, Sie sind vielleicht gezwungen, Bailey Templeton länger zu behalten, als Sie glauben. Vielleicht,* dachte sie, *gibt mir das die nötige Zeit, Ihnen zu beweisen, dass ich doch die Richtige für diese Stelle bin.* Jetzt hatte das Lachen, das über ihre Lippen kam, etwas Triumphierendes an sich.

„Alles eingeladen, Miss Templeton. Wohin soll es gehen?“ Dade stieg neben dem Fahrer auf.

Sie überflog den Zettel, den Hauptmann Hogans Sekretär ihr gereicht hatte. „Mrs Rolands Pension.“

„Ich weiß, wo das ist“, antwortete Dade zuversichtlich.

Bailey beugte das Gesicht vor. „Sie begleiten mich?“

„Natürlich. Ein hübsches Mädchen wie Sie kann doch nicht ohne Begleiter in dieser gefährlichen Siedlung herumlaufen.“

„Natürlich nicht.“ Bailey tat, als sei sie erleichtert. „Wenn ich meine Sachen abgeladen habe, würde ich gern einen Blick auf das Schulhaus werfen.“

„Aber es ist zugenagelt. Sie sollten erst hinfahren, wenn es fertig renoviert ist.“

„Diese Entscheidung müssen Sie schon mir überlassen, Dade“, erwiderte Bailey. Sie hasste die Art, wie alle sie hier behandelten, als wäre sie ein junges, naives Mädchen. In Williamsburg hatte sie sich genauso viel Respekt erworben wie der alte Fern Templeton.

Die Mittagssonne heizte die staubige Straße stark auf. Bailey war erleichtert, als sie hörte, dass sie nur eine halbe Meile bis zu ihrer Pension fahren mussten. Als der Wagen vor der mit Schindeln bedeckten Vorderseite des Hauses anhielt, stieg sie schnell aus. Sie bat den Fahrer zu warten, dann trugen Dade und Bailey die Truhe und das Gepäck ins Haus. Der Empfangsraum war muffig und heiß und mit einem einzigen Sofa, einem Tisch auf Sägeböcken und einigen bunt zusammengewürfelten Stühlen, die als Essplatz benutzt wurden, nur spärlich möbliert. „Hallo?“ rief sie.

Nach einer kurzen Weile erschien eine Frau mit einem hageren Gesicht. „Ja? Was kann ich für Sie tun?“ Ihr Tonfall verriet, dass sie nicht in der Stimmung war, irgendetwas für irgendjemanden zu tun. Sie nahm ihre schmutzige Schürze ab und warf sie auf einen Stuhl.

Bailey bemerkte das ungeduldige Auftreten der Frau und mäßigte ihre eigenen Worte. „Hauptmann Hogan schickt mich. Ich bin Miss Bailey Templeton, die neue Lehrerin." Sie zwang ihr Gesicht zu einem höflichen Lächeln.

Die Lippen der Frau verzogen sich missmutig. „*Sie* sind die Lehrerin? Hogan sagte, er schicke einen Mann."

„Ich weiß. Ein kleines Missverständnis, aber ich kann Ihnen versichern, dass ich Bailey Templeton bin." Sie zog ihre Handschuhe aus, atmete kurz ein und sprach geduldig weiter. „Sie haben doch hoffentlich ein Zimmer für mich?"

„Also, ich ..." Die Frau betrachtete Baileys Gesicht. „Ich glaube schon. Aber trotz allem hatte ich einen Mann erwartet. Das Zimmer ist mit dünnen Trennwänden versehen. Auf den anderen Seiten wohnen zwei männliche Mieter. Das schickt sich ganz und gar nicht. Ich muss ein anderes Zimmer für Sie fertig machen. Das dauert ein bisschen."

„Ich will ohnehin noch einmal fortfahren, Madam", versicherte Bailey ihr. „Ich warte gern. Aber wenn es nichts ausmacht, würde ich gern mein Gepäck hierlassen. Dann brauche ich es nicht durch die ganze Stadt zu schleppen."

Die Geduld der Frau war erschöpft. Sie stieß ein missmutiges Seufzen aus. „Ja, ich denke, das geht. Stellen Sie es hinter dem Tisch ab. Dort wird es niemand anrühren, das verspreche ich. Aber ich übernehme keine Verantwortung."

„Danke", lächelte Bailey und ließ in einer freundlichen Geste ihren Blick weicher werden. Das Gesicht der Frau verlor ebenfalls ein wenig an Härte. „Dade, würden Sie mich zur Schule begleiten?"

Dade tippte an seinen Hut und grinste. Seine Augen funkelten überrascht. „Immer zu Ihren Diensten, Miss Templeton!"

Ein paar weiße Federwolken linderten die Hitze der sengenden Sonne und machten die Fahrt zum Schulhaus etwas erträglicher. „Dade?" Bailey formulierte in Gedanken eine Frage.

„Ja, Miss?"

„Sie kennen Hauptmann Hogan sehr gut?"

„Ich kenne ihn. Er ist ein guter Vorgesetzter. Manchmal etwas unerbittlich, aber bei den Truppen geachtet."

„Ich glaube, er mag mich nicht", schmunzelte Bailey.

„Wer? Hogan? Wie sollte irgendjemand Sie nicht mögen, Miss Templeton?"

„Ich glaube, ich bin ganz und gar nicht das, was er erwartet hatte."

„Einige Leute passen sich an Veränderungen nicht so leicht an. Wenn wir in England wären, wäre eine Frau als Lehrerin – na, sie wäre einfach die beste Lösung, um eine Schule zu leiten. Aber hier in Sydney Cove, Miss, gibt es nicht allzu viele feine Damen wie Sie. Oh, ein paar gibt es schon, aber nicht viele. Sie müssen sich vor Sträflingen und anderem Gesindel in Acht nehmen, die hier die Gegend unsicher machen. Und die Freigelassenen können ein ungemütliches Volk sein. Sie sollten am besten lernen, mit einer Pistole umzugehen."

Eine *Waffe?* Sie erschauderte bei diesem Gedanken. „Ich werde mir Ihre Worte merken, Dade."

„Wir sind da. Dort vor uns ist das Schulhaus."

Baileys Blick folgte aufmerksam in die Richtung, in die Dade zeigte und in der ein reges Treiben an einem baufälligen Gebäude herrschte. „Diese *heruntergekommene Hütte* soll ein Schulhaus sein?" Enttäuschung sprach aus ihren Worten. Sie betrachtete das Bauwerk. Es war ein Haus mit zwei Räumen, die mit ein wenig Glück von australischem Lehm zusammengehalten wurden.

Dade warf die Hand in die Luft und deutete vielsagend auf das armselige Gebäude. „Ein weiterer Grund, warum ein Mann als Lehrer nicht schlecht wäre. Er könnte die nötigen Renovierungen überwachen."

„Renovierungen?" Bailey schüttelte den Kopf und entgegnete: „Dade, das ganze Gebäude sollte niedergerissen und ein neues gebaut werden. Hier gibt es nichts zu überwachen." Sie stieg aus der Kutsche, zog die Kordel ihres Täschchens zu und bahnte sich durch das Unkraut und Gestrüpp ihren Weg. Das Hämmern hallte im ganzen Tal wider. Sie ließ ihren Blick über das Land schweifen und freute sich, dass wenigstens die Landschaft wunderschön war – aber die Schule war ein einziger Schutthaufen. Verzweifelt betrachtete sie die offenen Stellen, an denen ganze Balken fehlten, und die zerbrochenen Glasscheiben in dem kastenförmigen Gebäude. Als sie selbstbewusste Schritte hinter sich hörte, drehte sie sich um.

„Wir sind noch nicht ganz so weit, dass wir die Schule wieder eröffnen könnten."

Sie hielt die Hand als Sonnenschild an ihre Stirn und schaute in Hauptmann Hogans fragendes Gesicht. „Guten Tag, Hauptmann Hogan. Das sehe ich, aber ich wollte mir mit eigenen Augen ein Bild von dem Gebäude machen."

Er faltete die Hände hinter seinem Rücken und sprach in einem wissenden Tonfall: „Ich fürchte, das ist die erste von vielen Enttäuschungen, die Sie hier in Sydney Cove erleben werden, Miss Templeton."

„Aber keine, mit der ich nicht fertig werden kann. Dessen bin ich mir sicher." Ihre Stirn runzelte sich, und ihr Lächeln wurde etwas schwächer, als sich ihre Blicke trafen.

Hogan ließ nicht locker. „Sie sehen bestimmt auf den ersten Blick, warum wir einen Mann mit handwerklichen Fähigkeiten brauchen."

Bailey atmete einmal tief ein. Dann antwortete sie ruhig. „Aber wenn das Gebäude fertiggestellt ist, was wird dann aus den Kindern? Müssen sie auch alle handwerkliche Fähigkeiten lernen? Was ist mit Lesen und Schreiben?" Sie bemühte sich um einen versöhnlichen Tonfall. „Was ist dann?"

„In dieser Kolonie werden ihnen diese Fähigkeiten nicht viel weiterhelfen, fürchte ich."

„Warum macht man sich dann überhaupt die Mühe und baut eine Schule?“, fauchte sie und schaute ihn herausfordernd an. Sie wartete auf seine Reaktion und stellte sich schon darauf ein, dass sie entlassen sei. Aber stattdessen verzog sich sein Gesicht zu einem schwachen Lächeln. Er schien ihr Bemühen, die Fassung nicht zu verlieren, fast zu genießen. „Sie haben unübersehbar eine gute Ausbildung genossen, Hauptmann Hogan. Was wäre, wenn Sie im Leben keine andere Wahl gehabt hätten, als Zimmermann zu werden?“

Seine Augen lachten, aber sein Kinn blieb unerbittlich hart. Seine Miene wurde ernster und nüchterner. „Gut gesagt, Miss Templeton. Ich gebe mich geschlagen.“ Er richtete sich zu seiner vollen Größe auf und legte nachdenklich einen Finger auf seine Lippen. „Natürlich erwarte ich nicht, dass alle Schüler eine Ausbildung als Zimmermann machen, aber das wussten Sie ohnehin, nicht wahr? Miss Templeton, Sie haben keine Ahnung von den Problemen dieser Kolonie. Die Kinder hier sind nicht so brav wie die zivilisierten, gut erzogenen Mädchen und Jungen, die Sie gewöhnt sind. Die meisten von ihnen werden von Verbrechern, Dieben und ehemaligen Prostituierten aufgezogen. Viele wissen nicht, wer ihr Vater ist. Einige sind Waisen.“

Sie betrachtete seine Augen, die gefährlich gut aussahen und aus denen ein starkes Selbstvertrauen funkelte. „Ein Grund mehr, mich anzustellen, Hauptmann Hogan, denn ich mache mir zufällig etwas aus diesen Kindern, und ich mag sie.“ Ohne mit der Wimper zu zucken oder seinem Blick auszuweichen, sagte sie: „Aber nur die Zeit wird zeigen, ob ich recht habe oder nicht.“

Er wirkte weder verunsichert noch wütend, eher nachdenklich. Er beugte das Gesicht und antwortete mit Bestimmtheit: „Ich glaube nicht, dass die jungen Schützlinge, mit denen Sie es hier zu tun bekommen, auf *Liebe* reagieren werden. Alles, was sie in ihrem Leben je kennengelernt haben, wenigstens die meisten von ihnen, ist ein gnadenloser Kampf, in dem das Gesetz des Stärkeren regiert. Und die meisten haben verloren.“

Falls sie ein Ja oder Nein erwartet hatte, dann hatte sie ihn unterschätzt. Es gefiel ihr überhaupt nicht, dass er wahrscheinlich die Wahrheit gesagt hatte. In Gedanken lenkte sie ein und beschloss, diesen Punkt ein anderes Mal erneut anzusprechen. „Wann kann ich damit rechnen, dass die Schule wieder geöffnet wird? Ich muss die Eltern informieren. Sie sagen, einige der Kinder seien Waisen?“

„Heute ist Dienstag. Sie können in ein paar Wochen mit dem Unterricht beginnen – frühestens in zwei Wochen, aber auf keinen Fall später als in vier Wochen. Arbeitskräfte sind hier sehr rar. Bis es losgehen kann, müssen Sie den Vorrat an Schulbüchern und den anderen Schulmitteln aufstocken. Wir haben ein paar Sachen in den Regierungsgeschäften, aber leider nicht sehr viele.“

Sie weigerte sich, eine Klage über ihre Lippen kommen zu lassen, und sagte nur: „Ich werde schon zurechtkommen. Ich will ihren Verstand erreichen. Und wenn ich am Anfang nur meinen eigenen Grips als Werkzeug habe, dann ist das doch immerhin ein Anfang, nicht wahr?“

Hogan verschränkte seine starken Arme vor der Brust und wich ihrer Frage aus. „Bei den Waisen und Freigelassenen liegt der Fall ganz anders.“

„Besteht eine Möglichkeit, dass sie freiwillig zur Schule kommen?“

„Das überlasse ich Ihnen. Vorerst sind die Kinder der Siedler unsere Zielgruppe.“

Bailey dachte über seine Worte nach. „Ich werde jetzt lieber wieder gehen. Am besten fahre ich noch heute in die Regierungsläden, um den Bestand an Schulmitteln zu besehen.“ Sie hielt es außerdem für eine gute Idee, sich ein paar persönliche Dinge zu kaufen, solange sie noch Gelegenheit dazu hatte.

„Guten Tag, Miss Templeton.“ Hauptmann Hogan kehrte an seine Arbeit zurück, und Bailey gesellte sich wieder zu Dade auf den Kutschbock.

„Zum Regierungsladen, Dade“, sagte sie ruhig, ohne den Blick von Hauptmann Hogan abzuwenden.

„Fahrer, Sie haben die Dame gehört“, knurrte Dade, bevor er abstieg, um Bailey in ihrer Mitte Platz nehmen zu lassen.

Bailey dachte über Hauptmann Hogans Worte nach. Als der Wagen anfuhr, drehte sie sich noch einmal zu dem Offizier um, dessen unnachgiebiger Wille ihr Schicksal bestimmen würde. Einen kurzen Augenblick drehte er sich ebenfalls um. Ihre Blicke begegneten sich. Sie kniff die Lippen zusammen und ließ ein leichtes Lächeln über ihr Gesicht huschen. Er erwiderte das höfliche Lächeln, bei dem seine weißen Zähne angenehm von seinem gebräunten Gesicht abstachen. Dann wandten sie sich beide, wie von unsichtbaren Händen dirigiert, stolz um und konzentrierten sich wieder auf die vor ihnen liegenden Aufgaben.

Das Zimmer in der Pension wirkte, so winzig es auch war, doch einladend. Trotz der spärlichen Möblierung stellte Bailey sich vor, wie es aussehen könnte, wenn sie es erst einmal fertig eingerichtet hätte. *Wenigstens ein kleiner Raum, über den ich ein wenig Kontrolle habe,* dachte sie glücklich. Vor dem einzigen Fenster stand auf einem wackeligen Tisch eine kleine Waschschüssel. In einer Ecke des Zimmers war ihr ganzes Gepäck aufgestapelt, und in der anderen stand das Bett. Es war nicht viel größer als das Bett, in dem sie an Bord der *Victoria* geschlafen hatte. In dem Holzrahmen lag eine Strohmatratze, über die ein einziges Tuch gespannt war. Das Bett war nicht gemacht, und der Boden sah nicht so aus, als sei er in letzter Zeit gefegt worden. Obwohl sie von der Reise müde und erschöpft war, konnte Bailey nicht schlafen, solange das Zimmer nicht makellos sauber war. Sie fand im Eingangssalon einen Besen und ging auf der Stelle daran, die Spinnweben zu beseitigen und die verrußte Lampe zu waschen. Sie stellte die Möbel um, zog ihre Familienporträts aus der Truhe und hängte sie geschmackvoll im Zimmer auf. Ein getrocknetes Biedermeiersträußchen, das sie und Laurie zusammen gebunden hatten, zierte den einzigen Nachttisch, der mit einem Spitzendeckchen geschmückt war. Bald strahlte das Zimmer eine gewisse Wärme aus, in der man sich wohlfühlen konnte.

Bevor sie zu Bett ging, schlich sie noch einmal den knarrenden Gang hinab. Sie konnte hören, wie sich die männlichen Mieter hinter den dünnen Wänden unterhielten und wie ein raues Lachen aus den Zimmern drang. Der Gang stank nach Tabakrauch, und ein beißender Whiskygeruch lag in der Luft. Vorsichtig klopfte sie an die Tür der Vermieterin. „Mrs Roland?“ fragte sie leise.

„Wer ist da?“, antwortete die Frau unwirsch hinter der Tür.

Ihre unfreundliche Frage überraschte Bailey, da sie die einzige weibliche Mieterin war. Die Frau antwortete wahrscheinlich aus Vorsicht immer in einem so rauen Ton. „Ich bin es, Madam, Bailey Templeton. Darf ich Ihre Küche benutzen? Ich habe meinen eigenen Tee dabei, und ich würde mir gern eine Tasse kochen, bevor ich zu Bett gehe.“

„Machen Sie auch wieder sauber, wenn Sie fertig sind?“

Bailey verdrehte die Augen, beherrschte aber ihre Stimme. „Natürlich, Mrs Roland.“ Als sie hörte, wie die Schuhe der Frau sich von der Tür entfernten, ging Bailey davon aus, dass die Antwort Ja war. „Danke“, rief sie kühn.

Die Glut im Ofen war noch heiß. Sie entfachte sie und stellte den Wasserkessel zum Kochen auf. Während sie wartete, begann sie, in Gedanken den unausweichlichen Brief zu formulieren, den sie Laurie schreiben musste. Aber die Worte kamen ihr nicht leicht über die Lippen, was sie veranlasste, sich noch einmal zu überlegen, ob sie überhaupt antworten sollte.

Ein Klopfen an der Haustür riss sie aus ihren Gedanken. Sie wusste, dass Mrs Roland zu Bett gegangen war. Vielleicht würde sie der Frau einen Gefallen tun, wenn sie die Tür öffnete. Nach einem kurzen Blick auf das Wasser, das noch nicht kochte, schritt sie auf die verriegelte Tür zu. „Wer ist da?“, fragte sie höflich, aber mit deutlicher Vorsicht in der Stimme.

„Leutnant Evans. Ich möchte Miss Bailey Templeton besuchen."

Bailey schüttelte verwundert den Kopf. Sie hatte an diesem Tag ein ganzes Zimmer voller Offiziere kennengelernt, aber an die einzelnen Namen konnte sie sich nicht erinnern. „Ich bin Bailey Templeton. Kenne ich Sie?"

„Wir haben uns in Hauptmann Hogans Büro kennengelernt."

Ein kurzes Schweigen folgte. Bailey entdeckte eine leichte Unbeholfenheit in der Stimme des Mannes. Sie kicherte leise. „Sie sagen, Sie wollen mich *besuchen?*"

„Es würde diesen Besuch sehr erleichtern, wenn Sie so freundlich wären und die Tür öffnen würden, Miss Templeton."

Bailey kam sich plötzlich albern vor und lachte. „Entschuldigen Sie, Herr Leutnant. Ich öffne sofort." Sie war zwar müde, aber der Gedanke an Gesellschaft weckte plötzlich neues Leben in ihr. Der hölzerne Riegel ließ sich mit leichtem Widerwillen heben. Sie trat zurück, um den Besucher eintreten zu lassen. Sein Gesicht erkannte sie sofort wieder. „Jetzt erinnere ich mich an Sie." Sie nickte. Der Leutnant war der erste gewesen, der sie in Hogans Büro begrüßt hatte. Er war ein gut aussehender Mann, hatte ein männliches Gesicht und einen kräftigen Körperbau. Sein prompter Besuch an ihrer Tür schmeichelte ihr. „Gibt es ein Problem? Stimmt etwas mit dem Schulhaus nicht?" Sie biss sich auf die Lippe. Wie dumm ihre Worte klingen mussten. *Natürlich stimmt etwas mit dem Schulhaus nicht!*

„Oh nein, Miss Templeton." Er lächelte. Seine Stimme hatte einen freundlichen, tiefen Tonfall. „Wie ich schon sagte: Ich bin gekommen, um Sie privat zu besuchen. Meine Eltern sind Siedler in Parrametta. Als ich ihnen von Ihrer Ankunft erzählte, bestand meine Mutter darauf, für Sie zu kochen ..."

„Leutnant Evans?"

Bailey hörte eine tiefe, durchdringende Stimme von der Veranda vor dem Haus. Der Leutnant fuhr herum.

„Hauptmann Hogan?" Er salutierte und entschuldigte sich. „Ich bin sofort zurück, Miss Templeton."

Bailey kniff die Augen zusammen und spähte um die große verwitterte Tür herum. Die Männer unterhielten sich leise. Hogan blickte auf und sah, dass Bailey durch den Türrahmen schaute.

„Guten Abend, Miss Templeton."

Bailey nickte höflich, jedoch ohne zu lächeln. „Ich hoffe, es gibt keine Probleme", sagte sie trocken.

„Oh nein. Nichts Ernstes." Er beherrschte seine Miene. „Ich sah Evans' Pferd hier stehen, und ich brauche seine Hilfe. Ich glaube, mein Pferd hat sich in seinen linken Hinterhuf einen Stein eingetreten. Evans hat mit Pferden eine geschickte Hand."

Evans stand hinter dem Hauptmann und nickte vielsagend, als sei er gezwungen, eine Laune seines vorgesetzten Offiziers zu befriedigen. „Ich bin gleich wieder bei Ihnen, Miss Templeton."

„Gewiss, Leutnant Evans", erwiderte sie. „Ich muss ohnehin nach meinem Teekessel sehen. Kommen Sie einfach herein, wenn Sie fertig sind."

Als sie gerade die Tür schließen wollte, bemerkte Bailey, dass Grant Hogan sich umdrehte und auf sie zutrat. „Ich leiste Ihnen Gesellschaft, Miss Templeton. Ich mache Sie mit ein paar Einzelheiten über die Schule vertraut." Mit einem leisen Seufzen öffnete Bailey die Tür wieder. Sie war der *Einzelheiten* müde und hatte das Gefühl, das Schulhaus sei in einem hoffnungslosen Zustand und das Militär sei alles andere als auf ihrer Seite. Sie überließ es dem Hauptmann, die Tür hinter sich zu schließen, drehte sich um und ging in die Küche zurück. Die Einladung zu einer selbstgekochten Mahlzeit war die beste Nachricht an diesem Tag gewesen. Sie sagte sich, dass sie zwar keine Absicht habe, sich in nächster Zeit auf eine neue Beziehung einzulassen, dass sie aber trotzdem die freundliche Einladung des Offiziers annehmen würde. *Immerhin,* sagte sie sich, *kommt die Einladung von Evans' Familie.* Das Abendessen wäre ein Familientreffen und gäbe ihr die Gelegenheit, Bekanntschaften in der Kolonie zu schließen. Die Schule lag zwischen Sydney Cove und Parrametta. Die Familie Evans könnte sie mit einigen Siedlern bekannt machen, deren Kinder die Schule besuchen würden.

„Ich habe das Gefühl, Sie hören mir gar nicht zu, Miss Templeton. Wo *sind* Sie ?" Hauptmann Hogan blieb gleich hinter der Küchentür stehen und lehnte sich an den Türrahmen.

Bailey hatte nicht bemerkt, dass der Hauptmann sie angesprochen hatte, und fuhr herum. Sie errötete. „Es tut mir leid. Meine Gedanken sind bei der Schule – wie immer." Diese Aussage war zumindest teilweise wahr.

„Machen Sie sich keine Sorgen. Ich weiß, dass hier in der Kolonie vieles auf Sie zukommen wird. Aber ich dachte, es würde Ihnen vielleicht helfen, wenn Sie erfahren, warum unsere letzte Lehrerin, Mrs Dreyfuss, uns verließ."

„Wenn Sie es für wichtig halten, mir ihre Gründe zu schildern." Diese Frage war Bailey noch nicht in den Sinn gekommen. Deprimiert, weil sie selbst nicht erwünscht war, hatte sie sich nicht die Mühe gemacht zu fragen, warum die letzte Lehrerin ihre Stelle aufgegeben hatte. Sie goss heißes Wasser in eine abgeblätterte Teekanne, fand zwei ungleiche Tassen und bot Grant eine davon an. „Setzen wir uns in den Salon. Dort ist es bequemer als hier", schlug sie mit einem freundlichen Lächeln vor. Als sie die umgängliche Stimmung des Hauptmannes sah, hoffte sie, dass sich die Atmosphäre zwischen ihr und diesem Mann entspannen könnte.

Der Hauptmann hob die Stiefel, um über die unebene Türschwelle zu treten, und deutete auf ein Sofa. „Setzen wir uns?"

Bailey hob ihren Rock und ihre Unterröcke über die raue Türschwelle, rauschte an ihm vorbei und setzte sich. „Also, diese Mrs Dreyfuss ... war sie eine alte Lehrerin? Ich meine, eine erfahrene Frau?"

Er nahm einen Schluck von dem Tee, den sie gekocht hatte, und verzog das Gesicht. „Sie hatte zwanzig Jahre unterrichtet." Mit verächtlicher Miene stellte Hogan die Tasse neben sich auf den

Tisch. „Aber die Kinder, vor allem die Jungen, waren so unkooperativ, dass sie keinen einzigen Tag ihren Unterricht halten konnte, ohne dass es Raufereien gab."

„Verstehe." Bailey zuckte bei seinen Worten innerlich zusammen, wusste aber in ihrem Herzen, dass sie mit so etwas hatte rechnen müssen. „Was ist mit den Eltern der Jungen?"

„Mrs Dreyfuss mühte sich sehr, die Mitarbeit der Eltern zu gewinnen, aber vergeblich. Die Freigelassenen, die hier leben, wurden von der britischen Regierung notgedrungen nach Neu-Südwales gebracht, weil ihre Gefängnisse überfüllt sind. Einige Sträflinge waren ursprünglich zum Tod am Galgen verurteilt gewesen. Als ihre Strafen in die Deportation nach Neu-Südwales umgewandelt wurden, waren sie plötzlich unfreiwillige Sklaven dieser neuen Kolonie. Aus diesem Grund haben die Freigelassenen einen tiefen Hass auf das Militär, auf die britischen Siedler, die sich hier niedergelassen haben, und auf jeden, der an einer offiziellen Stelle steht."

Plötzlich wurden die bislang nicht greifbaren Probleme ein wenig klarer in Baileys Kopf. „Mrs Dreyfuss hat also ihre Stelle aufgegeben?"

„Sie konnte es nicht erwarten, von hier fortzukommen. Sie buchte eine überfüllte Kajüte auf einem Handelsschiff, das am nächsten Tag nach England auslief."

„Die arme Frau", antwortete Bailey ruhig. Sie blies über ihre Tasse und nippte leicht. „Und deshalb glauben Sie, die Lösung des Problems, dass die Kinder nicht in den Griff zu bekommen sind, sei darin zu finden, dass man einen Mann anstellt?"

„Ich fürchte, uns bleibt keine andere Wahl. Die Störenfriede werden einen kräftigen Mann mit einem dicken Stock in der Hand nicht so leicht einschüchtern."

„Gibt es überhaupt gut erzogene Kinder – Kinder, die eine Schulausbildung *wollen?*"

„Ja. Das ist auch der Grund, warum ich mich so sehr dafür

einsetze, dass diese Schule weiterbesteht, Miss Templeton. Es gibt ein Dutzend Kinder, die, wenn sie groß sind, in dieser Kolonie etwas zum Positiven verändern können. Für sie unternehmen wir so große Anstrengungen, um ihnen einen Schulbesuch zu ermöglichen."

„Dann müssen Sie *mich* um ihretwillen einstellen, Hauptmann Hogan. Haben Sie sich die Zeit genommen, um meine Zeugnisse und Referenzen zu lesen?"

Mit einem schweren Seufzen nickte Grant. „Ich war es doch, der Ihren Namen aus allen Bewerbungen auswählte."

„Sie?"

Er nickte erneut und strich über sein Kinn. Dabei konzentrierten sich seine Augen auf irgendeinen Punkt in der Ferne.

„Aber Sie glaubten, ich wäre ein Mann."

„Ja. Ich entschuldige mich für diesen Irrtum, wie ich das nun schon wiederholt getan habe." Seine tiefe Stimme nahm einen freundlichen Unterton an.

Ohne zu zögern, lächelte Bailey leicht. „Vergeben." Sie schaute in sein Gesicht und bemerkte zum ersten Mal die Last, die auf seinen Schultern lag. „Ich entschuldige mich auch, Hauptmann Hogan. Ich hatte keine Ahnung von dem Ausmaß an Problemen, mit denen Sie sich hier konfrontiert sehen." Sie senkte die Stimme und hatte Schuldgefühle, weil sie mit diesem Mann so hart ins Gericht ging. Er schaute zu ihr hinab, und sie sah einen Funken Mitgefühl in seinen smaragdgrünen Augen. Seine Miene wurde weicher, und auch er schien sie mit einem Mal in einem anderen Licht zu sehen.

„Ich hoffe von ganzem Herzen, dass Sie das alles gut überstehen, Miss Templeton."

Ohne zu wissen warum, lachte sie leise. Vielleicht lag es daran, dass sich die Spannung zwischen ihnen allmählich abbaute. „Aber Hauptmann Hogan, warum ‚hoffen Sie von ganzem Herzen', dass ich alles gut überstehe?"

„Hauptmann Hogan?“ Evans steckte den Kopf zur Tür herein.

„Ja, Evans?“

„Ich kann im linken Hinterhuf keinen Stein finden. Sind Sie sicher ...“

„Vielleicht war es der rechte Huf.“ Hogan räusperte sich. „Würden Sie noch einmal schauen? Überprüfen Sie bitte alle Hufe.“

Evans betrachtete die Szene im Salon, wie beide gemütlich nebeneinander auf dem Sofa saßen. Seine Augen, aus denen Enttäuschung sprach, suchten den Blickkontakt zu Bailey. „Ja, Sir. Miss Templeton, ich entschuldige mich für die Verzögerung.“

„Machen Sie sich meinetwegen keine Gedanken, Herr Leutnant.“ Sie schaute ihn mit einem strahlenden Lächeln an und fand die ganze Situation belustigend. Mit einem argwöhnischen Funkeln in den Augen wiederholte sie ihre Frage. „Sie wollten mir sagen, Hauptmann Hogan, warum Sie sich wünschen, dass ich das hier überstehe.“

Sein Gesicht und seine Schultern entspannten sich. Hogan stützte den Ellbogen auf die Rücklehne des Sofas. Aber wie immer wählte er seine Worte sehr sorgfältig. Er atmete kurz aus und antwortete dann: „Weil Sie aus tiefster Seele so fest entschlossen sind. Ich wünsche Ihnen, dass Sie das finden, was Sie in diesem dürren Land so verzweifelt suchen – was immer das auch ist.“

„Sie sind also bereit, mir eine Chance zu geben?“

„Das habe ich nicht gesagt. Ich werde meine Suche nach einem männlichen Schulmeister fortsetzen. Aber Sie haben jede Menge Zeit, sich an diesen schwierigen Schülern zu beweisen. Und vor mir liegt die fast unmögliche Aufgabe, einen neuen Schulmeister zu finden.“

Seine Worte befriedigten sie nicht ganz, aber sie akzeptierte sie. „Verstanden, Hauptmann Hogan.“

„Herr Hauptmann, der Stein muss von selbst wieder aus dem Huf gefallen sein. Soweit ich es beurteilen kann, sieht alles sauber aus." Leutnant Evans schritt in den Salon und nahm den Hut ab. „Wie ich gerade sagte, Miss Templeton ..."

„Evans, Miss Templeton und ich haben geschäftliche Dinge zu klären. Wären Sie so freundlich und würden mein Pferd tränken? Dann hätten wir genug Zeit, um unsere Pläne zum Abschluss zu bringen."

Evans' Gesicht war jetzt voller Misstrauen. Er fügte sich nur widerwillig. „Sir. Ja, Sir." Er salutierte alles andere als begeistert und schritt mit zweifelnder Miene aus dem Salon.

„Armer Mann." Aus Baileys Augen leuchtete ein gewisses Mitgefühl. „Und wie werden wir ‚unsere Pläne zum Abschluss bringen', wie Sie sagten?"

„Ich will mich nicht in die Art einmischen, wie Sie auf die Freigelassenen zugehen. Aber ich wäre dankbar, wenn ich Ihnen einen Vorschlag unterbreiten dürfte."

„In dieser Hinsicht bin ich sehr offen, Hauptmann Hogan. Bitte sprechen Sie."

„Was halten Sie von einer Gemeindeversammlung? Laden wir alle Eltern dazu ein – Siedler und Freigelassene gleichermaßen. Sie könnten die Versammlung im Pfarrhaus abhalten – bei Pfarrer Whitley. Wenn Sie die Ängste und Sorgen der Eltern beschwichtigen könnten ..."

„Eine großartige Idee, Hauptmann Hogan. Wir könnten die Damen bitten, ihr Lieblingsessen mitzubringen und es mehr als gesellige Zusammenkunft gestalten." Einen zwanglosen geselligen Abend könnte sie gewiss organisieren. Sie dachte an die Gabe ihrer Mutter, große Gesellschaften zu organisieren. Diese Siedler waren kaum an irgendwelche Feste oder gesellschaftliche Veranstaltungen gewöhnt und wären bestimmt für alles, was sie auf die Beine stellen könnte, dankbar. „Hauptmann Hogan, in Ihnen schlummert ein Genie."

„Wirklich?" Er lehnte sich zurück und nahm die Tasse mit dem heißen Tee in die Hand. Doch dann stellte er sie rasch wieder auf den Tisch, als erinnere er sich an etwas. Er zog eine Braue in die Höhe und fügte zynisch hinzu: „Das wusste ich die ganze Zeit schon."

„Ich gehe noch heute Abend daran, eine Einladung vorzubereiten."

„Ich würde nicht mit einer begeisterten Reaktion rechnen, Miss Templeton. Vergessen Sie nicht: Sie laden nicht Englands Königsfamilie zum Tee ein. Diese Menschen sind ehemalige Sträflinge, und viele der ehemaligen Gefangenen haben Prostituierte geheiratet. Nur weil sie Kinder in die Welt gesetzt haben, sind sie deshalb noch lange nicht ehrbare Eltern."

„Ich weiß, Hauptmann Hogan", nickte Bailey nüchtern. „Ich muss mich einfach darauf einstellen. Aber trotzdem sehe ich Gottes Hand in alledem."

„Gottes Hand?"

„Ich glaube, er hat mich hierhergeführt." Sie betrachtete die Skepsis in seinem Blick. *Vielleicht gibt dieser Mann mir eines Tages recht,* dachte sie und betete im Stillen, dass Gott ihr seinen Weg zeigen möge.

Hogan lächelte. „Hoffen wir es." Er stand auf und reichte ihr die Hand. „Darf ich Sie in Ihr Zimmer zurückbegleiten? Mrs Rolands Pensionsgäste sind nicht unbedingt die vertrauenswürdigste Gesellschaft." Er bot ihr höflich seinen Arm an.

Als sie die Wärme und Aufrichtigkeit in Grant Hogans Gesicht sah, nahm Bailey das Angebot gern an. „Danke, Hauptmann Hogan." Sie legte ihre Hand auf seinen starken Arm. „Ich bin erschöpft von der Reise und habe noch nicht alles ausgepackt." Bailey fühlte, wie ein kleines Samenkorn des Vertrauens zwischen ihnen zu wachsen begann. „Wir gerieten mit dem Schiff in einen schlimmen Sturm ...", begann sie, von der Überfahrt zu erzählen.

Die Haustür ging knarrend auf, und Evans trat ein. Er sah Hauptmann Grant Hogan und Miss Bailey Templeton auf dem Gang verschwinden. Sie lächelten beide und unterhielten sich leise miteinander, während ihre Hand züchtig auf seinem Arm lag. „Hogan, Sie Schurke!“, murmelte er mit einem Anflug von Neid, beherrschte aber seine Worte, da er sich nicht einen Verweis einhandeln wollte. Er drehte sich auf dem Absatz um und verschwand aus dem Haus, während der einsame Schleier der Nacht sich über Sydney Cove legte. Miss Bailey Templeton brauchte keine zwei Verehrer.

3. Hogan, der Eroberer

Bailey trat in den herrlichen Sonnenschein des frühen Morgens hinaus. Das Gespräch am Vorabend hatte ihr einen Blick für viele Probleme geschenkt, und sie verstand Hauptmann Grant Hogans feste Entschlossenheit, einen Mann als Schulmeister anzustellen, jetzt viel besser. *Wenigstens verstehe ich jetzt seine Beweggründe.* Noch bevor sie Mrs Roland freundlich einen guten Tag wünschen und die Tür schließen konnte, hörte sie das Klappern von Pferdehufen, die sich der Pension näherten. Sie blickte zu dem grinsenden Fahrer hinauf. Als sie ihn erkannte, winkte sie ihm herzlich zu und rief: „Guten Morgen, Gefreiter Dade!"

„Hallo! Ich habe ab heute einen neuen Job! Ich bin Ihr Begleiter!"

Bailey rückte ihren Federhut zurecht. „Wir haben einen anstrengenden Tag vor uns. Hoffentlich sind Sie fit."

„Alles ist besser als Holz zu hacken, und ich darf mit der Frau herumfahren, über die die ganze Stadt spricht."

„Über wen? Über mich?"

„Natürlich über Sie. Die anderen sind alle eifersüchtig, weil ich für diesen Posten ausgewählt wurde." Er kratzte mit einer sehnigen Hand an seinem ledrigen Gesicht.

„Ich bin niemand, über den man groß reden muss, Dade. Ich bin nur eine einfache alte Jungfer aus Amerika."

Dade lachte laut auf und schlug sich aufs Knie. „Es wird Ihnen schwerfallen, mich *davon* zu überzeugen, Miss."

Als Dade absteigen wollte, winkte sie eilig ab. „Wenn ich das zulasse, springen Sie den ganzen Tag hinauf und hinunter. Bleiben Sie ruhig sitzen. Ich kann auch ohne Sie aufsteigen." Bailey ergriff die eiserne Lehne des Wagensitzes und schwang ihren schlanken Körper mühelos auf den Sitz. „Sehen Sie? Wo fangen wir an?"

„Unten in der Wontoobie Lane. Dort leben viele Freigelassene."

„Sie haben hier so seltsame Orts- und Straßennamen", bemerkte sie, während die Kutsche anfuhr.

Dade rückte den Rand seines leicht ausgefransten Militärhutes zurecht und nickte. „Die Namen stammen aus der Sprache der australischen Ureinwohner, wenigstens ein Teil davon."

„Also dann, auf nach Wontoobie!" Der frische Wind des Herbstmorgens, der in Virginia ein Frühlingstag war, veranlasste Bailey, ihren Schal enger um ihre Schultern zu schlingen. Sie lehnte den Kopf auf die gepolsterte Rückenlehne des Sitzes und hörte Dade eine Weile zu, der aus seinem großen Erfahrungsschatz über die Freigelassenen und Sydney Cove erzählte. Aber bald schlugen ihre Gedanken eigene Wege ein, und sie musste wieder an ihr Gespräch mit Grant Hogan denken. Ihre Meinung über sein einschüchterndes Auftreten hatte sich zwar nicht geändert, aber sie hatte ihn in einem anderen Licht gesehen. Und die Art, wie er den Leutnant immer wieder vor die Tür geschickt hatte, um nach seinem Pferd zu sehen, hatte ihr den ganzen Abend immer wieder ein Lachen entlockt. Plötzlich fiel ihr etwas ein. „Leutnant Evans!", rief sie aus und fuhr kerzengerade in die Höhe.

Dade, den sie mit diesem Ausruf aus seiner bedächtigen Ruhe gerissen hatte, fuhr ruckartig hoch und rief: „Was ist denn, Miss? Was ist passiert?"

„Das ist mir ja so peinlich! Wie konnte ich diesem Mann das nur antun! Dabei war er eigens den ganzen Weg von Parrametta in die Stadt gekommen." Sie stützte den Kopf in ihre Hände und seufzte schwer.

„Was ist denn los, Miss?"

„Oh, Dade, ich habe etwas Schreckliches getan. Leutnant Evans kam mich gestern Abend besuchen. Aber Hauptmann Hogan musste mit mir sprechen, und ich habe Evans vollkommen vergessen."

Dade grinste anzüglich und zwinkerte Bailey zweideutig zu. „Er ist einsame Klasse, dieser Hauptmann Hogan. Sehr zuvorkommend gegenüber den Damen."

„Was?"

„Er ist dafür bekannt, dass er den Männern, die ihm unterstehen, auf diesem Gebiet gern den Rang abläuft. Wenn er etwas sieht, das ihm gefällt, ist seine Verführungskunst nicht zu bremsen. Der alte Evans hatte keine Chance neben Hogan, dem Eroberer."

Bailey verzog zynisch eine Braue und antwortete in belustigter Verwunderung: „Sie verstehen mich nicht, Dade. Hauptmann Hogan sprach mit mir nur über die Probleme wegen der Schule." Sie richtete befriedigt den Blick nach vorne. „Und über nichts anderes."

„Wie ich schon sagte: Er ist sehr zuvorkommend. Wusste er, dass der Leutnant kam, um sie zu besuchen?"

„Ich weiß es nicht. Aber wenn er es wusste, dann hatte er den Leutnant bestimmt genauso vergessen wie ich." Ihre Wangen erröteten bei diesem beschämenden Gedanken. „Ich versichere Ihnen, das Interesse des Hauptmanns geht nicht über die Fragen der Schule hinaus."

„Das werden wir sehen." Dade grinste wieder.

Da sie begriff, dass Dade dieses Thema von sich aus nicht ruhen ließe, gab Bailey ihm keine Antwort mehr auf diese Bemerkung. Aber als sie sich der ersten Siedlung aus baufälligen Hütten näherten, konnte sie es sich trotzdem nicht verkneifen, leise „Hogan, der Eroberer?" zu flüstern. Sie hatte nicht die geringste Absicht, sich erneut auf eine komplizierte Beziehung einzulassen, so reizvoll die Aussicht darauf auch sein mochte. Resolut schüttelte sie diesen Gedanken von sich ab.

Die baufälligen Gebäude vor ihr sprachen Bände – ungehobelte Hütten, die aus einem einzigen Raum bestanden und in deren verschmutzten Höfen abgemagerte Hunde Kindern mit schmutzigen Gesichtern hinterherbellten. Dade verstand offenbar Baileys Gesichtsausdruck und sagte ruhig: „Wir müssen hier nicht stehen bleiben, Miss Templeton. Wir können auch weiterfahren."

„Nein, Dade. Ich will hier anhalten", versicherte sie ihm, obwohl das Kribbeln in ihrem Magen ihr etwas anderes riet. „Vielleicht sollten Sie mich aber doch lieber begleiten."

Dade verdrehte die Augen und lächelte beruhigend. „Das versteht sich von selbst, Miss."

Als sie vor dem ersten traurigen Gebäude vorfuhren, entschied sich Bailey, zu warten und sich von Dade vom Wagen helfen zu lassen. Noch bevor sie absteigen konnte, wurde sie von einer Schar Kinder umschwärmt. „Hallo", rief sie im freundlichsten Ton, dessen sie fähig war. „Sind eure Eltern zu Hause?"

„Wohl kaum", lachte ein blauäugiger, blonder Junge sarkastisch. Die anderen stimmten in sein Gelächter mit ein.

„Was haben wir denn angestellt?", fragte der Jüngste in der Runde und versteckte sich dann schnell schutzsuchend hinter seiner älteren Schwester.

Bailey folgte dem kleinen Jungen mit den Augen. „Ihr habt nichts angestellt. Ich komme, um mit euren Eltern zu sprechen. Aber ich kann auch später wiederkommen. Wenn ihr nur ..."

Als sie aus dem Augenwinkel eine Bewegung sah, drehte sich Bailey um und erblickte eine Frau, die mit hochrotem Gesicht auf die Kinder zulief. In ihrer knöchrigen Hand hielt sie einen Besen, den sie drohend schwang. „Alle zurück ins Haus!", befahl sie. „Ihr anderen verschwindet von hier!"

Bailey beobachtete mit einem gewissen Unbehagen, wie die Kinderschar in drei Richtungen auseinanderstob. Ein paar der Jüngeren weinten, während andere trotzig die Fäuste ballten. Als sie sah, wie die hagere Frau sich abrupt umdrehte und in ihre Richtung steuerte, blieb Bailey auf dem Wagen stehen und war sich nicht ganz sicher, was sie nun zu erwarten hatte. „Guten Tag", rief sie kühn. Das schien ein guter Anfang gewesen zu sein, denn das wütende Gesicht der Frau wurde etwas sanfter, und sie blieb wenige Meter vor dem Wagen stehen.

„Was wollen Sie bei uns?“, kam die nüchterne Frage.

„Wenn Sie und Ihr Mann Kinder im schulpflichtigen Alter haben, dann möchte ich mich gern mit Ihnen unterhalten.“

„Ich habe keinen Mann, und wenn die Blagen etwas angestellt haben, verprügle ich sie eigenhändig.“

Bailey verriet mit einem Kopfnicken, dass sie bereit war, auszusteigen. Sie ergriff Dades kräftige Hand und sprach mit beherrschter und selbstsicherer Miene weiter, obwohl sie innerlich ein wenig erschauderte. „Nein, Madam. Ihre Kinder haben nichts angestellt. Aber Sie wollen doch bestimmt, dass die Kinder wieder zur Schule gehen, nicht wahr?“

„Diese Schule hat der Siedlung nichts als Scherereien gebracht. Die Lehrerin hatte es auf meine Kinder abgesehen. Wir können gern darauf verzichten.“

„Ich habe gehört, dass Ihre erste Lehrerin mit einigen Problemen zu kämpfen hatte, aber ich bin sicher, sie hatte die besten Interessen der Kinder im Sinn. Ich bin ...“

„Pah! Sie hatte nur ihre eigenen Interessen im Sinn! Aber ich habe Sie gefragt, was Sie bei uns wollen. Wenn Sie wegen dieser verdammten Schule hier sind, dann habe ich Ihnen nichts zu sagen!“

Als Bailey sah, dass die Frau sich umdrehte, trat sie schnell auf sie zu. „Warten Sie bitte!“

„Was gibt es noch?“ Die Frau schaute sie finster an.

„Es tut mir leid. Bitte, darf ich mich vorstellen – ich bin Bailey Templeton. Und wie heißen Sie?“ Sie streckte ihr in einer Geste des guten Willens die Hand entgegen.

Die Frau war es nicht gewohnt, dass ihr eine andere Frau die Hand reichte, und schaute sie fragend an. Nach einem kurzen Zögern streckte sie schließlich auch die Hand aus und schüttelte kurz Baileys Hand. „Josephine Anders“, murmelte sie.

„Ich bin die neue Lehrerin." Als sie sah, dass Josephines Gesicht noch keine Spur von Vertrauen verriet, akzeptierte Bailey das Händeschütteln als ersten positiven Schritt, das Vertrauen dieser Frau zu gewinnen. „Sie haben gesagt, Sie ziehen Ihre Kinder allein auf?"

„Allerdings. Und ich schäme mich deshalb keineswegs."

„Nein. Das kann ich mir denken." Bailey schüttelte leicht den Kopf und bewahrte eine ernste Miene. „Aber ich bin sicher, dass Sie es gern sehen würden, wenn Ihre Kinder es im Leben einmal besser haben als Sie. Habe ich recht?"

Josephine verzog ärgerlich die Lippen und fauchte: „Was soll das schon wieder heißen?"

„Sie meint, Madam ...", mischte sich Dade in das Gespräch ein, „dass wir Bürger von Sydney Cove es alle zeitweise ganz schön schwer haben. Und dass wir wollen, dass unsere Kinder es einmal besser haben – Sie wissen schon, einen Platz in der Gesellschaft, ein bisschen Respekt und hin und wieder ein schönes Stück Fleisch zum Essen."

Die Frau drehte sich wieder zu Bailey um und schaute sie an. „Sie wollen sagen, dass Sie mir das alles versprechen?"

Bailey wechselte einen fragenden Blick mit Dade und antwortete ehrlich: „Ich kann Ihnen nicht versprechen, was am Ende dabei herauskommt, Miss Anders. Aber wenn Sie mir als Lehrerin Ihrer Kinder erlauben, ihnen das Werkzeug zum Erfolg in die Hand zu geben, dann können sie ihre Zukunft selbst bestimmen. Ihre Möglichkeiten im Leben sind größer, wenn sie eine Schulbildung haben." Sie atmete tief ein und betete im Stillen dafür, dass sie es der Frau irgendwie begreiflich machen könnte. „Verstehen Sie, was ich meine?"

Josephine war immer noch skeptisch und zuckte unverbindlich mit den Achseln. „Wann macht die Schule wieder auf?"

„Vielleicht schon in zwei Wochen." Mit einem strahlenden Gesicht streckte Bailey vorsichtig die Hand aus und berührte die Schulter der Frau. „Heißt das, dass Ihre Kinder kommen können?"

„Es sind sechs, und ich verspreche nicht, dass sie sich gut benehmen." Josephines Gesicht verriet ihre Besorgnis.

„Ich werde mit ihrem Benehmen schon fertig. Sorgen *Sie* nur dafür, dass sie kommen. Tun Sie das?"

Ohne Bailey anzusehen, nickte Josephine. Sie drehte sich auf dem Absatz um und sah mehrere ihrer Kinder an einem Seil schaukeln. „Kommt hier herüber!" Sie winkte mit dem Besen.

Als Bailey das Zögern der Kinder sah, lächelte sie herzlich. „Ich möchte euch alle kennenlernen. Es passiert euch nichts. Kommt ihr?" Sie machte eine langsame Bewegung mit der Hand, da sie die Kinder nicht einschüchtern wollte.

Der Jüngste, ein kleiner Junge, trat aus dem Schatten eines Baumes hervor und schaute vorsichtig zu seinen Geschwistern zurück, um sich zu vergewissern, ob sie sein Verhalten missbilligten. Dann folgte ein älteres Mädchen. Bald kamen sie wie eine Schar Gänse auf Bailey zumarschiert. Das älteste Kind schaute verteidigend zu seiner Mutter auf. Bailey bemerkte, wie es einen sicheren Abstand zu dem allgegenwärtigen Besen hielt. „Ich habe ihr nichts getan! Ich war es nicht!"

„Halt den Mund!", knurrte Josephine aufgebracht. „Das ist eure neue Lehrerin, Miss ..."

„Templeton", beendete Bailey den Satz für sie. „Miss Bailey Templeton."

„Ich dachte, wir brauchten nicht mehr zur Schule zu gehen", murrte das älteste Mädchen verächtlich.

„Ich gehe nicht, Mama!", rief der Junge, der anscheinend den größten Einfluss auf die anderen hatte.

„Die Schule fängt erst in ein paar Wochen an", antwortete Bailey bestimmt. „Wir rufen eine Versammlung ein und laden alle Familien dazu recht herzlich ein. Sie findet nächsten Freitag im Haus eines Siedlers statt. Kennen Sie die Whitleys? Mr Whitley ist anglikanischer Pfarrer, hat man mir gesagt."

Josephine nickte. Ihr Verhalten entspannte sich. „Ich kenne ihn."

„Gut. Also dann bis Freitagabend?"

„Vielleicht kommen wir." Die Mutter trennte zwei der Jungen, die angefangen hatten zu raufen.

An die Kinder gewandt, sprach Bailey hoffnungsvoll: „Wenn die Schule beginnt, erwarte ich euch alle um halb acht Uhr morgens, an fünf Tagen in der Woche." Aus ihrer Stimme sprach eine starke Autorität, die den widerwilligen Kindern keine andere Wahl ließ. „Bitte kommt pünktlich, verstanden?"

Josephine beobachtete die ausdruckslosen Gesichter, die erneut ihren Zorn entfachten. „Verschwindet jetzt!" Sie ballte ihre Hand zu einer Faust, und ihre ungezähmte Kinderschar zerstreute sich wieder im Hof.

Bailey und Dade fuhren von Haus zu Haus. Sie stießen bei jeder Familie auf Widerstand, stellten aber auch fest, dass einige Mütter schließlich einwilligten, es wenigstens noch einmal mit der Schule zu versuchen. Die meisten erklärten sich einverstanden, an der Versammlung im Pfarrhaus teilzunehmen. Dort, wo Bailey die Ansichten dieser Menschen nicht verstehen konnte, half Dade ihr weiter, der sich gut in das Denken der ärmeren Familien hineinversetzen konnte.

„Ich bin müde, Dade." Sie sank, wie es ihr vorkam, zum hundertsten Mal auf den Wagensitz. „Diese Eltern sind die unfreundlichsten Menschen, mit denen ich je zu tun hatte."

„Sie sind misstrauisch, Miss Templeton. Meistens erleben sie es nur, dass die Regierung darauf aus ist, sie auszunutzen und zu übervorteilen, und nicht, ihnen etwas kostenlos zu geben. Sie warten alle, was als Gegenleistung von ihnen erwartet wird. Es war wirklich klug von Ihnen, Ihre Versammlung in Pfarrer Whitleys Haus und nicht im Regierungsgebäude abzuhalten. Wirklich schlau."

Sie wog seine Worte und die Worte der Menschen, die sie an diesem Tag getroffen hatte, ab und seufzte innerlich. „Glauben Sie, sie werden kommen?"

„Ich glaube, sie werden kommen, Miss. Nicht alle, aber die meisten. Einige werden zuerst abwarten, wie es mit den anderen läuft."

Bailey schätzte es, dass er sie ermutigen wollte. „Ich hoffe es." Sie kämpfte gegen das Gefühl der Niederlage an, das ihren Glauben ins Wanken zu bringen drohte.

„Aber wenn sie kommen ..." Die Linie um seinen Mund wurde ein wenig härter. „... dann werden sie Ihnen auf den Zahn fühlen."

Ihr entging der warnende Unterton in seiner Stimme nicht. Sie schüttelte den Kopf. „Wenigstens brauche ich mir heute darüber noch nicht den Kopf zu zerbrechen. Würde es Ihnen etwas ausmachen, mich zu meiner Pension zurückzubringen? Ich bin müde."

„Selbstverständlich, Miss Templeton. Aber *ein* Haus müssen wir noch besuchen. Dorthin fahren Sie bestimmt gern."

„Warum?"

„In dem Haus wohnt eine Familie von Freigelassenen, aber sie sind ganz anders als alle anderen."

„Inwiefern?"

„Das werden Sie selbst sehen." Dade gab dem Gespann die Peitsche und setzte es in Bewegung. „Wir sind nur ein paar Meilen von ihrem Haus entfernt."

Bailey bereitete sich auf das Schlimmste vor. „Wie viele Kinder hat diese Familie?"

„Das eine Paar hat drei, das andere zwei. Sie sind die erwachsenen Kinder von Freigelassenen und wohnen alle unter einem Dach zusammen."

„Unter einem Dach. Die armen Geschöpfe. Sie müssen schrecklich eng zusammengepfercht sein."

Dade lachte und lenkte das Gespann auf einen Lehmweg. Wenig später bot sich Bailey ein Anblick, der sie überraschte.

„Dieses Land ist wunderschön, Dade." Sie bewunderte die ordentlichen Zaunpfosten und die grünen Weiden. „Das sieht wie eine Schaffarm aus."

„Das ist auch eine, Miss. Eine der besten in Parrametta."

Der Wagen bog um eine Kurve, und ein großes, zweistöckiges Haus kam in Sicht. Als sie das verschmitzte Funkeln in Dades Augen sah, lachte Bailey laut auf. „Ich habe den Eindruck, diese Familie ist wirklich ganz anders als die anderen, die wir heute kennengelernt haben."

„Ganz anders. Das hier ist die Prenticefarm, und dieses Land heißt Rose Hill."

„Rose Hill", sinnierte Bailey. „Der Name passt gut." Ihre Augen folgten den Bäumen, die den Weg zum Haus säumten. Unter den dicken Ästen breitete sich ein englischer Garten mit bunten Farben und einem durchdringenden Blumenduft aus. „Sind diese Prentices ein wenig gastfreundlicher als die anderen Leute?"

„Sie sind nicht mit Gold zu bezahlen, Miss Templeton. Die Prentices mussten auch ihre Schicksalsschläge verkraften wie alle anderen, aber sie blieben dabei nicht stehen."

Bailey konnte es kaum erwarten, bis Dade den Wagen zum Stehen brachte. Der Gedanke, freundlichen Gesichtern zu begegnen, ermutigte sie mehr, als sie sich eingestehen wollte. Die Räder standen kaum still, als sie auch schon ausstieg. „Beeilen wir uns!"

Dade musste fast laufen, um mit der energischen Lehrerin Schritt zu halten. Er rief hinter ihr her: „Rechnen Sie mit einer herzlichen Begrüßung, Miss. Sie sind ..."

„Dwight Farrell!", rief eine Frauenstimme aus dem Inneren des Hauses. „Ich verlange nicht viel von dir, aber du könntest wenigstens für einen Sonntag zu Hause bleiben! Was ist mit dem Gottesdienst?"

Bailey blieb wie erstarrt auf der Veranda vor dem Haus stehen. „Dade, sind Sie sicher, dass man uns erwartet?" Der verärgerte Ton der Frau nahm ihr allen Mut.

„Ehrlich gesagt: Nein. Ich wollte, dass Sie eine Überraschung sind."

„Eine Überraschung? Oh, Dade, ich kann es nicht glauben, dass

Sie sie nicht wenigstens vorgewarnt haben. Verschwinden wir wieder, bevor sie merken, dass wir hier waren."

„Katy Prentice Farrell!", erwiderte der Mann mit lauter Stimme. „Du erhebst mir gegenüber nicht die Stimme. Ich verlange immer noch ein wenig Respekt in diesem Haus!"

„Ich verstehe dich nicht. Du und die Jungen, ihr seid jedes Wochenende fort. Was ist mit ihren Bibelstunden?"

„Wir haben unseren Gottesdienst! Draußen auf den Weiden!"

„Das ist kein Gottesdienst! Es ist ... es ist unschicklich!"

„Es hat mehr Ähnlichkeit mit einem *Gottesdienst* als vieles, was ich in diesem gottverlassenen Land sehe!"

„Aber Corbin und ich ... ich fühle mich wie eine Witwe, wenn ich ohne dich in der Kirche sitze", flehte die Frau.

Ihr Mann erwiderte: „Es ist nur noch ein Wochenende. Ich komme nächste Woche wieder mit zur Kirche. Ich verspreche es dir!"

„Dade!" Bailey, die bereits auf dem Rückweg zum Wagen war, warf dem Gefreiten einen warnenden Blick zu. In diesem Augenblick hörte sie ein Pferd und einen Reiter näherkommen und blickte auf. Ihre Miene verriet ihre Verlegenheit.

„Hallo!" Der Reiter, ein gut aussehender junger Mann, brachte sein Pferd kurz vor Bailey zum Stehen. Er war muskulös gebaut, seine Haare, die in verschiedenen Blondtönen glänzten, waren zu einem modischen Zopf zurückgekämmt, und er schaute sie mit einem freundlichen Lächeln an. Er schwang sich in einer einzigen würdevollen Bewegung aus dem Sattel, bückte sich und klopfte den Staub von der Arbeit dieses Tages von seiner Hose und seinen Stiefeln. Obwohl Bailey relativ groß gewachsen war, stellte sie sofort fest, dass er sie um einiges überragte. Er zog höflich seinen Hut und stellte sich vor. „Ich bin Caleb Prentice."

„Es tut mir leid, Mr Prentice. Aber ich glaube nicht, dass Sie mich erwartet haben." Sie warf Dade, der unschuldig von ihr wegschaute, einen vorwurfsvollen Blick zu.

Caleb schüttelte Dade herzlich die Hand. „Ich glaube, wir sind uns schon einmal begegnet. In Sydney Cove, nicht wahr?“ Bevor der Gefreite antworten konnte, wandte Caleb den Kopf in Richtung des Hauses, aus dem das Wortgefecht deutlich zu vernehmen war. Er grinste. „Meine Schwester und ihr Mann haben wieder einmal Meinungsverschiedenheiten. Unsere Ranch wird größer, und wir haben vor Kurzem mehr Land gekauft. Die viele Zeit, die wir von unseren Frauen fort sind, fordert ihren Tribut. Meine Frau ist auch nicht besonders glücklich darüber.“

„Ihre Frau?“

„Meine Frau Kelsey. Wir haben eine kleine Tochter, Shannon, und Colby, unseren neugeborenen Sohn.“

Bei seiner entwaffnenden, freundlichen Art atmete Bailey erleichtert auf. „Ich gratuliere Ihnen, Mr Prentice.“

„Und mit wem habe ich die Ehre?“ Er zog interessiert die Brauen in die Höhe, und ein leichtes Lächeln huschte über sein Gesicht.

Bailey errötete. „Entschuldigen Sie. Mein Name ist Bailey Templeton. Ich bin die neue Lehrerin für Ihre Schule in Sydney Cove.“

Calebs Brauen fuhren überrascht in die Höhe. „*Sie* sind das?“

„Ich weiß. Sie haben alle einen Mann erwartet. Aber ich versichere Ihnen: Ich bin der Aufgabe gewachsen. Ich bin mit drei ungehobelten Brüdern aufgewachsen und bin sicher, dass ich mit diesen Kindern fertig werden kann.“ Sie hatte das Gefühl, sie sage diesen Satz zum hundertsten Mal.

„*Kinder!* Sie können sie gern so nennen, wenn Sie wollen.“

Ihr Sinn für Humor behielt die Oberhand, und sie antwortete lachend: „Das habe ich auch schon gehört. Ich habe die meisten von ihnen heute kennengelernt. Aber sie sind Kinder, auch wenn sie etwas unerzogen sind.“

Ein tiefes Lachen kam aus Calebs Kehle, und sein Mund verzog sich zu einem spöttischen Lächeln. „Sie sind tapferer als ich, Miss Templeton.“ Er schlug mit einer Hand auf seine Brust und hielt sich die andere an die Stirn. Dann schaute er mit gespieltem Schmerz auf und stöhnte: „Gott stehe ihr bei. Ein neues Opfer geht seinem Schicksal entgegen!“

Alle drei mussten lachen, und Bailey fühlte, wie ihre innere Anspannung verschwand. „Ich kann es nicht erwarten, Ihre Kinder hier auf Rose Hill kennenzulernen, Mr Prentice.“

„Dann würde ich vorschlagen, wir gehen am besten hinein. Wenn keine Möbel aus dem Fenster geflogen kommen, können wir davon ausgehen, dass man schadlos das Haus betreten kann.“ Mit einer schwungvollen Armbewegung führte er sie in das geräumige Haus und rief laut: „Wir haben Gäste! Ist jemand da?“

Bailey blieb höflich an der Haustür stehen, atmete erleichtert ein und ließ ihre Augen durch den Salon wandern. Der Raum mit der hohen Decke war geschmackvoll mit Möbeln aus Mahagoniholz eingerichtet. Der sonnige Eingangsbereich verlieh ihm eine einladende Atmosphäre. Die hellen Kissen, die zwanglos im Salon verteilt waren, gaben den bunten Tapeten eine heimelige Ausstrahlung. Ihre Sinne wurden von dem verführerischen Geruch nach frisch gebackenem Brot belebt, der sich mit dem Duft der großzügig im Raum verteilten Blumensträuße vermischte.

„Dwight? Katy?“, rief Caleb erneut.

Als sie aus dem Augenwinkel eine Bewegung sah, drehte sich Bailey um und sah zu ihrer Linken einen Mann und eine Frau die Treppe herabsteigen. Auf beiden Gesichtern lag eine stoische, aber gleichzeitig etwas unsichere Miene.

„Guten Tag“, rief die Frau. Ein leichtes Lächeln zog über ihr hübsches Gesicht.

Bailey nickte. „Mr und Mrs Farrell?“

„Ja?“ Die Frau warf ihr einen neugierigen Blick zu. Sie war eine zierliche Frau, Mitte Dreißig, mit blonden Haaren und auffallend blauen Augen.

Caleb stellte Bailey schnell vor. „Das ist Miss Templeton, Sydney Coves neue Schulmeisterin. Gefreiten Dade kennt ihr ja bereits.“

„Es ist mir eine Freude, Sie kennenzulernen, Miss Templeton", begrüßte Dwight Farrell sie freundlich. Liebevoll schlug er Caleb mit der Hand auf den Rücken, woraufhin sich im ganzen Raum eine Staubwolke ausbreitete.

Katy Farrell fügte hinzu: „Wir waren gerade oben ... und sprachen über unsere Kinder."

„Das haben sie schon gehört." Caleb verschränkte grinsend die Arme vor der Brust. „Es würde nicht schaden, wenn ihr das nächste Mal euer Fenster schließt, bevor ihr solche Gespräche führt."

„Oh, Dwight ..." Katy errötete. Ihr Blick wanderte zuerst zu ihrem Mann und senkte sich dann auf den Fußboden. Ihre Schultern waren verlegen zurückgezogen, und sie faltete nervös die Hände vor sich.

Als Bailey ihr Unbehagen bemerkte, antwortete sie schnell: „Machen Sie sich deswegen keine Gedanken. Ich habe mich wie zu Hause gefühlt."

Die Farrells wechselten belustigte Blicke miteinander, schauten dann Caleb und schließlich Bailey an. Auf einmal brachen alle in ein ansteckendes Gelächter aus.

„Ich komme mir so töricht vor!", lachte Katy laut. „Sie müssen uns für schrecklich halten!"

„Nein, eigentlich nicht. Nur für normal", versicherte Bailey ihr, immer noch lachend.

„Ich glaube, ich werde Miss Templeton mögen." Katy warf ihrem Bruder einen vielsagenden Blick zu. Sie trat neben Bailey und ergriff freundlich ihren Arm. „Trinken Sie mit uns eine Tasse Tee?"

„Oh nein, bitte ...", lehnte Bailey kopfschüttelnd ab. „... machen Sie sich meinetwegen keine Umstände."

„Das sind keine Umstände. Es ist Teezeit. Wir haben außerdem frische Kekse." Katy führte sie zu einem gepolsterten Stuhl. „Setzen Sie sich bitte. Ich hole meine Mutter. Sie möchte Sie bestimmt auch gern kennenlernen."

„Dann nehme ich Ihre Einladung gern an", lächelte Bailey.

„Und ihr Männer?" Katys Stirn runzelte sich kritisch.

„Ja, Liebes?" Dwight zog seinen staubigen Hut vom Kopf.

„Ihr geht und wascht euch erst einmal."

Bailey warf einen Blick auf die beiden gut aussehenden englischen Schafzüchter, deren eindrucksvolles Auftreten plötzlich das Verhalten zweier verschmitzter Schuljungen annahm. Ihre Augen verrieten ihre leichte Verärgerung, aber gleichzeitig ihre tiefe Zuneigung zu dieser willensstarken, aber charmanten Frau.

„Wir wissen, wann wir nicht erwünscht sind." Dwight nickte seinem Schwager zu und forderte ihn mit einer Kopfbewegung auf, zu kommen. „Miss Templeton." Er tippte an seinen Hut und setzte ihn wieder auf. „Dade, Sie können sich den verbannten Männern anschließen, wenn Sie wollen." Von dem überaus dankbaren Gefreiten gefolgt, drehten sich Dwight und Caleb um und schritten mit einem schiefen Blick auf Katy aus dem Raum.

Als sie auf dem Sofa Platz genommen hatte, hörte Bailey polternde Stiefelschritte auf der Veranda vor dem Haus.

„Meine Söhne, Jared und Donovan", erklärte Katy. Sie ging zur Haustür, um die beiden zu begrüßen. Die Tür wurde schwungvoll aufgerissen, und zwei Jungen mit sonnengebräunten Gesichtern platzten ins Haus. „Miss Templeton, darf ich Ihnen unsere Söhne vorstellen, Jared und Donovan." Sie deutete auf jeden, als sie ihre Namen nannte. „Sagt Miss Templeton ‚Guten Tag'."

„Hallo", rief der älteste freundlich, während der zweite Junge, das Spiegelbild seiner Mutter, kurz an seinen Hut tippte.

Bailey lächelte freundlich. „Es freut mich sehr, euch beide kennenzulernen." Sie betrachtete ihre Gesichter. Der ältere, Donovan, hatte die Augen und die dunklen Haare seines Vaters, während Jared Katys blaue Augen und blonde Haare geerbt hatte. „Wie alt seid ihr?"

„Zehn", antwortete Jared, von dem Duft des gebackenen Brotes abgelenkt.

„Ich bin zwölf, Miss Templeton", antwortete Donovan etwas höflicher als sein Bruder. „Sie sind neu in Sydney Cove?"

Bailey nickte, und Katy erklärte ihnen: „Jungs, das ist eure neue Lehrerin."

„Lehrerin?" Jared verzog das Gesicht.

„Was für ein Glück", widersprach Donovan der unfreundlichen Reaktion seines Bruders. „Sie sind nicht so alt wie die letzte."

Bailey lachte über die Reaktion der beiden. „Danke."

„Ihr geht jetzt alle beide durch die Küche hinaus und wascht euch zusammen mit eurem Vater und eurem Onkel hinter dem Haus." Katys Gesicht nahm eine mütterliche Miene an. „Wenn ihr euch gut benehmt, könnt ihr uns beim Tee Gesellschaft leisten." Während die Jungen aus dem Zimmer stürmten, rief sie ihnen nach: „Bittet Großmama, zu uns in den Salon zu kommen." Ihre Stimme wurde lauter, und ihr Gesicht verzog sich fragend. „Ich hoffe, sie haben mich gehört."

„Sie haben prächtige Söhne, aber Dade erwähnte ein drittes Kind." Bailey blickte auf, als das Dienstmädchen mit einer bedruckten Schürze den Salon betrat.

„Ja, Corbin ist unsere Jüngste. Sie ist unsere einzige Tochter – bis jetzt. Sie schläft gerade, aber wenn sie aufwacht, lasse ich sie zu uns herunterbringen."

„Wie alt ist Corbin?"

„Sie ist erst drei. Noch nicht alt genug für die Schule." Katy drehte sich zu dem Dienstmädchen herum. „Wir haben einen Gast, Helen. Ist unser Tee fertig?"

Das Dienstmädchen wischte sich mit einem Tuch die Stirn und machte einen Knicks. „Der Tee ist schon fertig, Mrs Farrell. Aber Ihre Jungen lassen die Finger nicht von dem Brot."

Mit einem Seufzen schüttelte Katy den Kopf und lächelte Bailey an. „Wie sollen wir in dieser Wildnis nur vornehme Herren aus ihnen machen?"

„Das können Sie nicht. Genauso wenig wie meine Eltern meine Brüder zu vornehmen jungen Männern in den amerikanischen Kolonien machen konnten."

„Wenigstens färbte das nicht auf Sie ab. Sie sind von einer englischen Dame nicht zu unterscheiden."

Jetzt war es an Bailey zu erröten. „Ich wünschte, dem wäre so, Mrs Farrell, aber ich fürchte, die Templetons haben alle einen gewissen Grad an Wildheit im Blut. Es ist reiner Überlebenskampf, glaube ich. Besonders, da ich in einem Haus voller Jungen aufgewachsen bin."

„Für meine kleine Corbin besteht also keine Hoffnung, dass sie sanft und vornehm wird?"

„Ich fürchte nicht." Bailey lachte und genoss die Leichtigkeit, mit der Katy Farrell in ihre Unbeschwertheit einstimmte.

„Wenn ich fragen darf: Wann wird unsere Schule wieder aufmachen? Ich unterrichte die Jungen in letzter Zeit zu Hause, aber Donovan ist in Mathematik ziemlich begabt, und ich fürchte, meine Fähigkeiten liegen mehr im Schreiben und Lesen. Ich würde mich so freuen, wenn er in Mathematik gefördert werden könnte."

„Ich hoffe, wir können in zwei Wochen die Schule wieder öffnen. Hauptmann Hogan überwacht die Renovierungsarbeiten und auch alles andere, was die Schule betrifft." Sie beherrschte ihre Miene und kleidete ihre Worte in Diplomatie. „Er deutete an, dass es auch länger dauern könnte, bis die Schule wieder beginnen kann."

„Ah ja", strahlte Katy zustimmend. „Der gute Hauptmann Hogan."

Das Dienstmädchen kam mit einem schweren Tablett ins Zimmer, auf dem sie den Tee und das Gebäck trug. Dicht auf ihren Fersen folgten Dwight, Caleb, Dade und eine ältere Frau, die Bailey für die Großmutter der Jungen hielt. Sie war eine attraktive Frau, wahrscheinlich Ende Fünfzig, Anfang Sechzig. Sie war nach der englischen Mode für den Empfang von Gästen gekleidet und schaute Bailey mit leuchtenden Augen freundlich an.

„Guten Tag, Madam", begrüßte Bailey sie sofort.

„Sie sind also Miss Templeton?“ Die Frau trat mit einem herzlichen Lächeln auf sie zu und begrüßte sie. „Bitte nennen Sie mich Amelia.“

Sie beugte sich vor und reichte Bailey beide Hände.

Bailey schloss Amelia sofort ins Herz. Sie wollte aufstehen, aber Amelia ließ es nicht zu.

„Bitte, bleiben Sie sitzen. Helen, unser Gast möchte jetzt eine Tasse Tee.“

Das Dienstmädchen ging daran, allen einzuschenken, während die Männer im Salon standen und sich über geschäftliche Dinge unterhielten.

„Caleb?“, wandte sich Katy an ihren Bruder.

„Ja?“

„Miss Templeton hat mir erzählt, dass Hauptmann Grant Hogan die Verantwortung für die neue Schule hat.“

„Grant? Ah, jetzt verstehe ich.“ Er grinste Dwight vielsagend an.

„Der gute alte Grant! Hogan, der Eroberer.“ Dwight lachte und blinzelte Dade zu.

Bailey runzelte die Stirn und richtete sich auf. „Ich habe den Eindruck, es gibt einiges, das ich über den Hauptmann noch nicht weiß.“

„Hören Sie nicht auf sie, Miss Templeton.“ Katy warf ihrem Mann und ihrem Bruder einen finsteren Blick zu. „Hauptmann Hogan macht seine Arbeit sehr gut. Er will nur das Beste für die Kolonie. Und dieser schreckliche Spitzname ist vollkommen unbegründet.“

Bailey richtete ihren Blick bewusst auf Katy, kniff die Lippen zusammen und versuchte, der hämischen Reaktion der Männer keine Beachtung zu schenken. „Sie sagen also, Donovan sei ein lernbegieriges Kind?“

„Donovan bewältigt jede Aufgabe, die man ihm vorlegt. Er wird eines Tages noch Gouverneur werden, so wie ich Donovan kenne. Jared liebt die Natur. Er jagt mit Begeisterung und ist gern bei den

Tieren. Setzt man ihn in ein Schulzimmer, dann schaut er die meiste Zeit aus dem Fenster und wünscht sich, er wäre draußen und könnte über die Wiesen reiten. Er sitzt wie ein Edelmann auf einem Sattel. Er ist auch klug, aber es kostet etwas Mühe, sein Interesse für schulische Dinge zu wecken."

„Das werde ich schon schaffen", lächelte Bailey. „Und Donavan wird ebenfalls gefördert werden. Mathematik ist meine Stärke, und ich ermutige begabte Schüler, eine höhere Ausbildung anzustreben."

„Sie müssen in England studiert haben?"

„Ja, in den ersten Jahren. Dadurch habe ich auch von dieser Stelle erfahren. Einer meiner früheren Professoren blieb in Kontakt zu mir. Er erzählte mir in einem Brief, dass ein geeigneter Lehrer für Neu-Südwales gesucht werde. Er hatte den Eindruck, ich sei für diese Herausforderung wie geschaffen."

„Diesen Eindruck habe ich auch", nickte Amelia. „Es ist eine solche Freude zu wissen, dass unsere Jungen von einer so begabten jungen Frau unterrichtet werden. Ich hoffe, Sie arbeiten in Ihrem Unterricht mit der Bibel. Sind Sie Christin?"

Bailey lächelte über Amelias Art, kein Blatt vor den Mund zu nehmen. „Ja, ich bin Christin. Wie könnte ich ohne Gottes Wort unterrichten? Es ist die Grundlage allen Lernens, finde ich."

„Dem Himmel sei Dank! Wenn Amerika solch gottesfürchtige Lehrerinnen hervorbringt, Miss Templeton, dann wird es ein großes Land werden!" Amelias ernster Blick machte alle einen Augenblick nachdenklich.

„Natürlich, Mama", sagte Katy nüchtern. „Wie sollte ein Lehrer ohne die Bibel unterrichten? Die Schüler würden alle Rüpel und Verbrecher werden."

„Das wäre doch einmal etwas Neues hier in Sydney Cove, oder?", sinnierte Caleb sarkastisch.

Alle grinsten über seine ironische Bemerkung, nur Amelia nicht. Sie sagte: „Holen Sie all diese Kinder zusammen und lehren Sie sie

Gottes Wege, Miss Templeton, dann werdet ihr sehen, wie sich das Gesicht dieser Kolonie verändert."

Ein kindliches Kichern erklang von der Treppe, das alle aufblicken ließ. Eine hübsche junge Frau wiegte ein gelocktes kleines Mädchen in den Armen. „Wie ich sehe, haben wir Besuch", lächelte die junge Frau. Das Gesicht des Kindes strahlte, als es die vielen Menschen sah.

„Sie ist wach!" Amelia stellte ihre Tasse sofort ab. „Meine Enkeltochter." Stolz strahlte sie über das ganze Gesicht.

Bailey zwinkerte Katy zu. „Das hätte ich erraten können. Diese Kleine muss Corbin sein."

Katy nickte und goss sich eine weitere Tasse Tee ein. „Und das ist meine Schwägerin, Kelsey."

Bailey genoss den Besuch bei dieser Familie. Sie konnte überhaupt nicht verstehen, dass jemand auf Rose Hill als Strafgefangener in dieses Land gekommen sein sollte. Sie wunderte sich, konnte sich aber nicht überwinden, diese Frage offen auszusprechen.

Nach einem kurzen, höflichen Abschied fuhren sie und Dade in Richtung der Pension zurück. Sie dankte dem Herrn für den Frieden, der jetzt in ihr regierte. Trotz des anstrengenden, herausfordernden Tages hatte Gott ihr wieder neuen Mut geschenkt – *kurz vor Sonnenuntergang.* Sie fühlte sich fast so, als wäre sie bei ihrer eigenen Familie gewesen. Auch Dwights und Calebs harmloses Necken hatte sie so sehr an ihre Brüder erinnert. Ihre Bemerkungen über Hauptmann Grant Hogan fand sie jedoch noch beunruhigender als Dades Kommentare. Von Dade hatte sie so etwas erwartet, aber die Prentices und die Farrells schienen ehrbare Leute zu sein. Sich von dem Mann, vor dem sie sich verantworten musste, fernzuhalten, könnte sich als Problem herausstellen. Hauptmann Grant Hogan aus dem Weg zu gehen wäre genauso, als wolle sie ihrer nächsten Mahlzeit aus dem Weg gehen. Katy schien die Einzige zu sein, die an ihn glaubte. Aber wenn Katy sich irrte und die anderen mit ihren Vermutungen recht hatten, müsste Bailey sehr gut auf sich aufpassen. *Wer sind Sie, Hauptmann Hogan? Sind Sie Hogan, der Eroberer?*

4. Unerwartetes Picknick

Bailey hob ihren Rock, um den letzten Schritt in das Schulhaus zu gehen, das aus einem einzigen Raum bestand. Während der letzten zwei Wochen hatte sie mehrere Abstecher zu dem alten Gebäude unternommen. Bei jedem Besuch hatte sie eine allmähliche Verbesserung in der Schule beobachtet. Selbst eine alte verrostete Glocke war so gut wie möglich aufpoliert und vor der Tür an einem Pfosten befestigt worden. Während sie ihren Blick durch den Raum schweifen ließ, fühlte sie, wie eine gewisse Befriedigung in ihr aufstieg. Der Lehmboden war mit einfachen Holzdielen ausgelegt und sauber gefegt worden. Die Wände, die mit Täfelungen bedeckt waren, rochen nach frischer Farbe, die dem alten Raum einen neuen, einladenden Anblick verlieh. Die Schulbänke und auch ihr eigenes Pult waren repariert und in sauberen Reihen in Richtung Tafel aufgestellt worden. Um die sengende Hitze der Sonne abzuhalten, hatten einige Siedlerfrauen karierte Vorhänge für die kleinen Fenster genäht.

Das Warten war nun vorbei. *Heute ist der Tag, Bailey. Aller Augen werden auf dich gerichtet sein.* Sie erinnerte sich an die Versammlung im Pfarrhaus. Die hübsche Pfarrersfrau hatte besonders darauf geachtet, dass jede Familie, gleichgültig, welchen gesellschaftlichen Platz sie in der Kolonie einnahm, mit höchstem Respekt behandelt wurde. Trotz einiger argwöhnischer Blicke hatte Bailey bei den meisten Anwesenden ein gewisses Maß an Akzeptanz gefunden. Sie dachte an Grant Hogans skeptischen Blick am Vortag. Er hatte eine Gruppe Strafgefangener bei der Arbeit am Schulgebäude überwacht und jede Schulbank, jede Wand, jeden Teil des Raumes einem prüfenden Blick unterzogen. Aber sie hatte ebenfalls ihre Beobachtungen angestellt und jede Bemerkung, die er in ihre Richtung fallen ließ, genau unter die Lupe genommen. Falls Hogan irgendeine Absicht hatte, sie in die Liste seiner Eroberungen aufzunehmen, konnte sie noch keinen Funken Manipulation von seiner Seite entdecken. Seine Beziehung zu ihr war rein geschäftlicher Natur. Aus irgendeinem Grund, den sie sich selbst nicht richtig erklären konnte, störte sie diese Tatsache sogar, auch wenn sie nicht genau sagen konnte, warum. Obwohl sie feststellen musste, dass er gut aussah und ziemlich intelligent war, war sie immer auf der Hut, sobald er auftauchte.

Hogan hatte sich als Informationsquelle erwiesen und ihr die kurze Geschichte der Kolonie nahegebracht. Die meisten der freigelassenen Siedler waren in England wegen Verbrechen verhaftet worden, die vom Diebstahl eines Schinken bis zu ernsten Verstößen wie Unterschlagung und Veruntreuung reichten. Einige waren zum Tod am Galgen verurteilt worden und deshalb erleichtert gewesen, als ihre Strafe in Deportation nach Neu-Südwales umgewandelt wurde. Die meisten waren arm und hatten wahrscheinlich nur gestohlen, um überleben zu können. Aber es gab auch ein paar auffallende politische Gestalten, die ihre Spuren in der Geschichte der Kolonie hinterlassen hatten. Neu-Südwales' einziger Künstler, Thomas Watling, war deportiert worden, weil er Guinea-Noten der Bank von Schottland gefälscht hatte. Bailey hatte eines der Gemälde des Landschaftsmalers im Regierungsgebäude hängen gesehen. Sie riss sich von ihren Gedanken los und konzentrierte ihre Aufmerksamkeit auf das Gelächter, das von außen ins Schulhaus drang.

Nach einer letzten Überprüfung, bei der sie sich vergewisserte, dass auf jeder Schulbank der gleiche Stapel unübersehbar benutzter Bücher lag, strich Bailey ihren Rock glatt, berührte noch ein letztes Mal ihre hochgesteckten Haare und ging zur Tür. Mit einem einzigen Blick sah sie, dass in den noch vor wenigen Minuten leeren Schulhof jetzt ein reges Leben eingekehrt war. Sie ließ ihren Blick über den Hof wandern. Die meisten der Kinder erkannte sie. Ein paar Mädchen blickten auf und riefen: „Guten Tag, Miss Templeton!“

Von dieser Reaktion ermutigt, schritt Bailey zuversichtlich zu der Glocke und ließ sie laut erklingen. Sofort drehte sich eine Schar Jungen mit erhitzten Gesichtern um, stürmte auf sie zu und führte die anderen in einem Wettrennen an. Bailey erkannte, dass sie schnell eingreifen musste. Sie richtete sich zu ihrer vollen Größe auf und hielt ihre Hand in einer gebieterischen Geste hoch. „Bitte, hört jetzt auf!“ Ihr Kinn wurde hart, und ihre Augen richteten sich auf den größten der Jungen, Cole Dobbins. „Ich sagte: *Aufhören!*“, befahl sie unerbittlich.

Die Jungen blieben mit einem leisen Murren auf den Stufen unter ihr stehen. Dobbins stemmte die Arme in die Hüften und schaute sie verächtlich an. Dann fuhr er mit den Fingern durch seine ungekämmten Haare und schaute Bailey mit kritisch zusammengekniffenen Augen von Kopf bis Fuß an.

„Cole Dobbins“, sagte sie bestimmt. „Du sollst ein Vorbild für die anderen sein. Du bist der Älteste und trägst deshalb die größte Verantwortung, dich anständig zu benehmen, damit die anderen es dir gleichtun können.“ Sie zog eine zarte Augenbraue nach oben, um ihre Worte zu unterstreichen. „Hast du mich verstanden?“

Dobbins war sich der Blicke seiner belustigten Kumpane bewusst, fuhr plötzlich herum und zückte drohend ein Messer. „Nein, Lady. Ich habe Sie nicht verstanden.“

* * *

„Gefreiter Dade, es gefällt mir ganz und gar nicht, dass Sie unsere neue Lehrerin heute morgen nicht zur Schule begleitet haben. Sie war wahrscheinlich schon vor Sonnenaufgang aus dem Haus. Sind Sie sich der Gefahren bewusst, der eine Frau in dieser Siedlung ausgesetzt ist, wenn sie allein unterwegs ist?“

„Natürlich, Sir.“ Dade drückte seine Fersen in die Flanken seines Pferdes, um mit Hauptmann Hogans Pferd Schritt zu halten. „Aber Sie wissen gar nicht, was Sie da von mir verlangen. Diese Miss

Templeton ist keine von diesen britischen Damen. Sie ist ein bisschen eigensinnig – nicht nur ein bisschen – viel eigensinniger als die meisten Männer, die ich kenne, Sir. Sie wollte nicht, dass ich sie begleite. Ich sagte ihr, es sei ein Befehl aus dem Regierungsbüro, aber sie erklärte, sie sei kein Offizier, jawohl!"

„Warum wollte sie nicht von Ihnen begleitet werden?"

„Sie sagte, es sei ihre Aufgabe, dafür zu sorgen, dass sie jeden Tag sicher zum Schulhaus komme, und wenn sie jetzt nicht damit anfange, dann müsse sie es nur später tun. Was du heute kannst besorgen ... und so weiter. Sie redete so überzeugend auf mich ein. Bevor ich mich versah, hatte sie mich überredet, Sir." Dade biss sich auf die Lippe. Ein verwirrter Blick verdunkelte sein Gesicht. „Wie wollen Sie diese Frau von etwas anderem überzeugen, Hauptmann Hogan? Wie wollen Sie Miss Templeton dazu bringen, das zu tun, was Sie wollen?"

Ein selbstsicheres Funkeln leuchtete aus Grants Augen. „Dade, sie ist Angestellte der Regierung. Wir haben sie angestellt, also muss sie unsere Anweisungen befolgen, oder sie riskiert ihre Kündigung. Ich sehe schon, ich muss selbst mit ihr sprechen."

„Sie sind ein stärkerer Mann als ich, Herr Hauptmann." Dade schüttelte den Kopf. „Das gebe ich gern zu."

Die Morgendämmerung hatte die orangegelbe Sonne nur leicht über dem flüsternden Morgendunst aufsteigen lassen. Der dünne Nebel löste sich langsam auf und zog die Schleier des frühen Morgens zurück. Wie auf ein Stichwort lugte die Sonne mit ihren strahlenden Fingern über das Dach des Schulhauses. Hogan und Dade verlangsamten ihre Pferde und betrachteten bewundernd das morgendliche Schauspiel.

Hogan schloss die Augen und ließ sich von der Sonne das Gesicht wärmen und die Kälte aus den Knochen vertreiben. Dann richtete er seine Gedanken wieder auf die vor ihm liegende Aufgabe, gab seinem Pferd die Peitsche und galoppierte, dicht gefolgt von Dade, auf die Schule zu.

Auf dem Schulhof war es ruhig. Sie zügelten ihre Pferde und hofften, sie könnten unbemerkt eintreten.

„Sie glauben, sie wird es nicht schaffen, Sir?", fragte Dade ruhig.

„Ich *wünsche* ihr nicht, dass sie scheitert, Dade, falls Sie das meinen. Aber ich weiß einfach, dass die Kinder dieser Freigelassenen schwer zu zähmen sind. Deshalb habe ich noch einmal nach England geschrieben und von unserem Problem berichtet. Wenn sie dort einen männlichen Ersatz finden, bleibt mir keine andere Wahl, als Miss Templeton durch einen Mann zu ersetzen."

Dade kniff den Mund zusammen und murmelte achselzuckend: „Das wäre sehr schade, Sir."

Hogan und Dade blieben vor der geschlossenen Tür stehen. Durch die offenen Fenster konnten sie Kinderstimmen nach draußen dringen hören. Die Kinder waren damit beschäftigt, gemeinsam einen Text zu lesen. Miss Templeton war es also anscheinend gelungen, wenigstens eine gewisse Ordnung ins Klassenzimmer zu bringen. Grant drehte leise den Griff und schob die Tür auf, aber zu seinem großen Unmut quietschten die alten Scharniere laut in ihren Angeln. Er verzog missmutig das Gesicht und seufzte, als aller Köpfe sich zu ihm umdrehten.

Überrascht schaute Bailey ihn an. Sie reagierte schnell und selbstsicher auf die Unterbrechung. „Hauptmann Hogan!", begrüßte sie ihn mit so viel Respekt, wie sie in der kurzen Zeit aufbringen konnte. „Kinder, bitte begrüßt unseren Gast."

Die meisten Kinder der Siedler, die die Behörden achteten, kamen ihrer Aufforderung mit einem ruhigen Gruß nach. Aber die Kinder der Freigelassenen hassten das Militär, und einer nach dem anderen drehte ihm verächtlich den Rücken zu und widmete seine Aufmerksamkeit wieder der Lehrerin.

Grants Miene war eine einzige große Entschuldigung. Er schüttelte den Kopf. „Entschuldigen Sie die Störung, Miss Templeton."

„Sie brauchen sich nicht zu entschuldigen. Können wir etwas für Sie tun?" Bailey behielt durch ihre Haltung und ihre aufmerksame Miene die Kontrolle über die Situation. Sie beugte sich fragend zu ihm vor.

„Nein. Es ist nur ..." Er zögerte. „Ich ... ich komme am besten in Ihrer Mittagspause wieder."

„Das wäre eine gute Zeit. Mrs Johnson hat mir einen ganzen Korb selbst zubereitetes Essen geschickt. Ich werde den Korb nie allein bewältigen können."

Grants Gesicht wurde rot. „Ich wollte mich nicht zum Essen einladen. Ich muss mit Ihnen über einige Dinge sprechen ..."

Ein paar Mädchen kicherten, und eine fragte laut: „Sie wollen unsere Miss Templeton besuchen?"

Jetzt hallte ein lautes Lachen durch das ganze Schulzimmer.

Mit einem missfallenden Blick klatschte Bailey in die Hände. „Ruhe, bitte. Hauptmann Hogan ist mein Vorgesetzter, und er hat dafür gesorgt, dass ihr alle eine richtige Schule habt. Von Zeit zu Zeit, nehme ich an ...", Bailey warf ihm einen fragenden Blick zu, „... wird Hauptmann Hogan zu uns hereinschauen, um zu sehen, ob bei uns alles in bester Ordnung ist." Sie ließ ihre Augen auf ihm ruhen. „Habe ich recht, Hauptmann Hogan?"

Hogan nickte mechanisch. „Ja ..." Er schwieg kurz und rang um die richtigen Worte. „Ich bin hier, um zu sehen, ob *bei allen in der Schule* ...", jetzt richtete er seine Augen gezielt auf sie, „... alles in bester Ordnung ist."

„Danke." Sie schien seine klar gezielte Aussage nicht zu verstehen. „Verabschieden wir Hauptmann Hogan höflich." Über Baileys Gesicht zog ein Lächeln. „Sie kommen dann mittags wieder?" Sie senkte fragend das Gesicht.

„Nein. Ich meine, ja. Das heißt, ich finde, wir sollten über ein paar kleinere Probleme sprechen, aber ..." Grant seufzte schwer. „Aber, ja, natürlich. Wenn Mrs Johnson bereits das Essen gebracht hat, sollten wir ihr die Ehre geben und es auch essen", schloss er resigniert.

„Sehr gut." Bailey lächelte steif. „Dann sehen wir Sie um halb zwölf wieder?"

Grant verbeugte sich leicht. „Um halb zwölf also." Er drehte sich um und verließ das Klassenzimmer. Ein belustigt grinsender Dade erwartete ihn. „Oh, halten Sie bloß den Mund!" knurrte Hogan ihn leise an.

Der Zeiger der kleinen Taschenuhr auf Baileys Schreibtisch bewegte sich schneller, als ihr lieb war, auf die Mittagsstunde zu. Grant Hogans überraschender Besuch hatte in ihr mehr Besorgnis geweckt, als sie sich eingestehen wollte. Der Morgen hatte mit einem kleinen Desaster begonnen. Nur mit größter Mühe hatte sie die Kinder Schritt für Schritt durch ihr geplantes Morgenprogramm führen können. Schließlich hatten sie sich gefügt, aber ihr war bewusst geworden, dass sie ihre Methoden augenblicklich ändern müsste. Drei der Waisenkinder, die sie in der Siedlung gefunden hatte, waren aufgetaucht, wenn auch vielleicht nur, um ihre Neugier zu befriedigen. Aber bei dem Dobbinsjungen hatte sie versagt: sie war nicht mit ihm fertig geworden. Sie erinnerte sich an das kalte Grauen, das sie erfüllt hatte, als er sein Messer gezückt hatte. In den wenigen Monaten, in denen sie in einer der schlimmsten Schulen in London unterrichtet hatte, hatte noch nie ein Schüler sein Messer gegen sie gezogen. Sie hatte den Drang, selbst davonzulaufen, verzweifelt unterdrückt, sich aufgerichtet und die einzige Entscheidung getroffen, die sie in dieser Situation als vernünftig angesehen hatte. Sie hatte ihm befohlen, wieder nach Hause zu gehen. Mit spürbarer Erleichterung hatte sie zugesehen, wie Cole gleichgültig mit den Schultern gezuckt hatte und davongetrottet war. Gleichzeitig war ein neuer Respekt über die Gesichter der Schüler gezogen. Wenn sie die Bildung eines einzigen Jungen zum Wohl der ganzen Gruppe opfern musste, dann wusste sie instinktiv, dass sie der Tatsache ins Auge blicken müsste, dass ihr in dieser Angelegenheit keine andere Wahl blieb. *Vielleicht kann ich dir später eine zweite Chance geben, Cole.* Sie hoffte es.

„Miss Templeton?" Eine Siedlerstochter, Margaret, hob die Hand.

„Ja, Margaret?"

„Es ist Zeit für die Mittagspause. Ich habe Hunger." Einige der anderen Schüler wurden unruhig und schauten sie hoffnungsvoll an.

„Oh." Bailey schaute auf ihre Uhr. „Du hast recht." Sie stand auf und schaute durch eines der offenen Fenster. *Vielleicht taucht er ja doch nicht noch einmal auf.* „Donovan Farrell, würdest du bitte ein Dankgebet für unser Essen sprechen?"

Der gut aussehende Junge stand auf und lächelte. „Sehr gern, Miss Templeton." Sein Gesicht verriet seine ruhige Ehrfurcht. Er beugte den Kopf. „Danke, Herr, dass wir so reichlich zu essen haben. Bitte segne Miss Templeton und hilf Cole Dobbins, von seinen bösen Wegen umzukehren." Eine Welle der Heiterkeit zog durch den Raum. Bailey biss sich auf die Lippen, um sich ein Lächeln zu verkneifen. „Im Namen unseres Herrn und Heilands, Jesus Christus. Amen. Guten Appetit!" Er holte unter seiner Schulbank ein Bündel hervor.

„Wartet!" Bailey beeilte sich, um als Erste bei der Tür zu sein, und rief sie erneut zur Ordnung. „Stellt euch leise auf. Zuerst die Mädchen."

Die Jungen stöhnten. Die Mädchen, die es nicht gewohnt waren, dass ihrem Geschlecht in dieser Kolonie Achtung entgegengebracht wurde, schauten einander mit großen Augen an. Einer nach dem anderen standen sie auf, gaben ihren besten Freunden die Hand und reihten sich an der Tür auf.

Bailey wartete, bis der letzte Schüler den Raum verlassen hatte. „Hast du Hunger, Donovan?" Sie lächelte ihren besten Schüler an.

„Ja, Miss Templeton. Und ich will Ihnen noch sagen, wie froh ich bin, dass Sie gekommen sind!"

„Danke." Sie strahlte, als sie sein Kompliment hörte. „Jetzt muss das nur noch unser Hauptmann Hogan auch so sehen und mir erlauben, hierzubleiben."

Donovan lachte. „So schlimm ist er auch wieder nicht, Miss Templeton. Wirklich nicht."

Sie verdrehte die Augen, um ihre gute Laune zu zeigen. Aber es erstaunte sie, dass die Farrells eine so unübersehbare Zuneigung zu diesem Mann hatten. Immerhin waren sie Freigelassene, und er war Angehöriger des Militärs. Das waren zwei Dinge, die nicht zusammenpassten, wenigstens nicht nach ihrem Verständnis.

Als alle Schüler sich ruhig in den Schatten der weit ausholenden Akazien, die den Schulhof säumten, gesetzt hatten, breitete Bailey auf dem weichen Gras ihre Decke aus. Sie spähte eifrig in den riesigen Korb mit vielen Leckereien. Bei dem Anblick lief ihr das Wasser im Munde zusammen. Sie hatte sich zwar selbst einen kleinen Imbiss aus Brot und Käse mit einem Stück Obst eingepackt, aber der Duft von Apfelstrudel und gebackenem Schinken betörte ihre Sinne. „Oh, liebe Mrs Johnson, wir müssen gute Freundinnen werden", lachte sie leise.

„Komme ich zu spät?", rief eine Stimme hinter ihr.

Bailey wurde steif, als sie Grant Hogans tiefe Stimme hörte. „Aber nein." Sie drehte sich zu ihm herum und zog dann ihre Röcke auf eine Seite, um dem Mann Platz zu machen. „Sie kommen gerade rechtzeitig."

„Ich muss mich noch einmal dafür entschuldigen, dass ich Ihren Unterricht so unnötig gestört habe." Er ließ sich auf ein Knie fallen und half ihr, die Tischdecke auszubreiten, die sie in dem Korb gefunden hatte.

Bailey zuckte mit den Achseln und ging geschäftig daran, den Inhalt des Korbes auf dem Tischtuch auszubreiten. „Sie haben allen Grund, bei mir nach dem Rechten zu sehen, Hauptmann Hogan." Sie konzentrierte ihren Blick auf das Essen, da er nichts von dem leisen Groll merken sollte, den sie innerlich hegte.

„Diesen Eindruck wollte ich auf keinen Fall bei Ihnen wecken, Miss Templeton. Ich bin nicht der Typ, der unsere Angestellten überwacht."

Da sie bemerkte, dass er seine Worte mehr denn je beherrschte, wuchs auch ihre Vorsicht. „Sie sagten, Sie müssten über einige

Probleme sprechen?“ Sie setzte sich auf ihre Fersen zurück und wartete auf seine Antwort. Solange sie das Gespräch beherrschte, brauchte sie sich keine Sorgen machen.

„Ja, nun ...“ Er atmete tief aus und nahm seinen Hut ab. „Sie reden nicht lang um den heißen Brei herum, nicht wahr?“

„Um dieses Gespräch habe nicht ich gebeten, Sir. Aber ich finde, ich sollte über alle etwaigen Hindernisse informiert werden, bevor sie unüberwindlich werden – das ist wohl das Mindeste.“

„Warum genießen wir nicht vorher etwas von Mrs Johnsons gebackenem Schinken und von den Bratkartoffeln?“

Bailey biss sich vorsichtig auf die Lippe und wurde plötzlich sehr misstrauisch, da er ihrer Frage ausgewichen war. Aber sie wollte nichts überreizen. Sie beschloss, ihm beim Essen Gesellschaft zu leisten, wusste aber nicht, ob sie in so kurzer Zeit wieder Appetit bekäme. Aber der Anblick und der Duft des Essens verzauberte ihre Sinne. „Diese Mrs Johnson ist wirklich eine umsichtige Frau! Sie hat alles eingepackt – Geschirr, Besteck, sogar eine kleine Flasche Apfelwein.“ Sie füllte eilig zwei Teller. „Wir haben bereits ein Dankgebet gesprochen.“

Grant schaute sie mit einem belustigten Funkeln in den Augen an und grinste leise vor sich hin.

„Was ist so belustigend, Hauptmann Hogan?“

Er schüttelte schnell den Kopf, als müsse er es sich doppelt überlegen, ob er seine Gedanken preisgeben solle.

„Ich bin für einen guten Witz immer zu haben. Sie können ihn mir verraten – wenn Sie wollen.“ Sie hob gebieterisch das Kinn.

„Es ist ... nun ... wenn Sie in der Schule sind, dann sprechen Sie mit allen so, als wären sie Ihre Schüler.“

Über diese Beobachtung überrascht, runzelte Bailey die Stirn. „Tue ich das?“ Sie merkte, wie ihre Wangen rot wurden.

„Ja.“ Er lachte. „Ich habe das Gefühl, als sollte ich mich auf meinem Stuhl gerade aufsetzen und die Hand heben, bevor ich esse.“

Sie warf einen schiefen Blick auf die Schüler, die sich ruhig im Hof unterhielten, und senkte die Stimme. „Das tut mir leid. Es ist mir nicht aufgefallen. Meine Brüder sagten mir das auch immer."

„Wirklich?" Er begann hungrig, die dicke Scheibe Schinken, die vor ihm lag, zu verspeisen.

„Ja. Ich sagte ihnen immer, *irgendjemand* müsse sie ja wohl in ihre Schranken verweisen." Ein Lächeln spielte sich um ihre Mundwinkel.

Verblüfft hörte Hogan einen Augenblick auf zu kauen, während er über ihre Bemerkung nachdachte. Er schluckte und sagte dann fast zaghaft: „Ich hätte gern noch etwas Brot, natürlich nur, wenn Sie nichts dagegen haben."

Bailey genoss das leise Geplänkel zwischen ihnen, aber sie achtete sorgfältig darauf, dass sie es nicht zu sehr genoss. Es dauerte nicht lange, bis Hauptmann Hogan ihr seine Familiengeschichte erzählte. Seine Eltern waren Einwanderer aus England und hatten das Angebot der Regierung angenommen, die in Neu-Südwales kostenlos Land versprochen hatte. Hogans Vater, der vorher schon finanziell abgesichert gewesen war, hatte bald eine erfolgreiche Farm aufgebaut, eine der ersten großen Errungenschaften in Sydney Cove. Es erstaunte sie, dass eine so vermögende Familie sich inmitten der großen Armut dieser Siedlung niederließ.

„Mein Vater erkennt eine gute Gelegenheit auf den ersten Blick."

„Was ist mit Ihnen? Sehen Sie ebenfalls Möglichkeiten in dieser Kolonie?" Sie goss ihnen beiden ein weiteres Glas Apfelwein ein.

„Ja. Deshalb bin ich auch beim Militär. Der Militärarzt erklärte sich bereit, mich bei ihm studieren zu lassen, wenn ich für zwei Jahre ins Militär eintrete."

„Sie sind also kein Vollblutoffizier?"

„Wohl kaum." Grant schüttelte den Kopf. „Nur mit reiner Willenskraft halte ich diese Zeit durch. Aber diese Kolonie braucht mehr Ärzte, und ich habe vor, eine Arztpraxis zu eröffnen."

Diese Nachricht veranlasste Bailey, ihn genauer anzuschauen.

„Ein sehr ehrbarer Beruf, Hauptmann Hogan." Sie blickte auf den Brotlaib hinab und schnitt zwei weitere Scheiben davon ab. „Fast genauso ehrbar wie das Lehramt."

Wortlos schaute Hogan Bailey an.

Ihre Blicke begegneten sich, und zum ersten Mal sah sie etwas, das sie veranlasste, ihre Meinung über ihn zu hinterfragen. Sie erwiderte sein Lächeln. „Noch eine Scheibe Brot?"

„Gern." Er hielt ihr seinen Teller entgegen.

Der Rest des Schultages verlief ohne weitere Zwischenfälle. Ein älterer Junge blieb nach dem Unterricht zurück und stand ängstlich wartend neben ihrem Lehrerpult. Sie erkannte in ihm eines der Waisenkinder. „Ja, was kann ich für dich tun?" Sie schaute ihm direkt ins Gesicht. „Du bist Stephen?" Sie erinnerte sich an seine Geschichte. Er war im Alter von fünf Jahren im Hafen ausgesetzt worden und hatte sich mit Betteln in der Siedlung durchgeschlagen.

Stephen nickte. „Ja, Miss Templeton."

„Was kann ich für dich tun?"

„Ich wollte Ihnen sagen, dass der Junge, den sie nach Hause geschickt haben ..."

„Dobbins?"

„Cole, ja, Madam. Er macht Schwierigkeiten. Ich bin mit ihm herumgezogen, und er hat mehr angestellt, als selbst unsere alte Lehrerin wusste. Es gibt noch etwas, aber ..."

„Sag es mir, Stephen", seufzte Bailey. „Du kannst ruhig mit der Sprache herausrücken."

„Er ist nicht der Typ, der sich von jemandem herumkommandieren läßt. Er wird wieder kommen und ..." Stephen begann zu stammeln. Seine Lider zuckten nervös.

„Stephen?" Bailey ergriff seine zitternden Hände.

„Ja, Miss."

„Ich habe keine Angst." Sie lächelte leicht.

Wenige Minuten später lief der besorgte Junge los und holte die anderen schnell ein. Bailey packte ihre Sachen zusammen. Einer der Jungen hatte ihrem Pferd Wasser gegeben, ihm das Geschirr abgenommen und es unter einem schattigen Baum angebunden. Bevor die Kinder das Schulgelände verlassen hatten, waren das Pferd und der Wagen wieder fahrbereit gemacht worden. Von dem guten Willen der Kinder ermutigt, hatte Bailey das Gefühl, sie könne am nächsten Tag zurückkehren und es mit jedem und allem aufnehmen, wenn sie müsste. Selbst mit Cole Dobbins.

Der Himmel hatte sich leicht verdunkelt. Bailey sah, dass sie sich beeilen müsste, wenn sie nicht in einen Regenschauer geraten wollte. Sie stellte ihre Sachen neben Mrs Johnsons Korb unter die Sitzbank, band die Zügel los und ließ sie schnalzen.

Als sie ein Pferd herangaloppieren hörte, zog sie schnell die Zügel an. „Brr!"

„Miss Templeton!"

Bailey erkannte den Mann, den sie inzwischen als ihren allgegenwärtigen Schatten bezeichnete. „Hallo, Gefreiter Dade."

„Brr!" Er war außer Atem. „Ich dachte schon, ich käme zu spät. Hauptmann Hogan hätte mich bestimmt auspeitschen lassen, wenn ich es wieder verkorkst hätte."

„Verkorkst? Was haben Sie denn verkorkst?"

„Ich hätte Sie heute Morgen begleiten sollen ..."

„Dade, das war allein *meine* Entscheidung. Sie haben nichts falsch gemacht." Bailey fühlte, wie ihr Unmut wuchs.

„Lassen Sie mich einfach neben sich herreiten, Miss Templeton, damit ich sagen kann, dass ich meine Aufgabe erfüllt habe. Bitte, Miss?"

Sie atmete gereizt aus. „Meinetwegen, wenn es unbedingt sein muss, Dade!"

„Danke, Miss. Damit ersparen Sie mir eine Menge Ärger."

Sie warf erneut einen Blick auf den immer dunkler werdenden Himmel. „Wir sollten uns beeilen, wenn wir nicht beide klatschnass werden wollen."

Dade tippte an seinen Hut und strahlte sie erleichtert an. „Dann los." Er lenkte seine rotbraune Stute schnell herum und ritt voran. „Wir können auf halbem Weg bei den Farrells Rast machen, wenn es nötig sein sollte."

Bailey genoss fast den Witterungsumschwung. Sie zog ihr Tuch um ihre Schultern und ergriff die Zügel fester, als das Pferd lostrabte. Die Erinnerung an das irgendwie angenehme Mittagessen mit Hauptmann Hogan machte es ihr schwer, wütend auf ihn zu sein. *Vielleicht ist das genau seine Absicht?* Sie analysierte ihr Gespräch und musste daran denken, wie schnell er es geschafft hatte, mit ihr zu Mittag zu essen. Verstimmt und zu müde, um Hogans Motive zu hinterfragen, begann Bailey, ihren nächsten Schultag zu planen. Wenn diese Schüler auch nur die grundlegendsten Dinge begreifen sollten, dachte sie verzweifelt, müsste sie einige kreative Maßnahmen erfinden, um ihnen auf diesem Weg zu helfen.

Ein greller Blitz zuckte am Himmel, dem ein lautes Donnerrollen folgte, und warnte sie vor dem aufziehenden Sturm. Ihre Gedanken konzentrierten sich jetzt darauf, so schnell wie möglich nach Hause zu kommen. Bailey bemerkte nicht die Augen, die sie aus dem dichten Gebüsch heraus beobachteten. Sie flüsterte ein schnelles Gebet um Schutz vor dem Sturm, ohne zu ahnen, dass sie einer weitaus größeren Bedrohung ausgesetzt war – einer Bedrohung, die sie nie vermutet hätte.

5. Der geheimnisvolle Kapitän Gabriel

Bailey zog die dicken Vorhänge in ihrem Zimmer zurück und setzte sich, um endlich den längst fälligen Brief an Laurie zu schreiben. Sie war in den ersten Wochen so sehr in ihrer Arbeit in der Schule aufgegangen, dass sie es sich angewöhnt hatte, die unausweichliche Korrespondenz an ihre Schwester einfach zu ignorieren. Sie setzte sich auf den einzigen Stuhl im Zimmer, rückte nahe an den winzigen Tisch heran und starrte auf das leere Blatt Papier. Eine Weile rutschte sie unbehaglich auf dem Stuhl hin und her, aber dann zwang sie sich zu ihrer Aufgabe und begann:

Liebe Laurie,
heute ist Samstag. Ich wohne seit meiner Ankunft in Sydney Cove vor vier Wochen in einer Pension. Nach vielen Vorbereitungen hat der Schulbetrieb endlich begonnen. Einige der Eltern, genau genommen sehr viele, stehen der Regierung ziemlich misstrauisch gegenüber – viele sind ehemalige Strafgefangene. Du kannst Dir vorstellen, welches Misstrauen sie gegenüber den Briten hegen, die sie früher ins Gefängnis gesperrt hatten und die jetzt die Kontrolle über die Kolonie und die Schule haben. Aus diesem Grund war es sehr schwer für mich, einige der Eltern davon zu überzeugen, dass ihre Kinder eine Schulbildung brauchen. Ein Schüler bereitet mir besonders große Sorgen. Er heißt Cole Dobbins. Bitte bete für ihn. Er kommt jetzt nicht mehr zur Schule, und ich habe das Gefühl, seine Zukunft ist zum Scheitern verurteilt, wenn er sich nicht von dem Weg abwendet, den er eingeschlagen hat. Die Jahreszeiten in Neu-Südwales sind genau entgegengesetzt zu denen in Amerika. Hochsommer ist hier im Januar. Die Bäume behalten ihre Blätter, werfen aber die Rinde ab. Auf ihnen sitzen viele braune Vögel, die laut kreischen und zwitschern. Die

wilden Tiere mit den Bauchtaschen, die Kängurus, von denen wir gelesen haben, sind kein Märchen. Ich kann sie hier überall sehen, auch wenn ich mich nicht dazu überwinden kann, ihr Fleisch zu essen, das hier in Sydney Cove sehr beliebt ist. Aber genug von meinem Leben hier. Du kannst Dir meine Überraschung wahrscheinlich vorstellen, als ich Deinen Brief in meiner Tasche fand. Ich hatte keine Ahnung von Deinem Interesse an Gavin Drummond. Es macht mich traurig, dass Du meintest, so etwas müsstest Du vor mir geheim halten, Laurie. Wir sind Schwestern, und nichts wird je –

Bailey machte eine Pause, um ihre Gedanken zu ordnen. Diesen Brief zu schreiben fiel ihr doch schwerer, als sie gedacht hatte. Sie konnte Gavins gutaussehendes Gesicht so deutlich sehen, als stünde er neben ihr im Zimmer. Sie erinnerte sich an ihr erstes Picknick mit ihm. Gavin war in einen Teich gewatet, um eine Wasserlilie für sie zu pflücken. Damals war ihr bewusst geworden, dass Gavin ein ganz besonderer Mann war. *Warum, Gavin? Warum hattest du eine solche Abneigung dagegen, dass ich unterrichte?* Die Erinnerung an ihren ersten bitteren Streit darüber, dass sie nach England fahren und ihr Studium beenden wollte, ließ sie diesen schrecklichen Tag noch einmal durchleben. Gavin war so starrsinnig gewesen. Er würde das Geschäft seiner Familie übernehmen und wollte seine Frau an seiner Seite haben. Er hatte sie wiederholt gefragt, warum sie sich nicht damit zufriedengeben könne, zu Hause zu bleiben. „Warum kannst du nicht zufrieden sein, Bailey?“ Diese Frage quälte sie. Und jetzt, da sie endlich das hatte, was sie sich gewünscht hatte, musste sie schwer kämpfen, um es nicht wieder zu verlieren. War diese Stelle als Lehrerin die ganzen Schwierigkeiten wert, die sie deshalb auf sich genommen hatte? *Warum bin ich hierher gekommen, Herr? Habe ich deinen Willen nicht erkannt – schon wieder nicht?* Aber sie konnte Laurie nicht ihre ganzen verwirrten Gefühle offenbaren. Sie wollte, dass Laurie glücklich würde – und nicht in der Angst leben müsste, ihre eigene Schwester könnte noch Gefühle für ihren Mann empfinden. Laurie hatte ein gutes Recht darauf, ihre Ehe ungetrübt von allen etwaigen Ungewissheiten zu beginnen.

Bailey dachte an die Entfernung, die jetzt zwischen ihnen lag. *Wer hätte gedacht, dass ich die Hochzeit meiner eigenen Schwester versäumen würde?* Sie war keineswegs enttäuscht darüber, dass dieses Fest ohne sie stattfand, sondern sie war froh, dass sie nicht dabei sein und das glückliche Paar beobachten müsste. *Ich muss sie überzeugen, dass ich Gavin nie wirklich geliebt habe,* beschloss sie. Sie hob ihre Feder erneut und formulierte die Worte in ihrem Kopf. Dann begann sie, die Sätze niederzuschreiben, die Laurie und Gavin hören wollten. Mit feuchten Augen schrieb sie die schmerzlichen Worte nieder, die ihrer Schwester eine glückliche Zukunft sicherten und ihr selbst ein schmerzliches ewiges Schweigen brächten.

* * *

„Miss Templeton? Miss Templeton?"

Bailey ließ ihren Blick kritisch über das Regal mit dem eingelegten Gemüse wandern. Sie riss sich los von den Gedanken, in die sie tief versunken gewesen war, und drehte sich zu dem Mann um, der sie angesprochen hatte. „Entschuldigen Sie?", sagte sie und setzte ein höfliches Lächeln auf. Wie lange stand sie schon in dem Regierungsladen und starrte die verstaubten Regale mit den spärlichen Waren an?

Der Kapitän nickte freundlich und zupfte an seinem Vollbart. „Wo sind wir denn heute, Miss? Weit fort von hier?"

Bailey lachte leise und zuckte mit den Achseln. „Offensichtlich, Kapitän Gabriel." Sie umklammerte mit einer Hand, die in einem Handschuh steckte, ihren Brief und rückte mit der anderen ihren Hut zurecht. Dann erlaubte sie ihm, in einer ritterlichen Geste ihre

Hand zu ergreifen, und erwiderte sein aufrichtiges Lächeln. „Sie sind also in Sydney Cove geblieben – einen Monat, sagten Sie?"

„Es werden noch sechs Wochen dazukommen. Ich warte auf eine Schiffsladung aus England. Dann heißt es ab zum Kap und weiter nach Rio de Janeiro."

„Aber Ihr Schiff ist doch kein Handelsschiff, dachte ich."

„Nein. Die Ladung ist für die lange Überfahrt bestimmt. Ich habe viele Passagiere, die darauf warten, in See zu stechen. Die meisten werden bis nach England an Bord bleiben."

Bailey dachte über seine Worte nach. „Ich wohnte einmal eine Weile in England. Ich habe dort studiert."

„Sie sind herzlich eingeladen, an Bord zu kommen, Miss Templeton, falls Sydney Cove doch nicht der richtige Ort für Sie sein sollte."

Bailey biss sich auf die Lippe und wog sein Angebot im Geiste ab. Wenn ihre Stellung als Lehrerin in sechs Wochen immer noch unsicher war – *vielleicht.* Sie gab diesem Gedanken Raum in sich. *Aber, Gott, du müsstest mir Klarheit schenken* ... Sie musste ohne jeden Zweifel wissen, wohin Gottes Hand sie führen wollte. *Wenn ich deine Stimme einmal falsch verstanden habe, dann soll mir das nicht ein zweites Mal passieren.*

Gabriel lachte herzlich. „Ist das Fernweh, was ich in Ihren Augen sehe?"

Sie schüttelte den Kopf und antwortete ernst: „Nein. Nicht Fernweh. Es ist nur ... ich bin nicht sicher, ob ich hierher gehöre, Kapitän Gabriel. Vor allem bin ich mir nicht sicher, ob ich hier erwünscht bin." Sie zögerte, da sie ihre Angst nicht gern eingestehen wollte. „Es könnte sein, dass man mich auffordert, bald wieder abzureisen."

„Damit würde man aber einen großen Fehler machen. Das sehe ich auf den ersten Blick."

„Sie sind sehr freundlich", bedankte sich Bailey für die ermutigenden Worte des Mannes.

Gabriel drehte sich um und lehnte sich an ein Holzregal. Mit einem leichten Seufzen senkte er den Blick auf den Boden.

Sie sah die Schmerzen in seinem Gesicht und berührte seinen Arm. „Stimmt etwas nicht?"

Er rieb sich die Schulter und kniff die Augen zusammen. „Nein. Ich bin kerngesund, aber mein Arm tut manchmal weh und bereitet mir Schwierigkeiten."

„Sie sind doch noch nicht so alt, dass Sie an Rheuma leiden, oder?" Sie schaute ihn schief an.

„Da wäre ich mir zwar nicht so sicher, aber es handelt sich hier um eine alte Verletzung." Er winkte mit der Hand ab. „Das ist eine lange Geschichte."

„Ich liebe Geschichten", versicherte sie ihm. „Erzählen Sie sie mir?"

„Als Junge arbeitete ich als Schiffsjunge. Ich wuchs praktisch auf dem Wasser auf. Eines Tages fiel ich ins Meer."

Von der Geschichte fasziniert, zog Bailey einen Stuhl heran, setzte sich und schaute den Kapitän unverwandt an. „Bei dem Sturz ... brachen Sie sich den Arm?"

„Ganz und gar nicht. Ich hätte das Ganze unbeschadet überstanden, aber ..." Er seufzte, und sein Gesicht spiegelte einen tiefen inneren Schmerz wider.

„Was passierte?"

„Haie kamen. Die Flotte war unter der Leitung unseres Schiffes, der *Sirius,* in Richtung Osten unterwegs. Wir waren auf dem Weg nach Afrika, soweit ich mich erinnern kann."

„Man hat Sie selbstverständlich wieder an Bord gezogen, nicht wahr?"

„Nein, sie haben mich nicht aus dem Wasser gezogen. Man glaubte wahrscheinlich, ich sei tot. Ich fühlte, wie ein Hai seine Zähne in mich bohrte, und schloss die Augen, um nicht mit ansehen zu müssen, wie sich das Wasser mit meinem eigenen Blut rot färbte."

„Wie schrecklich!"

„Dann geschah etwas, das einige als riesengroßes Glück bezeichnen. Ich nenne es ein Wunder."

Bailey war wie gebannt. Ihr Blick wich nicht von den Augen des Kapitäns.

„Ein Seehund tauchte wie aus dem Nichts auf. Einige der Haie umkreisten mich weiterhin, aber ich redete mir unaufhörlich ein, dass ich mich nicht bewegen dürfe. Keinen einzigen Finger! Der große, fette Seehund mitten auf dem Meer war ein faszinierender Anblick. Er war natürlich dem Tod geweiht. Der Seehund schlug mit dem Schwanz, um eilig das Weite zu suchen, aber mit seinen Bewegungen lenkte er die Aufmerksamkeit des größten Haies auf sich. Das Ungeheuer ließ mich wie eine heiße Kartoffel fallen. Sobald er den ersten Stoß gegen den Seehund unternahm, gerieten die anderen Biester aus dem Häuschen. Während sie alle über das arme Geschöpf herfielen, schwamm ich mit unauffälligen Bewegungen langsam davon. Aber die *Sirius,* auf der man dachte, ich sei tot, hatte Segel gesetzt und war mit dem Wind weiter in Richtung Afrika verschwunden. Ich trieb stundenlang mit dem Gesicht nach oben auf dem Wasser. Keines der anderen Schiffe, die zu der Flotte gehörten, kam in meine Nähe. Ich war ohnehin zu schwach, um mich bemerkbar zu machen."

Bailey zog kritisch eine Augenbraue nach oben. „Entweder haben Sie das alles erfunden, oder jemand hat Sie gerettet." Sie stützte ihr Kinn auf ihre Hände und wartete neugierig auf den Schluss der Geschichte.

Der Kapitän rollte vorsichtig einen Ärmel nach oben und zeigte Bailey die Narben an seinem Unterarm, an dem der Hai seine Spuren hinterlassen hatte. „Ich wurde gerettet, Miss. Ein Fischerboot fand mich. Vielleicht hatten die Fischer auch den Seehund angelockt. Ich weiß es nicht. Ich hatte so viel Blut verloren, dass der Kapitän nicht glaubte, ich würde die Nacht überleben. Doch ich schaffte es, Gott stand mir bei, ich schaffte es. Und ich blieb bei diesem Kapitän, bis ich erwachsen war. Ich verdanke ihm mein Leben. Kapitän Amos Dawson hieß er."

„Das ist ja erstaunlich." Bailey schüttelte den Kopf. „Und die Mannschaft der Flotte – sie erfuhr nie, was aus Ihnen geworden war?"

„Ich war nur ein Schiffsjunge. Was war ich in ihren Augen schon wert?"

Bailey kniff die Lippen zusammen und dachte an die Kinder der Freigelassenen in der Kolonie. „Was ist ein einzelnes Kind wert?", flüsterte sie.

„Wie bitte?"

„Nichts." Sie schüttelte den Kopf und erhob sich von ihrem Stuhl. Sie streifte ihren Rock glatt und legte eine Hand auf Kapitän Gabriels Schulter. „Ich bin froh, dass unser Herr auf *dieses* Kind aufgepasst hat. Sie sind ein Segen für andere, Kapitän Gabriel. Ich bin so froh, dass ich Sie meinen Freund nennen darf." Sie richtete sich auf. „Und ich gebe Ihnen recht. Sie sind ein wandelndes Wunder."

„Schau! Da ist Miss Templeton!"

Überrascht, dass ihr Name so freundschaftlich ausgesprochen wurde, drehte sich Bailey schnell um. „Ah, das sind ja die Farrells." Sie strahlte. Sie hakte ihren Arm bei Kapitän Gabriel unter und hob entschlossen das Gesicht. „Ich möchte Ihnen gern ein paar Freunde vorstellen, Herr Kapitän."

„Ich möchte nicht stören", antwortete er ruhig und trat einen Schritt zurück.

„Ich bestehe darauf." Baileys Stirn runzelte sich eigensinnig. Bei ihrem verschmitzten Lächeln bildeten sich Grübchen auf ihren Wangen. Sie winkte den Farrells freundlich, sich zu ihnen zu gesellen. „Hallo, Mr Farrell", rief sie.

„Miss Templeton!", erwiderte Dwight schnell ihre Begrüßung. „Sie machen einen Einkaufsbummel in unserem illustren Regierungsladen, wie ich sehe." Donovan und Jared, die ihm dicht auf den Fersen waren, liefen um ihren Vater herum, um ihre Lehrerin zu begrüßen.

„Illuster?“ Sie hob das Kinn und spitzte kritisch die Lippen. „Ich würde nicht sagen, dass er so gut eingerichtet ist wie unser Laden in Virginia.“

„Sehr diplomatisch ausgedrückt.“

Alle lachten über den Witz, während sie die armselig bestückten Regale betrachteten.

„Mr Farrell, ich möchte Ihnen gern einen neuen Freund von mir vorstellen. Das ist Kapitän Gabriel. Er befehligte das Schiff, auf dem ich aus Amerika nach Sydney Cove kam.“

Dwight reichte ihm die Hand und begrüßte ihn herzlich. „Freut mich, Sie kennenzulernen, Sir.“

„Die Freude ist ganz meinerseits – Mr Farrell, nicht wahr?“

„Ja. Und das sind meine zwei Söhne, Donovan und Jared. Ich habe noch eine Tochter, Corbin. Sie ist zu Hause bei ihrer Mutter. Sie bereiten ein Festessen für uns vor. Frisch gebratenes Lammfleisch.“ Er brach ab, als komme ihm gerade ein Gedanke in den Sinn. „Miss Templeton, wenn Sie uns heute Abend beim Essen Gesellschaft leisten, wäre uns das eine große Freude. Und auch Sie, Kapitän Gabriel.“

„Das kann ich doch nicht.“ Gabriel schüttelte den Kopf.

„Und warum nicht?“, tadelte ihn Bailey ermutigend. „Sie wandern noch sechs Wochen lang durch die Straßen von Sydney Cove, und dann heißt es ‚Schiff ahoi‘ nach wer weiß wohin. Ich möchte wetten, Sie hatten seit Monaten kein liebevoll zubereitetes Essen mehr.“

Der Kapitän kniff die Lippen zusammen und zuckte mit den Achseln. „Vielleicht auch schon seit Jahren nicht mehr.“

„Dann ist die Sache abgemacht!“, rief Dwight freudestrahlend aus. „Ein Festessen bei den Farrells. Um halb sieben?“

Bailey nickte. „Einverstanden. Damit bleibt mir gerade genug Zeit, um in mein Zimmer zurückzukehren und mich frisch zu machen. Außerdem muss ich gestehen, dass das Essen in der Pension sehr zu wünschen übrig lässt." An Gabriel gewandt, fügte sie hinzu: „Ich hoffe, es macht Ihnen keine Umstände, mich zu begleiten. Ich kann kommen und Sie um fünf Uhr abholen – aber wo?"

„Ich werde hier sein." Er lächelte über das ganze Gesicht und warf die Schultern zurück. „Das klingt so, als stehe uns ein schöner Abend bevor. Ich bringe das Bier mit!"

Dwight blinzelte Bailey zu. „Wir freuen uns auf heute Abend."

„Hurra! Ein Fest!", jubelte Jared. „Dabei ist gar nicht Weihnachten."

„Bei diesem frostigen Juniwetter ist mir fast nach Weihnachten zumute." Bailey erschauderte.

Donovan zog seinem jüngeren Bruder den Hut über die Augen. „Auf Wiedersehen, Miss Templeton. Bis heute Abend." Die Farrells beeilten sich, ihre Einkäufe zu erledigen.

Bailey rieb die Hände zusammen. „Ein angenehmer Abend tut mir heute bestimmt gut." Mit fragend hochgezogenen Brauen wandte sie sich wieder an Kapitän Gabriel. „Ich hoffe, ich habe Sie nicht genötigt." Sie legte einen Finger auf ihre Lippe und kniff die Augen zusammen. „Mein Vater sagt, ich könne gelegentlich eigensinnig sein, auch wenn ich mir diese Bemerkung strengstens verbitte."

Gabriel grinste. „Ich bin dankbar für die Einladung, Miss Templeton. Ich habe mir einen einsamen Beruf ausgesucht. Er passt natürlich zu mir, aber ich freue mich darauf, heute Abend in so netter Gesellschaft zu sein."

Sie freute sich, Gabriel lächeln zu sehen. Er war an Bord ein so ernster und manchmal auch strenger Mann gewesen. Ihn umgab ein geheimnisvoller Hauch. Obwohl sie sich höflich unterhalten hatten, genoss sie das Band der Freundschaft, das sich jetzt zwischen ihnen zu knüpfen begann. Und falls sie nicht in Sydney Cove bleiben könnte, könnte sie jederzeit sein Schiff besteigen und nach England fahren. Eine richtige Anstellung in einer *richtigen* Schule. Er wäre nicht überrascht, wenn sie dieses Land so schnell wieder verließe.

Dieser Gedanke, so realistisch sie ihn auch in Erwägung ziehen wollte, schlug doch eine bittere Note in ihr an und weckte Schuldgefühle. Vielleicht war das Gottes Art, mit ihr zu sprechen, aber selbst dieser Gedanke widerstrebte ihr. Einigen fiel es so leicht, Gottes Stimme zu hören. Sie fragte sich, ob sie je seinen klaren Ruf hören würde, und wenn ja, würde sie ihn dann einfach als einen weiteren Akt ihres eigenen Willens abtun? Bailey beeilte sich, ihren Brief abzugeben. Sie verabschiedete sich deshalb schnell und ging wieder zu ihrem Wagen hinaus. Als sie auf den Kutschbock kletterte, seufzte sie: *Ich hoffe, du willst mich hier haben, Herr. Das hoffe ich wirklich.*

Das Abendessen auf Rose Hill und die herzliche Gastfreundschaft der Farrells und Prentices taten Bailey an Leib und Seele sehr gut. Sie war noch kaum einen Monat in der Kolonie und hatte ein wenig das Gefühl, von den Farrells adoptiert worden zu sein. Sie beobachtete, wie die Kinder sich um Gabriel scharten und fasziniert seinen Geschichten über das Leben auf dem Meer lauschten. Selbst die junge Shannon, Calebs und Kelseys kleines Mädchen, drängte sich zwischen die anderen, um alles hören zu können. Aber trotz der Ausgelassenheit bemerkte Bailey, dass Katy nicht in den Frohsinn des Abends einstimmte. Statt dessen arbeitete die Gastgeberin in der Küche, obwohl sie genügend Küchenmädchen hatte. Bailey hob ihre Tasse an ihre Lippen, nippte ein wenig an dem heißen Apfelwein und stellte Tasse und Untertasse dann wieder zur Seite. Sie stand ruhig auf, verließ die Ausgelassenheit des Salons und begab sich in die warme Küche. Als sie hineinspähte, sah sie Katy vor dem Fenster stehen und über die Felder schauen. Mit verschränkten Armen starrte sie in die gesichtslose Nacht hinaus. Ihre gewohnte Heiterkeit war von Melancholie getrübt.

„Mrs Farrell?“, sagte Bailey sanft, da sie die Frau nicht beleidigen wollte.

„Oh, hallo, Bailey. Entschuldigung." Sie drehte sich um und trat auf sie zu. „Ich bin heute Abend eine schreckliche Gastgeberin. Bitte verzeihen Sie mir."

„Sie sind wunderbar." Bailey schüttelte den Kopf, während ihre braunen Augen Katy unverwandt anschauten. „Sogar so wunderbar, dass wir Sie kaum gesehen haben."

Katy atmete verzweifelt aus. „Ich sollte mich schämen."

„Nein. Bitte nicht. Aber wenn ich irgendetwas tun kann ..." Sie wartete, da sie nicht in Katy Farrell dringen wollte. „Ich bin eine Frau – falls das hilft?" Sie lächelte zögernd, und ihre Augen spiegelten das Mitgefühl wider, das sie für Katy empfand.

Katy schmunzelte. „Nichts dergleichen. Ich ... ich weiß selbst nicht genau. Ich bin in letzter Zeit so ruhelos."

Bailey erinnerte sich an den Streit zwischen Katy und Dwight, den sie mitangehört hatte, als sie das erste Mal auf Rose Hill gewesen war. „Ich nehme an, die Ranch fordert von Mr Farrell ziemlich viel Arbeit und Zeit?"

Katy hob die Augen, antwortete aber nicht sofort. Sie hielt ein Dienstmädchen an, das an ihnen vorbeigehen wollte, und nahm schnell ein Pastetchen von der Platte. „Für Sie auch eines?"

Bailey schüttelte den Kopf und hielt sich den Bauch. „Ich könnte keinen Bissen mehr schaffen. Nein danke." Als sie den Schmerz in Katys Augen sah, trat sie näher an sie heran. „Es tut mir leid. Ich hätte Ihnen nicht in die Küche folgen sollen." Sie wandte sich zum Gehen, aber Katy hielt sie zurück.

„Bitte gehen Sie nicht." Katy schüttelte den Kopf und nahm einen kleinen Bissen von dem Pastetchen. „Kommen Sie. Setzen wir uns hinter das Haus. Haben Sie ein warmes Tuch dabei? Unterhalten wir uns." Sie warf ihr einen vielsagenden Blick zu. „Sie sind eine so kluge junge Frau", sagte sie und nahm auf dem Weg zum Hinterausgang im Vorbeigehen eine Stoffserviette von einem Tisch.

Bailey folgte ihr, ohne zu zögern, und hörte zu, während Katy ihr erklärte, wie die Deportationsstrafe ihrer Eltern ihre Familie nach Neu-Südwales gebracht hatte. Caleb war auf dem Schiff geboren worden. Katy, die damals noch ein Kind gewesen war, hatte für den Flottenkommandanten, Arthur Phillip, gearbeitet. Im Laufe der Jahre hatte Katys Vater, George Prentice, mit vielen Rückschlägen fertig werden müssen, genauso wie die meisten Freigelassenen, die im Land geblieben waren und sich hier niedergelassen hatten. Aber schließlich hatte seine Hartnäckigkeit sich bezahlt gemacht, und sie hatten Rose Hill gekauft.

Die beiden setzten sich auf die Stufen und zogen sich ihr Tuch um die Schultern.

„Aber Ihr Vater starb?"

Katy war zuerst überrascht, aber dann nickte sie verstehend. „Die Jungen haben es Ihnen erzählt."

Bailey nickte lächelnd. „Donovan. Ich bat die Schüler, einen Aufsatz darüber zu schreiben, wie sie nach Neu-Südwales kamen. Das half mir sehr, die Nöte, die ihre Familien erleiden mussten, zu verstehen."

„Welch eine wunderbare Idee, den Kindern die Möglichkeit zu geben, ihre Gefühle zum Ausdruck zu bringen." Katy wickelte den Rest ihres Gebäcks in ihre Serviette und fügte hinzu: „Wir sind so dankbar, dass Sie hier sind." Sie legte ihre Hand auf Baileys Knie. „Aber wenn ich richtig informiert bin, ist das möglicherweise nur von kurzer Dauer?"

„Ja, aber ich mache mir keine Sorgen. Ich glaube, der Herr führt mich, und wenn er will, dass ich nach England zurückkehre – oder nach Amerika –, dann gehe ich."

„Bitte überstürzen Sie nichts. Grant ist sich im Klaren, dass seine Entscheidungen Auswirkungen auf die ganze Kolonie haben. Die schwere Last, die auf ihm liegt, wird manchmal falsch gedeutet. Einige sehen nur sein hartes Äußeres, aber ich glaube, diese Kolonie liegt ihm wirklich am Herzen."

„Ja, das sehe ich zu einem gewissen Grad auch so." Bailey faltete die Hände auf ihren Knien. „Auch wenn ich zugeben muss, dass ich meine Vorbehalte gegenüber diesem Mann habe.“ Sie atmete die frische Luft tief ein und bemühte sich um einen weniger schwermütigen Tonfall. „Aber ich wollte Sie eigentlich aufheitern.“

„Das haben Sie. Ich schwöre es.“ Katy lächelte immer noch nicht, aber ihr Auftreten wirkte entspannter.

Bailey betrachtete die feinen aristokratischen Züge der hübschen Frau. Sie konnte sich weder diese Frau noch irgendeinen der anderen an Bord dieser schrecklichen Deportationsschiffe vorstellen. „Sie sind also genau genommen gar keine Freigelassene? Aber Ihre Eltern ... sie wurden aus England deportiert?“

Katy nickte gleichgültig, als habe sie diese Geschichte schon unzählige Male erzählt. „Mein Mann ist ein ehemaliger Strafgefangener, und auch Calebs Frau, Kelsey.“

„Angesichts dieser schmerzlichen Vergangenheit nehme ich an, dass Ihr Mann fest entschlossen ist, dafür zu sorgen, dass sich keiner dieser Tage je wiederholen wird.“

Katy hob die Augen zu den Sternen am Himmel und richtete sie dann wieder auf Bailey. „Sie sind eine gute Beobachterin, habe ich recht?“ Sie lächelte. „Eine zu gute.“

„Wenn die Gesellschaft es erlauben würde, würde ich Rechtsanwältin werden.“ Baileys Augen folgten Katys Blick zu dem kalten Nachthimmel hinauf.

Katy sprach ruhig weiter. „Dwight ist ein guter Mann. Ich liebe ihn. Aber ich wünschte mir wirklich, unsere Farm würde nicht so viel seiner Zeit in Anspruch nehmen. Ich bin mir jedoch bewusst, dass jede andere Frau in der Siedlung liebend gern mit mir tauschen würde.“ Sie saßen beide schweigend nebeneinander und lauschten auf ihre eigenen Gedanken. „Ich denke, wir sollten wieder zu den anderen gehen, bevor man uns vermisst.“ Katy schüttelte die Falten ihres Kleides aus.

„Kapitän Gabriel ...“ Bailey biss sich auf die Unterlippe. „Er glaubt wahrscheinlich, ich vernachlässige ihn.“

„Das ist auch so eine Sache ... dieser Kapitän Gabriel.“

„Was ist mit ihm?“ Bailey griff in Katys Serviette und brach sich ein Stück des Gebäcks ab.

„Bitte verstehen Sie mich nicht falsch. Ich schätze die Art, wie er den Kindern seine Aufmerksamkeit widmet, aber er erinnert mich an jemanden. Das ist alles.“ Sie verstummte und wandte den Blick ab.

„Sie kennen ihn?“, fragte Bailey.

„Nein. *Ihn* kenne ich nicht“, versicherte Katy ihr. „Es ist seine Art ... und seine Augen. Ich kannte einmal jemanden, der sehr viel Ähnlichkeit mit ihm hatte, aber das ist lange her. Jemand, der mir an Bord der Ersten Flotte das Leben rettete.“

„Er ist nicht von hier.“ Bailey legte die Arme um ihre Schultern und fühlte, wie die Kälte durch ihren Wollschal drang. „Er arbeitet seit seiner Kindheit auf Schiffen, so hat er mir erzählt. Sie wissen ja, wie diese Geschichten mit jedem Mal, wenn sie erzählt werden, großartiger und faszinierender werden.“

„Interessant.“ Baileys Worte erregten Katys Neugier. „Sie sagten, er arbeitete auf Schiffen?“

„Ja, als Schiffsjunge. Er sagte, er sei über Bord gefallen, und man habe ihn für tot gehalten.“ Bailey beobachtete, wie eine seltsame, unerklärliche Gefühlsregung über Katys Gesicht zog.

„Er heißt Gabriel?“

„Ja, Kapitän Robert Gabriel.“ Bailey sah, wie sich Katys Stirn in Falten zog. Ihre Stimme änderte sich, und sie war keineswegs mehr entspannt. „Was ist?“

„Robert?“

„Was ist los, Katy?“

„Er kann es nicht sein. Es kann nicht ...“ Katy bewahrte ihre Haltung, aber ihre Stimme brach mitten im Satz ab.

Bailey fühlte sich hilflos, als sie Katys Unbehagen und Unruhe sah, aber sie wusste nicht, wie sie reagieren sollte.

„Guter Gott ...“ Katy umklammerte nervös die Serviette mit den Händen und kniff die Augen zusammen.

Bailey schob sich von der Treppe hoch und schaute sie mit besorgten Augen an. „Habe ich etwas falsch gemacht, als ich ihn hierher mitbrachte?“

„Nein. Ich irre mich in ihm. Es ist so dumm von mir – es ist einfach unmöglich.“ Katy stand auf. Sie blieben beide einen Augenblick schweigend stehen.

„Wenn Sie das Gefühl haben, Robert Gabriel zu kennen, warum fragen Sie ihn dann nicht einfach?“ Bailey legte die Hände sanft auf Katys Schultern und beherrschte ihre Stimme.

Katy drehte ihr Gesicht zielbewusst in Richtung des Hauses. „Kommen Sie mit mir, Bailey. Ich habe Angst.“

Ohne zu wissen warum, fühlte Bailey ebenfalls eine unbestimmte Angst in sich aufsteigen. Sie legte den Arm um Katy und folgte ihr durch das Haus. Als sie den Salon betraten, hatte Kapitän Gabriel mit einer weiteren Geschichte begonnen. Caleb, Dwight und Katys Mutter, Amelia, hörten ihm aufmerksam zu und lächelten über seine dramatischen Übertreibungen.

„Und in diesem Augenblick schaute ich dem Piraten, ohne mit der Wimper zu zucken, in die Augen!“ Gabriel verschränkte die Arme vor der Brust und duckte sich theatralisch vor den Kindern. „Er fiel tot um, und das Schiff und die Crew waren gerettet!“ Das triumphierende Ende löste bei den Kindern Jubelrufe und spontanen Applaus aus.

„Es muss sein ...“, flüsterte Katy leise.

Bailey lächelte den Kapitän an. Er verbeugte sich schwungvoll vor ihr und Katy.

„Bravo, Sir“, sagte sie ruhig, wandte aber den Blick nicht von Katy ab.

„Kinder?“ Katy lenkte ihre Aufmerksamkeit auf sich.

„Ja, Mama?“ Jared zog seine kleine Schwester auf seinen Schoß.

„Jetzt habe ich eine Geschichte für euch. Ich habe euch allen von dem jungen Mann erzählt, der mir auf der Fahrt von England nach Neu-Südwales das Leben rettete. Erinnert ihr euch?" Sie wartete, bis alle nickten.

Bailey beobachtete jetzt Robert Gabriels Gesicht.

„Waren das Sie, Sir?" Katy trat auf ihn zu. „Haben Sie das Leben eines Mädchens namens Katy Prentice gerettet? Sind Sie der Schiffsjunge von der *Sirius!*"

Bailey erkannte den Schiffsnamen sofort. Ihre Kinnlade fiel nach unten „Katy?", keuchte sie.

„Wenn Sie es nicht sind, dann verschaffen Sie mir Gewissheit, damit ich solche Dummheiten aus meinem Denken verbannen kann."

Ungläubig schüttelte Dwight den Kopf und schaute seine Frau an. „Katy, unsere Gäste ..."

Robert drehte langsam den Hut in seinen Händen, setzte sich aufrecht zurück und fuhr dann mit einer Hand über seinen Vollbart. Katy sprach weiter: „Ich habe Sie zuerst an Ihren Augen erkannt. Aber als ich durch die Tür trat, wusste ich, dass ich mich nicht geirrt hatte."

„Oh, meine Güte ..."

Bailey trat zurück.

„Ich bin es", gestand er. Seine Augen schauten nach unten, und seine Stimme war untypisch leise. „Ich bin Sir Robert."

Mit Tränen in den Augen und erstickter Stimme sagte Katy: „Ich habe die Erinnerung an dich so viele Male begraben." Ein zitterndes Lächeln zwang sich auf ihre Lippen. „Aber du bist von den Toten auferstanden", sagte sie mit fragendem Tonfall in der Stimme. Dann trat sie schnell auf ihn zu und warf die Arme um seine Schultern. „Du lebst, Robert!"

Bailey schaute verblüfft zu, wie die Kinder sich um sie scharten. Instinktiv streichelte Robert Katy, um sie zu trösten.

„Es ist gut, Lady Katherine. Bitte weine nicht. Das kann ich nicht mit ansehen ..." Seine Stimme brach ab.

Bailey drehte sich um, um die Gesichter der anderen zu beobachten, und stellte mechanisch ein paar Tassen und Untertassen zusammen. „Das ist alles so – erstaunlich!“ Sie brach ab, als sie die Unruhe in Dwights Gesicht entdeckte. „Dwight!“, flüsterte sie, halb entschuldigend, halb mitfühlend.

„Das nehme ich.“ Er nahm Bailey das Geschirr aus den Händen. „Ich möchte bei dem Wiedersehen nicht stören ...“ Seine Stimme wurde leiser. „Wir haben Grund zu feiern.“

Hilflos schaute Bailey ihm nach, wie er in der Küche verschwand. Sie wollte ihm folgen, aber Katys Schluchzen veranlasste sie zu bleiben. Sie fühlte sich mitverantwortlich, weil sie immerhin diejenige gewesen war, die Robert Gabriel nach Rose Hill gebracht hatte. Sie trat an Amelias Seite und ergriff ihre Hände. „Was sollen wir jetzt tun, Amelia?“

Mit tränenüberströmten Wangen umklammerte Amelia Baileys Hände. „Beten, Mädchen. Beten!“

6. Das Gemeindefest

In den nächsten zwei Monaten stiegen die Temperaturen und es hätte angenehm warm sein können, wären da nicht die unerträglichen Gerüche in der schlecht gelüfteten Pension gewesen. Bailey packte ihre Habseligkeiten zusammen und zog in ein kleines Haus um, das aus einem einzigen Raum bestand. Mit ein wenig Hilfe von Grant Hogan hatte sie das Haus und ein kleines Grundstück erworben. Es war aus Holz und Lehm gebaut. Doch das undichte Dach machte sie bei jedem Regenschauer schier wahnsinnig, und sie konnte sich nicht entscheiden, ob sie Behälter sammeln sollte, um das Regenwasser aufzufangen, oder ob sie sich weiter vergeblich darum bemühen sollte, das Dach zu flicken. Sie hatte gelernt, auf eine selbst gebastelte Leiter aus kleinen geschälten Baumstämmen zu klettern und auf das Dach zu steigen. Mit Flicken, die sie selbst angefertigt hatte, stopfte sie so viele Löcher, wie sie finden konnte, bevor der nächste Sturm kam und neue Löcher entstanden. Ihre Familie hätte gelacht, wenn sie ihre Tochter so gesehen hätte, aber sie hatte genug Frauen in dieser Kolonie erlebt, die weitaus härtere Männerarbeiten verrichteten – eine Frau hatte von Hand ihre Felder gepflügt, während ihr Mann seinen Rausch ausgeschlafen hatte.

Bailey stand vor dem lustig anzusehenden Gebäude und betrachtete es nachdenklich. Mit ihrem mageren Gehalt als Lehrerin konnte sie sich kein besseres Haus leisten. Es hatte sie schon fast ihr ganzes Geld gekostet, nur die Vorratsregale aufzufüllen. Aber sie grübelte über etwas anderes nach, das sie nicht loslassen wollte. Wenn sie ein paar Tiere hielte, könnte sie damit zusätzlich Geld verdienen. Und wenn sie gezwungen wäre, nach England zurückzukehren, wäre es von Vorteil, wenn ihre Finanzen intakt wären. *Aber wie?* Von den Landbesitzern Vieh zu bekommen, stellte sie vor ein neues Problem. England hatte diese Kolonie nicht mit einem vernünftigen Währungssystem ausgestattet. Sie hatte gehört, dass das Silber, das vom Parlament einmal geschickt worden war, um die instabile Wirtschaft zu stützen, aufgrund des Defizits in der Handelsbilanz sofort wieder aufgebraucht gewesen war. Das wenige Geld, das jetzt unter den Bewohnern der Kolonie im Umlauf war, kam durch die ausländischen Seeleute ins Land, die mit ihren Schiffen den Hafen anliefen. Münzen jeder Art waren zum akzeptierten Zahlungsmittel geworden. In seinem Bemühen, die Übel der Kolonie schnell zu beheben, hatte Gouverneur Bligh erklärt, dass der britische Kupferpenny den Wert von zwei Pence habe. Je mehr Bailey über diesen Gouverneur Bligh hörte, umso mehr stellte sie seine Methoden in Frage.

„Miss Templeton, schauen Sie!"

Aufgeschreckt fuhr Bailey herum. Als sie keinen Erwachsenen hinter sich stehen sah, senkte sie schnell den Blick und lächelte ihren kleinen Besucher an, der so plötzlich aufgetaucht war. „Hallo, Jared", begrüßte sie Katys jüngeren Sohn.

Der Junge stand mit einem strahlenden Grinsen unmittelbar vor ihr. Spuren seines Frühstücks klebten noch an seinen Mundwinkeln. Er streckte die Arme, in denen er einen verspielten kleinen Hund hielt, zu ihr hoch, um ihr das Tier zu zeigen. „Ich habe gesehen, wie gern Sie unseren Schäferhund Arthur haben. Vater ist einverstanden, wenn ich Ihnen einen unserer Welpen schenke. Er ist heute erst entwöhnt worden." Jared grinste stolz.

Baileys Augenbrauen zogen sich in einer freundlichen Reaktion auf seine liebevolle Geste nach oben. „Wie lieb von dir." Sie biss sich auf die Lippe. Sie konnte sich kaum selbst ernähren. Wie sollte sie auch noch einen kleinen Hund satt bekommen? „Aber ich bin den ganzen Tag in der Schule. Ich fürchte, unser Hund würde sich schrecklich einsam fühlen. Vielleicht solltest du ihn lieber jemand anderem geben, meinst du nicht?"

Jared schüttelte vehement den Kopf. „Nein, Miss Templeton.

Dieser Hund ist für Sie. Er kann mit Ihnen zur Schule kommen. *Ich* werde schon helfen und auf ihn aufpassen."

Bailey konnte sich ein Grinsen nicht verkneifen. „Ein Hund in der Schule? Das wäre aber doch ..." Sie brach ab, als sie die Enttäuschung in seinen Augen sah. „Oh, Jared." Sie seufzte. „Selbst wenn ich ihn behalten *könnte* – wohlgemerkt, ich sage nicht, dass dem so ist –, welchen Namen sollte ich ihm dann geben?"

„Wie wäre es mit *Dickkopf!*" Eine tiefe Stimme ließ sie eilig aufblicken.

Bailey richtete sich sofort auf, als sie sah, dass Grant Hogan schon die ganze Zeit nur ein paar Meter neben ihr gestanden hatte. „Hauptmann Hogan?" Sie begrüßte ihn mit einer gewissen Zurückhaltung.

Grant schritt auf sie zu und nahm Jared das Hündchen ab. „Komm her, Junge." Er streichelte seufzend den Kopf des kleinen Hundes und schaute Bailey wortlos an.

„Hauptmann Hogan, es ist nicht so, dass ich undankbar wäre ..." Sie zögerte und hatte das Gefühl, ihre Worte klängen hohl, eher wie eine Ausrede. Ihre Blicke begegneten sich. Ein schwaches Leuchten funkelte aus seinen grünen Augen. Aber Bailey war nicht der Typ, der sich von unerwartetem Charme so schnell gewinnen ließe, und bewahrte ihre höfliche Distanz. Sie musste sich eingestehen, dass ihre Achtung vor dem Hauptmann gestiegen war. Die Art und Weise, wie er Dinge in die Hand nahm, verriet, auch wenn sie mit seinem Ziel nicht einverstanden war, dass er ein Mann war, der unbeirrt einen eingeschlagenen Weg verfolgte, wie sehr ihm auch die Stürme des Lebens entgegenwehten. Er war jetzt Marineoffizier, aber bald wäre er Arzt. Er wusste, wohin er ging, und hatte einen Plan, der ihn auf dem richtigen Weg weiterführen würde. Sie fühlte sich gezwungen, ihm noch einmal in die Augen zu schauen, und sah darin ein belustigtes Leuchten. Er hielt ihr den kleinen Schäferhund entgegen.

„Also gut!" Sie atmete ungeduldig aus. „Lassen Sie mich den

kleinen Kerl halten." Sie ergab sich dem bezwingenden Blick dieses Mannes und fragte sich, ob sie vielleicht dem erlegen war, was Dade seinen „Zauber über die Frauen" nannte. Sie schmiegte den pelzigen schwarzen Hund unter ihr Kinn und musste darüber lächeln, wie der kleine Hund sich an sie kuschelte. Sie hob das Gesicht und sah, dass Hogan sie immer noch anschaute. Seine Augen, die warm und grün und wie Malachiten gefleckt waren, schauten sie offen und erwartungsvoll an. Er schien sie forschend zu betrachten, aber sie zögerte, sich zu fragen, aus welchem Grund er das wohl tat. „Junger Mr Farrell ...", wandte sie sich schnell an den Jungen. In einem Augenblick der Schwäche nahm sie sein Angebot an. „Ich habe höchstwahrscheinlich die ganze Zeit schon einen Hund gebraucht. Ich nehme dein großzügiges Geschenk gern an. Danke."

Jared erwiderte ihr Lächeln und verschränkte mit großer Genugtuung die Arme vor der Brust. Er streichelte den Hund noch einmal und lockte ihn dann wieder in seine eigenen Arme zurück.

„Ich hatte mich schon gefragt, wie du hierher gekommen bist, junger Mann." Sie zog eine Braue in die Höhe und warf Grant Hogan einen Blick von der Seite zu. „Jetzt weiß ich wie."

„Ich gehe mit ihm Fischen", erklärte Grant unumwunden. „Dwight ist draußen und kümmert sich um seine Schafherden. Also habe ich Katy versprochen, dass ich mit dem Jungen die Angel auswerfe."

Bailey erinnerte sich an die Probleme der Farrells, sagte aber nichts dazu. „Sie stehen den Prentices ziemlich nahe?"

„Warum auch nicht? Tante Amelia war immer wie eine Mutter für mich."

„*Tante!*" Bailey atmete langsam ein und schlug die Hände zusammen. Plötzlich begriff sie. War es ein Wunder, dass sie und Katy Farrell in den meisten Dingen einer Meinung waren, nur nicht, wenn es darum ging, wie Grant Hogan sich in Fragen der Schule verhielt? „Sie sind Katys und Calebs Vetter?"

„Sie mussten es früher oder später ja doch herausfinden." Grant nickte leicht und stupste Jared liebevoll mit den Knöcheln am Kinn. „Katy wollte Ihnen nicht das Gefühl geben, Sie müssten ihre Söhne bevorzugen."

„Als ob ich das tun würde!" Bailey verschränkte die Arme vor der Brust und senkte das Gesicht. Sie schritt einen Halbkreis ab und betrachtete die ungezähmte Landschaft. „Welchen Grund hätte ich, irgendwie voreingenommen zu sein? Weil die Jungen *Sie* als Onkel haben?"

Grant kratzte sich am Kopf und kniff die Augen zusammen, konnte sich jedoch einen leichten Anflug von Belustigung nicht verkneifen. „Nun, ja, weil ich – Sie verstehen das doch bestimmt?"

Als sie sah, dass seine Miene sie anflehte, ihn aus dieser Zwickmühle zu befreien, lächelte sie schließlich und nickte. „Ich verstehe. Aber sie sollten nicht das Gefühl haben, dass sie solche Details vor mir verschweigen müssen. Ich kann viel besser damit umgehen, als Sie vielleicht glauben."

„Das haben Sie schon bewiesen. Der Respekt der Kolonie für Sie, Miss Templeton, wächst von Tag zu Tag", gestand er schließlich mit deutlicher Achtung in seiner tiefen, samtenen Stimme.

Überrascht merkte sie, wie eine ungewohnte Wärme sie durchflutete. Er hatte zwar nicht gesagt, dass sie eine feste Stelle in der Schule bekäme, aber bis jetzt hatte er sowieso wenig Eindeutiges gesagt, das ihr Mut machte. Doch heute waren es nicht seine Worte, die sie überraschten, sondern vielmehr seine lächelnden Augen, die mehr sagten als viele Worte. So sehr sie auch vor Grant Hogan gewarnt worden war, fand sie doch immer mehr Grund, ihr Gespräch mit ihm fortzusetzen. „Um zu dem Hund zurückzukommen ..." Sie schwieg kurz. „Welchen Namen soll ich ihm geben?" Sanft nahm sie den Welpen in die Arme.

Ohne die Augen von ihr abzuwenden, streckte Grant die Hand aus, um den weichen, pelzigen Kopf des Hundes zu streicheln. Seine Finger bewegten sich über den Hunderücken und strichen dabei leicht über Baileys Hand, mit der sie den Hund an sich drückte. Leise antwortete er: „Wie ich schon vorschlug – *Dickkopf*."

Sie schluckte schwer und fragte sich, ob er sie absichtlich berührt habe. Obwohl sie merkte, wie ihre Wangen erröteten, wagte sie es nicht einmal, sich selbst gegenüber einzugestehen, dass sie seine Berührung auch nur im Geringsten als angenehm empfunden habe. Das Letzte, was sie sich wünschte, war, dass wieder ein willensstarker Mann ihre Gefühle in Unordnung brachte. Aber seine Lebendigkeit zog sie wie ein Magnet an. Sie biss sich in die Wange, schüttelte leicht den Kopf und entschied sich dann, seine spitze Bemerkung zu ignorieren, und antwortete mit derselben ruhigen Stimme. „Wir können ihn doch nicht mit einem solchen Etikett versehen. Was ist, wenn wir uns dabei irren?" Sie war sich nicht sicher, was sie gerade gesagt hatte, und schaute ihm fragend ins Gesicht.

Grant streckte die Hand aus und streichelte den Hund ein zweites Mal. Dabei glitt seine Hand erneut leicht über ihren Handrücken. „Sie haben recht", antwortete er, ohne mit der Wimper zu zucken. „Ein voreiliges Urteil über jemanden zu fällen, den man das erste Mal sieht, ist ungerecht. Nicht wahr, Miss Templeton?"

Baileys Brauen schossen in die Höhe.

Grant trat einen Schritt zurück. „Jared, wie würdest du diesen kleinen Kerl nennen?"

Bailey konzentrierte ihren Blick auf das Hündchen und hoffte, ihre Augen verrieten ihre verdutzten Gedanken nicht.

„Er hat ein aristokratisches Gesicht. Wie wäre es mit einem würdigen Namen?"

Jareds Gesicht wurde nachdenklich. „Wie wäre es mit Lord Blackie?"

Bailey betrachtete das auffallend schwarze Gesicht des Hündchens und wandte sich mit gespielter Ehrerbietung an das kleine Tier. „So sei es. Wir geben dir den Namen Lord Blackie!"

Grant nickte. „Der Name passt gut."

„Geben Sie ihm einfach das zu fressen, was von Ihrem Tisch übrig bleibt. Er frisst alles." Jared hielt beide Hände hoch.

„Hol doch noch etwas Wasser für Lord Blackie", forderte Grant den Jungen lächelnd auf. Bailey setzte das Hündchen auf die Erde und schaute zu, wie es hinter dem Jungen her zum Brunnen lief. Sie verschränkte die Arme vor der Brust, verzog die Lippen und schaute Grant erneut an. Mit zynisch hochgezogener Augenbraue sagte sie leicht belustigt: „Genau das, was mir gefehlt hat. Noch ein Mund, den ich satt bekommen muss."

„Er wird zu einem guten Wachhund heranwachsen. Sie werden schon sehen."

„Ich müsste schon großes Glück haben, wenn ich dann noch hier bin. Oder haben Sie das vergessen, Hauptmann Hogan?"

Er trat unbehaglich von einem Bein auf das andere. „Bitte, könnten Sie ..."

Überrascht über die Veränderung in seinem Verhalten, zog Bailey argwöhnisch eine Braue nach oben. Sie konnte sich nicht erinnern, ihn jemals so um Worte ringend erlebt zu haben.

Schließlich bat er: „Ich würde es vorziehen, wenn Sie mich Grant nennen." Jetzt war er derjenige, der den Blick abwandte. „Hauptmann Hogan klingt so ... förmlich."

Ein leichtes Lächeln zog über ihre Wangen, aber Bailey beherrschte ihre Worte. Obwohl sie von der freundlichen Geste angerührt war, hielt sie es dennoch für richtig, auf Dades Warnungen zu hören. Sie atmete tief ein und zwang ihn mit ihrem Schweigen zu einer weiteren Erklärung.

„Außerhalb der Schule und des Regierungsgebäudes bin ich nicht der Typ, der viel auf Förmlichkeiten gibt."

„Aber unsere Stellung schreibt diese vor, Hauptmann Hogan", antwortete sie nüchtern. Als sie sein Gesicht sah, wurde ihr sofort bewusst, dass Sie die falsche Antwort gewählt hatte.

Betroffen hob Grant das Gesicht, behielt aber sein kühles Verhalten bei. „Wenn dem so ist, Miss Templeton, bitte ich Sie, diese Aufdringlichkeit zu entschuldigen." Er trat einen Schritt zurück. „Mein Fehler."

Warum habe ich das nur gesagt? Noch nie hatte Bailey sich so sehr gewünscht, ihre Worte zurücknehmen zu können, wie in diesem Augenblick. Aber wenn sie diesem unnachgiebigen Mann so nahe gegenüberstand, trat das Schlimmste in ihr zutage. „Ich ..." Nervös faltete sie die Hände vor ihrer Brust. „Ah, da kommt Jared zurück." Sie glaubte, einen Anflug von Schmerz in seinen Augen zu entdecken, aber sie würde die ganze Situation nur noch verschlimmern, wenn sie jetzt etwas sagte.

„Ja, das sehe ich." Grant tippte höflich an seinen Hut und ging zum Wagen. „Jared, wenn wir die ersten Fische heute morgen fangen wollen, sollten wir aufbrechen."

„Hast du sie gefragt?", sprudelte der Junge unschuldig heraus.

„Mich was gefragt?", erkundigte sich Bailey, erstaunt über die Unsicherheit in Hogans Gesicht.

Er führte den Jungen in die andere Richtung und sagte leichthin: „Ach, nichts. Weißt du, Jared, Frauen machen sich nichts aus Angeln. Komm, steig auf!"

Mit einem steifen Lächeln wandte sich Bailey noch einmal an den Jungen. „Danke für ... das Hündchen, Jared." Sie nahm den kleinen Hund wieder auf den Arm. „Auf Wiedersehen ..." Sie zögerte, dann flüsterte sie so leise, dass nur sie es hören konnte: *„Grant."* Der Wagen rollte davon. Bailey winkte ihnen freundlich nach. Aber sobald sie außer Sichtweite waren, stampfte sie enttäuscht auf den Boden.

* * *

Der Sonntag erwachte mit einem strahlenden Aufgang der Augustsonne, die den Abschied des australischen Winters ankündigte. Bailey versorgte schnell ihr Pferd, während der Wasserkessel auf dem Feuer stand. Wenn sie sich beeilte, hätte sie noch genügend Zeit für ein schnelles Bad und ihre morgendliche Andacht. Beschämt stellte sie fest, dass sie seit ihrer Ankunft in Sydney Cove noch keinen Gottesdienst besucht hatte. Bei der vielen Arbeit und Aufregung um die Wiedereröffnung der Schule hatte sie kaum genug Zeit gefunden, um ihren wöchentlichen Schulunterricht vorzubereiten, und hatte diese Arbeit oft am Sonntag fertigstellen müssen. Aber schließlich hatte sie sich eine Routine angewöhnt und begann jeden Freitag, bevor sie nach Hause zurückkehrte, ihren Lehrplan für die nächste Woche aufzustellen. Ihre Mutter sagte oft: „Es ist immer genug Zeit, um zum Gottesdienst zu gehen." Heute freute sie sich darauf, die Farrells und die Prentices in der kleinen Kirche zu treffen.

Als sie eilig an ihrem kleinen Gartengrundstück vorbeischritt, warf sie einen schnellen Blick auf den kleinen Palisadenzaun, den sie errichtet hatte. „Was in aller Welt ..." Sie erstarrte. Die kleinen Zaunpfosten waren alle aus der Erde gerissen und in den Garten geworfen worden. Die wenigen Obstpflänzchen, die von dem Zaun nicht zerdrückt worden waren, waren entwurzelt worden. So wie die Zaunpfosten über den ganzen Garten geschleudert worden waren, konnte das unmöglich das Werk eines Tieres gewesen sein. Sie stand einen Augenblick sprachlos da, die Hände in die Hüften gestemmt. Dann verspürte sie Ärger, dem auf der Stelle eine tiefe Traurigkeit folgte, nicht nur wegen des angerichteten Schadens, sondern auch wegen des Menschen, der ihn angerichtet hatte. In der Hoffnung, den Schuldigen auf der Flucht zu erblicken, schaute sie sich nach allen Seiten um. Dann schritt sie den Garten im Halbkreis ab und betrachtete den Boden unter ihren Füßen. Im Gras waren einige Fußspuren zu sehen. Aber sie hatte diese Woche einige Besucher gehabt, die die neue Lehrerin in der Siedlung begrüßen wollten. Die Fußspuren konnten auch von ihnen sein.

Lord Blackie jaulte neben ihren Füßen. Sie schaute ihn kopfschüttelnd an. „Du bist mir ein Wachhund!" Der Hund winselte, und sein Schwanz vibrierte wie ein Insektenflügel. Sie musste lachen und bückte sich, um ihn hinter den Ohren zu kraulen. „Ich kann dir nicht einmal böse sein. Du bist viel zu lieb. Komm, gehen wir hinein und frühstücken." Sie seufzte. „Ich schaffe nach dem Gottesdienst hier Ordnung."

Die Fahrt zum Kirchengebäude half ihr, diesen Vorfall zu vergessen und über ihre Morgenandacht nachzusinnen. Sie hatte in den Psalmen gelesen und überrascht festgestellt, dass der Text wie auf diesen Morgen zugeschnitten war. „Entrüste dich nicht über die Bösen, sei nicht neidisch auf die Übeltäter. Denn wie das Gras werden sie bald verdorren, und wie das grüne Kraut werden sie verwelken. Hoffe auf den Herrn und tu Gutes, bleibe im Lande und nähre dich redlich. Habe deine Lust am Herrn; der wird dir geben, was dein Herz wünscht. Befiehl dem Herrn deine Wege und hoffe auf ihn, er wird's wohl machen und wird deine Gerechtigkeit heraufführen wie das Licht und dein Recht wie den Mittag."

Es dauerte nicht lange, bis sie andere Wagen vor sich erblickte und auch einige, die hinter ihr auf demselben Weg unterwegs waren. An der würdevollen Kleidung der Wageninsassen konnte sie sehen, dass sie ebenfalls zur Kirche fuhren. *Ich muss auf dem richtigen Weg sein.* In der kleinen Hütte, die als Kirche diente, herrschte ein reges Treiben. Bailey spazierte über das Gelände und plauderte mit einigen Frauen. Es waren einfache Leute, von denen die meisten keine gute Schulbildung genossen hatten, wie sie aus ihren Grammatikfehlern folgerte. Aber sie spürte bei den meisten von ihnen eine Ausdauer und Zähigkeit, die sie bewunderte. Sie folgte einer der Familien die Stufen hinauf und wurde sofort von dem gutaussehenden Pfarrer begrüßt, der im Türrahmen stand und alle Neuankömmlinge mit einem herzlichen Handschütteln begrüßte.

„Hallo. Herzlich willkommen!" Bei seinem Lächeln leuchteten seine weißen Zähne aus seinem gebräunten Gesicht.

Bailey genoss die Freundlichkeit des Pfarrers. „Guten Tag, Pfarrer Whitley." Sie erinnerte sich seit der Schulversammlung, die in seinem Haus stattgefunden hatte, gut an ihn.

„Da ist ja unsere neue Schullehrerin."

„Bailey Templeton", antwortete sie höflich.

„Ich erinnere mich gut an Sie. Rachel wird sich sehr freuen, Sie wiederzusehen." Er drehte sich um und rief zu einer Gruppe plaudernder Frauen: „Rachel, Liebes?"

Eine schöne rothaarige Frau wandte ihnen beiden das Gesicht zu. „Ja, Schatz?" Sie trat auf Pfarrer Whitley zu.

„Schau, wer heute gekommen ist. Miss Templeton."

Rachel Whitley reichte Bailey die Hand und begrüßte sie freundlich. „Katy hat mir so viel von Ihnen erzählt. Meine zwei Ältesten kommen nächstes Jahr auch in die Schule – das heißt, wenn ich mich von ihnen trennen kann."

„Wie viele Kinder haben Sie, Pfarrer Whitley?", fragte Bailey interessiert. „Das habe ich leider vergessen."

„Drei. Unser Jüngster, Jake, steht hinter Ihnen."

Bailey drehte sich um und sah ein Kleinkind, das auf unsicheren Beinen auf sie zugewackelt kam. Sie bückte sich und nahm ihn an seinen fleischigen Händen. „Vorsicht, Jake!", lachte sie. Sie führte ihn zu seiner Mutter und bewunderte seine roten Locken. „Wie ich sehe, ist er mit Ihren hübschen Haaren gesegnet, Mrs Whitley."

„Das arme Kind", antwortete sie stirnrunzelnd. „Diese Haare sind ein Fluch, glaube ich."

„Rachel, sag doch so etwas nicht", tadelte der Pfarrer seine Frau. „Du belastest ihn damit nur."

Die Bänke füllten sich schnell, und Pfarrer Heath Whitley bestieg die hölzerne Plattform. „Am Anfang unseres Gottesdienstes möchte ich unserem Gott dafür danken, dass er seine schützende Hand über uns gehalten hat. Danach wird Hauptmann Hogan unsere Gottesdienstfeier mit einem Lied beginnen."

Mit schweigendem Erstaunen schaute Bailey zu, wie Grant

Hogan aus einer Seitentür eintrat. *Wie kann er das nur als stadtbekannter Frauenheld!* So schnell, wie dieser Gedanke kam, regten sich auch schon Schuldgefühle in ihr.

Nach Pfarrer Whitleys Gebet stieg Hogan selbstsicher auf das Podium hinauf. In seiner frisch gepressten Uniform und mit seinen langen dunklen Haaren, die sauber zu einem Zopf gekämmt waren, gab er eine eindrucksvolle Figur ab. Bailey rutschte unbehaglich auf ihrem Sitz hin und her. Sie war in einer musikalisch begabten Familie aufgewachsen und hatte ein natürliches Ohr für Musik. Nachdem sie in der Kolonie bislang nur eine sehr spärliche Entwicklung künstlerischer Talente erlebt hatte, stellte sich ihr musikalisches Ohr mit einem stillen Murren darauf ein, in diesem Gottesdienst gequält zu werden.

„Der Brief an die Epheser fordert uns auf: ‚Sauft euch nicht voll Wein, woraus ein unordentliches Wesen folgt, sondern lasst euch vom Geist erfüllen. Ermuntert einander mit Psalmen und Lobgesängen und geistlichen Liedern, singt und spielt dem Herrn in eurem Herzen.‘ Lasst uns nun miteinander dem Herrn in unserem Herzen singen. Wir beginnen mit dem Lied ‚Kommt her, des Königs Aufgebot‘.“ Grant forderte die Gemeinde mit beiden Händen auf, sich zu erheben.

Bailey stand mit den anderen auf, aber sie konnte kaum die Lippen bewegen. *Er kennt die Bibel?* Sie runzelte die Stirn und warf einen Seitenblick auf die Farrells, die sich neben sie gesetzt hatten. Katy lächelte zu ihrem Vetter hinauf und legte ihren Söhnen, die links und rechts neben ihr standen, die Hände auf die Schultern, um sie aufzufordern, in den Gesang mit einzustimmen. Bailey war bereits zu dem Schluss gekommen, dass Katy Farrell in ihrem Urteil durch Familienbande geblendet war.

Kommt her, des Königs Aufgebot, die seine Fahne fassen, dass freudig wir in Drang und Not sein Lob erschallen lassen.

Bailey bewegte kaum den Mund und lauschte aufmerksam der sauberen Baritonstimme, die die Gemeinde durch das Lied führte. Grant Hogans Stimme war weder eine Enttäuschung noch etwas, das sie qualvoll ertragen musste, wie sie befürchtet hatte. Vielmehr hatte er eine schöne, deutliche Stimme, die klangvoll durch die Kirche schallte. Bailey, die das Lied vage kannte, erhob ihre Sopranstimme und stimmte zusammen mit den anderen in das Lied ein.

Er hat uns seiner Wahrheit Schutz zu wahren anvertrauet. Für ihn wir treten auf den Platz, und wo's den Herzen grauet, zum König aufgeschauet.

Ein tiefer Friede erfüllte Bailey bei diesem Lied. Ihr war nicht bewusst gewesen, was ihr in den letzten Wochen gefehlt hatte. Innerhalb kurzer Zeit hatte sie es zugelassen, dass ihr Glaube stagnierte. Sie sprach ein stilles Bußgebet und betrachtete dann Grant Hogans Gesicht. Seine Begeisterung war bewundernswert, aber sie wollte mehr sehen als nur Enthusiasmus. Sie hatte in den letzten Jahren so viele begabte Talente durch die Kirche marschieren sehen – Menschen, die eine natürliche Begabung besaßen, vor anderen Menschen aufzutreten, und auch noch die dazugehörige Persönlichkeit. Aber zweifellos gab es auch einige darunter, die die Gemeinde einfach als ihr persönliches Publikum benutzten, um ihre Fähigkeiten zur Schau zu tragen. Der Wunsch, Gott und seiner Herde zu dienen, war bei ihnen zweitrangig. So sehr sie auch innerlich erschauderte, wenn ein unmusikalischer Sänger nach vorne trat, war sie nicht minder deprimiert, wenn ein unaufrichtiges Talent als Vorsänger vor die Versammlung trat. In diesem Augenblick kam ihr ein ungebetener Gedanke in den Sinn. *Egal, was dieser Mann auch tut, ich werde ihn immer verurteilen.* Scham überkam sie.

Als sie den Kopf leicht nach rechts drehte, sah sie, dass sich jemand zielbewusst auf sie zu bewegte. Sie blickte neugierig auf, um zu sehen, wer so spät zum Gottesdienst kam, und stellte überrascht fest, dass es Leutnant Evans war. Ohne auch nur mit der Wimper zu zucken, entschuldigte er sich bei dem Paar am Ende von Baileys Bank und arbeitete sich auf den Platz an ihrer Seite vor. Er zog den Hut, lächelte sie an und stellte sich neben sie. Sie zog die Brauen in die Höhe und nickte dem attraktiven Offizier höflich zu. Die Entschlossenheit in seinem Gesicht amüsierte sie leicht. Hauptmann Grant Hogan könnte jetzt beim besten Willen keine Aufgabe für ihn finden.

Grant sang das Lied zu Ende, stimmte ein zweites an und setzte sich dann leise in eine der vorderen Bänke. Bailey fragte sich neugierig, ob er bemerkt habe, dass Evans sich neben sie gesetzt hatte.

Pfarrer Heath Whitley hielt eine eindrucksvolle Predigt aus dem zweiten Petrusbrief. Er ermahnte sie alle, sich vor ehrgeizigen Menschen, die schöne Worte machten, in Acht zu nehmen, und forderte seine Zuhörer auf, selbst in der Bibel zu lesen und sich nicht darauf zu verlassen, dass andere ihnen ihre wöchentliche Ration an Glauben verabreichten. Bailey wusste sofort, dass sie die richtige Kirche gefunden hatte.

„Miss Templeton?", fragte Evans leise, als der Gottesdienst nach dem Schlussgebet beendet wurde.

„Ja? Wie geht es Ihnen, Leutnant Evans?" Bailey warf einen schnellen Blick zur vorderen Bank und dann wieder auf Evans. Er nickte freundlich. Ihr kam sofort der Abend in der Pension in den Sinn. „Herr Leutnant, ich muss mich bei Ihnen entschuldigen."

„Nicht nötig", antwortete er mit freundlicher Stimme und vor Selbstvertrauen funkelnden Augen. Er stand in seiner Uniform groß vor ihr und bildete einen deutlichen Kontrast zu dem bescheidenen Kirchengebäude. „Meine Mutter hat einen großen Picknickkorb gepackt. Ich würde mich freuen, wenn Sie mir heute bei dem Picknick Gesellschaft leisten würden."

„Hier findet heute ein Picknick statt?"

„Pfarrer Whitley hat es letzte Woche angekündigt."

Bailey warf erneut einen Blick auf die vordere Reihe und sah, dass Grant verschwunden war. „Das konnte ich nicht wissen. Heute ist der erste Gottesdienst, den ich besuche."

„Sie hat viele köstliche Sachen gebacken. Es wird bestimmt ein gemütliches Picknick."

Baileys Gedanken schweiften kurzzeitig ab. Sie schaute den Mann neugierig an. Dann fiel ihr ein, warum er vor ihr stand und sie anlächelte. „Oh, das Picknick. Aber ..." Sie zögerte, und ein Gedanke schoss ihr durch den Kopf: *Wollte Grant Hogan versuchen, mich zu diesem Picknick einzuladen?* Sie hatte unwissentlich seine Bemühungen, ihre Beziehung zueinander zu verbessern, im Keim erstickt. Resigniert antwortete sie Evans: „Natürlich leiste ich Ihnen gern Gesellschaft. Sind Ihre Eltern heute auch hier?"

„Normalerweise kommen sie zum Gottesdienst, aber heute morgen hat eine Kuh gekalbt. Sie waren die ganze Nacht im Stall beschäftigt."

„Ich verstehe. Ihre Eltern haben eine Farm?"

„Ja. Sie besitzen ein großes Stück Land. Ich selbst auch." Er lächelte über das ganze Gesicht.

Bailey bewunderte seine freundliche Art und seine blauen Augen, die funkelten, wenn er sprach, und ihm ein fast engelhaftes Aussehen verliehen. Sie fragte sich, wie es um seinen Glauben stand, wusste aber, dass sie diesen jungen Offizier im Laufe der Zeit bestimmt besser kennenlernen würde.

„Gehen wir?" Er bot ihr seinen Arm an. „Der Picknickkorb wartet draußen in meinem Wagen."

Der Tag hätte nicht vollkommener sein können, fand Bailey. Sie und Evans schauten sich auf dem Gelände um und erblickten die Farrells und die Prentices, die unter einer großen blühenden Myrte ihre Decken ausbreiteten. „Dort hinüber." Sie deutete mit dem Kopf. „Dort ist es schön schattig." Sie versuchte, sich einzureden, dass sie nur die Gesellschaft ihrer neu gewonnenen Freunde genieße. Aber gleichzeitig schalt sie sich. Sie wusste in ihrem Herzen, dass vielleicht ein gewisser Marineoffizier aus ihrer Familie sich zu ihnen setzen würde.

„Bailey Templeton!“ Katy winkte sie zu sich. „Kommt bitte zu uns!“

Jared kam auf sie zu gelaufen. „Mögen Sie das Hündchen, Miss Templeton? Ist er ein guter Junge?“

Bailey nickte. „Ja, aber Lord Blackie muss noch viel lernen. Jemand hat gestern nacht meinen Garten und meinen Zaun verwüstet, während der junge *Lord* in aller Seelenruhe schlief, statt mich zu beschützen.“

Über Katys Gesicht zog eine besorgte Miene. Sie verschränkte die Arme vor der Brust und senkte das Kinn. „Wurde etwas gestohlen?“

„Nichts. Das ist fast noch beunruhigender, nicht wahr?“ Bailey breitete die Decke des Leutnants neben Katys aus, und Evans platzierte den Korb darauf.

„Aber Sie sind doch ganz neu in der Siedlung. Wer sollte absichtlich so etwas Gemeines tun?“ Katy legte ihr schlafendes Kleinkind auf ein Kissen und winkte Bailey und Evans, sich zu ihr zu setzen. „Dwight?“, rief sie ihrem Mann zu, der sich zu einer Gruppe Männer gesellt hatte.

Als er nicht reagierte, seufzte Katy. „Ich erzähle es ihm später. Wenn er in ein politisches Gespräch vertieft ist, lässt er sich nur schwer ablenken.“

Bailey entging der leichte Anflug von Verachtung in Katys Stimme nicht. „Und“, sagte sie beschwingt, in der Hoffnung, das Gespräch aufzuheitern. „Gefällt es Ihren Jungen in der Schule?“

„Wie immer liebt Donovan die Schule und Jared würde lieber Fischen gehen.“ Katy öffnete eine Dose mit eingelegtem Gemüse, richtete aber ihre Augen vorsichtig auf ihren Mann. „Wenn Sie Jared je dafür gewinnen können, freiwillig ein Buch zu lesen, bezahle ich Ihnen das Eiergeld von einem Monat.“

„Und wo ist heute ihr unwiderstehlicher Vetter?“, fragte Evans Katy und blickte sich suchend auf dem Gelände um.

„Eine gute Frage. Er hat in der Kirche gesungen und ist dann verschwunden. Er fühlt sich bei so vielen Menschen nie besonders wohl. Vielleicht ist er zum Bach hinunter spaziert. Aber er wird bestimmt bald das Essen riechen und kommen. Das tut er immer.“

Bailey bemühte sich, ihren Ton beiläufig klingen zu lassen, und fragte: „Ist er schon immer ein so guter Sänger?“

„Immer. Seine Mutter sagte, er habe in seiner Kindheit und Jugend immer und überall gesungen.“

„Es ist ungewöhnlich, in einer so abgelegenen Kolonie solche Talente anzutreffen“, fügte Bailey nachdenklich hinzu.

Katys Mund verzog sich zu einem unbewussten Lächeln. „Sydney Cove fließt vor großen Talenten nicht gerade über, falls Sie das meinen. Aber wir sind trotzdem mit ein paar Dingen gesegnet. Die Whitleys sind beispielsweise bemerkenswerte Leute. Wir können uns glücklich preisen, dass wir einen so begabten Pfarrer haben.“

„Ja, war seine Predigt nicht sehr treffend?“ Bailey schaute Evans an und war neugierig auf seine Reaktion.

„Ziemlich treffend“, nickte Evans mit ernster Miene. „Ich muss den zweiten Petrusbrief wieder einmal genauer lesen. Deshalb achte ich Pfarrer Whitley auch so sehr. Er fordert unsere Herzen heraus.“

Mit wohlwollend leuchtenden Augen gab Bailey ihm recht und war erleichtert, dass sie an diesem Tag in Gesellschaft eines gläubigen Mannes war.

„Oh, schaut.“ Katy nickte zu der Wiese hinter der Kirche. „Dort taucht ja mein schwer zu bändigender Vetter auf.“

Evans lachte. „Und wie immer in Begleitung einer jungen Dame.“

Bailey fuhr, ohne nachzudenken, herum. „Wo?“ Aber man brauchte ihn ihr nicht zu zeigen, denn sie sah Hauptmann Hogan sofort. Er hatte wirklich einen Spaziergang am Bach unternommen, aber nicht allein. Eine hübsche junge Frau spazierte an seiner Seite und lachte leise über seine Bemerkungen. Er trug ihren Korb, und sehr zu Baileys Kummer steuerten sie geradewegs auf sie zu. „Nun ...“ Es kostete sie einige Mühe, eine ruhige Haltung zu bewahren. „Wir werden uns auch mit ihnen bestimmt gut unterhalten.“ Da sie keine Ablehnung zeigen wollte, verwickelte sie Katy schnell in ein Gespräch. „Katy, was ist aus unserem Freund, Kapitän Gabriel, geworden?“ Sie biss sich auf die Lippe und hoffte, dieses Thema sei nicht zu heikel.

Katys Gesicht strahlte. Sie antwortete lächelnd: „Ist das nicht das reinste Wunder, Bailey? Es ist, als habe ihn Gott höchstpersönlich hierher geführt.“

„Aber er verlässt uns doch bald wieder, nicht wahr?“

„Nein. Er hat seine Aufträge mit einem anderen Kapitän getauscht. Das war natürlich nicht sein Wunsch. Aber der andere Kommandant hat eine Familie in England und wollte sofort in See stechen. Robert bleibt noch ein paar Monate. Welch großes Glück! Es wäre eine solche Schande gewesen, wenn er sozusagen *aus dem Grab auferstanden* wäre und dann so schnell wieder von uns genommen worden wäre. Und die Kinder haben ihn so gern.“

Bailey spürte ein seltsames Prickeln in ihrem Nacken. Sie atmete tief ein und beherrschte ihre Worte. An Katys faszinierter Miene konnte sie sehen, dass die Kinder nicht die Einzigen waren, die von Kapitän Robert Gabriel angetan waren.

„Er hätte uns heute hier Gesellschaft geleistet, aber er hatte im Hafen etwas Geschäftliches zu erledigen.“ Ihre Augen schossen erneut scharfe Pfeile auf ihren Mann, aber als sie den Blick wieder auf Bailey richtete, wurde ihr mühsames Lächeln weicher. „Unter uns gesagt: Dwight hat gewisse Schwierigkeiten, sich auf eine Freundschaft mit Robert einzulassen.“

„Katy, das kann ich aber gut verstehen.“ Baileys Ängste sprudelten schließlich aus ihr heraus. „Ihr Mann ist es nicht gewohnt, Sie und die Kinder mit einem anderen Mann zu teilen.“

Katy zögerte und dachte einen Augenblick über Baileys Worte nach. Dann lächelte sie diplomatisch. „Dwight muss uns nicht mit jemandem teilen. Robert ist einfach ein neuer Freund, der in unser Leben getreten ist. Es ist nicht anders als unsere Freundschaft zu Ihnen."

„Nur, dass ich Ihnen nie das Leben gerettet habe."

Katys Lider senkten sich. Sie schüttelte den Kopf. „Ich weiß, was Sie sagen wollen, Bailey. Aber es besteht kein Grund zur Besorgnis. Ich würde Robert Gabriel nie mit mehr als mit dem größten Respekt betrachten. Er ist wie ein Bruder für mich."

Bailey nickte, aber ihr Verstand sagte ihr etwas anderes. Ihr Blick wanderte wieder in die Ferne. Überrascht zog sie eine Braue hoch. „Anscheinend hat Ihr Vetter doch keine Lust, uns heute Gesellschaft zu leisten." Sie bemerkte, dass Grant einen anderen Platz gewählt hatte, um seine Decke auszubreiten.

„Umso besser." Evans konzentrierte sich darauf, seinen Teller vollzuladen.

Bailey lächelte und hoffte, ihre Augen verrieten die Enttäuschung nicht, die innerlich an ihr nagte. Sie widmete ihre ganze Aufmerksamkeit Katys kleiner Tochter Corbin, die sich jetzt verschlafen aufsetzte, und beschloss, sich nicht länger damit zu quälen, Blicke auf Grant Hogan und seine Picknickbegleiterin zu werfen.

7. Begegnung im Mondschein

Je näher der September rückte, umso höher stiegen die Temperaturen. Bailey motivierte ihre Schüler, das Klassenzimmer mit ausgeschnittenen Papierbildern, getrockneten Blumen und selbstgezeichneten Bildern zu schmücken. Während die Kinder in kleinen Gruppen im Raum beschäftigt waren und sich über ihre Kunstprojekte unterhielten, wanderte ihr Blick aus dem Schulfenster ins Freie. Die grünende Landschaft des späten August weckte eine unerklärliche Melancholie in Bailey. Zum ersten Mal seit Monaten hatte sie Heimweh. Ihre Familie würde sich in wenigen Monaten auf den Schnee vorbereiten und das Erntedankfest mit einem Truthahnessen und allem, was dazu gehörte, feiern. Laurie hätte alle Hände voll mit ihren Hochzeitsvorbereitungen zu tun. Ihre Mutter wäre mit zahlreichen Festen und Einladungen beschäftigt. Wenn Jareds Hündchen nicht gewesen wäre, hätte das Schweigen, das in Baileys Haus herrschte, sie in eine tiefe Einsamkeit getrieben.

Sie klatschte in die Hände, um die Aufmerksamkeit der Schüler auf sich zu lenken, und verkündete: „Eure Bilder sind sehr schön. Wenn wir sie im September alle fertiggestellt haben, ist unser Klassenzimmer eine wahre Kunstgalerie. Morgen planen wir unser erstes Frühjahrsfest und laden dazu eure Eltern ein. Bis dahin wird unser Schulhaus wunderschön geschmückt sein.“ *Es fehlt nur ein bisschen Kultur,* dachte sie. Sie sah die skeptischen Blicke, mit denen die Kinder sie bedachten, und las an ihren Gesichtern sofort ab, was sie dachten. „Wenn es sein muss, dann besuche ich jedes Haus und lade eure Eltern höchstpersönlich ein.“ Ihre Brauen zogen sich zuversichtlich nach oben. „Wenn ihr alle jetzt eure Sachen zusammenpackt, können wir für heute nach Hause gehen.“

Im gesamten Raum brach plötzlich ein lärmendes Treiben aus. Bailey packte ebenfalls ihre Sachen in eine große Tasche. Ihr graute fast davor, nach Hause zu fahren. In den letzten Tagen hatte sie immer mehr Versuche entdeckt, alles zu zerstören, was sie besaß. Die Hoffnung auf einen Garten hatte sie schon lange aufgegeben. Wenn es nicht ein paar freundliche Mütter ihrer Schüler gäbe, hätte sie überhaupt kein frisches Gemüse zu essen. Alles, was sie anzupflanzen versucht hatte, war ausgerissen, niedergetrampelt oder vergiftet worden. Aus Angst um den kleinen Hund befolgte sie inzwischen sogar Jareds Rat und brachte ihn jeden Tag mit zur Schule – sehr zur Freude der Kinder.

Das Passagierschiff nach England war vor einem Monat ausgelaufen. In einem Versuch, sich wenigstens ein bisschen Unterstützung durch Hauptmann Hogan zu sichern, war sie kurz vor dem Auslaufen des Schiffes zu ihm gegangen. Aber er hatte ihr keine Hoffnung auf eine gesicherte Stellung als Lehrerin in Sydney Cove gemacht, nur seine Bedenken geäußert, dass die persönlichen Angriffe auf ihr Eigentum noch schlimmer werden könnten. Wütend über ihn hatte sie sein Büro verlassen und gehofft, ihre Wege würden sich lange Zeit nicht mehr kreuzen. Da sie sich mit dem Gedanken, so schnell wieder abzureisen, nicht anfreunden konnte, war sie geblieben, obwohl sie wusste, dass ihre Zeit in der Schule sehr kurz sein könnte. Ihr Hunger nach Freundschaft hatte sie veranlasst, viele Einladungen nach Rose Hill anzunehmen. Sie war erstaunt, dass Hogan nie dort war, wenn sie kam. Sie hatte nur selten mit Katy über diesen Mann gesprochen, und wenn, dann auf beruflicher Ebene. Deshalb fragte sie sich, ob *er* darauf achtete, dass sie nie gemeinsam zu einem Essen bei den Prentices und Farrells waren. Als sie seinen Namen einmal erwähnte, erklärte Katy seine Abwesenheit damit, dass er unter Doktor White immer mehr Pflichten zu erfüllen habe.

Als der letzte ihrer Schüler sich verabschiedet hatte, dachte Bailey über die letzten Wochen nach. Die Stunden, die von ihrer Freizeit noch übrig blieben, wenn sie nicht gerade die Arbeiten der Schüler korrigierte oder die Farrells besuchte, verbrachte sie mit Leutnant Evans. Sie malte sich sein gutaussehendes Gesicht, seine blauen

Augen und seine blonden Haare, die jungenhaft über seine gebräunte Stirn fielen, vor Augen. In einem Augenblick der Schwäche hatte sie ihm sogar erlaubt, ihre Hand zu halten, als sie an einem Bach auf Rose Hill entlangspaziert waren. Aber obwohl sie Leutnant Evans' Aufmerksamkeit sehr schätzte, fand sie in der Zeit, die sie miteinander verbrachten, nur wenig Befriedigung – etwas, das sie sehr ins Fragen brachte. In seinem eifrigen Bemühen, eine Frau zu finden, hatte er bei zahllosen Gelegenheiten erwähnt, wie gut er finanziell abgesichert sei und welche Pläne er habe, den Besitz seiner Familie zu vergrößern. Aber Bailey fand seine Worte weniger reizvoll, als er sich bestimmt erhoffte. So sehr er sich auch bemühte, sie zu beeindrucken, er erreichte damit nur, dass ihr Interesse an ihm abnahm. Sie war nicht hierhergekommen, um einen Ehemann zu finden. Alles Bemühen darum, sie an sich zu binden, führte nur dazu, dass sich die Distanz zwischen ihnen vergrößerte. Bailey rang mit ihrem Verstand, ihren Gefühlen, mit ihrem ganzen Sein, um seine positiven Seiten zu sehen. Er hatte sie ein wenig von ihrer Sehnsucht nach ihren Freunden und ihrer Familie in Amerika abgelenkt. Sie erinnerte sich aber, dass ihre Mutter mehr als einmal erwähnt hatte, wie vergeblich es sei, eine Beziehung zu einem Mann aufzubauen, die auf nichts anderem basierte als auf dem Wunsch, nicht allein zu sein. Aber sein attraktives Aussehen, gepaart mit ihrem Bedürfnis nach Freundschaft, veranlasste sie, ihn trotzdem wieder zu treffen. In der kurzen Zeit, die sie sich nun kannten, hatte er eine nicht zu übersehende Zuneigung zu ihr entwickelt. Er hatte eine enge Beziehung zu seiner Familie und liebte seine Kirche. Er war ein beständiger Mann und hielt inmitten skrupelloser Menschen an seinem Glauben fest. Heute wollten sie in dem einzigen Restaurant in der Stadt, in dem es warme Gerichte gab, essen gehen. Es war im Vergleich zu Virginias vorzüglicher Küche etwas schlicht, aber das war ihr gleichgültig, und sie freute sich auf den Abend.

„Miss Templeton, ich bin hier, um Sie nach Hause zu begleiten." Der Gefreite stand zur gewohnten Zeit im Türrahmen der Schule.

„Guten Tag, Gefreiter Dade", sagte sie müde. „Ich hoffe, heute ist an meinem Haus nicht schon wieder etwas angestellt worden."

„Hauptmann Hogan hat eine Wache bei Ihrem Haus aufgestellt, Miss. Kein Grund zur Sorge."

Diese Nachricht hätte ihr Mut machen sollen, aber sie erhöhte ihre Besorgnis nur noch. *Jetzt wird er mich als noch größere Last ansehen. Wenn ich nur den Schuldigen erwischen könnte.* Aber da sie nicht undankbar erscheinen wollte, nickte sie höflich. Sie verbannte alle Abneigung gegen Grant Hogan aus ihrem Denken, packte ihre Sachen zusammen und versuchte, sich auf den vor ihr liegenden Abend zu konzentrieren.

* * *

„Herr Gouverneur Bligh, mit allem nötigen Respekt – Sie sind noch nicht lange in dieser Kolonie. Die Freigelassenen sind misstrauische Menschen. So sehr es auch ein Fehler auf Seiten der Regierung war, diese junge Lehrerin, Miss Templeton, einzustellen, sie hat sich doch nach und nach den Respekt der Eltern ihrer Schüler erarbeitet. Bis auf wenige Familien schicken alle ihre Kinder wieder zur Schule. Ich schreibe den Erfolg der Schule Miss Templetons Mut und ihrer Hartnäckigkeit zu, mit der sie die Eltern persönlich besuchte. Wie viele Lehrer kennen Sie, die die Familie jedes einzelnen Schülers besuchen? Ich kenne keine."

Bligh schaute mit wachsender Teilnahmslosigkeit zu, wie der Offizier neben ihm auf der Veranda seines Hauses auf- und abschritt. „Sir, wir haben schon bei zahllosen Gelegenheiten über dieses Thema gesprochen, und ich werde der Sache allmählich überdrüssig. Wir haben gebeten, dass man uns einen männlichen Lehrer schickt, der Miss Templeton ablösen kann." Er griff in eine kleine Dose und holte eine Prise Tabak heraus. Dabei betrachtete er das Gesicht des Offiziers und schmunzelte. „Sie haben eine Schwäche für diese Frau?“

Grant Hogan fuhr herum. Sein Gesicht hatte seine Beherrschung verloren. „Ich empfinde Respekt für sie, Herr Gouverneur. Sie ist die engagierteste Lehrerin, die Sydney Cove und Parrametta je gesehen haben. Sie kennen mich lange genug, um zu wissen, dass ich meine persönliche Meinung und berufliche Fragen immer stark voneinander trenne.“

„Wirklich?“ Bligh atmete tief ein. Sein Doppelkinn lag schwer auf seiner Brust. Er drehte sich um und ging zu dem kleinen Tisch, auf dem eine Flasche Rum und zwei kleine Gläser standen. „Darf ich Ihnen auch ein Glas einschenken, Herr Hauptmann?“

Erbost über Blighs lässige Handhabung dieser Angelegenheit, schüttelte Grant den Kopf. „Es ist schon spät, und ich habe genug von Ihrer Zeit gestohlen.“

„Nicht gestohlen, Sir. Es ist immer gut, wenn Offiziere zusammenkommen und ihre Meinungsverschiedenheiten klären. Aber ein führender Offizier wird einzig zu dem Zweck in sein Amt berufen, um Entscheidungen zu treffen, egal, wie unpopulär diese auch sein mögen. Nach vielen Gesprächen mit den Sprechern des militärischen Corps lässt sich dieses Problem nur so lösen, dass ein Schulmeister aus England kommt. Obwohl ich nie zulassen würde, dass das Corps Entscheidungen trifft, die die Kolonie als Ganzes betreffen, muss ich den Herren in diesem Punkt beipflichten.“

Grants Geduld war erschöpft. Er verabschiedete sich mit äußerlicher Ruhe und verließ Blighs Haus. Er kannte die Geschichte dieses Mannes nur zu gut und wusste, dass in dieser Frage keine Kooperation von ihm zu erwarten war. Er hatte eine Meuterei auf einem Schiff mit dem Namen *Bounty*, das unter seinem Kommando gestanden hatte, überlebt und sich dabei den Respekt der britischen Regierung gesichert, sich aber gleichzeitig den Argwohn des Militärs, besonders der Marineoffiziere, zugezogen. Grant bestieg in einer einzigen raschen Bewegung seinen Hengst und entfernte sich von Bligh so schnell er nur konnte. Ihm war unweigerlich aufgefallen, dass Blighs Freundlichkeit sich deutlich abgekühlt hatte, als er in der Frage um Bailey Templeton in ihn gedrungen war. *Warum ist der Gouverneur nur so fest entschlossen, sie durch einen Mann zu ersetzen?* War es Bligh oder jemand anders, der Grants Versuche, Bailey als Lehrerin zu behalten, unterminierte?

Der Abend rückte näher, und er beschleunigte sein Tempo. Er konnte seine Kutsche holen und noch vor Sonnenuntergang bei den Parkinsons ankommen. Ihre Tochter, Emily, hatte seine Einladung zu einem gemütlichen Essen im Restaurant in der Stadt angenommen. Sie war ein hübsches Mädchen und mit allen Fertigkeiten, die man in einem Haushalt benötigte, begabt. Aber sie konnte beim besten Willen nicht als eine belesene Frau bezeichnet werden. Wie bei vielen Frauen in der Kolonie beschränkten sich auch ihre Gespräche normalerweise auf häusliche Themen. Sie war von seinen Berichten über den Beruf eines Arztes vollkommen fasziniert, und es schmeichelte ihm, wie sie bei jedem medizinischen Fachausdruck, den er benutzte, nachfragte, als wollte sie jede einzelne Wortbedeutung unbedingt kennenlernen. *Ganz anders als diese dickköpfige Lehrerin, die an nichts anderem Interesse hat als an ihrer Schule!* Dieser Gedanke ärgerte ihn, und er war wütend über sich, weil er dieser Frau erlaubte, ihn so aus der Ruhe zu bringen. Mit der wenigen Aufmerksamkeit, die sie ihm schenkte, hatte sie immer nur das eine Ziel verfolgt, nämlich ihre Position in der Schule zu sichern.

Grant war nicht der Typ, der die Schuld für Befehle, die unter sein Ressort fielen, anderen zuschob. Er würde also Blighs starrsinnige Anweisungen wie seine eigenen weitergeben. Er kannte seine Pflichten als Offizier. Bailey Templeton würde ihn also nur in einem einzigen Licht sehen – als ihren Gegner. *Sie ist von dir abgestoßen, Hogan. Und das mit Recht!* Er erinnerte sich an den Tag, an dem er und sein Neffe ihr das Hündchen gebracht hatten. Er hatte gehofft, dass sie von dieser freundlichen Geste angerührt wäre, hatte aber mit Enttäuschung feststellen müssen, dass sie das Geschenk nur widerwillig angenommen hatte. Er erinnerte sich auch daran, wie auffallend schön sie an jenem Tag ausgesehen hatte. Die Morgensonne hatte sie beschienen, und ihr rosenfarbiger Baumwollrock war im leichten Wind um ihre tadellose Figur geweht. Er hatte ihr angesehen, dass sie im Garten gearbeitet hatte. Selbst ihr mit Schmutz verschmiertes Gesicht hatte ihre Schönheit nicht beeinträchtigt, noch ihre funkelnden braunen Augen oder ihr leuchtend schwarzes Haar getrübt. Baileys eindrucksvolles Gesicht hatte ihn fasziniert. Ohne nachzudenken, war er näher an sie herangetreten, und bevor er sich versehen hatte, hatte er ihre Hand berührt. Aber dieser Versuchung zu widerstehen hätte ihn um den Verstand gebracht. Ihre weiche Haut war nur wenige Zentimeter von ihm entfernt gewesen, und er hatte sie berühren müssen – nicht nur einmal, sondern zweimal. Als er die Abwehr in ihren Augen gesehen hatte, war ihm bewusst geworden, dass er seine Grenzen überschritten hatte. Durch diese eine törichte Handlung hatte er alle etwaigen Pläne, sie zu dem Gemeindefest einzuladen, verspielt. Ihre kühle Reaktion hatte ihn kalt erwischt. Er erinnerte sich, wie er seinen Blick über den Rasen vor der Kirche hatte schweifen lassen und sie in Evans' Begleitung beobachtet hatte.

Sie war nicht so wie die anderen Frauen in der Siedlung – einsam und um Gesellschaft bettelnd. Bailey Templeton war selbstsicher und brauchte niemandes Hilfe. Wenigstens vermittelte sie diesen Eindruck. *Und so misstrauisch,* dachte er deprimiert. Er erinnerte sich daran, dass sie sich erst nach großem Ringen darauf eingelassen hatte, dass Dade sie jeden Tag auf dem Weg zur Schule und wieder nach Hause begleiten durfte. Aber die wiederholten Übergriffe auf ihr Haus bereiteten ihm Sorgen. Während sie einen skrupellosen Schüler verdächtigte, vermutete er einen wesentlich gefährlicheren Gegner. Obwohl er sich sehr wohl bewusst war, dass er damit ihren Unmut ihm gegenüber nur noch erhöhen würde, hatte er an diesem Morgen befohlen, dass eine Wache vor ihrem Haus aufgestellt wurde. *Sie sind eine starke Frau, Bailey Templeton. Aber nicht so stark, wie Sie glauben.* Während der orangefarbene Mond am blauen Himmel auftauchte, lenkte Grant sein Pferd zur Farm der Parkinsons, aber seine Gedanken wanderten in eine ganz andere Richtung.

* * *

„Leutnant Evans!“ Bailey ließ sich von dem Leutnant auf seinen Wagen helfen. Sie lächelte über sein attraktives Aussehen. Er hatte sich für das Abendessen in Zivil gekleidet. Evans trug einen dunklen Anzug, ein weißes Hemd und ein seidenes Halstuch und erwiderte ihren bewundernden Blick.

„Alles für Sie, Miss Templeton“, sagte er geschmeichelt.

Bailey wartete, bis er sich zu ihr in die Kutsche gesellte, und räusperte sich dann. Schon seit einigen Wochen war sie der Förmlichkeiten zwischen ihnen müde, wusste aber nicht recht, wie sie ihm das am besten sagen sollte. „Wir gehen nun schon seit mehreren Wochen miteinander aus.“ Sie zögerte, da sie nicht wollte, dass er mehr in ihre Worte hineindeutete, als sie sagen wollte. „Wenn Sie wollen, können Sie mich gern Bailey nennen. Miss Templeton ist so förmlich.“ Sie strich über ihr rotes Kleid aus Tüll und Satin.

Evans ließ die Zügel schnalzen, setzte sich zurück und schaute sie selbstsicher an. „Einverstanden, Bailey.“ Während er das Pferd auf das Restaurant zutraben ließ, drehte er sich wieder zu ihr um und schien ihr attraktives Aussehen zu genießen. „Es wird auch Zeit, dass du mich Jonathan nennst.“

„Das werde ich, Jonathan.“ Ihr gefiel der Name. Er klang angenehm, und es war ein biblischer Name. Sie spürte eine neue Kameradschaft zu dem Leutnant und rückte nicht weg, als er sich nahe neben sie setzte, sondern lehnte sich sogar an seine muskulöse Gestalt. Sie fühlte sich an diesem Abend noch einsamer als sonst und brauchte seine Gesellschaft. Sein Körperbau erinnerte sie an ihren jüngeren Bruder Harry, der mehrere volle Obstkisten gleichzeitig hochheben und tragen konnte. Selbst die kräftigsten Raufbolde wussten, dass sie sich vor Harry Templeton in Acht nehmen mussten.

Bailey genoss die angenehme Fahrt und verwickelte Jonathan Evans in ein Gespräch über seine Familie – ein Thema, dessen er nie überdrüssig wurde, wie sie bald bemerkte. Während er über seine Pläne auf der Farm plauderte, schlugen ihre Gedanken verbotene Wege ein. Die Isolation, die sie bei ihrer Ankunft in Sydney Cove empfunden hatte, war so schmerzlich gewesen, dass sie damit Evans' häufige Gesellschaft immer wieder rechtfertigte. Aber sobald sie die Augen schloss, fragte sie sich, was geschehen wäre, wenn sie Hauptmann Hogan nicht so kühl abgewiesen hätte.

„Bailey?" Anscheinend hatte er ihren Namen mehr als einmal ausgerufen.

Sie riss sich gewaltsam aus ihren Träumen los und sagte schnell: „Ich bin ganz Ohr."

Als sie im Restaurant ankamen, unternahmen Jonathan und Bailey einen Spaziergang über den hölzernen Gehweg, der um das verwitterte Gebäude herumführte und einen herrlichen Blick über eine kleine Bucht bot.

„Wenn wir unser Essen bestellt haben, können wir doch noch einmal hierherkommen, Jonathan – wenn dir das recht ist." Bailey wartete mit großen Augen auf seine Zustimmung.

„Genau dasselbe wollte ich auch vorschlagen. Ein wunderbarer Abend für einen Spaziergang mit einer so schönen Frau."

„Danke." Sie lächelte und sah das eifrige Leuchten in seinem Gesicht. Ohne es zu wollen, wusste sie, dass sie Jonathan mehr ermutigte, als sie eigentlich sollte. Aber im Augenblick wollte sie einfach den Abend und die Gesellschaft mit einem anderen Mann als mit Gavin Drummond genießen. Zum ersten Mal seit Monaten fühlte sie sich frei von Gavin. *Soll Laurie ihn doch haben!* Jetzt konnte sie das sagen, ohne für einen von ihnen Verachtung zu empfinden. Jonathan Evans hatte ihr in dieser Hinsicht geholfen.

Das Restaurant, das am Tag einen schmuddeligen Eindruck machte, strahlte bei Sonnenuntergang eine malerische Atmosphäre aus. Das Speisezimmer war mit Kerzen erhellt und mit dem Duft nach selbstgebackenem Strudel und geräuchertem Fleisch erfüllt. „Ich habe einen Bärenhunger“, sagte sie, als sie die appetitanregenden Gerüche einsog. Als sie an ihrem Tisch Platz genommen hatten, wählten die beiden schnell ihr Menü und erklärten dem Kellner, dass sie in Kürze wieder zurück wären.

„Nach Ihnen, Mylady.“ Evans verbeugte sich höflich.

Bailey hakte sich bei ihm unter. Sie entdeckten einen Hinterausgang, der auf den Kai hinausführte. Bevor sie durch die Tür ins Freie traten, fiel ihr Blick auf ein Paar, das in diesem Moment durch den vorderen Eingang das Restaurant betrat. Aber der schwach erhellte Raum machte es unmöglich, das Paar zu erkennen. Als sie mit Evans ins Freie getreten war, beeilte sie sich, um den besten Blick auf den Mond und das Meer zu erhaschen. „Hier, Jonathan!“ Sie lehnte sich an ein vom Salzwasser ausgewaschenes Geländer. „Stellen wir uns hier hin. Es gibt nichts Schöneres als das Meer bei Nacht.“ Sie lauschte auf die Wellen, die über das sandige Ufer rollten. Das dunkle Wasser war nur an dem weißen Schaum zu erkennen. Sie fühlte, wie Jonathans Hand sich um ihre Hüfte legte, und drehte ihm das Gesicht zu, entschlossen, alle romantischen Gefühle seinerseits im Keim zu ersticken. Aber sie sah sofort, dass er nur lächelte und gemeinsam mit ihr den Mond bewunderte. Sie fühlte sich bei Jonathan sicher. Er war zuverlässig und vertrauenswürdig. Sie erwiderte seinen freundschaftlichen Blick und ließ ihre Gedanken in die Ferne schweifen.

„Leutnant Evans.“ Eine Kellnerin trat auf den Kai hinaus und rief seinen Namen.

Bailey warf ihm einen vorsichtigen Blick zu und seufzte. „Man sucht dich.“

Evans schüttelte verständnislos den Kopf. „Wer sollte wissen, dass ich hier bin?" Die Kellnerin rief seinen Namen noch einmal. Er winkte, um sich ihr bemerkbar zu machen. „Hier, Miss. Ich bin Leutnant Evans."

„Eine Nachricht für Sie, Sir." Die Frau reichte ihm schnell eine handgeschriebene Notiz und verschwand dann wieder in dem Restaurant.

Bailey verschränkte die Arme vor der Brust und ließ ihren Blick über die Paare schweifen, die sich im Mondlicht umarmten. Es hatte den Anschein, als habe der Zauber dieses Abends jedes Herz ergriffen, nur nicht ihres. So sehr sie diesen Augenblick auch genoss, sie würde nicht zulassen, dass ihre Gefühle durch eine bloße romantische Stimmung überrollt würden. Sie schaute erwartungsvoll zu Evans auf. Als sie ein missmutiges Runzeln auf seiner Stirn sah, kniff sie die Lippen zusammen und zog fragend die Brauen in die Höhe. „Stimmt etwas nicht, Jonathan?"

„Ein Problem im Regierungsgebäude. Ein Gefreiter hat anscheinend seinen ganzen Sold in Rum umgesetzt. Es kommen Klagen wegen Ruhestörung auf dem Marktplatz."

„Aber warum schickt man deshalb nach dir?"

„Ich arbeite im Regierungsgebäude. Und ...", fügte er unschuldig hinzu, „... es war kein Geheimnis, mit wem ich heute Abend ausgehen wollte."

„Du hast unsere Pläne verraten?"

„Nie wieder, Bailey." Er hob schwörend eine Hand.

Bei seinem entschuldigenden Blick musste sie leise lachen. „Dann warte ich hier auf dich."

„Es dauert nicht lange. Das verspreche ich dir." Er wandte sich zum Gehen, blieb dann aber noch einmal stehen, als sei ihm gerade ein Gedanke gekommen. Er drehte sich schnell um, beugte sich vor und verpasste Bailey einen zarten Kuss auf die Wange. Er schaute sie beschwörend an und sprach mit unumstößlicher Entschlossenheit. „Warte auf mich." Er gab ihr noch einen letzten

Kuss auf die Stirn, dann drehte er sich um und war im nächsten Augenblick verschwunden.

Während sie noch ein paar Minuten allein dastand und in die Dunkelheit hinausschaute, musste sie leise lachen. Jonathan Evans war ein sonderbarer Mann. Je mehr er sich bemühte, sie kennenzulernen, umso mehr stand ihm das Schicksal im Weg. Bailey schlenderte ein Stück weiter den Weg hinab, bis die Holzbretter zu Ende waren und nur noch das sandige Ufer sich vor ihr ausbreitete. Sie erinnerte sich an ihre Bestellung im Restaurant und beschloss, kehrtzumachen und zurückzugehen. Aber ihre grübelnden Gedanken hielten sie zurück. Sie faltete die Hände vor dem burgunderfarbenen Satin ihres eng taillierten Kleides und ließ ihren Blick über das Meer schweifen.

„Ich sehe, wie die Räder sich drehen. Bailey Templeton versucht, die Welt zu retten."

Ein kurzes Keuchen entfuhr ihren Lippen. Bailey richtete den Blick auf die dunkle Gestalt, die einen knappen Meter von ihr entfernt im Schatten stand. „Wer ist da?", fragte sie mit mühsamer Beherrschung.

„Der Teufel."

„Lassen Sie mich in Ruhe. Ich ... ich bin nicht allein!" Bailey blickte sich um, sah aber, dass die anderen Paare alle ins Restaurant zurückgekehrt waren.

Ein tiefes Lachen erklang aus der Kehle des Mannes. Er trat ins Mondlicht hinaus. „Entschuldigen Sie, Miss Templeton. Ich hatte nicht die Absicht, Sie zu erschrecken."

„Hauptmann Hogan!" Baileys Puls raste. Sie trat einen Schritt vor und fragte entrüstet: „Was tun Sie hier draußen?"

„Dasselbe habe ich mich über Sie auch gefragt. Meine Begleiterin hat ein paar Freundinnen aus England getroffen. Sie sind vor dem Restaurant und unterhalten sich großartig." Er faltete seine kräftigen Hände und fügte hinzu: „Ich wollte einen kurzen Spaziergang machen."

Bailey erinnerte sich an Katys Bemerkungen über ihren unzähmbaren Vetter und antwortete verstehend: „Sie sind nicht gern mit vielen Menschen zusammen."

Seine Augen zogen sich bei ihren Worten argwöhnisch zusammen. Dann erwiderte er: „Mich hat der Mond gereizt. Diese Bucht ist nachts wunderschön."

Bailey blickte sich um und gab ihm höflich recht. „Ja, das ist sie." Sie rieb die Hände aneinander, die allmählich kalt wurden, stieß ein kurzes Seufzen aus und wollte sich eilig verabschieden. „Nun, ich muss ..."

„Es wäre eine Schande, einen so schönen Abend zu vergeuden. Miss Emily Parkinson kann sich stundenlang unterhalten, und Ihr Leutnant Evans ist ins Regierungsgebäude gerufen worden und wird auch nicht so schnell zurück sein."

„Woher wissen Sie das?" Bailey senkte das Gesicht und schaute ihn misstrauisch an.

„Ich sah Evans auf dem Weg zur Tür." Grant zuckte gelassen mit den Achseln.

„Sie sind sicher, dass Sie nichts damit ..." Bailey wurde sich bewusst, wie ihre Worte klingen mussten, und verkniff es sich in letzter Sekunde, ihren Verdacht laut auszusprechen.

„Sie glauben, ich hätte Evans fortrufen lassen?" Seine Stimme wurde angespannt. „Aus welchem Grund sollte ich so etwas tun?"

Bailey fühlte, wie ihre Wangen sich röteten, und war dankbar für die Dunkelheit. „Aus keinem Grund." Sie wandte sich ab und trat an das Geländer. Sie stand, wie es ihr schien, eine Ewigkeit da und lauschte auf das Rauschen der Wellen. Von Hauptmann Hogan war kein Ton mehr zu hören. Sie kam sich töricht vor und begriff, dass der Hauptmann sie wahrscheinlich allein stehen gelassen hatte. *Du hast es wieder getan.* Sie drehte sich enttäuscht um. Ein großes Erstaunen zog über ihr vom Mond beschienenes Gesicht.

„Bailey", Grant sprach ihren Namen leise aus, als würde er, wenn er lauter spräche, diesen Augenblick zerstören. Er war näher auf sie zu getreten, stand aber nur da und schaute sie an. Seine Augen waren genauso groß wie der Mond. „Womit auch immer ich mir Ihren Hass zugezogen habe, ich möchte ...“ Jetzt war er es, der mitten im Satz abbrach.

Er stand so nahe vor ihr, dass sie sicher war, sein Herz schlagen zu hören. Bailey schaute zu diesem Riesen von einem Mann auf. Ihre Überraschung war größer als ihre Angst. „Ich verstehe nicht, Hauptmann Hogan. Was wollen Sie von mir?“

„Ich will ...“ Er trat noch näher auf sie zu, betrachtete sie kritisch und strahlte dann zustimmend.

Bailey sah, dass sich seine Augen mit einer wortlosen Botschaft in die ihren bohrten. Sie sagte sich, dass sie zurückweichen müsse. Grant Hogan war ganz anders als Jonathan Evans. Sie fühlte sich bei ihm nicht *sicher* wie bei Jonathan. Nicht, weil er eine Bedrohung darstellte, sondern weil sie sich selbst nicht traute! „Hauptmann Hogan. Wir sollten hineingehen. Wir haben Verpflichtungen ...“

„Verpflichtungen?“ Grants Gesicht war nur wenige Zentimeter von dem ihren entfernt. „Ich bin es leid, dauernd Verpflichtungen zu haben, Bailey. Sie nicht auch?“

Wie schon zuvor bewunderte Bailey sein gut aussehendes, männliches Gesicht. Er war noch attraktiver, wenn er so nahe war. „Was ist mit Ihrer Miss Emily Parkinson?“ Ihre Stimme war zittriger, als sie beabsichtigt hatte.

„Emily ist eine feine junge Frau, und ich habe große Achtung vor ihr. Aber ich bin ihr gegenüber keine Verpflichtung eingegangen, und sie mir gegenüber auch nicht. Ich bin nicht der einzige Mann, mit dem sie ausgeht.“

„Nein?“

„Was ist mit Ihrem Leutnant Evans? Ist Ihre Beziehung zu ihm fester Natur?“

Bailey wusste, dass sie schnellstens vor ihm davonlaufen sollte, aber sie konnte sich nicht losreißen. Ein zarter, feiner Faden spann sich zwischen ihnen. Sie war wie gebannt von diesem Mann. Etwas an seinem Wesen vertrieb ihre Ängste und veranlasste sie, ihm zu vertrauen. „Jonathan und ich sind nur gute Freunde. Aber er ist heute Abend mein Begleiter, und ich werde ihn als solchen respektieren." Sie wandte den Blick ab und kam sich schrecklich töricht vor.

„Und ich werde Emily ebenfalls respektieren. Aber was ist mit morgen?" Er trat näher und durchschritt die unsichtbare Mauer, die Bailey so sorgfältig zu ihm aufgebaut hatte.

„Was ist damit?" Bailey fühlte, wie ihr Puls raste.

„Ja, was ist damit?" Ohne ein weiteres Zögern ergriff Grant ihre Hände. „Es ist einfach so ... ich kann keinen Tag mehr ertragen, ohne dass Sie ihn mit mir teilen, Bailey Templeton."

Ihre Brauen zogen sich zusammen, und ihre Stimme zitterte. „Das kann doch nicht Ihr Ernst sein."

„Jedes einzelne Wort." Er trat noch näher auf sie zu, bis ihre Hände auf seiner breiten Brust lagen.

„Sie wollen doch nur mit mir spielen, nicht wahr?", fragte sie. Ihre Stimme war kaum lauter als ein Flüstern. Aber sie machte diese Bemerkung, weil ihr nichts Besseres einfiel, was sie sagen sollte. „Sie wissen, dass man Sie ‚Hogan, den Eroberer' nennt?" Sie sah das Feuer in seinem Blick und fragte sich, ob sie ihm widerstehen könnte.

„Wenn ich könnte, würde ich diesen Unsinn aus Ihrem Kopf reißen." Er lächelte und fragte leise: „Erlauben Sie mir, einen Augenblick in Ihrer Schönheit zu versinken?"

Bailey blickte sich nach allen Seiten um und merkte, wie sich in ihrem Kopf alles drehte. „Jetzt und hier?"

„Komm mit mir, Bailey." Seine Stimme klang samtig. Er ergriff ihre Hand. Bevor sie Einspruch erheben konnte, führte er sie den Weg zum Sand hinab. Ohne zu wissen warum, folgte sie ihm. Baileys Gedanken wirbelten wie ein heftiger Sturm in ihrem Kopf.

Ihr gesunder Menschenverstand forderte sie auf, zurückzulaufen in Jonathans Arme, in die Sicherheit, die er ihren Gefühlen bot, an einen Ort, an dem keine Gefahr bestand, verletzt zu werden. *Lauf davon, Bailey!* Ihr Verstand versuchte, die Kontrolle zu ergreifen, aber ihr Herz hatte das Kommando übernommen. Bailey lief mit Hauptmann Hogan hinter eine Baumgruppe, wo er sie nahe an sich heranzog.

„Ich möchte dich küssen, Bailey Templeton." Grant legte seine Wange zärtlich auf die ihre und zog dann sein Gesicht zurück. „Darf ich?"

„Ich ...", stammelte sie. Ihr Herz hämmerte wild in ihrer Brust. „Ich finde", flüsterte sie, „wenn du erst fragen musst, solltest du es lieber nicht tun." Die Brise vom Meer wehte ihre elegant frisierten Haare um ihre Schultern. Sie kam sich vor wie ein sechzehnjähriges Mädchen. Er zog sie noch näher an sich heran. Bailey genoss die beschützende Stärke seiner Umarmung. Sie gab ihren erwachenden Gefühlen für diesen attraktiven Mann nach und hob das Gesicht. Als seine Lippen ihren Mund berührten, hob sie die Arme und legte sie um seinen muskulösen Körper. Alle Vernunftsgründe wurden mit der Flut weggespült, und sie ließ sich von ihm zärtlich und leidenschaftlich küssen. Wie ein Dieb hatte Grant Hogan sich in ihre Welt geschlichen und das Herz und die Seele von Bailey Templeton aufgeschlossen.

* * *

Obwohl sie fest entschlossen gewesen war, am Samstagmorgen auszuschlafen, lag Bailey hellwach in ihrem Bett und schaute durch das Fenster, das ihr Bett mit dem weichen rosafarbenen Licht der Morgendämmerung erhellte. Sie schlang die Arme um ihr Kissen und fragte sich, ob der gestrige Abend am Strand nur ein wunderbarer Traum gewesen sei. So sehr sie auch gegen ihre Gefühle angekämpft hatte, war sie ihnen doch erlegen und hatte eine unerwartete Gelegenheit mit Grant Hogan genutzt. Evans war nur eine halbe Stunde fort gewesen, lange genug für sie, um eine Entscheidung zu treffen, die sie möglicherweise noch bereuen würde. Sie schmunzelte leise bei der Erinnerung an den Abend. Mit immer noch laut pochendem Herzen hatte sie sich widerwillig zu Jonathan Evans gesellt, während Grant an Emilys Tisch zurückgekehrt war – ein Versprechen, das sie und Grant einander gegeben hatten. Während sie gezwungen gewesen war, Grant auf der anderen Seite des Raumes aus der Ferne zu beobachten, hatte eine starke Ruhelosigkeit sie ergriffen. Ihre Gedanken drehten sich nur um Grant, während sie ihr Essen mit Evans höflich beendete. Auf der Rückfahrt hatte sie Jonathan freundlich aber bestimmt erklärt, dass sie ihn nicht länger treffen könne, da sie wusste, dass Grant Hogan an diesem Abend an ihrer Tür erscheinen würde. An ihrem Gewissen nagten leichte Schuldgefühle, aber sie tröstete sich damit, dass sie nie ernsthafte Gefühle für Evans empfunden habe. Jonathan hatte zwar seine Enttäuschung zum Ausdruck gebracht, aber ihr versichert, dass sie trotzdem weiterhin Freunde bleiben könnten.

Sie konnte es nicht erwarten, Katy diese Neuigkeit zu erzählen. Besonders konnte sie es nicht erwarten, Laurie zu schreiben und ihr von dem gut aussehenden jungen australischen Arzt zu berichten, der ihr Herz erobert hatte. Sie wusste, dass ihre Eltern Bedenken äußern würden. Immerhin war ihre Welt erst seit Kurzem wieder aus der Asche einer gescheiterten Beziehung auferstanden. Ihr gesunder Menschenverstand warnte sie, dass die Gefahr, erneut verletzt zu werden, nur wuchs, wenn sie sich Hals über Kopf in eine neue Beziehung stürzte. Aber sie hatte noch nie einen Mann wie Grant Hogan gekannt. Er war gottesfürchtig und selbstbewusst. Er hätte keine Vorbehalte, sie unterrichten zu lassen, und würde sie höchstwahrscheinlich bei ihren Bestrebungen sogar unterstützen. *Es gibt so vieles, was ich über dich lernen muss, Grant.* Würde er ihre Familie in Amerika besuchen wollen? Würden sie in Australien wohnen? Im Moment war ihr das gleichgültig. Alles, wonach sie sich sehnte, war, so viel wie möglich über Grant Hogan zu erfahren. Allein der Gedanke an ihn ließ ihr Herz schneller schlagen. Wenn sie sich ankleidete und in die Stadt fuhr, würde sie ihm vielleicht zufällig begegnen. Immerhin war heute ihr regelmäßiger Einkaufstag auf dem Markt. Dieser Gedanke ließ sie eilig aus dem Bett springen.

Wenige Zeit später hatte Bailey ihr Pferd angespannt und lenkte es zum Marktplatz in der Stadt. Die Fahrt in die Stadt dauerte nur fünfundvierzig Minuten. Sie würde ihre Einkäufe schnell erledigen und dann gemütlich an den Regierungsbüros vorbeifahren. Da ihr bewusst wurde, dass Leutnant Evans einen offiziellen Besuch falsch verstehen könnte, wog sie die Alternativen ab. Aber von dem Gedanken getrieben, Grant, wenn auch nur kurz, zu sehen, warf sie alle Vorsicht über Bord.

Auf dem Marktplatz herrschte bereits ein reger Betrieb. Die Händler schoben ihre Wagen durch die festgefahrenen Lehmstraßen und priesen dabei lautstark ihre Waren an. Eilig wählte Bailey ein paar Sachen für diese Woche: zwei Laibe Brot, einen frischen Fisch, einige Eier und Butter. Sie lud alles in eine Kiste hinten in ihren Wagen, atmete tief, aber unruhig ein und beschloss, einen Spaziergang zum Regierungsgebäude zu unternehmen.

Ein paar Gefreite waren vor dem Gebäude unterwegs, aber als sie sah, dass die Tür fest verschlossen war, kam sich Bailey töricht vor, weil sie zu einem solchen Unterfangen aufgebrochen war. „Ist das Regierungsgebäude heute geschlossen?“, fragte sie einen der Männer in der Hoffnung, er würde ihre geröteten Wangen nicht bemerken.

Der Gefreite tippte an seinen Hut, gähnte träge und streckte seine Beine vor sich aus. „Ja, Madam. Alles geschlossen bis Montag.“

„Danke.“ Sie drehte sich um und wollte zu ihrem Wagen zurückgehen. Verlegen und über ihre eigene Torheit beschämt, tadelte sie sich selbst wegen ihres lächerlichen Planes. Grant war höchstwahrscheinlich in der Sträflingskolonie und versorgte die kranken Gefangenen. Katy hatte mehr als einmal seine Arztbesuche an jedem Samstag erwähnt. Froh, dass niemand von ihrem erfolglosen Plan wusste, tröstete sie sich damit, zu ihrem Haus zurückzukehren und sich auf den Abend mit ihm vorzubereiten. Sie hatte einem Mann noch nie so nachgestellt und würde mit einer so plumpen Praxis jetzt auch nicht beginnen. Bevor sie zu ihrem Wagen zurückkehrte, schlenderte sie zur Bucht, um einen Blick auf die Schiffe zu werfen, die in dem flaschenförmigen Hafen vor Anker lagen oder gerade ausliefen. Sie hatte sich oft ausgemalt, dass sie auf einem der abfahrenden Schiffe stünde. Jetzt störte es sie nicht, Sydney Cove möglicherweise niemals wieder zu verlassen. Sie trat zur Seite, um eine Gruppe Seeleute vorbeigehen zu lassen, als sie plötzlich eine Frau weinen hörte. Von dem mitleiderregenden Schluchzen angerührt, bahnte sie sich ihren Weg durch die vielen Menschen, die sich im Hafen tummelten, und erblickte eine blondhaarige junge Frau, die auf einer Holzbank saß und weinte. Ein Mann stand über sie gebeugt und wollte sie trösten. Baileys Herz war von diesem Anblick angerührt, und sie bat in einem stillen Gebet Gott um Weisheit. Dann trat sie, ohne auch nur einen Augenblick zu zögern, auf das Paar zu. „Guten Tag“, sagte sie ruhig, um die junge Frau nicht zu beleidigen.

Die Frau hob den Kopf. Es war Emily Parkinson, die mit roten, tränennassen Augen zu Bailey aufblickte. „Oh, Sie sind es, Miss Templeton.“

„Emily?“ Sie fragte sich, ob Grant unsensibel vorgegangen sei, als er ihre Beziehung beendet hatte. Sie hatten einander nur so kurze Zeit gekannt, dass ihr Herz doch bestimmt noch nicht an ihm hing? Bailey legte die Hand an ihre Brust und trat näher. Dabei sah sie, dass Jonathan Evans der Mann war, der versuchte, Emily zu trösten. „Jonathan, was ist denn passiert? Sag es mir bitte.“

„Oh, Bailey. Ich hatte nicht erwartet, dich hier zu sehen." Er trat von Emily zurück und nahm seine Hand von ihrer Schulter.

Bailey versuchte, an seiner Miene zu erraten, ob er irritiert war, sie hier zu sehen. Immerhin hatte sie erst gestern Abend ihre kurze Beziehung zu ihm beendet. „Kann ich etwas tun? Kann ich irgendwie helfen?"

„Ich fürchte, nein, Miss Templeton." Emily tupfte mit einem Taschentuch an ihre Augen. „Der Mann, mit dem ich ausgegangen bin ..." Ihre Worte brachen mitten im Satz ab, und sie fiel erneut in ein heftiges Schluchzen.

„Sprechen Sie von Grant, Hauptmann Grant Hogan?" Bailey war jetzt selber beunruhigt und fühlte, wie ein Unbehagen in ihre Magengegend schlich. *Grant, was hast du getan?* Aber Emilys Ärger schien nicht gegen Bailey gerichtet zu sein.

„Ja." Emily nickte. „Wir hatten geplant, uns heute Abend wieder zu treffen, aber er ..." Sie atmete tief und stockend ein. „Er wurde versetzt. Die Königliche Marine schickt ihn nach Hobart. Die Strafkolonie dort braucht dringend einen Arzt." Ihre zierliche Gestalt zitterte, während sie weiterweinte. „Ich fürchte um sein Leben. Hobart ist ein so schrecklicher Ort."

Er würde doch nur um ihretwillen bestimmt nicht eine so entsetzliche Geschichte erfinden. *Hobart?* Sie hatte von der Siedlung gehört. Sie lag auf der Insel mit dem Namen Van Diemen's Land (das heutige Tasmanien), in der Sträflingsbanden ungehindert durch den Urwald streunten. Bailey fühlte, wie mit jedem Wort, das Emily sprach, kleine Stücke ihres Herzens aus ihr herausgerissen wurden. Zweifellos hatte Grant das alles schon am gestrigen Abend gewusst. *Bailey, er hat dich zum Narren gehalten.* Da sie nicht wollte, dass einer der beiden den Schmerz in ihrem Blick sähe, beherrschte sie ihre Gedanken. „Wann wird er – Hauptmann Hogan – zurückkehren?"

„Er nannte keinen Grund, der auf eine baldige Rückkehr hoffen ließe. Habe ich recht, Leutnant Evans?"

Mit geballten Fäusten murmelte Bailey leise: „Dieser Schurke!"

Evans streichelte noch einmal über Emilys Schultern. „Ich wusste, ich hätte Sie warnen sollen, Miss Parkinson. Hauptmann Hogans Ruf als Frauenheld ist in Sydney Cove stadtbekannt."

Schamgefühle stiegen in Bailey auf. Sie hatte nicht nur Jonathan Evans betrogen, sondern auch sich selbst. *Grant Hogan ist voll und ganz der Schurke, für den ihn alle halten.* Sie fühlte, wie Tränen in ihr aufstiegen, sprach Emily Parkinson schnell ihr Mitgefühl aus und kehrte dann zu ihrem Wagen zurück. „Auf Wiedersehen, Jonathan", sagte sie, wagte es aber nicht, ihn anzuschauen.

Anklagende Gedanken wirbelten durch ihren Kopf. *Du hättest es mehr als jeder andere wissen müssen, Bailey!* Sie dachte daran, wie sie eine vollkommen sichere Beziehung zu Jonathan Evans einfach weggeworfen hatte. Nach dem letzten Abend konnte sie sein Interesse bestimmt nicht wieder entfachen. *Aber warum sollte ich das auch wollen?,* dachte sie trotzig. Sie hatte ein einziges Ziel verfolgt, als sie nach Sydney Cove gekommen war – sie wollte die Schmerzen einer Liebesbeziehung hinter sich lassen und sich in einer Kolonie engagieren, deren Menschen sie dringend benötigten. Jetzt, da Grant Hogan aus dem Weg war, könnte sie vielleicht diese Ziele in Neu-Südwales immer noch erreichen. Sie vergoss eine Träne, stieg in ihren Wagen und steuerte zu ihrem Haus zurück, in dessen Einsamkeit sie eine bittersüße Zuflucht fand.

Teil zwei

Aus dem glühenden Ofen

„Euch aber hat der Herr angenommen
und aus dem glühenden Ofen … geführt,
dass ihr das Volk sein sollt,
das allein ihm gehört, wie ihr es jetzt seid.“

5. Mose 4,20

8. Baileys Widerstand

Ein erstickter Schrei entfuhr Baileys Lippen. Sie konnte weder klar denken noch richtig atmen. Der festen Meinung, dass etwas über ihrem Bett lauere, versuchte sie mit aller Gewalt aufzuwachen. Sie rollte sich aus dem schmalen Bett, sprang auf die Beine und suchte mit den Augen das Zimmer ab. Dann taumelte sie an ihr Bettende, stützte sich auf einen Stuhl und atmete stockend ein. *Es war nur ein hässlicher Traum. Nur ein Albtraum.* Ihr Hund, Blackie, der ihre Unruhe spürte und selbst nervös wurde, rollte sich auf die Pfoten. „Mir geht es gut", flüsterte sie beruhigend. Sie tastete sich im Dunkeln zu dem kleinen Waschtisch vor und spritzte sich das wenige Wasser, das in der Schüssel war, auf ihre feuchte Haut. Sie war erschöpft und kraftlos, denn sie hatte seit Wochen keine Nacht mehr durchgeschlafen. „Bitte, Herr! Schenke mir Ruhe!", betete sie laut. Schlaftrunken und benommen schleppte sie sich zu ihrem Bett zurück und sank darauf zusammen.

Seit Grants Abreise vor ungefähr einem Monat hatten die Übergriffe auf ihr Haus zugenommen. Die Tür war aus den Angeln gerissen, die Fenster eingeworfen und ihre persönlichen Sachen in dem Sekretär durchwühlt worden. Jetzt wünschte sie sich nicht mehr, dass Hauptmann Hogan fort wäre, sondern begann zu vermuten, dass er die ganze Zeit ihr Beschützer gewesen war. Um sich Major Johnston, dem neuen Offizier, der für die Schule verantwortlich war, gegenüber zu beweisen, hatte sie mehr denn je alles darangesetzt, die Herzen der Eltern, die früher Sträflinge gewesen waren, zu gewinnen. Dade hatte sie nur noch ein- oder zweimal begleitet. Dann war er zurückbeordert worden. Seitdem hatte sie ihn nicht mehr zu Gesicht bekommen. Es war alles so verwirrend für sie. Bevor er sich das letzte Mal von ihr verabschiedet hatte, hatte Dade ihr die wenigen Informationen verraten, die er gerüchteweise aus dem Regierungsgebäude aufgeschnappt hatte. Hogan sei spätabends hinausgerufen worden – an dem letzten Abend, an dem sie ihn gesehen hatte – und habe vom Gouverneur den Befehl erhalten, am nächsten Morgen mit einem Schiff nach Hobart auf der Insel Van Diemen's Land auszulaufen, wo seine medizinischen Kenntnisse dringend benötigt würden. Er sei abgereist, ohne sich von irgendjemandem zu verabschieden. Selbst Emily Parkinson habe erst nach seiner Abfahrt davon erfahren. Bailey, die ihr ungeplantes Rendezvous mit Grant an jenem Abend nicht verraten wollte, konnte sich nicht überwinden, mehr Fragen über ihn zu stellen. Denn dann würde jeder nur argwöhnisch die Augenbrauen hochziehen. Nach Dades Worten drehte sich das belanglose Geschwätz auf dem Marktplatz um Emily Parkinson, die arme, verlassene junge Frau, der Hauptmann Hogan den Hof gemacht habe. Bailey war froh, dass sie von allen Bindungen an ihn frei war, und hoffte, dass niemand sie mit ihm am Strand gesehen hatte. Eine derartige Geschichte würde alles nur noch komplizierter machen. Bevor sie sich zur Zielscheibe wilder Gerüchte machen ließe, wollte sie lieber ihre Sachen packen und nach Hause zurückfahren. Sollte Emily doch die verschmähte Braut mimen. Sie schien in einem derartigen Unsinn aufzugehen.

Also behielt Bailey ihre Fragen für sich und bemühte sich darum, ihre Gedanken nicht in die Ferne schweifen zu lassen. In ihrer stummen Trauer arbeitete sie den ganzen Tag und schlief nachts nur sehr wenig. Jetzt war sie wieder vor Tagesanbruch hellwach und quälte sich mit ihren einsamen Gedanken. Sie hatte ihre persönlichen Probleme in Amerika hinter sich gelassen, nur um sie hier gegen weitaus schlimmere einzutauschen. Trotz der Liebe ihrer Familie war sie entschlossen gewesen, zu beweisen, dass sie es allein schaffen könne. Wenn ihre Eltern von der Gefahr wüssten, in der sie sich befand, würden sie bestimmt versuchen, einzugreifen und sie zu überreden, nach Hause zurückzukehren. Ihr blieb keine andere Wahl als die Folgen ihrer eigenen Entscheidungen zu tragen. *Mehr als je zuvor, Herr, muss ich mich auf dich stützen. Ich habe sonst niemanden, der mir helfen könnte.*

Sie drehte die Laterne neben ihrem Fenster an und stellte fest, dass sie bis drei Uhr morgens geschlafen hatte. Sie war gegen acht Uhr zu Bett gegangen. Es war also ihre längste Nacht seit Wochen gewesen. Sie beschloss, sich etwas Tee zu kochen, und ging langsam durch das winzige Zimmer, bevor sie den immer noch vollen Kessel auf den Ofen stellte. Neben einem Sammelsurium von Untertassen, die nicht zusammenpassten, fand sie ein paar Kekse. Ihre Küche zu organisieren war eine Aufgabe, der sie nie den Vorrang eingeräumt hatte. Warum sollte sie mit so etwas Unwichtigem ihre Zeit vergeuden, solange sie noch alles finden konnte? Nur Laurie würde solche Dinge als wichtig ansehen.

Sie entfachte das Holz im Ofen zu neuem Feuer, setzte sich auf einen Schaukelstuhl und biss in einen Keks. Dann lehnte sie ihren Kopf entspannt auf den Schaukelstuhl zurück. Ungebetene Gedanken drängten sich ihr auf. Sie wollte nicht an Hauptmann Hogan denken, und falls doch, dann wollte sie in ihm den hinterhältigen Schurken sehen. *Ein sehr gut aussehender Schurke.* Sie schluckte den trockenen Keks hinunter. *Mit intelligenten grünen Augen.* Aber ein Teil von ihr wollte ihn so in Erinnerung behalten, wie er an ihrem letzten gemeinsamen Abend gewesen war. Es war einer jener gestohlenen Augenblicke gewesen, den sie sich, wenn sie noch einmal vor die Entscheidung gestellt würde, nicht ein zweites Mal gönnen würde. Er hatte ihre Welt nur noch komplizierter gemacht. Aber es war nun einmal geschehen, und sein Bild war in ihrem Kopf lebendig und tauchte ungebeten immer wieder auf. Bailey hatte bald ihre Tasse Tee in der Hand und ihre Bibel auf dem Schoß. Sie entspannte sich und schaute sich in dem dürftig eingerichteten Haus um und beobachtete Blackie, der sich wieder auf einem Teppich neben der Haustür zusammengerollt hatte und schlief.

Sie legte den Kopf zurück und genoss die Wärme des Ofens.

Der Feuerschein spiegelte sich auf ihrer Haut wider und verlieh dem Zimmer eine angenehme Wärme. Einen Augenblick lang sehnte sie sich danach, dass ihre Welt in Sydney Cove wieder so friedlich wäre wie früher. Zwar hatte Grant ihr nie die Zusicherung gegeben, dass sie hierbleiben könne, obwohl sie sich nichts sehnlicher wünschte, aber anscheinend hatte er trotzdem die ganze Zeit schützend die Hand über sie gehalten. Sie konnte die Frage nicht von sich abschütteln, ob ihre Meinung von ihm der Wahrheit entsprach, oder ob sie nur das glatt polierte Äußere eines komplizierten Mannes gesehen hatte. *Vielleicht werde ich das nie erfahren.* Sie erinnerte sich, wie er an dem Tag gewesen war, an dem er und Jared ihr Blackie gebracht hatten. Ein Lächeln spielte bei dieser angenehmen Erinnerung um ihre Mundwinkel. Grant hatte genauso ausgelassen gewirkt wie der Junge, als die beiden vor ihr gestanden und ihr das Hündchen als Geschenk überreicht hatten. Sie musste an ihre kühle Reaktion denken. *Ich habe mich an diesem Tag wirklich – nun, er sagte es ja – dickköpfig benommen.* Wieder sah sie die Enttäuschung in seinen Augen, als sie sein Angebot, ihn bei seinem Vornamen anzusprechen, ausgeschlagen hatte, und merkte, wie Schuldgefühle und Bedauern sie durchfluteten. *Aber nichts davon entschuldigt es, dass Sie mich zum Narren gehalten haben, Hauptmann Hogan.* Sie hielt den Rand ihrer Tasse an ihre Lippen und nippte langsam an dem heißen Getränk. Sie konnte sich des Gedankens nicht erwehren, dass seine Annäherungsversuche womöglich nur eine Art Rache gewesen sein könnten. Immerhin war er nicht der Mann, der es gewohnt war, dass man ihm eine Abfuhr erteilte.

Bailey blies über ihre Tasse und merkte, dass ihre Gedanken immer mehr um ihn kreisten. Sie erinnerte sich an den ersten Sonntag, an dem sie miterlebt hatte, wie er in der Kirche die Gemeinde im Gesang angeleitet hatte. Nie zuvor hatte sie ihn in einem solchen Licht gesehen. Er hatte eine Freude und eine Begeisterung ausgestrahlt, die für die meisten Männer in seiner Position ungewöhnlich waren. Bailey hatte ihn Woche für Woche in der Kirche beobachtet, aber kaum einen Fehler an ihm finden können, so sehr sie sich auch bemüht hatte. Sein Gesicht hatte echten Frieden ausgestrahlt. Vielleicht war er in seinem Tun doch aufrichtig gewesen und hatte nicht seine eigene Ehre gesucht, wie sie anfangs vermutet hatte. Aber inzwischen war offensichtlich, dass ihr erster Eindruck doch richtig gewesen war. Ein Körnchen Verachtung zog über ihr Gesicht, als sie im Geiste zu dem Abend am Strand zurückkehrte. Er war scheinbar aus dem Nichts aufgetaucht. Es konnte sein, dass er sie und Jonathan gesehen hatte, als sie das Restaurant verließen, und ihr gefolgt war. Aber vielleicht lag sie auch vollkommen falsch, und es war Schicksal gewesen, dass sie sich begegnet waren. Ein Teil von ihr wollte glauben, dass er bei Evans' plötzlichem Befehl, zum Regierungsgebäude zu kommen, nicht die Finger im Spiel gehabt hatte. Dem anderen Teil von ihr war das gleichgültig.

Sie wusste noch jede Einzelheit, was er an diesem Abend getragen hatte. Sie erinnerte sich an die burgunderfarbene Weste mit dem Goldrand, die dunkle Hose und Jacke und sogar an das schwarze Seidentuch. Aber es war nicht sein gut aussehendes Äußeres gewesen, das sie zu ihm hingezogen hatte. Es war etwas gewesen, das sie in seinen Augen entdeckt hatte. Etwas, das ihre Seele berührt hatte. Etwas, das viel weiter ging als der Zauber des Mondscheins und das Rauschen der Meeresbrandung in einer lauen Sommernacht. Obwohl sie sich körperlich zu ihm hingezogen fühlte, spürte sie, dass etwas Tieferes in ihnen beiden sie zueinander zog. Aber sie würde nie erfahren, ob etwas Unsichtbares sich bemühte, ihrer beider Leben miteinander zu verknüpfen, oder ob alles nur manipulierende Tricks waren. Sie würde nie wieder seine starken Arme fühlen, die sie eng an ihn drückten. Dieses herrliche Gefühl war ihr nur ein einziges Mal vergönnt gewesen. Grant Hogan war, ohne auch nur Lebewohl zu sagen, aus ihrem Leben verschwunden und hatte wie ein Dieb einen Teil ihres Herzens mitgenommen, als sie sehr verwundbar gewesen war. *Gott stehe dir bei, Grant Hogan. Gott stehe uns beiden bei.*

Der Himmel vor ihrem frisch reparierten Fenster wurde langsam heller und ging in ein dämmriges Septembergrau über. Bailey trank ihren Tee leer und beschloss, sich für den vor ihr liegenden Schultag anzukleiden. Sie würde sich erneut mit dem für die Schule zuständigen Offizier treffen, und sie wollte so selbstsicher aussehen wie nur möglich. Es wäre ihr letzter Versuch, beschloss sie, für ihren Platz als Lehrerin in Neu-Südwales zu kämpfen. Sie war der ständigen Konflikte, der Angriffe und vor allem ihres stummen Schmerzes in Bezug auf den unerreichbaren Hauptmann müde und stand kurz davor, sich geschlagen zu geben. Um der Kinder willen und auch um ihrer Eltern willen, die nicht so leicht aufgaben, war sie entschlossen, sich gegen dieses korrupte System zu wehren. Aber sie wollte der Führung ihres Schöpfers nicht im Weg stehen. Denn damit würde sie ihr Scheitern mit Sicherheit heraufbeschwören. Wenn der Offizier sie zum Aufgeben zwang, bliebe Bailey keine andere Wahl, als ihre Sachen zu packen und Sydney Cove zu verlassen – zu ihrem eigenen Besten. *Ich bin in deinen Händen, himmlischer Vater. Nicht mein Wille geschehe, sondern deiner.*

***

Hobart, Van Diemen's Land

Grant Hogan stand vor seiner Arzthütte und ließ seinen Blick über die provisorischen Hütten schweifen, die in der britischen Siedlung errichtet worden waren. Hobart lag an der Mündung des Derwent River und verkörperte gleichzeitig eine ungezähmte Schönheit und drohende Gefahren. Grant hatte mehrere Ritte an den wilden Küsten des Derwent flussaufwärts unternommen, aber nie allein. Er hatte gelernt, sich von den Ufern fernzuhalten, die gewinnsüchtige Robbenfänger in ein blutiges Mordgebiet verwandelt hatten. Die schneebedeckte Bastion des Mount Wellington, der über Hobart thronte, bot zahllosen Sträflingsbanden Unterschlupf, die dem Deportationssystem entflohen waren und ein Leben in der Wildnis vorzogen.

Deprimiert schaute Grant seine Hände an und beugte vorsichtig seine schmerzenden Finger. Sie waren vom Wind und den endlosen Nächten, in denen er die verwundeten Strafgefangenen und Marinesoldaten versorgte, rau und dick angeschwollen. Er hatte weder die richtigen Instrumente noch das medizinische Hilfspersonal, um der ständig zunehmenden Bevölkerung der Siedlung in Hobart Herr zu werden. Eine starke Erschöpfung zehrte wie eine zänkische Frau an seinen Nerven.

„Es ist ein nutzloses Unterfangen." Offizier Duddy Wilkes trat neben Grant und zog seinen abgetragenen Mantel enger um sich, um den Wind besser abzuwehren. Grant gab nicht sofort eine Antwort, sondern nickte nur zustimmend. Ihm war nicht nach Sprechen zumute.

„Collins wäre nicht hier, wenn er nicht so viele Schulden hätte. Er musste diesen Posten annehmen. Sonst hätte er alles verloren." Die Lippe des Offiziers schob sich verächtlich vor. Er sprach von Hobarts unfreiwilligem Befehlshaber, Generalleutnant David Collins. Grant hatte Collins schon in Sydney Cove kennengelernt. „Der Generalleutnant steckt hier in größeren Nöten als in England, Duddy", sinnierte Grant. „David Collins wird den Tag noch bereuen, an dem er diesen absurden Befehl übernahm."

„Warum verteidigt England diese Insel eigentlich so sehr?"

„Wegen der reichen Fischgründe. Amerikanische Walfänger sind bereits in die Storm Bay vorgedrungen. England will seine Interessen schützen."

„Warum sind Sie hier, Hogan?" Duddy warf ihm einen forschenden Blick zu. Seine Brauen zogen sich nach oben und bewegten sich dann wieder nach unten.

„Sie brauchten einen Arzt."

Duddy spuckte auf die Erde und fluchte. „Das meine ich nicht. Warum sind Sie *wirklich* hier?“ Sein Mund verzog sich.

„Ich habe mich bei Bligh unbeliebt gemacht. Vielleicht auch bei einem anderen.“

„Ich wusste es!“ Er schlug sich auf das Knie und lachte. „In dem Augenblick, als Sie Ihren Fuß auf dieses Land setzten, sagte ich zu mir: Das ist jemand, der sich mit dem falschen Mann angelegt hat.“

Grant betrachtete skeptisch sein Gesicht. „Woher wollen Sie das wissen?“

„Einen Mann wie Sie könnten sie an höchsten Stellen brauchen, es sei denn, Sie verscherzen sich die Sympathien gewisser Leute. Wie der alte David Collins. Er machte Schulden.“ Er schlug die Hände zusammen. „Und schon haben sie ihn!“

Grant wurde Duddy allmählich lästig. Er seufzte und schaute in die andere Richtung in der Hoffnung, der Mann würde verschwinden.

„Warum haben Sie es getan?“

„Was?“, murmelte Grant.

„Was war der Grund – Sie wissen schon – war es aus Liebe oder für Geld?“

„Keines von beiden.“

„Sie sind ein verdammter Lügner, Hogan.“

„Ich muss jetzt wirklich gehen, wenn Sie mich entschuldigen.“ Grant tippte an seinen Hut und ging davon. Der Mann blieb stehen und rief hinter ihm her.

„Ich hoffe es war für sehr viel Geld! Hobart ist das *Letzte,* wohin sie Offiziere schicken, wenn Sie verstehen, was ich meine!“

„Hauptmann Hogan!“ Ein Soldat lief auf Grant zu.

„Ja, was ist passiert?“

„Ein Offizier. Er wurde von einer Sträflingsbande angegriffen. Er versuchte, ihnen in den Busch zu folgen, aber sie haben auf ihn geschossen.“

„Lebt er noch?“

Der Mann nickte. „Er ist unten am Fluss. Können Sie gleich mitkommen?“

Grant lief eilig zu seiner Arzttasche und zu seinem Pferd und war schnell wieder bei dem Soldaten. „Steigen Sie auf. Mit dem Pferd sind wir schneller!“

Der Soldat stellte seinen Fuß in den Steigbügel. „Mein Name ist Spence.“ Grant reichte dem Mann eine Hand und half ihm hinter sich auf das Pferd. Dann ritt er los in Richtung des Flusses. Spence beschrieb ihm den genauen Weg. Als er den verwundeten Mann auf einem Felsbett zusammengerollt liegen sah, ließ Grant den Matrosen absteigen und folgte ihm dann dicht auf den Fersen. Als er den Puls des Opfers fühlte, atmete er erleichtert auf. „Sie haben richtig gehandelt, Sir. Er lebt noch!“ Grant sah sofort, dass sich die Wunde im Brustkorb über dem Herzen des Mannes befand. Schnell legte er einen Druckverband mit so vielen Kompressen an, wie er in seiner Arzttasche hatte. „Ich will ihn jetzt nicht bewegen, aber ich brauche noch mehr Kompressen. Reiten Sie zurück und holen Sie welche und bringen Sie eine Trage aus meiner Hütte mit.“

„Jawohl, Sir!“

Grant war dankbar für die schnelle Reaktion des Soldaten. So viele der Soldaten in Hobart waren in eine tiefe Lethargie versunken. Das Bemühen, die Nöte der Kranken und Verwundeten zu lindern, war eine Arbeit, die allein auf seinen Schultern lastete. Von Generalleutnant Collins, den seine eigenen Sorgen quälten, bekam er nur wenig Unterstützung. Kein Offizier, kein Soldat, kein Siedler und ganz gewiss kein Sträfling betrachtete Van Diemen’s Land als dauerhafte Bleibe. Auch Grants Gedanken kehrten immer wieder zu dem geordneten Leben zurück, das er sich auf dem Festland von Neu-Südwales aufgebaut hatte. Sydney Cove erschien ihm trotz all der Probleme, die es als Kolonie in der Wildnis zu bewältigen hatte, wie ein friedlicher Zufluchtsort, eine kleine Oase im Vergleich zu Hobart. Mit jedem neuen anstrengenden

Tag sehnte er sich mehr danach, nach Sydney Cove und zu der jungen Frau zurückzukehren, die seine Gedanken beschäftigte wie keine andere, die er in seinem Leben kennengelernt hatte.

Innerhalb der nächsten Stunde hatte er die Musketenkugel aus der Brust des Mannes entfernt und ihn zu seiner Hütte zurückbringen lassen. Er saß neben dem Bett des Offiziers, bis die Sonne den Horizont rötlich färbte. Als er beobachtete, wie sein Patient sich bewegte, fasste er wieder neuen Mut. „Unteroffizier Haines!" Er nahm das Tuch vom Kopf des Mannes, befeuchtete es und legte es ihm wieder auf die Stirn. „Unteroffizier Haines?", fragte er ruhig.

Haines' Augenlider zuckten und öffneten sich langsam. Er blickte sich in dem Raum um, ohne jedoch den Kopf zu bewegen. „W-wo?"

„Bewegen Sie sich nicht", warnte Grant. „Sie wurden angeschossen. Ich habe die Kugel aus Ihrer Brust entfernt, aber wir müssen darauf achten, dass das Fieber nicht wieder steigt."

„Ich erinnere mich", flüsterte Haines. „Er ... er hat mir etwas gestohlen!"

„Ruhig jetzt, Haines", sagte Grant streng. „Das können Sie uns später erzählen. Zuerst muss es Ihnen aber wieder besser gehen."

Ein Leutnant betrat mit finsterer Miene die Hütte. „Die Sträflinge sind verschwunden. Sie sind jetzt bewaffnet. Wir müssen die Siedler warnen. Sie können überall sein – und uns wie die Fliegen abknallen."

„Tut mir leid, Sir", stöhnte Haines. „Sie haben sich an mich herangeschlichen."

Die Stirn des Leutnants legte sich in Falten. „Ein teuflisches Pack, alle miteinander! Aber ihnen wird bald die Munition ausgehen. Die Ureinwohner werden ihnen schon ihr wertloses Fell abziehen, falls wir sie nicht erwischen. Machen Sie sich keine Sorgen, Haines. Sie haben Ihr Möglichstes getan."

„Herr Leutnant, wären Sie so freundlich und würden eine der

Frauen in der Siedlung bitten, mir etwas heiße Brühe zu bringen. Wenn dieser Mann ein wenig Flüssigkeit in den Magen bekommt, würde ihm das bestimmt sehr guttun.“ Grant kontrollierte noch einmal den Puls des Mannes. Er stand auf und begleitete den Leutnant zur Tür. Seine Gedanken drehten sich um den Zustand seines Patienten. Sein Pulsschlag schien wieder stärker zu werden, aber das hohe Fieber gefiel ihm nicht. Wenn er das Fieber nicht senken könnte, bestand die Gefahr, ihn zu verlieren. Er schritt mit den Händen auf dem Rücken in der Hütte auf und ab. Er hatte zahllose Patienten verloren. Aber dieser Mann machte ihm besonders große Sorgen. Haines hatte eine Familie in Sydney Cove. In seinem Fieber hatte er den Namen eines Mädchens gemurmelt – Delores. Er fragte sich, ob eine junge Frau auf seine Rückkehr wartete. *Durchhalten, Haines! Nicht aufgeben!* Grant spähte durch eine Öffnung in der Hütte und sah, dass der Leutnant gegangen war, um die Brühe zu bestellen. Grant trat zu dem Eichenstuhl neben den Tisch, an dem er oft studierte, und kniete nieder. Er stützte seine Ellbogen auf den Stuhl, drückte die Stirn gegen seine Fäuste und schloss die Augen. „Lieber Herr“, flüsterte er. „Ich bitte dich, das Leben dieses Mannes zu verschonen. Haines ist deiner Liebe genauso wenig würdig wie ich. Aber er ist dein Kind. Bitte nimm das Fieber von ihm. Rühre seine Wunde an, lieber Heiland. Heile ihn, ich bitte dich.“ Grant bewegte sich mehrere Minuten lang nicht. Mit fest geschlossenen Augen fügte er schließlich noch zu seinem Gebet hinzu: „Ich bin nicht sicher, warum du mich hierher geschickt hast, Herr. Zuerst schob ich es auf den Teufel, dann auf dich. Aber ich vertraue darauf, dass du es zum Guten wenden wirst, auch wenn Menschen es böse gemeint haben. Und wenn es dein Wille ist, dann lasse mich bitte nach Sydney Cove zurückkehren. Beschütze Bailey vor dem Verbrecher, der es darauf abgesehen hat, sie zu vertreiben. Wache über alle Kinder in Sydney Cove. Wache über alle *deine* Kinder.“ Grant bekam keine spürbare Antwort vom Himmel, aber er wusste, dass Gott seine schwachen

Bitten gehört hatte. Das Einzige, das sich während seiner harten Zeit in Hobart verbessert hatte, war sein Glaube.

Er trat neben Haines' Bett. Der Mann schien friedlich zu schlafen. Grant sah, dass die Vorhänge flatterten, und trat ans Fenster, um es vor der Hitze des Tages zu schließen. Der Wind wehte den Duft wilder Blumen ins Zimmer. Grant blieb einen Augenblick stehen und musste an Baileys Haare denken, die an jenem Abend am Strand um ihre Schultern geweht waren. Er erinnerte sich daran, dass ihre glänzenden Locken nach wilden Blumen geduftet hatten. Er hätte das Fenster am liebsten nicht geschlossen und hielt den Riegel fest, den er aus altem Metall und Nägeln angefertigt hatte. Auf einem Feld in der Ferne konnte er die wilden Blumen erkennen, und vor seinem geistigen Auge sah er Bailey Templeton, wie sie ihn anlächelte, während die Wellen des Ozeans hinter ihnen rauschten. Er hatte sich selbst einreden wollen, dass er sich von ihr fernhalten müsse. Etwas an dieser schönen Frau, die so selbstsicher auftrat, verriet einen verwundbaren Geist, den sie selbst mühsam abschirmte. *Wenn ich dich in Ruhe gelassen hätte, Bailey, würde ich mich jetzt nicht so quälen.* Er musste an seine überstürzte Abreise denken und fragte sich, ob Evans ihr wohl den Brief gegeben hatte, den er schnell zu Papier gebracht hatte, bevor er an Bord hatte gehen müssen.

Während er einen Blick auf Haines warf, begriff er allmählich, dass er zwar aufgrund einer willkürlichen Entscheidung hierher versetzt worden war, aber dass Hobarts Siedler ohne seine Hilfe untergehen würden. Mit einem einzigen Brief an seinen einflussreichen Vater könnte er diese Versetzung rückgängig machen, und seiner Rückkehr nach Sydney Cove stünde nichts mehr im Wege. *Hasse mich nicht, Bailey Templeton. Aber ich kann jetzt noch nicht zurückkehren. Warte auf mich, hübscher Engel. Warte auf diesen unwürdigen Narren.* Er hörte Haines wieder stöhnen und sah, dass er seine Decke abgeworfen hatte. Grant kehrte an seine Seite zurück und begann erneut, seine Stirn zu kühlen.

* * *

„Ich habe nicht die Absicht, mich von Ihnen in irgendeiner Weise schikanieren zu lassen!“ Bailey schritt vor der Tür, die in das Büro des Majors führte, auf und ab. „Sie können mich nicht zwingen zu kündigen!“ Sie hatte ihre Worte so oft eingeübt, dass ihr schon der Kopf davon schmerzte. Sie blickte sich auf dem Gang um und hoffte, niemand habe gehört, dass sie Selbstgespräche führte. Ihre Arme waren mit Büchern beladen. Sie fand einen Stuhl und lud sie schnell darauf ab. Ein Unteroffizier, der ein Büro für einen Vorgesetzten geräumt hatte, hatte sie angesprochen. Seine Regale waren bereits randvoll mit Büchern, und er hatte Bailey einen Stoß für die Schule gestiftet. Als sie hörte, wie hinter ihr eine Tür knarrend aufging, drehte sie sich fragend um. Überrascht sah sie, dass Dwight und Katy Farrell über die Türschwelle des Offiziers, der ihr die Bücher geschenkt hatte, auf den Gang hinaustraten. „Guten Tag, Familie Farrell.“ Ein erfreutes Lächeln zog über ihr Gesicht, aber ihre Gedanken drehten sich um den Offizier, der sie jeden Augenblick sprechen wollte.

„Bailey!“ Katy eilte sofort auf sie zu, um sie zu begrüßen. „Ich freue mich so sehr, dich hier zu sehen.“ Ihre Freude über diese angenehme Überraschung war ihr ins Gesicht geschrieben.

„Die Freude ist ganz meinerseits“, erwiderte Bailey das Kompliment.

„Nein.“ Katy blickte sich um und senkte die Stimme. „Ich freue mich *wirklich*, dich zu sehen.“ Sie ergriff Baileys Hände und zog sie zur Seite. Dwight folgte den beiden Frauen. Seine Augen wanderten vorsichtig den Gang hinauf und hinunter.

„Was ist los?“ Baileys Augen folgten unwillkürlich ihren argwöhnischen Blicken.

„Jede Menge skrupelloser Machenschaften, soweit ich das beurteilen kann.“ Katy zog Bailey näher an sich heran. „Wir haben gerade mit jemandem gesprochen, der uns erzählt hat, dass einer der obersten Beamten fest entschlossen ist, seinen eigenen Bruder als neuen Lehrer in Cove anzustellen."

Diese Nachricht traf Bailey wie ein Schlag mit einem Hammer. „Wer?" Ihre Stimme zitterte.

„Er heißt Richard Atkins. Er ist der Kriegsgerichtsrat der Kolonie."

Baileys Finger verkrampften sich um Katys Hand. Sie murmelte: „Hat er viel Einfluss?"

„Ziemlich viel. Er ist der Sohn eines Baronets – eines Trinkers – aber einer, der es sehr gut versteht, sich das System zunutze zu machen."

„Durch sein Geschick, sich bei den richtigen Leuten einzuschmeicheln, kam er an seinen Posten im Kriegsgericht", fügte Dwight mit einem tiefen Seufzen hinzu. „Atkins ist ein Wahnsinniger. Aber ein gefährlicher Mann."

„Jetzt ergibt alles einen Sinn für mich." Bailey zuckte müde mit den Achseln. „Ich habe also die ganze Zeit auf verlorenem Posten gekämpft."

Katys Gesicht verriet eine unerschütterliche Stärke. Ihre Augen funkelten wütend. „Nein! Sag so etwas nicht. Atkins ist nicht der König, aber er hat dafür gesorgt, dass England Druck in dieser Angelegenheit ausübt. Die Sache geht bis zum Gouverneur hinauf."

Bailey verkrampfte die Finger an ihrer Seite und verzog das Gesicht. „Bligh?"

„Er will keine Schwierigkeiten mit der Regierung bekommen. Er hatte in der Vergangenheit Probleme und ist fest entschlossen, in Neu-Südwales mit Erfolg zu glänzen", erklärte Dwight.

„Aber wir stehen auch nicht ganz ohne Einfluss da", erklärte Katy leichthin. „Der Vater meines Vetters ist ein pensionierter Offizier. Onkel Bartholomew ist alles andere als glücklich darüber, dass sein Sohn nach Van Diemen's Land versetzt wurde. Er hat einen Termin bei Gouverneur Bligh. Dwight wird ihn begleiten, und ich bin sicher, dass sie einen *unvergesslichen* Eindruck hinterlassen werden."

„Du sprichst von deinem Vetter Grant Hogan?" Bailey achtete darauf, dass ihr Tonfall keine Gefühle verriet, und wandte den Blick ab.

„Ja. Grant hatte feste Pläne, Sydney Coves neuer Arzt zu werden. Doktor White wird bald in Pension gehen und nach England zurückkehren. Aber deswegen macht sich unsere Familie weniger Sorgen als vielmehr darüber, wie es ihm geht. Hobart ist ein tückischer Ort."

„Du glaubst also, dass Grant Hogan keine Ahnung von seiner Versetzung hatte bis ..."

„Oh nein. Diese Versetzung traf ihn vollkommen überraschend, genauso wie die junge Dame, mit der er öfter ausging. Miss Emily Parkinson ist bestimmt sehr betrübt." Katys Augen funkelten geheimnisvoll.

„Katy, ich hole unseren Wagen." Dwight verabschiedete sich mit einem kurzen Tippen an seinen Hut von Bailey.

„Guten Tag, Dwight. Und danke, dass ihr herausgefunden habt, was hinter dieser ganzen Angelegenheit mit der Schule steckt." Bailey lächelte schwach und hoffte, ihre Stimme klinge dankbar.

Sobald Katy sah, dass ihr Mann verschwunden war, senkte sie erneut die Stimme. „Bailey, wir können nicht zulassen, dass der skrupellose Bruder dieses Trinkers unsere Kinder unterrichtet."

„Aber was kann man denn dagegen unternehmen?"

„Du musst bleiben und kämpfen. Du hast dir nichts zuschulden kommen lassen, weswegen sie dich entlassen könnten. Sag dem Major heute, dass du nicht die Absicht hast, abzureisen, dass du in der Schule Fortschritte vorweisen kannst. Sag ihm, was du willst, aber lass uns nicht im Stich, Bailey. Lass Sydney Coves nächste Generation nicht im Stich. Die Kinder brauchen dich. Wir alle brauchen dich", flehte Katy sie inbrünstig an.

Bailey zwang ihre Lippen, sich zu einem steifen Lächeln zu verziehen. „Ich war der ganzen Schwierigkeiten so müde. Ich glaubte nicht, dass es irgendjemandem etwas ausmacht, ob ich bleibe oder gehe. Du hast mir neuen Mut gemacht, Katy."

„Gut! Dann packe am besten noch heute Nachmittag deine Sachen zusammen. Dwight und ich sähen es gern, wenn du bei uns auf Rose Hill wohnen würdest – zu deinem eigenen Schutz."

Bailey dachte an die Bequemlichkeiten im Haus der Farrells. Frisch gekochte Mahlzeiten, Dienstboten, die einem jeden Wunsch erfüllen. Rollende Hügel, saftige Wiesen – *Frieden.* Sie warf die Schultern zurück und stemmte die Arme in die Hüften. „Ich kann nicht, Katy. Ich kann ihnen nicht erlauben, mich aus meinem Haus zu vertreiben. Irgendwie muss diese Militärjunta eine Botschaft von uns Siedlern bekommen – sie sind hier, um uns zu dienen, nicht umgekehrt."

Katy grinste. „Du bist ganz mein Typ, Bailey Templeton. Eigensinnig wie ich und genauso wild entschlossen, dir nicht alles gefallen zu lassen!"

Die beiden lachten, als die Tür zum Büro des Offiziers aufging und ein Gefreiter auf den Gang trat. „Miss Bailey Templeton?" Er warf einen fragenden Blick auf die beiden Frauen.

„Ich bin Bailey Templeton." Bailey warf die Schultern zurück, drückte Katys Hand zum Abschied und blinzelte ihr zuversichtlich zu. Dann schritt sie selbstsicher über die Schwelle ins Büro des Majors, verzog die Lippen zu einem höflichen Lächeln und begrüßte ihn. „Guten Tag, Sir. Danke, dass Sie mir heute einen Gesprächstermin eingeräumt haben. Ich habe einiges mit Ihnen zu besprechen. Ich bin Sydney Coves Lehrerin, und ich halte es für angebracht, Ihnen mitzuteilen, dass ich nicht die Absicht habe, diese Kolonie zu verlassen. Niemals!"

9. Ein hoffnungsloser Junge

Baileys Tage in dem kleinen Schulhaus wurden angenehmer. Fast alle Schüler verbesserten sich in ihren Leistungen. Einige von ihnen würden als Erwachsene zwar bestimmt nie große Gelehrte werden, aber sie hatten alle angefangen, Neues zu lernen, und die Mehrzahl konnte inzwischen lesen und schreiben. Sie entdeckte schnell das Interesse der Kinder an Geld – vielleicht, weil sie so wenig davon hatten. Also fertigte sie aus Lehm einige Münzen an und lehrte sie mit deren Hilfe Arithmetik.

„Wenn Elwin eine Scheibe Schinken von dir kauft, Stephen, und dir dafür sechs Pence bezahlt, hat er dir dann bezahlt, was du verlangt hast, oder schuldet er dir noch mehr?"

Stephen zählte die Lehmmünzen, die Elwin ihm gerade in seine Hand gelegt hatte. „Elwin Sewell kann mir überhaupt nichts bezahlen. Er hat noch nie einen Finger krumm gemacht und gearbeitet. Er stiehlt die Händler noch arm."

„Das ist eine Lüge!" Elwins Gesicht wurde rot vor Wut.

„Das ist keine Lüge!", rief der Sohn eines anderen Siedlers. „Elwins Vater ist ein Freigelassener."

Die Schüler sprangen alle auf die Beine. Die Kinder der Siedler schrien die Kinder der Freigelassenen nieder.

Bailey seufzte traurig. Sie schritt mit drohender Miene an jedem Einzelnen vorbei. Einer nach dem anderen setzte sich schnell wieder auf seinen Platz. Bailey verschränkte mit ernster Miene die Arme vor der Brust und tippte ungeduldig mit dem Finger auf ihren Unterarm. „Schüler, euer Benehmen ist eine Schande." Sie schaute jedem eindringlich in die Augen. „Wir sind in diesem Schulzimmer nicht in Siedler und in Freigelassene aufgeteilt. Ihr seid alle Schüler und habt eine Zukunft in diesem Land."

„Ja, und einige von uns werden die Zukunft hier verbringen", platzte ein Junge heraus, „und andere auf Norfolk!"

Bailey fuhr ihn an: „Frederick, du schreibst hundertmal: ‚Ich werde Miss Templeton nie wieder unterbrechen.'" Sie richtete sich mit geröteten Wangen auf. Bailey hatte von dem Strafsystem mit seiner brutalen Behandlung auf der Norfolk-Insel gehört. Katy Farrells Schwägerin hatte als junges Mädchen einige Zeit auf Norfolk verbracht. Allein der Gedanke daran ließ sie erschaudern. „Ich denke, wenn man einem Menschen oft genug sagt, dass er es im Leben zu nichts bringen wird, glaubt er es irgendwann." Sie sah, dass die Kinder ihr ernst zuhörten. „Aber diejenigen von euch, die diese Vorurteile nicht mehr glauben wollen, haben eine andere Möglichkeit. Ihr könnt beweisen, dass sie nicht stimmen. Die Zukunft von Neu-Südwales liegt hier in diesem Klassenzimmer und bildet sich im Kopf von jedem Einzelnen von euch."

Einige Kinder von ehemaligen Strafgefangenen strahlten bei ihren Worten auf und warfen einander zufriedene Blicke zu.

„Aber das wird jedem von uns viel Arbeit abverlangen. Einige von euch hatten überhaupt keine schulische Bildung, bevor ihr hierher zur Schule kamt. Jetzt könnt ihr lesen. Ihr könnt einkaufen, und niemand kann euch übers Ohr hauen. Ihr begreift den Sinn unseres Geldsystems. Ihr könnt addieren und subtrahieren. Niemand kann euch das je wieder wegnehmen." Mit tiefer Überzeugung schaute Bailey sie alle an und hoffte, dass sie wenigstens einen Teil dessen, was sie sagte, begriffen. Sie stand mit dem Rücken zur Tür des Klassenzimmers und sah nicht, dass die Tür weit aufging. Einige Schüler wurden unruhig und flüsterten unbehaglich miteinander. Die junge Mary Spencer lenkte Baileys Blick auf sich und deutete nach hinten. Bailey drehte sich sofort um. „Guten Tag", sagte sie mit reservierter Stimme. Als sie bemerkte, wie der ungepflegte Mann sie mit finsterer Miene anstarrte, beschloss sie, vorsichtig zu sein und seine Reaktion abzuwarten. Der Mann zog seinen Hut.

„Blaine Dobbins", stellte er sich knurrend vor.

„Kann ich etwas für Sie tun, Mr Dobbins?" Als Bailey merkte, dass die Unruhe unter ihren Schülern wuchs, trat sie näher auf den Mann zu.

„Mein Junge, Cole ..." Dobbins drehte sich um und deutete auf den rothaarigen Jugendlichen, der widerwillig über die Türschwelle trat. „Er ist aus dieser Schule hinausgeworfen worden, und ich will, dass er wieder hierher geht!"

Bailey merkte, wie ihre Nerven sich anspannten. „Aber, Mr Dobbins, Ihr Sohn ..." Sie brach ab. „Wir sollten lieber draußen über diese Angelegenheit sprechen, Sir." Sie trat in den Hof hinaus, wo die grauen Wolken eine düstere Stimmung über die Landschaft warfen. In der Hoffnung, dass der Mann und sein Sohn ihr folgten, blieb sie stehen und drehte sich mit erwartungsvoller Miene um. Dobbins kam in den Hof, hatte aber seinem Sohn befohlen, im Klassenzimmer Platz zu nehmen.

„Danke, Mr Dobbins. Ich finde, die Sache ist persönlich ..."

„Ich will nicht lange um die Sache herumreden, Lady!" Dobbins, schritt drohend auf sie zu. „Ich will, dass Cole eine ordentliche Schulbildung bekommt, und weder Sie noch irgendjemand sonst wird ihn daran hindern."

Bailey zog ihre fein geschnittene Augenbraue in die Höhe und schob selbstsicher das Kinn vor. „Mr Dobbins, Ihr Sohn bedrohte mich am ersten Schultag mit einem gezückten Messer. Er beabsichtigte, es zu benutzen. Ich habe entsprechend gehandelt."

„Cole belästigt niemanden, außer er wird zuerst belästigt."

„Als Lehrerin Ihres Sohnes muss meine Autorität respektiert werden. Wie können die anderen Kinder lernen, wenn sie das Gefühl haben, dass ein Schüler ihre Lehrerin unbestraft bedrohen darf."

„Er hat jetzt kein Messer", argumentierte Dobbins.

Bailey begriff, dass sie mit diesem Mann auf keinen grünen Zweig käme, und faltete die Hände vor sich. Ihr graute vor der Aufgabe, vor die sie sich gestellt sah. „Es tut mir leid ..." Der Anblick eines Pferdes und seines Reiters lenkte ihren Blick ab. Als sie das Rot der britischen Militäruniform sah, konnte sie ihre Erleichterung nicht leugnen. Obwohl das Auftauchen des Majors sie von Zeit zu Zeit verärgerte, hoffte sie jetzt, dass die Anwesenheit eines Offiziers Mr. Dobbins' Temperament zügeln würde. „Mr Dobbins, ich möchte gern, dass Cole genauso lernt wie alle anderen Kinder, aber gewaltsames Benehmen kann ich nicht durchgehen lassen."

Der Offizier trat auf die beiden zu. „Guten Tag, Miss Templeton." Er tippte an seinen Hut. „Gibt es Probleme?"

Bailey sah das abwehrende Funkeln in Dobbins' Augen. „Keine, die wir nicht lösen könnten, Major Johnston." Sie erinnerte sich an den Tag, an dem sie in seinem Büro gestanden und ihm ihre Absicht erklärt hatte, als Lehrerin zu bleiben. Aber trotz ihrer Abneigung gegen diesen Mann war sie jetzt über seinen unerwarteten Besuch froh.

„Darf ich meine Hilfe anbieten." Er sprach mit einem schnellen, abgehackten, britischen Akzent. „Vielleicht kann ich helfen."

„Diese Frau will meinen Jungen Cole nicht in die Schule lassen."

„So?" Johnstons linke Braue zog sich fragend nach oben. „Warum denn nicht, Miss Templeton?"

Bailey war von seiner kühlen Art ganz und gar nicht begeistert, bewahrte aber Haltung. „Mr Dobbins' Sohn, Cole, hat mich am ersten Schultag mit einem gezogenen Messer bedroht. Ihr Vorgänger, Hauptmann Hogan, war von dem Vorfall unterrichtet worden."

„Hogan ist jetzt fort. Wir behandeln diese Angelegenheit als neu eröffnet, bis wir sie zu meiner Zufriedenheit gelöst haben."

Als Bailey das belustigte Funkeln in Dobbins' Augen sah, zog sie indigniert die Brauen hoch. „Major Johnston, die Angelegenheit *ist* gelöst. Sie verstehen nicht ..."

„Nein, ich fürchte, *Sie* verstehen nicht, Miss Templeton." Der Offizier verschränkte die Arme vor der Brust und schaute sie genüsslich an. „Sie sind hier, um die Kinder dieser Kolonie ohne Rücksicht auf ihren Familienhintergrund zu unterrichten."

Über seine Andeutung aufgebracht, erwiderte Bailey: „Ich wäre die Letzte, die sich von einem derartigen Vorurteil bei meinen Entscheidungen beeinflussen ließe!“

„Was auch immer ihre Gründe waren, aus denen Sie das Kind dieses Freigelassenen hinauswarfen, der Junge sollte wieder zum Unterricht kommen dürfen.“

Bailey traute ihren Ohren kaum. Sie beherrschte ihre Worte und entschied sich, nicht spontan zu reagieren.

„Danke, Herr Major.“ Dobbins trat in das Klassenzimmer. „Cole!“ sagte er rau. „Du kümmerst dich nicht um diese Frau. Du bleibst!“ Er drehte sich auf seinen abgelaufenen Absätzen um und schaute Bailey drohend an. „Ich werde Sie im Auge behalten, Miss Templeton. Mein Junge und ich sollten lieber keine Scherereien mehr mit Ihnen bekommen.“

In der Gewissheit, dass seine unterschwellige Drohung eine Reaktion von Seiten des Majors auslösen würde, warf Bailey Johnston einen Blick von der Seite zu. „Haben Sie das gewollt?“, fragte sie ruhig.

„Ich bedaure, dass Sie solche Schwierigkeiten bei uns hatten, Mr Dobbins.“ Johnston schüttelte dem Mann die Hand. Während er ihn zu seinem Wagen begleitete, sagte er so laut, dass Bailey es deutlich hören konnte: „Bitte verstehen Sie, dass Miss Templeton Amerikanerin und etwas frustriert ist. Sie wird sehr bald lernen, wie bei uns der Hase läuft.“

Bailey warf stolz die Schultern zurück und fühlte, wie sich in ihrem Inneren eine starke Wut zusammenbraute. *Er versucht absichtlich, mich zu provozieren!* Als sie sah, dass Dobbins aus dem Schulhof fuhr, blieb sie stehen und wartete, bis Major Johnston zu ihr zurückkehrte. Als er näher kam, wusste sie, dass sie ihre Worte sehr sorgfältig wählen müsste, aber sie konnte sich einen knisternden Blick nicht verkneifen. „Major Johnston, Sie überraschen mich.“

„Sehen Sie, Miss Templeton.“ Johnston ignorierte ihren finsteren Blick. „Mir ist bewusst, dass die Freigelassenen eine ganz andere Brut sind ...“

„*Brut?* Ich spreche von Menschen nicht mit denselben Begriffen wie von Tieren, Sir! Mit allem nötigen Respekt, ich habe Stunden damit verbracht, diese freigelassenen Familien zu besuchen. Ich hoffe, mein Ruf in dieser Frage spricht für sich. Ich habe keine derartigen Vorurteile, nur Mitgefühl mit diesen Menschen. Aber Cole Dobbins hat ...“

„Hat ein Recht auf dieselbe Schulbildung wie die Kinder der Siedler“, unterbrach Johnston sie erneut.

„Seine gesellschaftliche Stellung steht nicht zur Diskussion. Es ist sein gewalttätiges Verhalten, das mir Sorgen bereitet, und das auch Ihnen Sorgen bereiten sollte.“ Bailey hörte ungläubig zu, wie der Offizier sich über die Vorurteile gegenüber den Freigelassenen in der Kolonie ausließ. Es war, als hörte er kein Wort von dem, was sie sagte. Im Vergleich zu dieser Art von Unterminierung waren die Übergriffe auf ihr Haus noch harmlos. Wie sollte sie gegen so etwas vorgehen?

Sie ließ ihn stehen und kehrte in das Schulzimmer zurück, um wieder für Ordnung zu sorgen. Diese Auseinandersetzung löste ein deutliches körperliches Unwohlsein bei ihr aus. Sie hatte Mühe, beherrscht und ruhig aufzutreten. Sie warf einen Blick nach hinten auf Cole Dobbins und sah sein selbstzufriedenes, finsteres Grinsen. Es wäre jetzt noch schwieriger, ihn zu bändigen. Sie biss sich auf die Lippe, um gegen die aufkommenden Tränen anzukämpfen. Stattdessen trommelte sie mit ihrem Zeigestab auf das Pult. Sie erinnerte sich an die grausamen Bemerkungen der Kinder über die Freigelassenen. Aber trotz Johnstons lächerlicher Anschuldigungen kannte sie ihr eigenes Herz und würde auch dementsprechend unterrichten.

„Wir haben gerade darüber gesprochen, wie wir mit unseren Mitmenschen umgehen.“ Sie beschloss, das Gespräch, das sie begonnen hatte, zu Ende zu führen. „Wir nennen uns Christen, weil wir an Gott glauben, aber die Bibel sagt uns, dass man einen Baum an seinen Früchten erkennt. Ich hoffe, uns allen ist klar, dass wir der Welt durch unser Handeln das Gute oder das Schlechte, das in uns steckt, zeigen." Sie holte Luft und hoffte, ihre Stimme schwanke nicht. „Und wenn wir einander in unserem täglichen Umgang achten, statt den einen oder anderen allein aufgrund seines Familiennamens zu beurteilen, lernen wir, jeden als den Menschen zu sehen, der er wirklich ist." Sie schaute Cole bewusst in die Augen. „Ich bete dafür, dass ihr alle in mir und in euren Mitschülern gute Früchte erkennt und dass ihr in gleicher Weise losgeht und in dieser Welt etwas Gutes leistet."

Gleichgültig lehnte sich Cole Dobbins auf seinem Sitz zurück und begann, ihren Worten zum Trotz, sich mit einem anderen Jungen zu unterhalten.

Bailey seufzte und schloss die Lektion ab. Die nächsten Tage könnten über ihre Zukunft in der Kolonie entscheiden. *Ich weiß, was Johnston wirklich will. Nichts würde ihm mehr gefallen, als wenn ich meine Sachen packe und abreise.* Als sie die Neugier in den Gesichtern der Kinder sah, die auf ihren nächsten Schritt warteten, forderte sie sie auf: „Schlagt eure Bücher auf. Wir wollen laut lesen." Ein Stöhnen ging durch den Raum. Bailey lächelte. Sie warf erneut einen verstohlenen Blick auf Cole und schaute dann wieder die anderen an. „Ich weiß, es ist fast Zeit, nach Hause zu gehen. Aber wir wollen noch zu Ende lesen." Er unternahm keinen Versuch, ihrer Aufforderung nachzukommen, sondern legte demonstrativ das Gesicht auf seine Hände. Während sie wartete, bis die anderen ihre zerfledderten Bücher aufschlugen, sinnierte sie über Coles Schicksal und auch über ihr eigenes nach. *Gegen meinen Willen, Herr, konfrontierst du mich mit einem Jungen, der von allen als hoffnungsloser Fall verachtet wird. Ist er für dich hoffnungslos?* Sie hob ihr Buch, um sich auf die Leseübung einzustellen. *Bin ich ein wirklich hoffnungsloser Fall?*

* * *

„Katy Farrell! Du musst etwas unternehmen!“ Katy saß allein auf dem Kutschbock und lenkte den Wagen über die unebene Landstraße. Während sie auf die Ankunft ihrer beiden Söhne aus der Schule wartete, dachte sie über die Entfremdung nach, die zwischen ihr und ihrem Mann, Dwight, immer deutlicher zutage trat. Er war erneut für den Rest der Woche fortgeritten, um sich um das andere Land und die Herden, die er nördlich von Parrametta gekauft hatte, zu kümmern. Am Anfang hatten sie und ihre Eltern so viel Not und Armut in dieser Kolonie erlebt, dass sie Dwights umsichtige Hand bei den geschäftlichen Angelegenheiten auf Rose Hill begrüßt hatte. Aber seit das Gedeihen der Farm nicht länger eine Überlebensfrage war, fürchtete sie, dass es eine Besessenheit von ihrem Mann geworden sei. Sie konnte nicht länger danebenstehen und zuschauen, wie ihre Ehe sich ständig verschlechterte, während die Schafzucht florierte. Die Myrten am Wegrand schaukelten träge im leichten Wind. Sie ließ die schöne Wildnis der Landschaft beruhigend auf ihre Sinne wirken. Sie erinnerte sich an die schrecklichen Verhältnisse, in denen sie früher gelebt hatten. Die Gefahren, die von flüchtigen Sträflingsbanden und kriegerischen Ureinwohnern ausgingen, waren nur geringfügig weniger geworden, aber im materiellen Sinn hatte sich ihre Welt stark verbessert. Sie und Dwight waren jetzt in der Lage, anderen freigelassenen Familien in Not zu helfen. Dwight hatte Grant Baumaterial für die Renovierung des Schulgebäudes gespendet. Ihr jüngstes Kind, Corbin, hatte nie Not gelitten. Trotz der heimtückischen Militärjunta und trotz korrupter Gouverneure hatten sie ihre riesengroßen Probleme bewältigt. *Aber nur, um sie gegen andere einzutauschen,* dachte Katy wehmütig. Sie hörte das Klappern von Pferdehufen und das Quietschen von Wagenrädern, die unweit von der Stelle, an der sie wartete, um die lehmige Straße bogen. Sie richtete sich auf ihrem Sitz auf und zwang sich zu einem Lächeln. *Die Jungen dürfen mich nicht in einer solchen Verfassung sehen.*

„Mama!", rief Jared freudestrahlend aus.

Katy zog überrascht die Stirn in Falten. „Bailey?"

Bailey lenkte ihren Wagen neben Katys. „Hallo, Katy. Mrs Spencer hatte es heute eilig, weil sie Gäste zum Abendessen erwartet. Ich habe mich also angeboten, die Jungen zu dir herauszufahren."

Katy runzelte die Stirn. „Ich hoffe, es war keine zu große Mühe."

„Jetzt hör aber auf!", schalt Bailey sie. „Du und Dwight, ihr tut so viel für die Schule, dass ihr mir wenigstens erlauben könnt, euch auch einmal einen Gefallen zu erweisen." Sie wischte sich mit dem Taschentuch über den Nacken. „Ist auf Rose Hill alles in Ordnung?"

„Ja, danke." Katy lächelte. „Steigt ein, Jungen." Sie rutschte zur Seite und überließ Donovan die Zügel.

„Ich nehme nicht an ..." Bailey zögerte.

„Soll ich raten?" Katy lächelte wissend. „Du möchtest uns heute beim Abendessen Gesellschaft leisten."

Bailey errötete. „Katy. Hast du je erlebt, dass ich mich selbst zum Essen einlade?"

„Ich finde, es wird Zeit, dass du damit anfängst."

„Nein. Nichts dergleichen. Ich wollte mich nur nach deinem Vetter erkundigen. Du sagtest, dass deine Familie sich Sorgen um ihn mache."

„Mein Vetter? Oh, du meinst Grant."

Bailey nickte beiläufig.

„Onkel Bartholomew bekam letzte Woche einen Brief von ihm. Die Zustände in Hobart sind weitaus schlimmer, als wir es uns vorgestellt hatten."

Über Baileys Gesicht zogen Sorgenfalten. „Es ... es tut mir leid, das zu hören."

„Uns auch. Aber Grant weigert sich, Hilfe anzunehmen. Er will seinem Vater nicht erlauben, für ihn einzutreten. Er sagt, er treffe die nötigen Vorkehrungen, sobald er den Eindruck habe, er könne weggehen. Aber eine Fieberepidemie ist ausgebrochen, und er ist der einzige Arzt, der in Hobart zur Verfügung steht. Er kann so eigensinnig sein."

Bailey warf Katy einen Blick von der Seite zu. „Das muss wohl in der Familie liegen."

Katy entschied sich, diese Bemerkung zu überhören, und hob gebieterisch das Gesicht. „Sie leisten uns also beim Abendessen Gesellschaft, Miss Templeton?"

Die Jungen bettelten. Schließlich gab Bailey sich geschlagen. „Einverstanden. Wenn ihr darauf besteht. Aber darf ich dieses Mal etwas mitbringen? Frische Kekse."

„Klingt verlockend."

„Bist du sicher, dass ihr auf einen Gast eingestellt seid?", fragte Bailey.

„Ganz sicher. Wir erwarten auch den guten Kapitän Gabriel. Komm gegen sechs Uhr. Wir haben bestimmt genug für alle."

„Gut." Bailey verabschiedete sich höflich. Sie freute sich über diese Einladung. „Dann bis sechs Uhr", nickte sie. Während sie nach Hause fuhr, sagte sie sich, dass ihr ein Abend bei den Farrells bestimmt guttun würde. Sie hatte seit Hauptmann Hogans Abreise einige Einladungen auf Rose Hill angenommen. Aber etwas in den Augen ihrer Freundin hatte sie beunruhigt. Sie hatte Katy seit Wochen nicht mehr gesehen, aber sie kannte sie gut genug, um zu sehen, dass etwas sie belastete. Vielleicht hatte Katy deshalb darauf bestanden, dass sie zum Essen kam. *Sie braucht jemanden, mit dem sie sprechen kann.*

Bailey verbannte die Ereignisse dieses Schultages aus ihrem Kopf und versank in Gedanken in eine angenehmere Zeit, die jetzt nur noch wie ein Traum weiterlebte – eine Nacht im Mondschein, ein Mann und eine Frau, die über einen Sandstrand liefen, dann ein gestohlener Augenblick des Glücks. Die süße Erinnerung trug sie auf den Armen ihrer Fantasie davon, bis sie zu Hause ankam. Doch dann prasselten die nackten Tatsachen des unerbittlichen Lebens in Sydney Cove wieder auf sie ein und verjagten die Dinge, die nie wiederkommen würden, um Raum für die grausame Wirklichkeit zu schaffen. *Ich brauche jetzt auch eine Freundin, Katy.*

* * *

„Schnell! Holt kochendes Wasser! Wir müssen diese Zellen auf der Stelle reinigen!“, rief Grant den Gefreiten zu, die ihm auf der Infektionsstation zur Seite standen. „Hanson! Helfen Sie diesem Patienten in sein Bett“, rief er einem anderen zu.

„Uns gehen die Betten aus, Sir!“ Die heisere Stimme des Gefreiten verriet seine Besorgnis.

„Holt noch mehr Decken. Dann müssen einige eben auf dem Boden schlafen.“ Das Leben war für Grant ein bitterer Kampf ums Überleben geworden. Er schlief selten und aß nur so viel, wie unbedingt nötig war. Mit dem Ausbruch des Fiebers, das durch die kleine militärische Siedlung fegte, waren die begrenzten medizinischen Mittel schnell ausgeschöpft. Grant verließ die Krankenstation und trat in die frische Luft hinaus. Eine Wolkendecke sperrte die Sonne aus und machte die Luft kalt. Er lehnte sich an einen Pfosten, ließ den Kopf hängen und seufzte. Schweißperlen standen ihm auf der Stirn. Er fuhr sich mit den Fingern durch die feuchten Haarsträhnen, die an seiner Stirn klebten. Sein Engagement für die Siedlung erlahmte allmählich. Er wünschte sich nichts mehr, als in sein eigenes Bett in Sydney Cove zu schlüpfen und wochenlang zu schlafen.

Schreckliche Selbstvorwürfe raubten ihm die Ruhe. Er hatte sich von niemandem richtig verabschiedet, da ihm seine Pflicht viel wichtiger erschienen war. Außer den Briefen seiner Eltern, in denen sie ihn um seine Einwilligung baten, bei Bligh auf seine

Rückkehr nach Sydney Cove zu drängen, war nur wenig Post für ihn nach Hobart gekommen. Er merkte, dass die Versuchung immer größer wurde. Er wollte nach Hause fahren. Er sehnte sich danach, die Gesichter seiner Freunde wiederzusehen und sich bei einem gemütlichen Abendessen auf Rose Hill mit den Farrells angeregt zu unterhalten.

„Hauptmann Hogan! Noch mehr Patienten, Sir!"

Er rieb sich sein borstiges Kinn und versuchte, die Müdigkeit zu vertreiben. „Ich komme schon, Gefreiter." Seine Worte klangen selbst in seinen eigenen Ohren hohl. Er hatte alle Leidenschaft verloren und trottete wie ein Tier benommen von einem Patienten zum nächsten.

„Briefe! Briefe aus Neu-Südwales!" Ein Jugendlicher lief zum Hauptzelt. Die Soldaten eilten aus dem ganzen Lager in Hobart zusammen, um die ersehnte Post von ihren Geliebten aus Sydney Cove in Empfang zu nehmen.

„Ich bringe Ihre Post mit, Sir." Der Gefreite stürmte zu dem Zelt. „Ruhen Sie sich aus."

„Danke." Grant lehnte sich an den Pfosten zurück. Er war schon fast eingeschlafen, als der Mann zurückkehrte. „Ein Brief für Sie, Hauptmann Hogan", hörte er ihn sagen. Seine Augenlider zuckten. Diese Nachricht weckte neues Leben in ihm. Er warf einen Blick auf die Handschrift und sah sofort die graziösen, weiblichen Federstriche. *Sie hat mir geschrieben.* Der Gedanke, dass Bailey Templeton schließlich doch noch seinen eilig niedergekritzelten Brief beantwortete, weckte in ihm für einen Augenblick eine große Freude. Er brach das Wachssiegel und faltete den Brief auseinander. Enttäuscht stellte er fest, dass der Brief von Katy stammte. Sie schrieb:

Lieber Grant,
die Kinder und Dwight lassen dich herzlich grüßen. Wir sind alle sehr traurig über deine unerwartete Versetzung. Eine gewisse junge Frau ist bestimmt besonders traurig.

Ein kurzes Lächeln huschte über seine Lippen.

Emily sendet dir auch liebe Grüße.

Ein Anflug von Verärgerung lag in seinen Augen. Er las den Brief weiter, aber mit wenig Interesse. So dankbar er auch für Katys Brief war, konnte er sich des Gedankens doch nicht erwehren, dass Bailey Templeton ihn inzwischen bestimmt hasste.

* * *

Bailey schlenderte durch Katys englischen Garten. Der Mond stand hoch über Rose Hill. Sie hatte sich für einen einsamen Abendspaziergang entschieden. Im Haus tummelten sich zahllose Gäste. Die meisten von ihnen waren Familien von den umliegenden Farmen. Mehrere ihrer Schüler waren auch da, und sie hatte jede einzelne Familie herzlich begrüßt. Aber ihre Kraft war von der zurückliegenden Woche, die sehr stark an ihren Nerven gezehrt hatte, ziemlich erschöpft, und sie verspürte plötzlich den Drang, allein zu sein. Amelia und Katy waren die perfekten Gastgeberinnen. Also beschloss sie, unbemerkt davonzuhuschen. Sie blieb unter einem blühenden Myrtenstrauch stehen. Bei dem Gelächter, das aus dem Haus ins Freie drang, musste sie leise schmunzeln. Eine Mischung verschiedenster Gefühle strömte auf sie ein. Obwohl sie froh – nein, dankbar – war, dass sie die Farrells kennengelernt hatte, konnte sie sich einer gewissen Besorgnis wegen ihres getrübten Ehefriedens doch nicht erwehren. Dwight besaß ein ungewöhnliches finanzielles Geschick und hatte sich in den Problemen der Kolonie als furchtloser Kämpfer erwiesen. Für die Schule war er von unschätzbarem Wert. Da ihm ein Gesprächstermin bei Gouverneur Bligh versagt wurde, war er in Major George Johnstons Büro marschiert und hatte von ihm Antworten verlangt. Bailey war sicher, dass er bei diesem korrupten Offizier einen unvergesslichen Eindruck hinterlassen hatte. Aber er vergaß manchmal seine Pflichten zu Hause, wie so viele Ehemänner in dieser rauen Siedlung. Auch wenn Katy Dwights Verspätung am heutigen Abend schnell entschuldigte, war Bailey doch der Schmerz in den Augen ihrer Freundin nicht entgangen. Gelegentlich hatte sie gesehen, wie Katy am Fenster im Salon vorbeigegangen war und durch die Vorhänge hinausgespäht hatte, um dann enttäuscht weiterzugehen. *Dwight Farrell, wo bist du?* Bailey fühlte, wie auch in ihr eine gewisse Frustration aufstieg. Katy war wie eine Schwester für sie geworden. In ihrer Hilflosigkeit, die richtigen Worte zu finden, hatte sie Katys Hände ergriffen, sie sanft gedrückt und sich zu einem mitfühlenden Lächeln gezwungen. Ein schweigendes Band des Verstehens hatte sich zwischen ihnen gebildet, aber Bailey schalt sich dafür, dass sie nicht die richtigen Worte fand. Sie hoffte, Katy fühle irgendwie ihre Gebete. Wieder hörte sie lachende Stimmen, aber dieses Mal kamen sie näher. Bailey drehte sich um und sah ein Paar an den Myrten vorbeischlendern. Der Mann und die Frau hatten sie nicht bemerkt. Sie war froh, in ihrer Ruhe nicht gestört zu werden, und lehnte sich an den Baumstamm, bis sie an ihr vorüber waren. Sie beschloss, zu der Feier zurückzugehen, und brach zum Haus auf, warf aber noch einmal einen Blick hinter sich, um zu sehen, ob sie das Paar erkenne. Was sie sah, erschütterte sie, denn es war Katy, die über den Gartenweg spazierte – aber nicht mit Dwight. Die Schatten verbargen sein Gesicht, aber sie konnte an seinem stämmigen Körperbau sehen, dass der Mann nicht Katys Ehemann war. Baileys Augen wurden groß, und ein ungläubiges Erstaunen zog über ihr Gesicht. Sie kam sich töricht vor, wie sie hier auf dem Weg stand und unbeholfen auf das Paar starrte, aber etwas veranlasste sie, ihnen nachzugehen. Sie atmete tief und unruhig ein und folgte ihnen schweigend. Schließlich setzten sich die beiden auf eine Holzbank. Halb beschämt stellte sich Bailey hinter einen großen Busch und warf verstohlen einen genaueren Blick auf den Mann. Es war tatsächlich der, den sie vermutet hatte – Kapitän Robert Gabriel! Er und Katy unterhielten sich leise und freundschaftlich miteinander.

„Danke, Robert. Du hast den heutigen Abend gerettet. Unsere Gäste finden dich mit deinen vielen Geschichten einfach herrlich."

Robert saß einen Augenblick ruhig da und schaute Katy unverwandt ins Gesicht. Der Mond beleuchtete sie beide, und das einzige Geräusch, das man hörte, war das Zirpen der Grillen. Schließlich brach er das Schweigen. „Mein Schiff wird bald auslaufen. Ich bin froh, dass sich unsere Wege noch einmal gekreuzt haben."

„Warum musst du so bald abreisen?"

Bailey biss sich auf die Lippe und machte sich Sorgen um Katys verletzliches Gemüt.

„Ich bin schon mehrere Monate hier. Mein Schiff wartet auf mich."

„Gefällt es dir in Sydney Cove nicht?"

„Ich liebe Sydney Cove – besonders die Menschen hier." Er rutschte auf der Bank zur Seite, blickte den Weg hinab und sprach dann weiter. „Ich werde nach diesen Monaten für immer ein anderer Mensch sein. Aber ich gehöre nicht hierher. Du bist hier zu Hause, Lady Katherine."

„Ich finde es seltsam, dass du so etwas sagst. Ich hatte auch nie geglaubt, dass ich hierher gehöre. Aber ich habe mich im Laufe der Zeit verändert."

„Ja, das hast du. Zu deinem Vorteil. Du bist jetzt eine Frau und hast eine wunderbare Familie." Er wandte den Blick ab. „Einen Mann, der dich liebt."

„Robert?“

„Ja?“

Katy zögerte.

Bailey hörte, wie die Geräusche aus dem Haus lauter wurden. Jemand hatte den Hintereingang zur Küche geöffnet. Sie ging schnell wieder den Gartenweg hinauf. Falls noch jemand in den Garten kam, wollte sie nicht dabei ertappt werden, wie sie hinter den Büschen lauschte. Dass sie das überhaupt getan hatte, weckte starke Schuldgefühle in ihr. Sie musste ihre Freundin in Gottes Hände geben und darauf vertrauen, dass Katy einen klaren Kopf behielte.

In ihrer Eile, zum Haus zurückzukehren, konzentrierte sie ihren Blick auf den Weg. Ohne es zu wollen, stieß sie kopfüber mit jemandem zusammen. „Verzeihen Sie bitte!“, entschuldigte sie sich schnell mit geröteten Wangen.

„Bailey?“

Ihre Finger fuhren an ihren Mund. „Dwight!“ Sie trat einen Schritt zurück. Er war immer noch in seiner Arbeitskleidung, und sie sah die Müdigkeit um seine Augen. In ihrem Herzen wuchs ein starkes Mitgefühl für ihn. Sie bemühte sich um die richtigen Worte. „Du siehst erschöpft aus, Dwight. Ich möchte wetten, du bist nicht in der Stimmung, ein Fest zu feiern.“

„Nein, danach ist mir ganz und gar nicht zumute. Ich hatte unterwegs einige Schwierigkeiten. Buschräuber haben einen Teil unserer Herde gestohlen. Aber wir werden schon damit fertig werden.“

„Dessen bin ich mir sicher.“ Sie verschränkte gelassen die Arme vor der Brust. „Dann sehe ich dich also bald im Haus?“

„Ja. Aber zuerst muss ich meine Frau finden. Ich schulde Katy eine Erklärung. Ich habe ihr bestimmt den Abend verdorben.“

Katy! Bailey durfte ihre Besorgnis nicht zeigen. Dwight Farrell war ein intelligenter Mann, und sie konnte nichts tun, um seinen Argwohn zu ersticken. Obwohl Katy und Robert nur Freundlichkeiten austauschten, konnte die wachsende Spannung zwischen Dwight und Katy jeden Augenblick zu einer sehr gefährlichen Eskalation führen. „Du hast Katy nicht im Haus gefunden?" Sie biss sich auf die Lippe.

„Nein. Man sagte mir, dass sie einen kleinen Spaziergang mache. Offensichtlich ist sie nicht bei dir."

„Offensichtlich nicht." Von Unentschlossenheit wie gelähmt, schlug Bailey schließlich vor: „Warum gehst du nicht hinauf und ziehst dich um? Ich suche Katy, und wir überraschen sie mit deiner Rückkehr." Sie zögerte und hoffte, er entdecke die Schuldgefühle in ihren Augen nicht.

„Danke. Das ist eine großartige Idee." Er wollte gerade zum Haus zurückkehren, als er Katys Stimme hörte und sich erneut umdrehte. „Was war das? Ich habe sie gehört. Ich kann sie genauso gut gleich wissen lassen, dass ich zu Hause bin."

„Nein!" Bailey ergriff seinen Unterarm. Sie sah die Überraschung in seinen Augen. „Das heißt, du willst sie doch überraschen, oder?"

„Natürlich." Dwights Augen wanderten den Weg hinab und warfen einen fragenden Blick auf Baileys Hand, die seinen Arm immer noch umklammerte. „Aber es ist nicht die Überraschung, die dir Sorgen bereitet, Bailey, nicht wahr?"

Sie ließ schnell seinen Arm los und fragte mit gesenktem Blick: „Wie meinst du das?"

„Sie ist mit *ihm* zusammen, nicht wahr? Sie ist mit Robert Gabriel zusammen."

Bailey konnte ihre Besorgnis nicht länger verbergen und nickte. „Ja, Dwight. Katy ist mit Robert im Garten."

10. Besorgte Gebete

Bailey füllte ihren Korb mit den spärlichen Waren aus den Regalen im Regierungsladen. Ihr Schultag war zu Ende, und sie hatte sich für eine Fahrt auf den Marktplatz von Sydney Cove entschieden, auf dem ein reger Betrieb herrschte. Eine neue Warenladung war im Hafen eingetroffen, und unter den Bewohnern Sydney Coves war eine regelrechte Kaufwut ausgebrochen. Auch sie genoss den Anblick der großen Zwiebel- und Kartoffelberge und kaufte so viel, wie sie sich mit ihrem knapp bemessenen Gehalt leisten konnte, und stürzte sich in das Gewühl von Frauen, die die Tische mit den Kurzwaren umlagerten. Eine modisch gekleidete rothaarige Frau stand mit dem Rücken zu ihr. „Entschuldigen Sie bitte", sagte sie höflich zu der Frau.

„Selbstverständlich ..." Die Frau brach ab, und ein freudiges Lächeln zog über ihr Gesicht. „Guten Tag, Miss Templeton."

„Oh!" Bailey war überrascht, die Frau des Pfarrers zu sehen. „Guten Tag, Mrs Whitley. Hier ist ein ziemliches Gedränge, nicht wahr?"

„Allerdings." Rachel Whitley schaute sich um. „Ich habe da hinten einen interessanten Tisch entdeckt. Dort werden gerade neue Kisten ausgeladen", flüsterte sie. Sie hielt ihren Jüngsten, Jake, nahe bei sich und rückte seine Mütze gerade. Dann bemerkte sie mit aufrichtiger Bewunderung: „Ihr Kleid ist wunderschön."

Bailey konnte sich nicht erinnern, was sie an diesem Morgen angezogen hatte, und blickte an sich herunter. Das Kleid war aus naturfarbenem Crepe de Chine mit einem Überrock, der mit einer großkarierten Borte aus blauer Seide verziert war. Laurie hatte es ihr als Abschiedsgeschenk genäht. „Oh, danke." Sie klemmte sich ihren Schirm, der farblich zu dem Kleid passte, unter den Arm und folgte Rachel durch das Menschengewühl ins Hintere des Ladens. Dicht hinter Rachel drängten sich die beiden anderen Geschwister, Luke und Ariel. Die kleine Ariel lernte durch die Augen ihrer Brüder die Welt kennen. Sie hüpfte um die grünen Wollröcke ihrer Mutter herum, um ihrem älteren Bruder zu beweisen, wie schnell sie laufen konnte. Bailey beobachtete Rachels Reaktion und freute sich über deren bewundernden Blick. Sie hatte noch nie gesehen, dass eine Mutter von ihren eigenen Kindern so fasziniert war.

Nachdem sie Nähseide und eine Handvoll Knöpfe ausgewählt hatte, schlug Rachel vor: „Darf ich Sie zum Tee einladen, Miss Templeton? Wir hatten noch keine Gelegenheit, uns einmal länger zu unterhalten."

„Zum Tee?" Sie hatte nicht damit gerechnet, in dieser Woche überhaupt noch irgendeinen zusätzlichen Termin in ihrem Kalender unterzubringen. „Heute Nachmittag?"

„Ja, bitte. Ich sollte doch die Frau kennenlernen, die nächstes Jahr meine Kinder unterrichtet." Sie lächelte. „Und Sie sollten mich ebenfalls kennenlernen."

„Danke. Bei Ihnen zu Hause?"

„Ja. Es ist nicht weit. Sie könnten hinter unserem Wagen herfahren."

Bailey dachte an ihre Liste mit Hausarbeiten für diesen Nachmittag und zögerte. „Ich möchte nicht stören."

„Sie stören ganz gewiss nicht. Und ich verspreche Ihnen, dass ich Sie nicht lange aufhalten werde."

„Einverstanden." Bailey hatte sich in letzter Zeit ein bestimmtes Lächeln angewöhnt, wenn sie wusste, dass sie sich um eine unausweichliche Aufgabe nicht drücken konnte. Aber sie hatte ihre Freundschaften so sehr auf die Frauen von Rose Hill beschränkt, dass sie sich deshalb schon fast Vorwürfe machte. „Ich muss noch ein paar Dinge einkaufen." Sie zog entschlossen die Augenbrauen hoch.

„Ausgezeichnet! Wir warten draußen auf Sie." Rachel Whitley manövrierte ihre Kinder durch die vielen Menschen und verschwand durch die Tür nach draußen.

Als Bailey ihre Besorgungen erledigt hatte und vor die Tür trat, erkannte sie schnell den Wagen und das Gespann der Whitleys. Auf dem Kutschbock saß ein Fahrer, den der Pfarrer für seine Frau angestellt hatte. Er tippte zum Gruß an seinen Hut. „Folgen Sie mir, Miss. Ist Ihr Wagen in der Nähe?"

„Ja. Gleich um die Ecke." Bailey balancierte die Pakete in ihren Händen und steuerte auf ihren Wagen zu. Sie stieg auf, nahm die Zügel und folgte den Whitleys durch die Siedlung. Überrascht stellte sie fest, dass die Whitleys nur wenige Kilometer von ihrem eigenen Haus entfernt wohnten. Das Haus des Pfarrers war einfach und schlicht gehalten. Der Weg zur Veranda war kurz. Bailey gesellte sich zu Rachel und den Kindern auf die Veranda und half der beschäftigten Mutter, ihnen die Mützen abzunehmen. „Sie haben so schöne Kinder, Mrs Whitley. Der kleine Jake ist Ihnen wie aus dem Gesicht geschnitten."

Rachel lachte. „Das arme Kind."

Bailey bückte sich zu dem Kleinkind hinab und nahm seine fleischige Hand in die ihre. „Du bist ein gut aussehender junger Mann, Jake, egal, was deine Mutter auch sagt." Sie konnte nicht widerstehen und ließ eine weiche Locke seiner roten Haare um ihren Finger rollen. Ein Sonnenstrahl fiel auf sein Haar, das im Licht wie reines Gold glänzte. Baileys bewundernder Aufmerksamkeit überdrüssig, schob Jake leicht an ihren Fingern und warf dann verärgert seine Haare zurück. Seine Reaktion belustigte sie, aber sie unterdrückte ihr Lachen.

„Es ist Teezeit!" Rachel öffnete die Tür und ließ die Kinder ins Haus springen. „Ich lege sie alle zum Schlafen hin. In ein paar Minuten bin ich wieder bei Ihnen." Rachel nahm ihren hellblauen Hut ab.

„Zeigen Sie mir, wo die Küche ist, dann fange ich schon mit dem Teekochen an", schlug Bailey vor.

„Meine Güte, nein!", wehrte Rachel ab. „Was für eine schlechte Gastgeberin wäre ich denn dann!"

„Unsinn!“, beharrte Bailey. „Ihr Briten haltet so viel auf Förmlichkeiten. Ich finde die Küche selbst.“ Sie rauschte, ohne auf Rachels verblüffte Miene zu achten, an ihrer Gastgeberin vorbei.

Bailey schaute sich schnell in Rachels einfacher Küche um und erblickte einen üppig gefüllten Küchenschrank. Eine kleine Dose, auf der deutlich „Tee“ geschrieben stand, fiel ihr ins Auge. Innerhalb weniger Minuten hatte sie das Feuer entfacht und den Kessel aufgestellt. Obwohl sie die Einladung zum Tee anfangs als reine Pflichtübung abgetan hatte, merkte sie, wie sie sich allmählich entspannte. Der ruhige Augenblick, den sie für sich allein hatte, weckte neue Energien in ihr. Sie setzte sich auf einen gepolsterten Stuhl, lehnte sich zurück und wärmte ihr Gesicht in dem Sonnenschein, der durch das Fenster ins Haus fiel. Einen Augenblick huschte ein wehmütiger Ausdruck über ihr Gesicht. Die Ereignisse des Vorabends auf Rose Hill hatten sie beunruhigt, und ihre Besorgnis hing wie eine schwere, graue Wolke schon den ganzen Tag über ihr. Aber jetzt hatte sie das Gefühl, die Situation vielleicht in einem positiveren Licht sehen zu können. *Die Farrells sind ein vernünftiges Ehepaar. Sie sind gläubige Menschen und wissen, dass Gott ihnen durch diese Schwierigkeiten hindurchhelfen kann.*

„Ich würde eine halbe Krone geben, um Ihre Gedanken lesen zu können, Miss Templeton.“

Bailey setzte sich auf. „Hallo, Mrs Whitley. Schlafen die Kinder schon?“

„Sie schlafen oder tun wenigstens so.“ Rachel schaute nach dem Kessel und holte dann die Teetassen und bereitete einen Teller mit Keksen vor.

„Eines Tages werde ich solche Freuden auch erfahren. Aber im Augenblick habe ich den Eindruck, dass Gott andere Pläne für mich hat als einen Haushalt und Kinder.“

„Ihr Tag kommt bestimmt noch. Jeder Mann in der Siedlung würde es als großes Glück erachten, Sie zur Frau zu bekommen.“

Sie stellte eine Untertasse und eine dampfende Tasse vor Bailey und nahm dann ihr gegenüber Platz.

Bailey spitzte die Lippen und blies über den Rand ihrer Tasse. Ihre linke Braue zog sich zynisch nach oben. Rachels Worte überraschten sie. Sie wusste nie genau, wie sie auf ein Kompliment reagieren sollte. „Mein Tag wird kommen, *falls* das Schicksal mir erlaubt, in dieser Wildnis zu bleiben." Sie dachte über die harte Wirklichkeit nach und musste lächeln. „Und falls dieser gewisse Jemand nichts dagegen hat, dass seine Frau unterrichtet."

„Sie setzen sich so sehr für die Kinder ein, Miss Templeton." Rachel schlüpfte aus ihren Hausschuhen und verschränkte die Füße, an denen sie jetzt nur ihre Strümpfe trug, auf dem Teppich. „Ich kenne nur wenige Frauen mit Ihrem Mut. Sie sind ein herrliches Vorbild für die Mädchen in unserer Siedlung." Sie trank einen Schluck aus ihrer Tasse. Bei dem Geschmack runzelte sie die Stirn und kniff die Augen zusammen.

Bailey entspannte sich. Sie mochte diese Pfarrersfrau. Sie hatte eine so unkonventionelle Art an sich. Sie unterhielten sich eine Stunde zwanglos, hauptsächlich über die Schule. Bailey hatte die Zeit fast vergessen, als ihr Blick auf eine große Uhr in der Ecke fiel. „Meine Güte! Ich muss bis morgen noch Schulaufgaben korrigieren." Sie stand sofort auf. „Verzeihen Sie, dass ich so abrupt aufbrechen muss, Mrs Whitley."

„Das macht doch nichts." Rachel erhob sich geschmeidig von ihrem Stuhl. „Mir hat unsere Plauderei so gutgetan. Und – würde es Ihnen etwas ausmachen? Ich fände es schöner, wenn Sie mich Rachel nennen." Sie warf einen Blick auf das Kinderzimmer und bewegte sich unbehaglich.

Bailey rückte ihren Hut zurecht und lächelte freudig. „Sehr gern! Ich heiße Bailey."

„Schön." In Rachels Augen lag ein schwermütiges Schimmern. Ihr Blick konzentrierte sich auf etwas in der Ferne, dann faltete sie die Hände vor sich und seufzte.

Die Veränderung in ihrem Verhalten blieb Bailey nicht verborgen, denn Rachels Gesicht verriet mit einem Mal ein deutliches Unbehagen. Plötzlich kam sich Bailey sehr unsensibel vor. Vielleicht hatte Rachel überhaupt nicht über die Schule sprechen wollen. „Rachel?" Sie hatte ihren Hut noch nicht zugebunden und nahm ihn wieder ab. „Mir hat der Besuch bei dir heute sehr gut gefallen. Aber hast du mich aus einem bestimmten Grund eingeladen?"

Rachel biss sich auf die Lippe. „Bin ich so leicht zu durchschauen?"

„Vergib mir, dass ich das nicht früher bemerkt habe." Bailey legte ihren Hut zur Seite. „Willst du mir etwas sagen?"

Rachel nickte leicht und deutete mit den Augen auf den Stuhl. „Würde es dir etwas ausmachen?"

Bailey setzte sich sofort. Eine seltsame Stille erfüllte den Raum, aber sie beherrschte ihre Worte, um Rachel genug Zeit zu geben, ihre Gedanken in Worte zu fassen.

„Du hast dich mit einer meiner liebsten Freundinnen angefreundet – mit Katy Farrell."

Bailey nickte mit einer äußeren Ruhe, die sie innerlich nicht unbedingt fühlte.

„Vielleicht hast du bemerkt, dass es in dem Haus Probleme gibt."

Bailey erwiderte ihren durchdringenden Blick. „Du weißt davon?"

„Ich weiß es schon seit einiger Zeit. Ich konnte sehen, wie die Kluft zwischen Katy und Dwight immer größer wurde. Aber dann wurden die Probleme scheinbar weniger. Ich habe nicht aufgehört zu beten und zu hoffen."

Bailey war erleichtert, dass sie jetzt über ihre geheime Angst sprechen konnte. „Ich will keinen Klatsch weitersagen, versteh mich bitte nicht falsch."

Rachels Wangen erröteten leicht. „Nichts läge mir ferner. Aber wir können nicht so tun, als gäbe es das Problem nicht. Unsere Freunde brauchen unser Verständnis, aber auch unsere Ehrlichkeit. Wir sind füreinander verantwortlich, nicht wahr?" Aller Frohsinn war aus Rachels Gesicht verschwunden. Sie konnte ihren heimlichen Schmerz nicht länger verbergen.

Eine gewisse Verzweiflung legte sich um Bailey. Sie hatte nicht die Absicht gehabt, so tief in die Situation verstrickt zu werden, aber jetzt fühlte sie Katys Leid genauso tief wie Rachel. Und sie konnte Rachels hilflose Besorgnis, mit der sie um das Problem wusste, nachempfinden. „Ich weiß nicht, was ich tun soll, Rachel."

„Hast du mit Katy über deine Besorgnis gesprochen?"

Schuldgefühle zehrten an Bailey. „Nein. Ich fürchtete, sie würde das als Einmischung verstehen. Ich achte ihr Privatleben."

„Ich auch", sagte Rachel ruhig.

„Hat Pfarrer Whitley mit Dwight gesprochen?"

„Ja. Ein wenig. Dwight Farrell kann aber ziemlich eigensinnig sein. Er glaubt, seine Familie verstehe, warum er so oft von zu Hause fort ist. Rose Hill ist seiner Meinung nach ein Vermächtnis für seine Kinder und Enkelkinder."

„Aber wenn die Kinder ihren Vater nie sehen ..."

„Ich weiß, und ich sehe das auch so. Aber wie wollen wir Dwight Farrell vom Gegenteil überzeugen?"

„Ich schätze, wenn ich eine echte Freundin wäre, hätte ich Katy schon längst von meinen Bedenken erzählt." Bailey seufzte. „Wenn es um Beziehungen geht, versage ich anscheinend immer."

„Sag doch so etwas nicht", warf Rachel sanft ein.

„Es stimmt", tadelte Bailey sich. „In der Kampfbahn des Lebens bin ich immer nur ein Zuschauer." Sie dachte an ihre Schwester, Laurie, die auf dem besten Weg war, in den Hafen der Ehe einzulaufen. Und an Emily Parkinson, die geduldig auf Grant Hogans Rückkehr wartete. Sie verwarf diese Gedanken und zwang sich, ihr Denken auf das aktuelle Problem zu konzentrieren. „Wenn ich versuchen sollte, mit Katy oder Dwight zu sprechen, was sollte ich dann sagen?"

Ein seltsames Lächeln spielte um Rachels Mund. „Dafür müssen wir uns Gottes Weisheit erbitten. Ich habe schon oft sein Eingreifen erlebt, wenn ich absolut keine Antwort mehr wusste."

„Aber sollte ich überhaupt mit ihnen sprechen, Rachel? So oder so könnte ich eine Freundschaft verlieren, die mir sehr viel bedeutet." *Da* – sie hatte endlich ihre tiefste Angst ausgesprochen. „Ich brauche meine Freunde, auch wenn das egoistisch von mir ist."

„Diese Frage kann ich nicht für dich beantworten." Rachel stand auf, trat auf Bailey zu, dann kniete sie nieder und ergriff ihre Hand. „Aber geh nicht zu hart mit dir ins Gericht. In solchen Fällen sehen alle, die verletzte Menschen lieben, die Schuld für deren Schmerz bei sich. Das ist aber nicht Gottes Wille für uns." Sie schloss die Augen und sprach kaum lauter als ein Flüstern. „Lieber Herr, wir wissen nicht, was wir beten sollen. Katy und Dwight brauchen deine Hilfe. Uns fehlen die Worte, aber wir sehnen uns nach deiner Hilfe. Hilf unserem Glauben in diesem Problem – unserem Glauben an dich und nicht an Menschen."

Bailey spürte, wie ein tiefer Friede sich über sie legte, und sie fühlte noch etwas anderes. Sie nickte, während Rachel laut betete, aber in ihrem Inneren legte sie gleichzeitig ihr eigenes Bekenntnis ab. *Ich will Katy helfen, Vater. Du hast ihr eine wunderbare Familie geschenkt. Sie braucht dich jetzt. Gib ihr Kraft, um nicht zu verzweifeln. Gib ihr Glauben, um allen Versuchungen zu widerstehen.* Bailey fühlte, wie ihre Unterlippe leicht zitterte, aber sie hielt ihre Gefühle im Zaum. *Und es gibt einen, der nie einen Gedanken an mich verschwendet, aber ich muss trotzdem viel an ihn denken. Bitte beschütze Grant Hogan und bring ihn sicher zu seiner Familie nach Hause. Nicht um meinetwillen. Mehr erbitte ich nicht von dir – nur bring ihn nach Hause.*

* * *

„Was? Macarthur hat das Versetzungsgesuch abgelehnt?" Grants Temperament loderte auf, aber er beherrschte seine Worte. „Gab es eine Erklärung für die Ablehnung?“ Er stand hoch aufgerichtet und mit fest verschränkten Armen vor dem Offizier.

„Nein, Hauptmann Hogan. Nur, dass Ihr medizinisches Wissen hier in Hobart benötigt werde.“ Der Offizier hob das Gesicht und schob mit dem Finger seine Brille zurück. „Dringend benötigt, Hauptmann Hogan.“ Sein Blick wurde weicher und mitfühlend.

„Das weiß ich“, antwortete Grant ruhig. „Es war dumm von mir, jetzt um eine Versetzung zu bitten. Vielleicht irgendwann in Zukunft.“ *Es steckte also schon die ganze Zeit Macarthur dahinter!*

Der Offizier nickte hoffnungsvoll. „Wir alle wünschen uns, dass unsere Zeit hier zu Ende geht, Sir. Meine Frau kann es nicht erwarten, dass ich zurückkehre. Sie hat inzwischen unseren Sohn geboren, und ich habe ihn noch nie gesehen.“

Leichte Schuldgefühle meldeten sich in Grants Gewissen. Er hatte keine Frau und keine Kinder in Sydney Cove zurückgelassen. Nur eine verblüffte junge Frau, deren Interessen inzwischen zweifellos anderswohin gelenkt wurden. Aber wegen Bailey Templeton hatte er keine Schuldgefühle mehr. Die Tage, in denen er sich wegen dieser kurzen Augenblicke des Glücks mit ihr Vorwürfe gemacht hatte, waren vorbei. Er bereute es nicht mehr, dass er sie geküsst hatte oder ihr ein Versprechen gegeben hatte, das zu brechen ihn die Umstände gezwungen hatten, sondern sah jetzt sein Handeln in einem neuen Licht. Inzwischen genoss er die Erinnerung an ihre Berührung, die manchmal das Einzige war, das ihn am Leben erhielt. Wenn Bailey jetzt nichts anderes als eine Erinnerung für ihn werden würde, *dann sei es so!* Wenigstens bot ihm dieser gestohlene Augenblick etwas Greifbares, das tatsächlich zwischen ihnen geschehen war, und nicht nur etwas, das er sich nur erhoffte.

Er ging müde zu seiner Pritsche zurück, um sich ein paar Minuten Ruhe zu gönnen, bevor er seine Runden auf der Isolierstation antrat. Er legte den Kopf auf die durchgelegene Matratze, schloss die Augen und ließ seinen Gedanken freien Lauf. Innerhalb weniger Augenblicke wanderten seine Gedanken an einen Sandstrand, an dem er nur ein Zeichen geben brauchte, und schon erschien sie. Jedes Mal, wenn er diesen Augenblick neu durchlebte, ging sein Herz über. Sein Mund verzog sich zu einem unbewussten Lächeln. Aber dann verdunkelte sich seine Miene. Die Erinnerung an sie war verschwommen, und er konnte sich nicht mehr an ihre ausdrucksstarken Augen und die Wärme ihres Kusses erinnern. Das Bild verschwand hinter einer Wolke. *Kann ich nicht einmal jetzt Ruhe finden?* Er zwang sich auf die Beine, trottete aus dem Offizierszelt und brach zur Krankenstation auf. *Vielleicht gehöre ich trotz allem nach Hobart!*

***

Während sie ihren Wagen zu der Wegbiegung lenkte, die sie nach Hause führen würde, dachte Bailey immer noch über ihren Besuch bei Rachel nach. Ihr fiel auf, dass sie, nachdem sie das Haus der Whitleys verlassen hatte, in einer Haltung des Gebets geblieben war. In diesem Sinne hatte sie das Gefühl, ein Stück gewachsen zu sein. Das Gebet war ihr Schutzschild in dieser unfreundlichen Kolonie geworden. Sie fand außerdem einen gewissen Trost in der Entdeckung, dass ihr Mitgefühl für die Menschen gewachsen war, seit sie in diesem rauen Land lebte. Das Gefühl, für jemanden etwas zu empfinden, brachte ihr Trost, auch wenn es mit Sorge gepaart war. Ihr war bis jetzt nicht bewusst gewesen, wie abgehärtet sie in Amerika geworden war. Sie hatte alles gehabt, was ihr Herz begehrte. Das war vielleicht kein guter Nährboden für Wachstum gewesen, sondern hatte ihr vielmehr einen bequemen Platz geboten, an dem sie sich mehr von den Menschen in Not distanzieren konnte. Sie war mit einem verwundeten Herzen und mit der Entschlossenheit, ihren Wert unter Beweis zu stellen, nach Sydney Cove gekommen. Jetzt begriff sie, wie selbstsüchtig sie gewesen war. Sie hatte alles gewollt – eine Welt nach ihrer eigenen Wahl.

Ihre Motive zu unterrichten waren nicht in der Not der Kinder begründet gewesen, sondern in ihrem eigenen Bedürfnis, sich zu beweisen. *Gott vergebe mir.* Sie warf einen Blick hinter sich und sah den strahlenden Sonnenuntergang. Die Rot- und Gelbschattierungen, die das Ende des Tages ankündigten, zogen wie mit Blut vermischtes, flüssiges Gold über den Himmel. *Königswürde und Opferblut.* Sie dachte über die geistlichen Symbole nach, die in dieser himmlischen Farbenpracht steckten. *Du, Herr, hast das eine gegen das andere eingetauscht.* Mit einem Mal wurde das Bild klarer vor ihren Augen. Sie hatte auf die Ehe verzichtet, um Gottes Willen in ihrem Leben zu erfahren. *Diese Kinder brauchen mich wirklich, nicht wahr, Vater?*

Plötzlich erschütterte ein explodierender Krach ihre Welt. Zuerst fühlte sie nichts. Sie war nur benommen und stand unter Schock. Dann begann sich ein brennender Schmerz in ihrer Schulter auszubreiten. Sie stöhnte, ohne sich dessen bewusst zu sein. Sie fühlte, wie ihr Herz pochte, hörte es in ihren Ohren schlagen. Sie atmete schnell und blickte wie in einem Dämmerzustand nach unten. Über ihre Seidenbluse ergoss sich ein Strom hellroten Blutes, der sie in einen neuen Schockzustand versetzte. In ihrem Kopf begann sich alles zu drehen. *Ich wurde angeschossen!* Ihr fiel ein, dass der Heckenschütze wahrscheinlich immer noch in der Nähe lauerte, und sie ergriff schnell die Zügel. *Ich darf nicht in Ohnmacht fallen! Noch nicht!* Mit immer schwächer werdender Kraft umklammerte sie die Zügel und trieb die Pferde an. Der Wagen machte einen Satz nach vorne. Ein weiterer Knall durchschnitt die Luft, und eine Musketenkugel flog knapp an ihrem Kopf vorbei. Der Schütze hatte sein Ziel verfehlt. Sie wollte nach Hause fahren, aber ihr Haus war jetzt vielleicht auch nicht sicher. *Warum habe ich nur nicht auf Katy gehört? Ich hätte nach Rose Hill umziehen sollen.* Sie konnte nicht mehr klar denken. Der Wagen klapperte laut und unkontrolliert weiter, die Welt um sie herum wurde grau, und die Straße verschwamm vor ihren Augen. Sie sah die Mähnen der

Pferde, die nach hinten wehten, konnte selbst aber keinen Wind fühlen. Die Zügel wurden ihr aus den Händen gerissen, und sie klammerte sich an den Sitz, so fest sie konnte. Sie flüsterte ein Gebet und dachte benommen an die Menschen, die sie liebten und brauchten. Die mitleiderregenden Gesichter von Kindern tauchten vor ihren Augen auf. Dann wurde alles schwarz.

* * *

„Wer hat John Macarthur gesagt, dass er unsere besten Offiziere alle versetzen soll?“ Bligh rollte eine Prise Tabak zwischen seinen Fingern und zog seine schweren Brauen zu einem missmutigen Runzeln zusammen.

„Macarthurs Corps beherrscht diese Kolonie, seit Grose und Paterson ihm freie Hand ließen. Das war bevor Sie hierherkamen, Herr Gouverneur.“ Der Unteroffizier stand steif vor ihm und hielt seinen Hut in den Händen.

„Grose und Paterson haben jetzt nichts mehr zu sagen. Ich will, dass Macarthur sofort zu mir kommt!“, polterte er. Er schob seinen schweren Lederstuhl von seinem Schreibtisch zurück und schritt zum Fenster.

„Er ist nicht der Mann, der sich etwas befehlen lässt, Herr Gouverneur.“ Die Stimme des Unteroffiziers zitterte. „Mit seinem ganzen Land und seinem vielen Geld ist er der reichste Mann in Neu-Südwales.“

„Schweigen Sie, Mann!“ Bligh schritt ungeduldig auf und ab. „Macarthur hat es geschafft, sich aus jeder Schlinge, die England um seinen Hals legte, wieder zu befreien. Aber *diese* Autorität wird er nicht unterminieren. Mir entwischt er nicht.“ Er fuhr herum und schaute den Unteroffizier an. „Unverzüglich, Mann! Bringen Sie mir Macarthur – bis morgen früh! Und jetzt lassen Sie sofort meinen Fahrer vorfahren!“

* * *

Ein kühler Wind streifte über Baileys Gesicht und wehte ihr die Haare über die Ohren. *Ich lebe noch!,* dachte sie schwach. Als sie versuchte, sich zu bewegen, schoss ein durchdringender Schmerz durch ihren Körper. Nach und nach fiel ihr wieder ein, dass sie aus dem Wagen gefallen war. Aber als das Pferd und der Wagen nirgends zu sehen waren, begriff Bailey, welches Glück sie wahrscheinlich gehabt hatte. Wenn der Schütze versucht hatte, ihr zu folgen, dann hatte das fliehende Gespann ihn von der Stelle, an der sie gestürzt war, fortgelockt. Der Himmel war schwarz und gab keinen Anhaltspunkt darüber, wie spät es war oder wo sie sich befand. Sie hob die Hand und versuchte, die Wunde an ihrer Schulter zu betasten, aber die Schmerzen hielten sie davon ab. Sie rollte sich auf den Rücken und stöhnte schwach. Schließlich übermannte sie der Schlaf und ließ sie, wie es ihr erschien, stundenlang immer wieder in einen albtraumähnlichen Zustand versinken und kurzzeitig wieder benommen daraus erwachen. Langsam schlug sie die Augen auf und starrte zum dunklen Firmament hinauf. *Liege ich im Sterben?* Wenn das der Fall war, musste sie vor den dunklen Toren des Himmels stehen, denn sie sah keine Engel und auch kein himmlisches Licht.

Der Mondschein spiegelte sich auf einer Böschung wider, die sich neben ihr erhob. Sie begriff, dass sie in eine Senke hinabgerollt sein musste, und hoffte, sie sei nicht weit von der Straße entfernt. Aber sie konnte nicht rufen, denn damit würde sie möglicherweise den Heckenschützen auf sich aufmerksam machen. *Wenn ich in die Nähe der Straße kriechen kann, habe ich eine bessere Sicht.* Unter Aufbietung ihrer ganzen Willenskraft zwang sie sich, sich zu bewegen, aber ihre Gliedmaßen verweigerten ihr den Dienst. *Steh auf, Bailey!* Diese schmerzliche Lektion hatte sie jedenfalls gewiss gelehrt, dass sie nach Einbruch der Dunkelheit nie allein unterwegs sein sollte. *Wie oft hat Grant Hogan versucht, mich zu warnen?* Sie atmete in kurzen, abgehackten Stößen ein. Nachdem sie einen Augenblick still dagelegen hatte, beugte sie die Knie und zog die Füße dicht an ihren Körper heran. Ihre Finger zitterten, aber sie zwang ihre Hände, ruhig zu werden, und drückte sie mit den Handflächen nach unten auf die kalte Erde. Leicht überrascht stellte sie fest, wie sie sich aufrecht aufsetzte. Eine starke Erleichterung erfüllte sie. *Ich kann mich bewegen!* Sie hielt ihre Hand fest auf ihre pochende Schulter und zwang sich aufzustehen. Ihre Knie wurden weich, und der Schmerz schickte Krämpfe durch ihren ganzen Körper. Aber sie kniff die Lippen fest zusammen, um keinen Laut von sich zu geben. Wortlos kroch sie die leicht abfallende Böschung hinauf.

Ein schwacher Lichtschein in der Ferne erregte ihre Aufmerksamkeit, und sie konnte die Straße sehen, die sich vor ihr ausbreitete. Sie erstarrte. Das Licht wurde heller und teilte sich bald in zwei Lichter. Sie schob sich schmerzerfüllt in den Graben und schaute vorsichtig auf die Lichter. Das Klappern der Wagenräder war zu vernehmen, und sie wusste sofort, dass sie sich bemerkbar machen musste. Sie nahm ihre ganze Kraft zusammen und wollte laut rufen, aber nur ein heiserer Schrei kam aus ihrer Kehle. Verzweiflung legte sich in ihr Herz. Die Kutsche kam näher, und sie wusste, wenn sie die ganze Nacht allein hier draußen bliebe, wären ihre Überlebenschancen sehr gering. „Helfen Sie mir!", schrie sie mit aller Entschlossenheit, die sie aufbringen konnte. „Bitte! *Hilfe!*"

Die Kutsche wurde langsamer. Bailey grub ihre Fingernägel in die Erde und schleppte sich näher zu der Straße. Eine panische Angst hämmerte in ihrer Brust, denn sie wusste nicht, wem sie hier in der Dunkelheit trauen konnte.

„Was ist, Mr Mead?", rief eine Stimme aus dem Inneren der Kutsche. „Warum halten wir an?"

Der Fahrer schaute sich aufmerksam um. Die zwei Lampen der Kutsche waren sein einziges Licht. „Entschuldigen Sie, Sir. Ich dachte, ich hätte etwas gehört."

„Dann sollten Sie schleunigst weiterfahren, Mead“, antwortete die Stimme unverblümt.

Bailey war gezwungen, ihre letzte Chance schnell zu nutzen. Sie atmete tief ein und schrie mit letzter Kraft: „Hier unten, Sir! Ich bin verwundet!“

„Es ist eine Frau, Sir! Sie ist verletzt!“ Der Fahrer wollte absteigen.

„Vorsichtig, Mead. Es könnte eine entflohene Gefangene sein.“

„Ich bin kein Sträfling!“ Bailey fühlte, wie ihr Tränen in die Augen traten. Während sie versuchte, sich auf die Füße zu ziehen, fiel ihr demolierter Hut von ihrem Kopf.

„Es ist keine Gefangene, Sir. Es ist eine Dame. Eine vornehme Dame.“

Die Kutschentür ging langsam auf. „Bringen Sie sie herein, Mead. Ich sorge dafür, dass sie gepflegt wird, wenn wir zu Hause sind.“

Bailey glaubte, ihr Herz müsse vor Freude zerspringen, aber der durchdringende Schmerz hinderte sie zu antworten. Während sie in Richtung des Kutschenlichtes taumelte, fühlte sie, wie ihr schwacher Körper in die Kutsche gehoben wurde. Sie wurde auf einen gepolsterten Kutschensitz gelegt. Dann hörte sie, wie die Tür zugeschlagen wurde. Sie wusste instinktiv, dass sie nicht allein war. Eine korrekte britische Stimme, die starke Autorität ausstrahlte, befahl dem Fahrer weiterzufahren. Zitternd merkte Bailey, wie jemand eine Decke um sie legte. Nachdem sie ein paar Augenblicke die weiche Wärme der Decke gespürt hatte, kniff sie die Augen zusammen und wollte gern wissen, wer ihr Lebensretter war. Sie hustete schwach und versuchte zu sprechen. „Sir?“

„Bleiben Sie ruhig liegen, Miss. Sie sind angeschossen worden. Wir werden bald Hilfe für Sie holen“, sagte er mit ruhiger Bestimmtheit. Seine tiefe Stimme tröstete sie.

„Wer ...“ Bailey wurde von ihrer Schwäche übermannt und schloss erneut die Augen.

„Mein Name ist Bligh, Miss. Gouverneur William Bligh. Der Gouverneur von Neu-Südwales.“

11. Im Haus des Gouverneurs

Eine Laterne flackerte schwach neben Bailey. Sie kniff die Augen zusammen, um Einzelheiten der Laterne oder des Raumes zu erkennen, aber sie sah alles nur wie durch einen Schleier hindurch. Sie rollte sich auf den Rücken, verzog das Gesicht und tastete instinktiv nach ihrer pochenden Schulter. Sofort stellte sie fest, dass ein sauberer weißer Verband darumgewickelt war. Ihre Verwirrung wuchs. Sie konnte sich nicht im Geringsten daran erinnern, medizinisch versorgt worden zu sein. In dem Bemühen, sich von den Schleiern ihres Deliriums zu befreien, schloss sie die Augen und zwang sich, sich zu konzentrieren. *Wo bist du, Bailey? Was ist passiert?*

Ein Bild hatte sie deutlich vor Augen: das Knallen einer Muskete, ein Pferd in den Büschen, alles um sie herum dunkel. Ihre Augenlider öffneten sich zuckend, und sie hörte sich stöhnen.

Die lindernde Berührung eines weichen, feuchten Tuches auf ihrer Stirn ließ sie fragend aufblicken. Über ihr stand eine ernste Frau, die ihr das Gesicht wusch und ihren Puls fühlte.

„Sind wir jetzt wach, Miss?" Die Frau schaute Bailey an. Sorgfältig faltete sie das Tuch zusammen und legte es zur Seite.

Bailey neigte in einer höflichen Geste des Dankes schwach den Kopf. „Danke", flüsterte sie heiser. „Durst." Sie fuhr mit den Fingern langsam über ihre Kehle.

Die Frau zögerte keinen Augenblick, sondern drehte sich schnell um und kam mit einem Glas Wasser zu Bailey zurück. Sie fuhr mit ihren langen Fingern zwischen die Stoffschleier, die um den Rahmen des Bettes hingen, und schob die Vorhänge zurück. Bailey bemerkte, dass sie in ihrer Benommenheit versucht hatte, durch die Bettvorhänge hindurchzuschauen. Die Frau hob Baileys Kopf. Sie öffnete ihre trockenen Lippen und nippte an dem kalten Wasser. So dankbar sie für das Wasser auch war, so fühlte sie dennoch eine große Erleichterung, als ihr Kopf wieder auf dem Federkissen lag. „Mein Kopf…" Ihre Finger klammerten sich fest an die Bettlaken. Alles um sie herum begann sich zu drehen, und eine starke Übelkeit übermannte sie.

„Ruhig, Miss", beschwichtigte die Frau sie mit Bestimmtheit. „Sie liegen schon seit ein paar Tagen auf dem Rücken. Kein Wunder, dass Ihnen ein bisschen schwindelig ist."

„Dann muss ich mich aufsetzen. Helfen Sie mir bitte?" Baileys Augen wurden groß. Sie hasste es, so hilflos zu sein. Aber erneut ging die Frau auf ihre Wünsche ein und begann bedächtig, ihren Kopf mit mehreren Kissen abzustützen.

„Versuchen wir es erst einmal so. Später können Sie versuchen, sich ganz aufzusetzen, aber jetzt würde ich es noch nicht probieren, Miss." Sie trat einen Schritt zurück und betrachtete die Kissen. „Das müsste passen. Brauchen Sie noch etwas?"

Die Frau hatte immer noch nicht gelächelt, aber Bailey, die dankbar für ihre Pflege war, zwang sich zu einem schwachen Lächeln. „Sie sind sehr nett zu mir." Ihre Wangen röteten sich leicht. „Aber könnten Sie mir bitte sagen ... wo ich bin?"

Die Frau hob das Gesicht und stieß ein kehliges Kichern aus. „Der Doktor sagte, dass Sie so etwas fragen könnten. Sie sind im Haus des Gouverneurs. Gouverneur William Bligh."

Die betagte Angestellte nickte höflich und verschwand aus dem Zimmer. Bailey blieb mit nichts anderem als dem Ticken einer großen Uhr zurück und stieß ein schweres Seufzen aus. Sie zwang sich, ihre Aufmerksamkeit auf die letzten Tage zu konzentrieren, und begann bald, sich an einzelne Teile der Geschehnisse, die zu ihrer Verwundung geführt hatten, zu erinnern. Aber sie konnte sich nicht an das Gesicht des Mannes erinnern, der auf sie geschossen hatte. Die Geräusche des geschäftigen Haushaltes erregten ihre Aufmerksamkeit. Sie wollte bald wieder auf den Beinen sein, aber ihr müder Körper ließ sich zu nichts dergleichen motivieren. Nach einiger Zeit setzte sie sich ganz auf. In diesem Augenblick ging die Schlafzimmertür auf. Sie lächelte das Dienstmädchen an, das mit einem Tablett das Zimmer betrat.

„Eine heiße Suppe für unseren Gast. Tilly sagte, Sie seien wach. Sie haben uns einen ganz schönen Schrecken eingejagt." Das Mädchen stellte das Tablett über Baileys Schoß und sprach mit vertraulicher Stimme zu ihr. „Frisch gekocht, direkt aus dem Kochtopf unserer Köchin!"

Baileys Lächeln war jetzt ungezwungen. Die freundliche Art der jungen Frau machte ihr Mut. „Sie sind alle so nett zu mir – und das, obwohl ich für Sie alle eine Fremde bin."

„Für mich sind Sie keine Fremde, Miss Templeton. Ihnen verdanke ich, dass mein Alfred lesen und schreiben kann."

Eine unerwartete Wärme breitete sich in ihrem Körper aus. „Sie sind Alfreds Mutter? Alfred Simons?"

„Ja, ich bin Alfreds Mutter. Ich heiße Ellen Simons."

„Sind wir uns schon einmal begegnet?" Bailey erkannte die Frau nicht, aber sie hatte so viele neue Eltern kennengelernt.

„Nicht offiziell, aber ich habe Sie schon gesehen. Der Fahrer fand Ihr Täschchen, in dem ein Brief steckte, der an Sie adressiert war. Dadurch wussten wir alle, wer Sie sind."

„Gott sei Dank. Ich hatte nicht erwartet, mein Täschchen je wiederzusehen." Bailey setzte ihre Fragen mit taktvoller Stimme fort. „Was ist mit Alfreds Vater? Kenne ich ihn?"

„Nein. Sein Vater hat sich nie um den Jungen gekümmert. Sie haben ihn bestimmt nicht kennengelernt, aber *Sie* geben ihm etwas, das Wert hat, Miss Templeton. Ich stehe tief in Ihrer Schuld, wie wir alle – alle Freigelassenen."

„Ich bin so dankbar, das aus Ihrem Mund zu hören, Mrs Simons. Was Sie da sagen – nun, ich höre nicht oft so freundliche Worte." Bailey wählte ihre Worte mit Bedacht.

„In Sydney Cove gibt es viele harte Menschen. Sie wissen schon, was ich mit *hart* meine?"

Bailey biss sich auf die Lippe und antwortete: „Meinen Sie damit, dass einige der Eltern Narben und Schwielen haben?"

„Ja. Die meisten haben vom Militär nicht viel Gutes erlebt und werden oft sehr schlecht behandelt. Ich glaube, die meisten Freigelassenen wissen nicht, wie sie eine freundliche Behandlung, ohne dass eine Gegenleistung von ihnen gefordert wird, annehmen können. Wir sind ein misstrauisches Volk."

„Nach allem, was ich erlebt habe, Mrs Simons, trifft das, was Sie sagen, den Nagel auf den Kopf. Die Freigelassenen werden schlecht behandelt. Ich mache ihnen überhaupt keinen Vorwurf daraus, dass sie mich mit argwöhnischen Augen betrachten."

„Sie haben sich mehr als nur mein Vertrauen verdient. Wie ich schon sagte, Sie haben meinem kleinen Alfred eine Chance gegeben, sich zu verbessern. Er wird es deshalb eines Tages einmal leichter haben."

„Sie sind so freundlich." Sie wandte sich ihrem Essen zu und warf ein: „Entschuldigen Sie bitte." Bailey senkte den Kopf und dankte Gott für ihr Essen. „Das sieht ja köstlich aus." Sie schob den Löffel mit heißer Suppe zwischen ihre Lippen und war von dem köstlichen Geschmack entzückt. Erst jetzt merkte sie, welch großen Hunger sie hatte. „Werde ich Gouverneur Bligh heute sehen?"

„Das ist schon möglich, Miss. Gouverneur Bligh arbeitet sehr viel, aber sein Abendessen versäumt er selten." Sie trat zur Tür.

„Gut. Ich möchte ihm dafür danken, dass er mir das Leben gerettet hat. Ich stehe tief in seiner Schuld."

„Er ist ein sehr guter Mann, Miss Templeton. Manchmal ein bisschen reizbar, aber anständig." Bevor sie das Zimmer verließ, fügte das Dienstmädchen noch hinzu: „Er wird herausfinden, wer auf Sie geschossen hat. Gouverneur Bligh lässt nicht zu, dass Verbrecher frei herumlaufen."

Bailey zwang sich zu einem Lächeln und antwortete: „Das beruhigt mich sehr." Es freute sie zu hören, dass Bligh sich ihrer Notlage annahm. Und Ellen war eine sympathische Frau, aber mehr als alles andere hatten die Bemerkungen der jungen Frau über ihren Sohn Bailey neuen Mut gegeben. Sie fragte sich oft, ob irgendjemand von den freigelassenen Eltern ihre Bemühungen überhaupt schätze. Nicht, dass sie je ihren Beruf davon abhängig machen würde, wie viel Lob sie dafür bekäme. Wenn das der Fall wäre, hätte sie schon längst ihre Sachen gepackt und wäre abgereist. Sie erinnerte sich an den Eid, den sie Gott gegeben hatte, kurz bevor die Kugel sie traf. Ohne jeden Zweifel wusste sie jetzt, wie dringend die Familien sie brauchten – genauso wie sie wusste, dass einige Männer sie mit aller Gewalt los haben wollten. Dass Gott sie mit einer bestimmten Absicht nach Sydney Cove gebracht hatte, war unlöschbar in ihr Herz geschrieben. Sie schaute wieder auf ihre Wunde und wog die Kosten für ihr hartnäckiges Bleiben ab. *Die Schule in Sydney Cove wird weitergehen, egal, wie tief diese Kolonie in Unfrieden versinkt.*

* * *

„Das darf doch nicht wahr sein! Miss Templeton, Sie sollten noch nicht die Treppe heruntergehen!“ Ellen stand mit verschränkten Armen am Fuß der weit ausladenden Treppe.

„Ich kann keinen Augenblick länger im Bett liegen. Ich möchte baden und ordentlich gekleidet am Esstisch sitzen.“ Bailey achtete nicht auf die Schelte der Frau und klammerte sich fest an das Treppengeländer. Der Sonnenuntergang vor ihrem Fenster erinnerte sie nur daran, dass die Zeit schnell verging. Je länger sie im Bett lag, umso länger bliebe die Schule geschlossen. „Wo soll ich nur etwas zum Anziehen finden, Ellen?“

„Ich kann jemanden losschicken, um etwas aus Ihrem Haus zu holen, Miss, aber bitte legen Sie sich wieder ins Bett. Der Gouverneur ist sonst wütend auf mich“, flehte Ellen sie an, allerdings ohne Erfolg.

„Ich kann dem Gouverneur meine Situation selbst erklären. Aber ich kann mich ihm nicht in dieser Aufmachung zeigen." Sie hielt das überdimensionale Nachthemd auf beiden Seiten von sich ab.

„Was ist denn hier los?" Eine größere Frau tauchte neben Ellen auf. Auf ihren Armen lag Baileys Kleid, das sie an dem Abend, an dem sie angeschossen wurde, getragen hatte.

„Mein Kleid?" Bailey schaute es neugierig an.

Das Hausmädchen spitzte die Lippen und sagte: „Es sah verheerend aus, Miss. Überall schmutzig und von dieser Kugel zerrissen. Aber ich habe es genäht. Es ist jetzt wieder ganz sauber und frisch gebügelt. Man sieht nicht mehr, dass es je zerrissen war. Ich habe auch Ihren Hut sauber gemacht."

„Dann haben Sie ja alles, was Sie brauchen, Miss Templeton." Ellen lächelte freundlich. „Ich helfe Ihnen wieder ins Bett, und in ein paar Tagen ..."

„Ich ziehe das Kleid jetzt gleich an, Ellen." Bailey ging die Treppe weiter herunter.

„Miss Templeton, das sollten Sie wirklich nicht tun." Ellen runzelte die Stirn.

„Das entscheide ich, Ellen." Bailey streckte die Hände aus und nahm dem Dienstmädchen dankend das Kleid ab. Sie brachte ein schwaches Lächeln zustande. „Ich werde ein bisschen Hilfe brauchen, um das Badewasser aufzuwärmen."

„Darf ich Ihnen helfen, Miss Templeton?", bot die Magd an. „Ein schönes heißes Bad mit einem guten Duft. Wie klingt das?"

„Machen Sie sich meinetwegen keine Umstände." Bailey zog entschieden die Augenbraue hoch.

„Das sind doch keine Umstände. In ungefähr einer halben Stunde komme ich in Ihr Zimmer und hole Sie."

Bailey drehte sich um und begab sich an die mühsame Aufgabe, die Treppe wieder hinaufzusteigen. Sie zuckte dabei immer wieder vor Schmerzen zusammen und war erleichtert, als sie sich wieder auf ihr Kissen zurücklegen konnte. Aber sie wagte es nicht, den Dienstboten von ihren Schmerzen zu erzählen.

Wenige Augenblicke später ließ ein Klopfen an der Tür sie auf die Beine springen. Bevor sie das Zimmer durchqueren konnte, ging die Tür auf. „Was ist denn das?“ Ein eleganter älterer Herr stand vor ihr. Er klemmte ein Monokel in sein rechtes Auge und schaute sie stirnrunzelnd an.

„Sir! Ich bin nicht bekleidet!“, schalt Bailey den Mann.

„Und ich bin Ihr Arzt und kümmere mich keinen Deut darum, wie Sie angezogen sind! Bitte gehen Sie sofort wieder ins Bett, Miss Templeton!“

Verblüfft verschränkte Bailey die Arme vor der Brust. „Sie sind *mein* Arzt?“

Er verbeugte sich höflich. „Ich freue mich sehr, dass Sie wieder wach sind, Miss Templeton. Sie haben uns ziemlich große Sorgen bereitet. Darf ich mich vorstellen?“ Er trat schnell an ihre Seite und ergriff ihre Hand. „Mein Name ist Doktor White. Ich bin Marineoffizier und der Arzt hier in Sydney.“

Bailey merkte, wie sie zu ihrem Bett zurückgeführt wurde. Sie hasste es, wie ein Kind behandelt zu werden, aber in ihrem geschwächten Zustand ergab sie sich seinen Befehlen. Sie hob die Füße vom Boden und steckte die Beine unter die Bettlaken. „Ich will nach Hause, Doktor White. Wann ist das möglich?“

„Warum haben Sie es denn so eilig?“ Er zog die Laken enger um sie. Dann drehte er den Kopf zur Tür und rief laut: „Mrs Griggs?“

„Ich bin die einzige Lehrerin in Sydney Cove. Ich muss so bald wie möglich wieder zur Schule.“

Die Tür öffnete sich erneut. Die ältere Hausangestellte, die Bailey als Erste in diesem Haus kennengelernt hatte, trat ein. „Doktor White? Sie haben gerufen, Sir?“

„Ich ordne strenge Bettruhe für unsere Patientin an. Selbst wenn Sie in diesem Zimmer bleiben müssen, um das zu gewährleisten!“

„Ja, Sir.“ Mrs Griggs machte einen Knicks. „Haben Sie gehört, was Ihr Arzt gesagt hat, Miss Templeton?“

Bailey atmete seufzend aus und lächelte steif. „Ja, Mrs Griggs.“

Doktor White schaute ihr streng ins Gesicht. „Haben Sie irgendeinen Verdacht, wer Ihnen das angetan hat?"

Sie lehnte sich auf ihren Ellbogen zurück und sprach das Thema an, so gut sie es in ihrer geschwächten Verfassung vermochte. „Es gibt seit meiner Ankunft Probleme wegen der Schule."

Dr. White warf einen Blick unter den Verband und wandte sich an Mrs Griggs. „Mehr Salbe – in meiner Tasche."

„Hauptmann Hogan dachte, er stelle einen Mann ein, aber das war ein Irrtum – das heißt, ich bin kein Mann ..."

„Sind Sie sich dessen sicher?", fragte White unverblümt.

Bailey biss sich auf die Lippen und legte sich auf das Kissen zurück.

„Ich bin mir sicher: Weil ich mein Amt als Lehrerin nicht aufgeben will, wurde ich zur Zielscheibe für diesen Angriff."

White hielt inne und kniff die Augen zusammen. „Haben Sie Bligh von Ihrem Verdacht erzählt?"

„Ich hatte noch nicht das Vergnügen, Gouverneur Bligh kennenzulernen."

„Darf ich bitte", rief eine Stimme von der Tür.

Bailey, Dr. White und Mrs Griggs drehten sich abrupt um.

„Guten Tag, Herr Gouverneur!", begrüßte der Doktor ihn.

„Guten Tag, White. Wie geht es unserer Patientin?"

„Sie ist starrsinnig und hartnäckig. Ansonsten ist sie in ein paar Tagen wieder auf den Beinen." White gab noch mehr Salbe auf Baileys Wunde.

Bailey biss sich auf die Lippe und nickte Bligh höflich zu. „Gouverneur Bligh. Endlich lernen wir uns kennen." Sie zuckte zusammen.

„Leider nicht gerade unter den besten Umständen." Er nahm seinen Dreispitzhut ab und trat an das untere Bettende. „Sie haben viel Glück gehabt, junge Frau."

„Ja, das glaube ich auch." Bailey betrachtete sein befehlendes Gesicht. Eine Knollennase ragte aus seinen fleischigen Gesichtszügen heraus. Er war ein untersetzter Mann von mittlerer Statur und trug die Uniform eines Marineoffiziers. Aus seiner kompromisslosen Art schloss sie, dass er ein Mann war, der nicht zu unterschätzen war.

Blighs Stimme war streng, enthielt aber einen Anflug von Mitgefühl. „Ich habe heute Morgen einen Boten zur Schule geschickt. Die Schule fällt bis zu Ihrer Rückkehr aus."

„Danke, Herr Gouverneur." Bailey war froh über sein schnelles Handeln, und eine große Erleichterung erfüllte sie. Aber sie reagierte vorsichtig auf die Nachricht, dass die Schule geschlossen war.

„Gibt es noch irgendjemanden, den wir benachrichtigen sollten?", fragte Bligh mit kühler Autorität.

Bailey dachte an Grant Hogan, was sie selbst überraschte. „Nein. Wenn Sie die Schüler benachrichtigt haben, dann werden alle meine Freunde davon erfahren. Ich unterrichte ihre Kinder."

„Können wir noch irgendetwas für Sie tun?", fragte er eilig und war offensichtlich in Gedanken schon bei etwas anderem.

„Ich habe einen Wagen mit zwei Pferden, die mir einer Ihrer Offiziere überließ. Das Gespann ging verloren, als ich aus dem Wagen stürzte."

„Die Pferde und der Wagen stehen sicher im Regierungsgebäude. Sie wurden gestern Morgen von einem Siedler gebracht. Er fand das Gespann, als es auf seinem Feld graste", antwortete Bligh.

Baileys Gesicht errötete erstaunt. „Das ist alles kaum zu glauben. Sie sind sehr nett, Herr Gouverneur. Wie kann ich das je wieder gutmachen?"

„Wenn Sie sich dazu imstande fühlen, haben wir ein paar Fragen an Sie. Ich habe einen Teil von dem, was Sie zu unserem Doktor sagten, gehört."

„Ich fühle mich bestens imstande, Ihre Fragen zu beantworten." In Bailey meldete sich eine neue Energie. „Was ich gesagt habe, stimmt. Jemand versucht, mich aus Sydney Cove zu vertreiben. Ein Freund von mir glaubt, die Militärjunta stecke hinter diesem

Plan, aber ich kann es nicht mit Bestimmtheit sagen." Sie beschloss, den Namen der Farrells aus der Sache herauszuhalten.

„Aufgrund bloßer Verdächtigungen kann ich nichts unternehmen, Miss Templeton." Blighs Stirn zog sich in Falten. „Wir brauchen Fakten, Beweise."

„Selbstverständlich." Bailey ordnete ihre Gedanken, so gut sie konnte. „Ich weiß, dass Hauptmann Hogan mein Beschützer gewesen sein muss. Als er so abrupt nach Hobart versetzt wurde, nahmen die Überfälle auf mein Haus zu. Der Mann, der mich auf dem Weg zur Schule und nach Hause begleitet hatte, wurde seitdem ebenfalls zurückbeordert."

„Hauptmann Hogan sagten Sie?" Bligh wurde steif.

Bailey bemerkte die Veränderung in seinem Verhalten. Vorsichtig antwortete sie: „Ja. Ich dachte, Hauptmann Hogan wollte mich ebenfalls loswerden, aber inzwischen habe ich meine Meinung über ihn geändert."

„Miss Templeton ..." Bligh baute sich zu seiner vollen Größe auf.

„Hauptmann Hogan setzte sich bei mir für Sie ein. Er verteidigte Ihre Fähigkeiten als Lehrerin." Der Gouverneur dachte angestrengt nach und gestand dann: „Einige unserer anderen leitenden Offiziere beschlossen, dass ein Mann den rauen Anforderungen in dieser Schule besser gewachsen wäre. Aber ich habe Hogan nicht versetzen lassen. Und ich habe bestimmt niemandem befohlen, auf Sie zu schießen!" Seine Augen funkelten erregt. „Stimmt das, was Sie über Hogans plötzliche Versetzung sagten?"

„Ja, das kann ich bestätigen, Herr Gouverneur", mischte sich Dr. White ein. „Hauptmann Hogan wurde im wahrsten Sinne des Wortes über Nacht nach Hobart versetzt. Er machte bei mir eine Ausbildung zum Arzt. Wir brauchten ihn dringend hier, sowohl in der Siedlung als auch im Straflager hier in Sydney Cove."

Blighs Stimmung verwandelte sich in Windeseile in große Wut. Sein Gesicht rötete sich, und er sprach düstere Verwünschungen aus.

Mrs Griggs fächerte sich das Gesicht. Bailey setzte sich auf. „Was ist denn, Herr Gouverneur? Was geht hier vor?“

Blighs Gesicht verwandelte sich zu einer finsteren, wütenden Miene. Er knurrte: *„Macarthur!* Das geht hier vor!“ Der wütende Kommandant setzte seinen Hut wieder auf, drehte sich auf dem Absatz um und polterte aus dem Zimmer.

Über seinen Wutausbruch verblüfft, warf Bailey zuerst einen Blick auf Dr. White und dann auf Mrs Griggs. Da sie nicht genau wusste, was sie sagen sollte, fragte sie schließlich ruhig: „Dieser Gouverneur Bligh – kann man sagen, dass er auf unserer Seite steht?“

* * *

So gern sie sich Dr. Whites Anordnungen auch fügen wollte, Bailey hatte Mrs Griggs schnell davon überzeugt, dass ein paar Minuten in der Sonne ihr bestimmt sehr guttäten. Sie setzte sich auf eine Eichenliege, die auf einem tadellosen Rasen stand, und ließ sich von der fürsorglichen Frau eine Decke über den Schoß legen. Sie genoss die Strahlen der Herbstsonne und betrachtete den schönen Wald, der das Haus des Gouverneurs umgab. Bald tauchte ein Bediensteter auf und brachte ihr auf einem Tablett einen Tee. Bailey war wegen der vielen Aufmerksamkeit, die man ihr hier entgegenbrachte, nicht mehr verlegen, sondern nahm das großzügige Angebot dankbar an und wählte ein heißes Gebäck von dem Silberteller. „Gouverneur Blighs Hauspersonal ist sehr gastfreundlich“, sagte sie zu Mrs Griggs.

Mrs Griggs goss sich selbst ebenfalls eine Tasse Tee ein und nickte leise.

„Schau sich einer das an! Kein Wunder, dass du nicht in der Schule bist!“

Eine vertraute Stimme riss Bailey aus ihrem schläfrigen Dösen. „Katy Farrell!“ Sie lachte. „Und Rachel!“

Die beiden Frauen bauten sich mit den Armen in die Hüften gestemmt vor ihr auf. Katy zwinkerte Rachel zu. „Wenn ich an Bailey Templetons Stelle wäre, würde ich meine Genesung bestimmt so lange wie möglich hinauszögern!"

„Also nein!", tadelte Rachel sie liebevoll.

„Hört auf! Alle beide, bitte! Das ist alles so beschämend." Bailey stellte ihre Teetasse ab. Sie nahm ihre Füße von der langen Liege und drehte sich zu ihnen um. Ihre Wangen waren leicht gerötet. Die zwei Frauen nahmen links und rechts neben ihr Platz und lachten fröhlich.

„Ihr seid beide so grausam!" Bailey musste ebenfalls lachen. „Und das bei meiner geschwächten Verfassung." Sie hielt die Hand an ihre Stirn.

„Jetzt hör *du* aber auf!" Rachel legte die Hand auf ihren Unterarm. „Wir haben uns solche Sorgen gemacht."

„Ja", nickte Katy. „Die Kinder liefen am nächsten Morgen, als du nicht zur Schule kamst, in größter Panik nach Hause. Meine zwei Söhne konnten mit einem Nachbarn mitfahren. Sie dachten, du seist tot." Sie senkte mit gespielter Trauer in den Augen das Gesicht.

„Du kannst ihnen beiden versichern, dass ich quicklebendig bin." Bailey zog die Brauen in die Höhe. Aus ihren Augen funkelte ihre Belustigung. Sie wurde wieder ernst und fügte hinzu: „Auch wenn ich es nicht gern zugebe, aber ich habe Angst."

„Du brauchst dir keine Sorgen zu machen. Dwight ist unterwegs zum Regierungsgebäude. Er will darauf bestehen, dass du einen ständigen Begleiter bekommst, genau wie Grant es damals angeordnet hatte", erklärte Katy mit unerschütterlicher Zuversicht.

„Es freut mich, das zu hören, denn ich habe vor, bald wieder in der Schule zu sein." Bailey verschränkte entschlossen die Arme vor der Brust.

„Genau das hatte ich befürchtet, Bailey", sagte Rachel besorgt. „Vielleicht solltest du warten. Oder noch besser: Halte den Unterricht eine Weile in einem anderen Haus ab. Ich bin sicher, dass Heath nichts dagegen hat, wenn unser Haus vorübergehend in eine Schule umfunktioniert wird."

„Das sagst du jetzt, Rachel, aber den ganzen Tag ein Haus voller Schüler zu haben – du würdest eines solchen Unternehmens schnell müde werden. Das würden wir alle." Bailey schaute sie mit einem mitfühlenden Lächeln an.

„Sie hat recht, Rachel", nickte Katy nachdenklich. „Aber, Bailey, du musst wenigstens in den ersten Wochen zu uns nach Rose Hill ziehen. Dwight und ich müssen ohnehin jeden Morgen zur Schule fahren, um Donovan und Jared hinzubringen."

„Ja, Bailey", nickte Rachel. „Das ist die beste Lösung. Du wärst nie allein. Wenigstens so lange, bis der Heckenschütze gefunden ist."

Bailey warf einen Seitenblick auf Katy. „Du und Dwight, ihr braucht euch nicht auch noch mit mir Probleme aufzuladen." Sie brach gerade noch rechtzeitig ab, bevor sie ihre wahren Sorgen wegen der Farrells aussprach.

„Dwight und ich laden uns mit dir doch keine Probleme auf. Wir lieben dich, Bailey. Und wir wollen dir helfen."

Bailey warf einen kurzen Blick auf Rachel und sah einen Funken Hoffnung darin aufleuchten. Bei der Erinnerung an ihr Gespräch zuckte sie hilflos mit den Achseln. „Einverstanden, Katy. Aber bitte vergewissere dich, dass es Dwight nicht stört."

„Das werde ich." Katy lächelte zuversichtlich.

Bailey und Rachel wechselten vielsagende Blicke miteinander.

Binnen weniger Tage überbrachte Dr. White Bailey die Nachricht, auf die sie so sehnsüchtig wartete. Sie empfing ihn vollständig angekleidet und erwartungsvoll im Salon des Gouverneurshauses.

„Sie können nach Hause fahren, Miss Templeton. Ich habe Gouverneur Bligh darüber informiert, und er hat Anweisungen gegeben, Sie nach Hause zu bringen."

„Danke, Dr. White." Baileys Freude war unübersehbar. „Ich kann Ihnen gar nicht genug für all Ihre Hilfe danken."

„Aber achten Sie darauf, dass die Verbände noch mindestens eine Woche sauber bleiben. Versprechen Sie mir das?"

„Jawohl, Sir." Bailey salutierte. Sie hatte den Arzt liebgewonnen. Irgendwie glaubte sie, dass er Grant Hogans Rückkehr unterstützen würde. Aber sie konnte sich nicht überwinden, nach Grant zu fragen. „Ich muss den Fahrer des Gouverneurs informieren, dass ich eine Weile bei Freunden wohnen werde."

„Sagen Sie Billingsly, wohin Sie gebracht werden wollen." Dr. White sprach von Blighs Butler. Er legte beide Hände in seinen Schoß und sagte: „Ich glaube, Sie haben eine weise Entscheidung getroffen, Miss Templeton." Er schloss seine Tasche. „Ich hätte einige Bedenken, wenn Sie nach diesem Vorfall allein wohnen würden. Wenn Sie ausgeraubt worden wären, hätte ich meine Zweifel an diesem Komplott gegen Sie, von dem Sie gesprochen haben. Aber es sieht so aus, als seien Sie nicht zufällig angegriffen worden."

Bailey erhob sich, um den Arzt aus dem Salon zu begleiten. „Ich wünschte, nichts davon wäre wahr, aber ich muss den Tatsachen wohl oder übel ins Auge blicken."

„Wenigstens müssen Sie sich diesen Tatsachen nicht allein stellen. Es klingt so, als hätten Sie gute Freunde."

„Und Glauben, Herr Doktor." Bailey schaute ihm direkt in die Augen. Sie war nie der Typ gewesen, der anderen eine Predigt hielt, aber sie konnte ihre Kraftquelle nicht verleugnen. „Ohne meinen Glauben würde diese Welt aus den Fugen geraten."

Dr. White zog skeptisch die Brauen hoch und bemerkte: „Ich bin mir manchmal nicht sicher, ob sie das nicht trotzdem tut."

„Seien Sie versichert: Auf diesem Schiff gibt es einen Steuermann. Ohne ihn könnte ich keinen Sturm überleben."

„Das spüre ich Ihnen ab, Miss Templeton. Wir könnten mehr Leute von Ihrem Schlag in dieser Kolonie gebrauchen."

Ihre Schritte wurden langsamer. Sie dachte über seine Worte

nach. „Ich bin leider kein gutes Beispiel." Sie zog belustigt die Brauen hoch und lachte leise. „Aber wenn Menschen wie wir diesen Wahnsinn ertragen können, können wir vielleicht ein wenig wegweisend sein. Diese Kolonie hat unübersehbar eine Zukunft."

„Sie haben mehr Glauben, als ich aufbringen kann, so viel steht fest, Miss Templeton."

Bailey begleitete ihn zur Tür. Sie benachrichtigte den Butler von ihren Plänen, nahm ihre ganze Kraft zusammen und stieg langsam die Treppe hinauf. Oben packte sie ihre wenigen Sachen und warf einen letzten Blick in den Spiegel. Ihre Wangen hatten wieder ihre ursprüngliche Farbe angenommen, aber um ihre Augen zeichneten sich immer noch verräterische Ringe ab. Sie untersuchte ein letztes Mal ihr Kleid. Das Dienstmädchen, das ihr Kleid geflickt hatte, hatte die Spitzen um ihr Mieder durch neue ersetzt. Der hohe Kragen und das neu verzierte Mieder verbargen die Blutergüsse und den Verband um ihre Wunde herum vollständig. Dafür war sie dankbar. Sie wusste, wie neugierig Schulkinder waren, und wollte die Schüler durch nichts vom Unterricht ablenken. Noch bevor sie nach unten gehen konnte, hörte sie schon das Klappern von Pferdehufen und das Rollen von Wagenrädern durch das offene Fenster. Sie schaute hinaus und sah, dass der Fahrer bereitstand, um sie nach Rose Hill zu bringen. Frohen Mutes nahm sie ihr Täschchen von der Mahagonikommode und ging nach unten. Als sie das lächelnde Gesicht sah, das am Fuß der Treppe auf sie wartete, zog sie erstaunt die Brauen in die Höhe. „Ellen!"

„Guten Tag, Miss Templeton." Ellen hatte die Arme in die Hüften gestemmt. Sie kniff die Lippen zusammen und hatte feuchte Augen. „Es tut mir fast leid, dass Sie so schnell wieder genesen sind." Bailey biss sich auf die Unterlippe. Ihr Mund verzog sich zu einem mitfühlenden Lächeln. „Danke, aber ich muss Ihnen widersprechen. Jemand muss doch Ihren Alfred unterrichten."

„Ich bin so froh, dass Sie seine Lehrerin sind." Ellens Mund zitterte, aber sie richtete sich auf und beherrschte ihre Gefühle. „Ich werde Sie vermissen."

„Ich werde Sie auch vermissen. Aber ich werde bald einen geselligen Elternabend in der Schule veranstalten. Dann kommen Sie doch?"

Ellen nickte zustimmend und sagte: „Ich werde an jedem Elternabend teilnehmen, den Sie planen, und ich kann bei den Vorbereitungen mithelfen. Ich werde auch mit den anderen Freigelassenen sprechen. Wenn wir Eltern uns nicht um unsere Kinder kümmern, wer soll es dann tun?"

Bailey streckte ihr die Arme entgegen. Ellen erwiderte ihre liebevolle Umarmung, entschuldigte sich dann aber. „Ich muss jetzt wieder an meine Arbeit gehen, Miss Templeton." Sie tupfte ihre Augen trocken. „Aber vorher muss ich Ihnen noch etwas sagen: Ich habe etwas gehört, das Sie bestimmt interessiert. Es geht um diesen schrecklichen Mann – Sie wissen schon, den Mann, der dieses Rum-Corps anführt."

„John Macarthur."

„Ja. Macarthur. Er wurde zum Gouverneur bestellt und musste einige Fragen beantworten." Ellen sprach in einem kaum hörbaren Flüstern.

Bailey war sich sicher, dass sie allein waren, und zog Ellen näher heran. „Und?"

„Macarthur wurde verhaftet." Ellen versuchte, ihr Lächeln hinter ihren Händen zu verbergen. „Dieser Schurke!"

„Wissen Sie das mit Gewissheit, Ellen?" Bailey versuchte, ihre eigene Begeisterung über diese Nachricht nicht zu zeigen. „Wer hat Ihnen das erzählt?"

„Sie wissen, dass der Gouverneur uns nicht erlaubt, über seine Angelegenheiten zu diskutieren, Miss Templeton?"

Bailey spitzte die Lippen und zog erwartungsvoll die Brauen in die Höhe.

„Aber ich glaube, der Fahrer war es, der als Erster davon wusste. Jetzt weiß es die ganze Dienerschaft."

„Wenn das alles stimmt, dann werden es die Farrells bestimmt auch wissen. Ich muss mich beeilen." Bailey drückte Ellen einen Kuss auf die Wange. „Leben Sie wohl, Ellen. Und danke!" Bailey eilte durch die Haustür. Sie ließ sich von dem Fahrer in die Kutsche helfen und winkte Ellen zum Abschied noch einmal zu.

Als sie schon weit genug vom Grundstück des Gouverneurs fort war, lehnte sie den Kopf zurück und lachte bei sich, aber leise, damit der Fahrer sie nicht für verrückt hielt. John Macarthur hatte durch sein Rum-Corps diese Kolonie so lange beherrscht, dass alle, einschließlich Bailey, dachten, die Macht dieses Mannes sei unerschütterlich. Aber Bailey kannte den Umfang seines korrupten Apparates und fragte sich, ob Gouverneur Bligh diesen Mann tatsächlich aufhalten könne. Macarthur hatte Männer aus allen Gesellschaftsschichten in der Hinterhand – Reiche, Arme, Mächtige, Unbedeutende. Sowohl Freigelassene als auch Siedler hatten sich durch seine raffinierten Machenschaften verführen lassen. Sie schloss die Augen und flüsterte ein schnelles Gebet für die Kolonie. Als sie das Gesicht wieder hob, begriff sie, dass es dumm wäre, zu schnell einen Sieg auszurufen. *Nein, John Macarthur. Für Sie steht viel zu viel auf dem Spiel, als dass Sie so schnell aufgäben, nicht wahr?*

Sie begann, in Gedanken die nächsten Monate in der Schule zu planen. Es könnte sein, dass sie länger bei den Farrells wohnen würde, als sie beabsichtigte. Sie hoffte, dass ihre Freundschaft mit Katy den Gefahren, die vor ihr lagen, trotzen könnte. *Vor uns liegt ein langer Sommer, Katy. Ich hoffe, dir wird die Last, die du dir mit mir aufbürdest, nicht zu schwer. Ich könnte bald die unbeliebteste Siedlerin in ganz Sydney Cove sein, mit der man sich lieber nicht einlassen sollte. Ich hoffe, du bereust deine Entscheidung nicht, dich mit Bailey Templeton anzufreunden. Ich brauche deine Freundschaft jetzt mehr denn je.*

12. Krise auf Rose Hill

Der Duft des frisch gekochten Frühstücks wehte ins Gästezimmer hinauf, in dem Bailey schlief. Der Morgen brach auf Rose Hill immer ziemlich früh an, doch das Treiben der Familie und der Knechte sorgte für eine angenehme Atmosphäre am Anfang jeden Tages. Sie schaute aus dem Fenster ihres Zimmers und sah, wie über den Hügeln ein leichter Dunst aufstieg. So weit das Auge reichte, gehörte das Land den Farrells und den Prentices. Bailey genoss es, den Rest der Familie näher kennenzulernen. Der Erbe von Rose Hill, Katys jüngerer Bruder Caleb, hatte sich eine Meile westlich vom Haus der Farrells ein Haus gebaut. Er und seine Frau Kelsey leisteten den Farrells aber oft Gesellschaft beim Frühstück. Caleb und Dwight nutzten diese Zeit, um die Arbeit für die Knechte und für sich selbst zu planen und zu verteilen. Bailey liebte das Geplapper der Kinder und die liebevolle Fürsorge Amelias, der Großmutter der Kleinen.

Kurze Zeit später schritt Bailey mit einem Haufen Bücher unter dem Arm ins Esszimmer. Sie sah Amelia mit zwei kleinen Kindern auf dem Schoß in einem großen Schaukelstuhl sitzen. „Guten Morgen“, sagte sie und legte ihre Bücher auf einem kleinen Beistelltisch ab.

„Guten Morgen, Bailey.“ Amelia hatte mit ihrem sanften Londoner Akzent eine wunderbar angenehme Stimme.

„Würde es dir etwas ausmachen, mir die Namen der beiden noch einmal zu nennen?“ Bailey betrachtete die zwei Kleinen mit den flachsblonden Haaren. Obwohl sie Kusinen waren, hätte man sie für Zwillinge halten können.

Amelia küsste eines der Mädchen auf die Stirn und antwortete: „Ganz und gar nicht. Das ist Corbin – Katys und Dwights Tochter. Und das ist Shannon. Sie gehört zu Caleb und Kelsey.“

Bailey nahm Corbin auf den Arm und drückte sie an ihre Brust. „Ich müsste dich eigentlich an deinen Augen erkennen, kleine Corbin." Als Bailey sie strahlend anlächelte, bildeten sich leichte Grübchen auf ihren Wangen. „Sie sehen ganz genauso aus wie Katys Augen." Sie wandte sich wieder an Amelia. „Die beiden sind fast gleich alt, nicht wahr?"

„Fast. Shannon ist drei Monate älter als Corbin."

Bailey lachte kopfschüttelnd. „Wie kannst du sie nur auseinanderhalten?"

Katy folgte einem Dienstmädchen ins Zimmer. Beide hatten großzügig beladene Teller mit dampfend heißem Essen in den Händen. „Mama, würdest du heute Morgen bitte Corbin füttern?"

„Aber ja, Liebes."

Sie stellte den Teller auf einen Servierwagen. „Danke. Ich habe heute so viel zu tun." Katy warf die Hände in die Luft und schaute sich im Zimmer um. „Hat irgendjemand Donovan heute Morgen schon gesehen?"

Bailey schaute sich im ganzen Esszimmer um. „Jetzt, da du es erwähnst, fällt mir auf, dass ich ihn den ganzen Morgen noch nicht gesehen habe."

„Ich glaube nicht, dass er schon nach unten gekommen ist", bemerkte Amelia ruhig. Sie konzentrierte ihren Blick auf die Kinder.

Bailey wäre nichts Ungewöhnliches an Donovans Verspätung aufgefallen, wäre da nicht Katys besorgter Blick gewesen. Sie erhob sich aus dem Schaukelstuhl und trat ruhig neben Katy. „Kann ich etwas tun?"

Katy beherrschte ihre Miene, hob das Kinn und sagte diplomatisch: „Danke. Würde es dir etwas ausmachen, an Donovans Zimmertür zu klopfen? Wenn er noch lange trödelt, bleibt ihm nicht mehr viel Zeit zu frühstücken."

„Das tue ich gern." Mit ernstem Gesicht verließ Bailey schnell das Speisezimmer und lenkte ihre Schritte dann zur Treppe. Vom Fuß der Treppe aus konnte sie Kelsey in einem kleinen Zimmer sitzen und ihren Säugling stillen sehen. Bailey rief ihr mit leiser Stimme zu, um das Baby nicht zu stören: „Kelsey? Hast du Donovan gesehen?"

Kelsey kniff die Lippen zusammen, hob das Gesicht und antwortete mit einem breiten irischen Akzent: „Wahrscheinlich ist er oben in seinem Zimmer und schmollt." Aus ihren Augen sprach ein tiefes Mitgefühl für den Jungen.

Bailey wollte nicht neugierig sein, bedankte sich und ging weiter die Treppe hinauf. Ihre Füße bewegten sich geräuschlos über den Teppich auf dem Gang an den ersten Schlafzimmern vorbei, bis sie vor dem Zimmer ankam, in dem Donovan und Jared schliefen. Sie krümmte die Finger und klopfte laut an die Tür. Als sie nichts hörte, klopfte sie erneut. „Donovan?" Wohl wissend, dass sie die Situation nicht ganz durchschaute, sagte sie leise: „Ich bin es, Miss Templeton."

Nach einem kurzen Augenblick antwortete Donovans Stimme ziemlich knapp. „Meine Mutter hat Sie geschickt?"

Bailey runzelte die Stirn. „Ja ..."

„Ich habe keinen Hunger, Miss Templeton."

„Aber du solltest etwas essen. Die Köchin hat frisches Brot gebacken."

„Ich fühle mich nicht gut."

Bailey verschränkte die Arme skeptisch vor der Brust und erwiderte: „Darf ich bitte hineinkommen?" Nachdem sie einen Augenblick gewartet hatte, beschloss sie schon fast, wieder nach unten zu gehen und Katy die ganze Sache zu überlassen. Doch dann drehte sich der Türgriff langsam und die Holztür ging knarrend auf. Sie konnte in das Zimmer sehen, aber Donovan hatte sich noch nicht blicken lassen. „Hallo?" rief sie.

„Ich bin hier."

Bailey trat vorsichtig in das liebevoll eingerichtete Zimmer und blickte sich um. Er trug noch sein Nachthemd, saß mit überkreuzten Beinen auf seinem Bett und starrte aus dem Fenster. „Wir brechen in ein paar Minuten zur Schule auf. Solltest du dich nicht lieber anziehen?“ Sie baute sich in der Mitte des Zimmers auf und betrachtete sein Gesicht. Sein missmutiges Verhalten gab ihr Rätsel auf. „Du solltest deinen Eltern keine unnötigen Sorgen bereiten, Donovan. Du musst etwas essen.“ Aber sie wusste, dass seine Appetitlosigkeit nicht das Problem war.

„Ich gehe heute nicht zur Schule, Miss Templeton.“ Er zögerte und erklärte dann: „Ich habe Fieber.“

Bailey biss sich auf die Lippe. „Lass mich einmal sehen.“ Sie legte die Hand auf seine Stirn. „Das glaube ich dir nicht, Donovan.“ Sie setzte sich neben ihn. „Eher glaube ich, dass dich jemand geärgert hat.“

Er zuckte gleichgültig mit den Achseln.

„Schmollen hilft dir doch nicht weiter. Wenn du ein Problem hast, ist es am besten, es mit dem zu besprechen, über den du dich geärgert hast.“ Sie sprach ruhig weiter. „Ist es deine Mutter? Hast du dich über sie geärgert?“

Er kniff die Augen zusammen und verzog den Mund zu einem Schmollen.

„Katy ist eine gute Mutter, Donovan. Du kannst mit ihr sprechen …“

„Sie ist ungerecht! Sie und Papa streiten ständig, und dann verbietet sie mir, mit ihm auf die Weiden zu reiten!“

Bailey erkannte das Dilemma sofort, beherrschte aber ihre Worte, da sie ihre Grenzen nicht überschreiten wollte.

„Ich kann ihre ewigen Streitereien nicht mehr hören! Ich hasse es!“ Er knirschte mit den Zähnen. „Ich hasse *sie!*“ Seine Stimme war kalt und schneidend.

Mit beherrschter Ruhe legte Bailey eine Hand auf Donovans Schulter. „Du meinst das nicht so, was du da sagst. Du bist nur wütend. Hass ist ein starkes Wort.“

„Und ob ich es so meine! Meine Mutter benutzt mich, um Papa zu bestrafen. Und er macht dasselbe mit ihr."

„Du irrst dich ..."

„Wirklich?", unterbrach er sie aufgebracht. „Als Mutters Freund, Kapitän Gabriel, am Samstag kam und Jared und mich zum Fischen abholen wollte, verbot Papa mir zu gehen. Er und Mama hatten gerade einen heftigen Streit gehabt."

Bailey faltete die Hände auf ihrem Schoß und wandte den Blick ab.

Mit Tränen in den Augen sagte Donovan bitter: „Sie lieben sich nicht, und sie lieben mich nicht!"

Bailey war nicht sicher, ob er das, was er da sagte, wirklich so meinte, oder ob er sie nur zu einer Reaktion herausfordern wollte. Unfähig, den Kloß in ihrer Kehle hinunterzuschlucken, legte sie die Arme um seine zitternden Schultern. „Das stimmt doch nicht, Kind. Das glaubst du doch selbst nicht. Du weißt, dass deine Eltern ihr Leben für dich geben würden." Sie drehte ihn zu sich herum und schaute ihm ins Gesicht. „Das weißt du doch, nicht wahr?"

Mit angespanntem Körper schaute Donovan ihr direkt ins Gesicht und schüttelte den Kopf. „Nein. Das weiß ich nicht."

„Donovan!", rief eine genervte männliche Stimme drohend vom Türrahmen.

Bailey fuhr herum. „Dwight, ich ..."

Mit beherrschter Miene sagte Dwight: „Danke, Bailey, dass du versucht hast zu helfen." Mit stoischer Miene richtete er seinen Blick auf den Jungen. „Aber du brauchst dich nicht mit unseren Familienangelegenheiten zu belasten. Donovan! Du bist in fünf Minuten angezogen und unten, oder ich komme herauf und ziehe dich höchstpersönlich an!"

Bailey war einen Augenblick verdutzt. Ihr Rücken wurde steif. Die Spannung zwischen Vater und Sohn war unübersehbar. Donovan zögerte und wich dem anklagenden Blick seines Vaters aus.

„Hast du gehört?“ Dwights Tonfall wurde drohender.

Donovan nickte steif und flüsterte: „Ja, Sir.“ Die Verachtung in seiner Stimme war nicht zu überhören.

Bailey stand auf, streifte ihren Rock glatt und stieß ein leises Seufzen aus. „Dann sehe ich dich in ein paar Minuten im Esszimmer, Donovan.“ Als sie schnell an Dwight vorbeirauschte, der immer noch im Türrahmen stand, sah sie den Ärger in seinem Gesicht. In dem Versuch, seine und auch ihre eigene Verlegenheit zu vertreiben, sagte sie leise: „Es tut mir leid, Dwight.“ Eine ungebetene Röte zog über ihre Wangen.

„Zerbrich dir deshalb nicht den Kopf, Bailey.“ Dwight schaute sie zuversichtlich an, aber sein eigenes Unbehagen war nicht zu übersehen, denn er richtete seinen Blick schnell wieder auf seinen Sohn. „Ich werde diese Angelegenheit bald geregelt haben.“

Bailey hörte, wie die Tür hinter ihr zugeschlagen wurde. *Sei nicht zu hart zu ihm, Dwight.* Sie flüsterte ein stilles Gebet für die beiden und ging dann wieder die Treppe hinab. Wie sie schon früher befürchtet hatte, hatten die Probleme der Farrells sich langsam auch in ihre eigene Welt eingeschlichen. Zusätzlich zu den Schwierigkeiten in der Kolonie und in der Schule und zu den Problemen, die durch John Macarthur verursacht wurden, fühlte sie sich jetzt auch noch in das Privatleben einer Familie hineingezogen, die sie sehr achtete. So sehr sie auch versucht hatte, den Konflikten aus dem Weg zu gehen, es wurde zunehmend schwerer, so zu tun, als sehe sie die Probleme nicht. Sie konnte die langsame, unaufhörliche Verschlechterung der Beziehung, die Erosion des Vertrauens und die zunehmende Spannung zwischen Katy und Dwight sehen. Jetzt wirkten sich ihre ungelösten Probleme auch noch auf ihren ältesten Sohn aus. Dieser Situation waren sich alle Familienangehörigen gewiss bewusst, und doch standen sie alle schweigend daneben und wagten es nicht, sich einzumischen. *Gott, was soll ich jetzt tun? Gib mir die richtigen Worte oder lehre mich, den Mund zu halten.* Vor der Tür blieb Bailey zögernd stehen. Sie zwang sich zu einem Lächeln und betrat das Esszimmer, nickte allen zu, die an dem langen Tisch saßen, und nahm dann schweigend neben Kelsey ihren Platz ein. Als sie die Erwartung in den Gesichtern sah, erklärte sie: „Donovan zieht sich schon an. Er wird gleich hier sein." Sie faltete die Hände vor sich. „Habt ihr schon gebetet?"

* * *

John Macarthur schritt hinter den Gitterstäben auf und ab. Er hatte seine britische Uniform ausziehen müssen und war in die niedrigste Kaste, die es in Sydney Cove gab, degradiert worden – in die eines Sträflings. Ein giftiges Funkeln schoss aus seinen falkenähnlichen Augen. Er schritt die kurze Länge der Zelle auf und ab, drehte sich um und schaute erwartungsvoll hinaus, dann nahm er sein nachdenkliches Ritual wieder auf. Ein Wachmann stand mit dem Rücken zur Tür vor seiner Einzelzelle.

„Ist irgendeiner von meinen Männern in Sicht, Rowley?", knurrte Macarthur.

Der Wachmann drehte sich nervös um und spähte kopfschüttelnd durch das kleine Fenster in der Tür. „Nein, Sir. Wir sollten uns lieber nicht unterhalten, Sir. Ich werde auch beobachtet."

„Auch gut", knurrte Macarthur in seinem schottischen Dialekt. „Aber halten Sie die Augen offen. Sie werden mich nicht lange hierbehalten."

* * *

Bailey hielt sich eine Ölhaut über den Kopf und schirmte sich vor dem Regen ab, der sich über dem üppigen Weideland von Rose Hill ergoss. „Ein Sturm zieht auf!", rief sie über dem Donnerrollen den Farrelljungen zu. Aber der Regen konnte ihre Stimmung nicht trüben. Der Schultag hatte gut begonnen. Edward Simpson, der Sohn eines Freigelassenen, hatte in der Schule den Lesewettbewerb gewonnen. Das war für Edward ein Meilenstein in seiner Entwicklung gewesen. Als Bailey den Triumph in seinem Gesicht gesehen hatte, hatte sie das gleiche Siegesgefühl gehabt, als wenn sie selbst gewonnen hätte. Aber sie verspürte auch Mitleid mit Donovan Farrells Situation. Donovan bewältigte fast alle Wettbewerbe in der Schule mit Leichtigkeit und war immer der herausragende Schüler der ganzen Klasse. Aber seine missmutige Haltung durchdrang sein ganzes Denken. Als Bailey ihn aufrief, weil sie hoffte, sie könne ihn in die Ereignisse dieses Tages mit einbeziehen, war eine starke Ablehnung in sein Gesicht geschrieben gewesen.

Der Regen prasselte auf das Ölzeug und in Baileys Gesicht. Blitze zuckten in einem grellen weißen Zickzack vor dem immer dunkler werdenden Firmament über den Himmel. „Lauft, Jungen!", rief Bailey Donovan und Jared zu. Die Schleusen des Himmels öffneten sich und überfluteten die Erde mit großen Wassermengen. Schlamm spritzte auf ihre Schuhe und auf Baileys Rock und Unterröcke. Als sie sah, dass der Wind Jareds Regenschutz wegwehte, warf sie ihre Öljacke um ihn.

„Wir haben es gleich geschafft, Jared. Wir sind fast beim Haus." Sie drängte ihn weiter und lief den Rest des Weges ohne Regenschutz weiter.

Amelia stand auf der Veranda und winkte ihnen aufgeregt zu. Bailey ließ die Jungen vorauslaufen, seufzte resigniert und trottete langsam die Stufen hinauf. *Warum sollte ich mich jetzt noch beeilen?*

Sie hob ihren vom Regen durchnässten Rock, um die letzte Stufe zu erklimmen, stellte sich dann unter das Dach und begann mit der Aufgabe, den schlammbespritzten Stoff auszuwringen.

„Geht hinein, Jungen", sagte Amelia stirnrunzelnd.

Bailey konnte sich ein Kichern nicht verkneifen, als sie Amelias mitleidige Miene sah. „Wir haben es geschafft, Amelia! Wir sind zu Hause!" Sie lachte, während Amelia den Jungen kopfschüttelnd ins Haus folgte.

Bailey drehte sich um und betrachtete den Regenguss, der über das Land niederging. Weiße Regenwände wehten in fast militärischer Formation über die Erde. Sie musste diesen Anblick einfach bewundern. Weite Teile von Sydney Cove waren nur noch ein schlammiges, ungepflegtes Land, aber Rose Hill nahm jeden Sturm und auch den blauen Himmel mit Würde und Schönheit auf. Sie wischte sich die durchnässten Haarsträhnen aus dem Gesicht und drehte sich um, um hineinzugehen. Schnell wischte sie sich die Füße an einem alten Teppich ab, der neben der Tür lag, und lief hinein. Dabei stieß sie fast mit Dwight Farrell zusammen. „Entschuldigung", sagte sie.

Dwight trat schnell zur Seite. „Hallo, Bailey." Er schaute sie gedankenabwesend an.

Sie fühlte sich angesichts des Konflikts an diesem Morgen immer noch etwas unwohl, presste die Lippen zusammen und räusperte sich. „Ich nehme an, ich muss mich in letzter Zeit oft entschuldigen."

„Du bist mir keine Erklärung schuldig", widersprach Dwight. „Falls du von der Auseinandersetzung mit Donovan heute Morgen sprichst, so hat Katy mir erklärt, dass sie dich gebeten hatte, nach dem Jungen zu sehen. Deine Reaktion war ganz normal."

Bailey war für seine diplomatische Antwort zwar dankbar, empfand aber dennoch ein gewisses Unbehagen. Sie wählte ihre Worte mit Bedacht und sagte schließlich: „Ich schnüffle nicht gern in anderer Leute Angelegenheiten, Dwight. Ich fühle mich einfach schrecklich wegen des ganzen Vorfalls."

„Ich weiß", antwortete er ruhig. „Ich auch." Er zog sein Ölzeug an und setzte seinen Hut auf. Ein Anflug von Belustigung funkelte aus seinen Augen, als er sie von Kopf bis Fuß betrachtete und ihr Aussehen anscheinend amüsant fand. „Amelia hat in der Küche ein Bad für dich vorbereitet. Ich muss jetzt gehen." Er trat schnell in den Sturm hinaus.

„Aber es regnet ..." Seine Eile, aus dem Haus zu kommen, verwirrte sie. Doch sie konzentrierte ihre Gedanken auf andere Dinge.

Kümmere dich um deine eigenen Angelegenheiten, Bailey. Sie hob den schweren Rock hoch und wickelte ihn über ihren Arm, als wäre er eine Schleppe. Irgendwie musste sie nach oben gehen, um sich ein sauberes Kleid zu holen, und dann wieder hinunterkommen. Als sie das Esszimmer durchquerte, nickte sie der goldblonden Kelsey zu, die am Tisch saß und Gemüse schnitt. Mit einer Nadel fädelte Katys hübsche Schwägerin das Gemüse auf einen Faden und bereitete es zum Trocknen vor.

Das Hausmädchen, Mary, fuhr mit der Hand an ihren Mund. „Meine Güte, Miss Templeton!"

„Ich habe Ihren sauberen Boden verschmutzt, Mary. Bitte vergeben Sie mir."

„Kein Problem. Gehen Sie in die Küche und baden Sie sich. Ich hole Ihnen sofort ein frisches Kleid."

„Danke." Bailey hielt den nassen Stoff von ihrer Haut ab.

„Sieht so aus, als hättet ihr drei es nicht geschafft, Bailey. Wenigstens nicht, bevor der Sturm losbrach." Kelsey fuhr mit dem Messer durch eine kleine Pfefferschote. Sie warf Bailey einen schmunzelnden Blick zu und schlug freundlich vor: „Gib dein Kleid am besten Amelia. Sie macht es bestimmt für dich sauber."

„Die arme Amelia. Sie tut sowieso schon so viel." Bailey warf einen Blick auf die Schlammspur, die sie hinter sich zurückließ. „Schau nur, was ich angerichtet habe. Ich kann doch nicht zulassen, dass sie hinter mir sauber macht." Als sie in die Küche spähte, sah sie, wie Katy die junge Corbin badete. Über dem knisternden Feuer im Ofen hatte Amelia einen großen Topf zum Kochen aufgestellt. Der Dampf rötete ihr Gesicht. Die reizvolle Szene hätte malerisch gewirkt, wenn nicht eine seltsame Melancholie in der Luft gelegen hätte. Baileys Blick wanderte von Katy, deren Gesicht von einem missmutigen Schmollmund getrübt war, zu Amelia, die mit verschränkten Armen schweigend am Ofen stand. „Hallo", rief Bailey ihnen zu.

Amelia schaute als Erste auf, aber ihr Gesicht erhellte sich nicht zu ihrem gewohnten fröhlichen Lächeln. „Ich habe dir Badewasser heiß gemacht", sagte sie mit tonloser Stimme und drehte sich wieder zu dem Topf um.

„Ja, Dwight hat es mir schon gesagt. Danke. Ich bin dir sehr dankbar dafür." Sie hielt ihre durchnässten Röcke hoch, aber keine der beiden Frauen blickte auf und bemerkte ihre Belustigung. Bailey schaute sich um, um sicherzustellen, dass sie allein im Raum waren. „Ich bade hinten in der Küche, wenn euch das nicht stört."

„Natürlich nicht, Liebes." Amelia nahm zwei Topflappen von einem Regal. „Hilfst du mir bitte?"

„Aber selbstverständlich." Bailey nahm schnell ein dickes Handtuch und griff nach der anderen Seite des Kesselgriffes.

Schließlich blickte Katy auf. In ihren Augen glänzten Tränen. „Bailey, hast du meinen Mann gesehen? Ist er – hat er das Haus verlassen?"

Bailey nickte zurückhaltend. Sie und Amelia gingen schnell in den hinteren Teil der Küche und achteten darauf, dass sie den kochenden Inhalt des Topfes nicht verschütteten. „Dwight ist in den Sturm hinausgelaufen." Nachdem sie einen Waschzuber mit dem dampfenden Wasser gefüllt hatten, drehte sie sich um und schaute die beiden Frauen ernst an. Als sie ihre angespannten Gesichter sah, konnte sie ihre Worte nicht länger zurückhalten. „Was ist los, Katy?"

Amelia warf schützend ein: „Nur ein Problem auf der Farm."

Katy erwiderte schnell: „Eine unserer Kühe ist unten am Bach. Sie steckt im Schlamm fest."

„Das tut mir leid." Bailey wusste, wie wertvoll Vieh in Sydney Cove war. In einigen Fällen wurde das Vieh eines Mannes als wichtiger angesehen als ein Menschenleben. Aber sie spürte die Beunruhigung der beiden Frauen und wartete auf eine weitere Erklärung.

„Ich bat ihn, seinen Ritt auf die abgelegeneren Weiden zu verschieben – wenigstens, bis das Wetter sich bessert. Aber er ist so eigensinnig." Verachtung funkelte aus Katys Augen. „Manchmal glaube ich, er tut genau das Gegenteil von dem, was ich sage, nur um mich zu reizen."

„Katy ..." Amelias Gesicht spannte sich an, ihre Augen flehten ihre Tochter an. „Bailey ist unser Gast."

„Bailey ist nicht blind, Mutter." Katy drehte ihr das Gesicht zu. Aus ihren Augen funkelte ihre Erregung. „Oder bist du blind, Bailey?"

Bailey holte sich ein Stück selbstgemachter Seife aus dem Schrank und merkte, wie ihr Magen sich verkrampfte. Sie schaute unbehaglich über ihre Schulter zurück. „Nein, Katy, ich bin nicht blind. Aber manchmal wäre vieles leichter, wenn ich es wäre."

„Hör auf, Katy, bitte", flehte Amelia.

„Ich entschuldige mich bei unserem Gast." Katy warf die Schultern zurück und hob Corbin aus dem kleinen Badezuber. Sie wickelte ein Handtuch um das Kleinkind und senkte die Stimme. „Ich bin ..." Ihre Stimme erstickte. Tränen glitzerten auf ihren blassen, aristokratischen Gesichtszügen. „... in letzter Zeit etwas empfindlich." Die Tränen liefen ihr langsam über die Wangen, und ein Schluchzen kam über ihre Lippen. „Entschuldigt mich", sagte sie noch einmal. Sie drückte Corbin eng an sich und lief aus dem Raum.

Mary kam mit einem frischen Kleid für Bailey über dem Arm in die Küche. „Ich lege Ihnen Ihre Sachen hierher, Miss." Sie legte das Kleid über eine Stuhllehne und ging wieder.

„Danke." Bailey spürte erneut eine große Hilflosigkeit, genauso wie schon an diesem Morgen. Sie sah, dass Amelia ein paar Schritte ging, um Katy zu folgen, aber dann im Türrahmen stehen blieb. „Soll ich ihr nachgehen, Amelia?", fragte sie, während sie große Mühe hatte, ihre eigenen Gefühle unter Kontrolle zu behalten.

„Lass sie gehen, Bailey." Amelia drehte sich langsam um. Ihre Augen flehten Bailey um Verständnis für die Situation an. „Sie ist verletzt. Manchmal ist Schmerz ein notwendiger Teil unseres Lebens." Sie schluckte schwer. „Ich hoffe, das klingt nicht zu grausam."

„Ganz und gar nicht." Bailey schob das durchnässte Kleid über ihre Schultern und ließ es auf den Boden fallen. „Oft ringe ich um die richtigen Worte, wenn Konflikte entstehen, dabei wäre es die ganze Zeit die weisere Entscheidung, still zu sein. Andere Male, wenn ich etwas sagen sollte, sage ich überhaupt nichts. Und das, obwohl ich kein bisschen schüchtern bin." Sie hörte Amelia kichern und blickte auf. „Du findest mich amüsant?"

„Du bist weiser, als dir bewusst ist, Bailey." Trotz des Schmerzes in ihren Augen zog ein Lächeln über Amelias Gesicht. „Es ist oft schwerer, bei einem Freund in seinem Schmerz auszuharren, als ihm eine einfache Lösung vorzuschlagen."

„So wie Hiobs Freunde? Oder noch schlimmer ..." Bailey dachte über ihre eigene Vergangenheit nach. „... die Menschen, die wir lieben, in ihrem Selbstmitleid noch zu bestätigen."

„Siehst du, was ich meine, junge Frau. In deinem Herzen steckt Weisheit."

„Ich wünschte, ich könnte mich selbst mit solchen Augen sehen." Bailey goss einen Krug mit kaltem Wasser in den Zuber und rührte das Wasser mit den Händen um. „Ich verstehe beide Seiten, aber ich kann nicht die Brücke zwischen ihnen sein." Sie glitt in den Zuber. Ein angenehmes Seufzen kam über ihre Lippen. „Ich wäre ja gern diese Brücke, wenn ich nur wüsste wie." Das warme Wasser umspülte ihren ausgekühlten Körper. Sie atmete tief ein und genoss das angenehme heiße Bad. „Aber ich kann nicht."

„Ich kann es auch nicht." Amelia schmunzelte. „Ich bin nur eine Mutter. Was wissen wir Mütter schon?"

Sie lachten miteinander. Amelia half Bailey bei ihrem Bad, und obwohl Bailey protestierte, begann sie, das schlammbespritzte Kleid zu reinigen. Eine Stunde verging. Die angenehme Ruhe in Amelias Gesellschaft tat Baileys Herzen gut. Sie fühlte, wie trotz der Probleme um sie herum ihre Freundschaft sich vertiefte.

Während Amelia die Schlammspuren bearbeitete, zog Bailey das saubere Kleid an und kämmte ihre nassen Locken aus. Noch bevor Amelia etwas dagegen unternehmen konnte, lief sie mit Handtüchern und Seife los, um den verschmutzten Eingang zu säubern. „Schau nur, Amelia." Sie blieb neben einem Fenster stehen. „Der Himmel klärt sich auf – kurz vor Sonnenuntergang."

„Du hast recht", nickte Amelia ruhig.

„Ich fühle mich jetzt besser." Bailey öffnete ein Fenster, um die letzten Sonnenstrahlen dieses Tages hereinzulassen, und hatte das Gefühl, dass ihre Seele wieder heil wurde. Als sie Schritte auf der Treppe hörte, drehte sie sich um. Katy kam auf sie zugelaufen. „Hallo." Sie lächelte, aber ihre Augen konnten ihre Besorgnis nicht verbergen.

Atemlos lief Katy an Bailey vorbei und wirbelte dann herum. „Mama! Bailey! Bitte kommt!"

„Was ist denn?" Bailey zog fragend die Brauen in die Höhe.

„Meine Güte, Katy!" Amelia lief ins Esszimmer hinaus. „Was ist denn los?"

„Es ist Donovan!" Ihr entsetzter Blick sprach mehr als Worte. „Er ist verschwunden!"

13. Vergebliche Suche

„Mary, bitte komm zur Tafel."

„Ja, Miss Templeton."

„Zeige uns, wie man diese Rechenaufgabe löst."

Mary nickte. Baileys Gedanken schweiften ab. Donovan Farrell war nicht gefunden worden. Die ganze Familie hatte in den ersten vierundzwanzig Stunden nach seinem Verschwinden eine panische Suchaktion auf dem gesamten Gelände durchgeführt. Als er in den darauffolgenden Tagen immer noch nicht auftauchte, hatten ihre Befürchtungen und die Sorgen, dass ihm etwas zugestoßen sein könnte, ständig zugenommen.

Im Laufe der Schulwoche bemühte sich Bailey, ihre Klasse mit äußerlicher Ruhe zu unterrichten und dafür zu sorgen, dass die Schüler sich auf ihre Schularbeiten konzentrierten. Aber die Nachricht von dem Jungen, der von zu Hause fortgelaufen war, breitete sich wie ein Lauffeuer in der ganzen Siedlung aus und wurde zum bestimmenden Gesprächsthema im Schulhaus. Jared war zwei Tage lang zu Hause geblieben. Aber an diesem Morgen war er, von der aufgeregten Suche seiner Eltern psychisch überfordert, auf das Drängen seiner Mutter hin wieder zum Unterricht gekommen.

Baileys Hoffnungen, dass Donovan sich nur irgendwo auf dem weitläufigen Gelände von Rose Hill versteckt hielt, hatten sich bislang nur als frommer Wunsch erwiesen. Die Hufspuren seines Fuchses hatten sie zu einem Bach geführt und sich dann verloren. Donovan hatte im Gegensatz zu dem naturverbundenen Jungen, der in seinem jüngeren Bruder steckte, nie eine besondere Liebe dafür gezeigt, Wild zu jagen oder anderen Aktivitäten unter freiem Himmel nachzugehen. Aber er besaß einen scharfen Sinn dafür, seine Gegner – in diesem Fall seine Eltern – zu verwirren. In der vergangenen Woche hatte Bailey nur wenig geschlafen und angefangen, sich weniger auf ihre Instinkte, sondern mehr auf ihre verzweifelten Gebete zu verlassen. *Bitte, Gott, beschütze Donovan!*

„Ich finde, wir sollten über unsere Sorgen um Donovan Farrell sprechen", sagte sie mit einem vorsichtigen Blick auf Jared laut zu der Klasse.

Eine junge Siedlerstochter aus der ersten Reihe streckte die Hand in die Höhe und fuchtelte aufgeregt.

Bailey zog eine Braue in die Höhe und fragte ernst: „Faith? Du willst etwas sagen?"

„Ich habe gehört, dass Donovan fortlief, weil er wütend auf seine Eltern war." Züchtig schob Faith die rosafarbene Schleife zurecht, die ihre kastanienbraunen Locken nach hinten band.

Als Bailey sah, dass Jared unbehaglich auf seinem Stuhl nach hinten rutschte, antwortete sie schnell: „Das ist genau der Grund, warum ich mit euch darüber sprechen wollte. Faith, wenn mehrere von euch anfangen, solche Dinge zu erzählen, dann glauben andere sie vielleicht. Du hast selbst nicht mit Donovan gesprochen; deshalb kannst du auch nicht wissen, was ihm zugestoßen ist." Sie drückte ihre Hände auf ihren rostbraunen Rock und lehnte sich an das alte Pult. „Du weißt, was Klatsch ist, nicht wahr?"

Faith nickte, richtete aber ihren bohrenden Blick auf Jared. „Vielleicht sollte *er* uns sagen, was wirklich passiert ist. Dann wüssten wir alle die Wahrheit."

Jared schaute das vorlaute Mädchen mit finsterer Miene und verächtlich funkelnden Augen an.

„Warum sollte er das, Faith?", sprach Bailey weiter. „Wenn du etwas wissen willst, weil du dir Sorgen um einen Menschen machst, dann ist das eine Sache. Aber wenn du es nur wissen willst, um deine Neugier zu befriedigen, dann ist das etwas ganz anderes."

Faith seufzte. „Ja, Miss Templeton."

„Jared und seine Familie brauchen in dieser Zeit unsere Gebete, nicht unsere voreilige Meinung und wilde Gerüchte." Bailey hoffte, mit ihren Worten den grausamen Gerüchten Einhalt gebieten zu können. Unmissverständlich trat sie mit langen, selbstsicheren Schritten zu ihrem Stuhl. Sie gab den Kindern Anweisung, eine Weile in der Stille etwas auszuarbeiten, setzte sich an ihr Pult und versuchte, ihre Aufmerksamkeit auf die Benotung der letzten Schularbeiten zu konzentrieren. Sie sortierte den unordentlichen Stapel, baute zwei saubere Stöße auf und kontrollierte, wer die Aufgabe nicht erledigt hatte. Sie rief die Namen von drei Schülern auf, deren Papiere sie nicht finden konnte. Bevor sie den vierten Schüler, Cole Dobbins, aufrief, zögerte sie. Wenn sie die schulischen Leistungen des Jungen in der Vergangenheit beobachtete, war unübersehbar, dass Cole seine Arbeiten selten abgab und bei den Klassenarbeiten immer schlecht abschnitt. Bailey seufzte und schaute dann Cole an. „Cole Dobbins, hast du einen Aufsatz für mich?"

Ihr Tonfall blieb ruhig, auch wenn der Junge sie von Tag zu Tag mehr Nerven kostete.

Cole zeigte selten irgendeine Gefühlsregung, sondern schaute Bailey nur mit finsterer Gleichgültigkeit an. „Ich habe keinen Aufsatz geschrieben." Sein Blick wanderte mit einem hochnäsigen Triumph über mehrere seiner Schulkameraden.

Ohne zu zögern sagte Bailey ruhig: „Bleib bitte am Ende des Unterrichts noch hier."

Cole zuckte teilnahmslos mit den Achseln, legte den Kopf zurück und schaute spöttisch zur Decke hinauf.

Bailey konnte nicht zulassen, dass er sie vor den anderen Schülern in eine Auseinandersetzung verwickelte. Mit hartnäckiger Entschlossenheit ackerte sie die übrigen Aufgaben, die sie sich für diesen Tag vorgenommen hatte, durch. Als sie die Schatten der Nachmittagssonne über den Holzboden ziehen sah, warf sie einen Blick auf die Taschenuhr ihres Vaters. Sie hatte den Eindruck, es sei Zeit, ihre Schüler in ihrem Unterricht einen Schritt weiterzuführen. Trotz der wenigen, die sich immer beschwerten, gleichgültig, welche Aufgaben sie erledigen sollten, gab sie Leseübungen und Rechenaufgaben auf und löste den Unterricht zur gewohnten Zeit auf. Bevor das Jahr zu Ende ginge, wollte sie die begabteren Schüler herausnehmen und sie mit größeren Herausforderungen auf eine höhere Schulbildung vorbereiten. In den nächsten Wochen würde sie sich für die möglichen Kandidaten entscheiden.

Sie nahm ihren üblichen Platz im hinteren Teil des Schulzimmers ein und verabschiedete sich von jedem einzelnen Schüler. Gelegentlich beugte sich ein Schüler mit ausgebreiteten Armen kameradschaftlich zu ihr vor und drückte sie liebevoll. Sie genoss diese Augenblicke, die viele unangenehme Aspekte des Unterrichtens aufwogen.

Jared schnallte langsam seine Bücher zusammen, wartete, bis die anderen fort waren, und lief dann hinaus. „Ich warte im Wagen auf Sie, Miss Templeton."

Dass er seine Augen auf den Boden richtete und den Raum fast im Laufschritt verließ, verriet sein Unbehagen in Bezug auf das Verschwinden seines Bruders. Bailey wollte gern auf Jared zugehen und mit ihm sprechen. Sie kannte seine tiefe Traurigkeit, aber wenn er sich noch weiter von seinen Freunden distanzierte, würde er damit seine Not nur noch verstärken. Sie beschloss, ihm einfach mehr Zeit zu lassen. *Wir haben auf dem Heimweg genug Zeit, um darüber zu sprechen.* Sie verschränkte die Arme vor der Brust, stieß einen tiefen Seufzer aus und konzentrierte ihre Aufmerksamkeit auf Cole Dobbins. Aus dem Augenwinkel sah sie ihn von seiner Schulbank aufstehen. „Bitte, bleibe sitzen." Trotz der Bestimmtheit in ihrer Stimme sprach sie in einem taktvollen Tonfall. „Ich komme zu dir." Sie zog ihren Rock zur Seite, wobei ihre Unterröcke über die Tischbeine wischten, und bewegte sich zwischen den Schulbänken auf ihn zu. Sie setzte sich auf der anderen Seite des Ganges auf eine Schulbank, lehnte sich zurück und faltete die Hände in ihrem Nacken. Sie wartete, bis das Schweigen unbequem wurde. Dann sprach sie kaum lauter als in einem Flüstern. „Ich bemühe mich wirklich, Cole." Sie schaute nicht auf die andere Seite des schmalen Ganges, um seine Miene zu sehen, sondern richtete ihren Blick nach vorne. Schließlich hörte sie, wie seine schweren Lederstiefel über den Boden kratzten.

„Was meinen Sie damit – *Sie bemühen sich?*" Seine schroffe, jugendliche Stimme hallte nicht durch den ganzen Raum, wie Bailey es oft auf dem Schulhof erlebt hatte. Vielmehr lag ein seltsames Zittern darin, das etwas unsicher klang. Bailey hatte beabsichtigt, den Jungen ein wenig aus der Reserve zu locken. Er versteckte sich nun schon so lange hinter seiner Maske aus falschem Selbstvertrauen, dass wahrscheinlich sogar er selbst vergessen hatte, wie der wirkliche Cole Dobbins war.

Sie ließ sich noch mehr Zeit mit einer Antwort und sagte: „Ich bemühe mich, dieses Schulzimmer mit deinen Augen zu sehen." Sie schaute zu dem Lehrerpult, an dem sie normalerweise saß. Sie ließ ihre Blicke über die geraden, rauen Linien des Holzbodens wandern und an jedem leeren Schulpult hinaufgehen. Dann hob sie die Augen und sah, dass er sie anschaute. Ohne die geringste Gefühlsregung sagte sie: „Ich bemühe mich zu verstehen, wie Cole Dobbins denkt."

Cole biss sich auf die Lippen und wandte mit eigensinnig gerunzelter Stirn den Blick ab.

„Aber ich bin nicht sicher, ob Cole sich überhaupt selbst versteht." Bailey setzte sich vor und legte ihre Handflächen auf die Schulbank. Sie wartete, bis er ihren Blick erwiderte. „Verstehst du ihn, Cole?"

Seine Augen schauten sie abschätzig an. „Ich verstehe nur, dass ich mich nicht vor so jemandem wie Ihnen oder irgendeiner anderen Frau ducken werde."

„Warum kommst du zur Schule, Cole? Zwingt dein Vater dich dazu?"

„Fragen Sie ihn doch selbst, wenn Sie es wissen wollen."

„Sag du es mir."

Wieder wandte er den Blick ab und schaute geradeaus. Seine missmutigen Augen sagten mehr als seine Worte.

„Ich will dich unterrichten, Cole, aber ich kann dich nicht zwingen zu lernen." Bailey wartete auf eine Antwort, aber es war unübersehbar, dass sein Starrsinn die Oberhand behalten würde. „Morgen um diese Zeit möchte ich deine Eltern hier sprechen. Überbringst du ihnen einen Brief von mir?"

Er zuckte wieder gleichgültig mit den Achseln, aber noch bevor Bailey etwas sagen konnte, erklärte er ohne Gefühlsregung: „Meine Mutter ist tot. Wenn Sie mit meinem Vater sprechen wollen, dann kann ich Ihnen nur sagen, dass er sich nichts gefallen lässt."

Irgendwann hatte Bailey bestimmt von Coles Familiensituation gehört, aber sie konnte sich nicht mehr daran erinnern, wie seine Mutter ums Leben gekommen war. Die Einzelheiten waren ihr entfallen. „Ich habe keine Angst, Cole. Ich will dir helfen. Ich bin sicher, dein Vater möchte gern hören, dass du deine Aufgaben nicht machst. Ich werde es ihm erzählen. Jetzt antworte mir, Cole: Wirst du ihm den Brief geben?"

Ein höhnisches Lächeln spielte um die Winkel seines dünnen Mundes. „Ich werde ihm den Brief geben." Er stellte seine Stiefel lautstark auf den Boden und stand auf. „Ich gehe jetzt."

„Warte bitte noch eine Minute. Ich bin gleich fertig." Bailey ging zu ihrem Pult zurück und zog ihre Feder aus dem Tintenfass. Schnell schrieb sie die Bitte, Blaine Dobbins zu sprechen, nieder, faltete das Papier zusammen und reichte es Cole. „Danke. Ich erwarte deinen Vater morgen Nachmittag unmittelbar nach Unterrichtsende."

Ohne mit der Wimper zu zucken, nahm Cole den Brief aus ihrer ruhigen Hand und lief lautstark aus dem Schulgebäude. Noch in Hörweite rief Cole mit Verachtung in der Stimme: „Dieses Gespräch wird Ihnen bestimmt nicht gefallen, Miss Templeton!"

Bailey verkrampfte die Hände und wartete, bis Cole Dobbins aus ihrem Blick verschwand. *Ich lege bei diesem Problem mein Vertrauen auf dich, Herr. Mein ganzes Vertrauen,* seufzte sie frustriert.

* * *

Während sie sich Rose Hill näherten, bemerkte Bailey kaum den kühlen Schatten, der ihnen auf dem Weg zur Farm folgte. In ihren Gedanken spielten sich jeden Nachmittag vor ihrer Rückkehr von der Schule angstvolle Szenen ab, gepaart mit der Hoffnung, Donovan sicher in den Armen seiner besorgten Eltern anzutreffen. Aber mit jedem Tag, der verging, versanken die Farrells und die Prentices tiefer in ihrer Verzweiflung wegen des vermissten Jungen, der ihnen allen so lieb und teuer war. Katy war vor Sorge und Trauer ganz krank. Die Sorgen hatten ihren Tribut gefordert, und die Anspannung bei den Familienmitgliedern wurde immer stärker. Als Bailey sah, dass Jared den Hals verrenkte, um das Haus zu sehen, legte sie die Hand um seine Schulter. „Ich wünschte, ich könnte dir sagen, du brauchst dir keine Sorgen zu machen." Jareds Gesicht verlor seine Lebhaftigkeit. Er lehnte sich an den Wagensitz zurück. „Es tut mir so leid für dich, Jared, und für deine Familie. Aber wir dürfen die Hoffnung nicht aufgeben. Der Herr wacht über Donovan. Das dürfen wir nicht vergessen."

„Warum lassen sie mich nicht mitreiten, Miss Templeton? Ich bin der beste Fährtensucher in der Familie."

„Ich bin sicher, dass sie nicht das Risiko eingehen wollen, auch noch ihren zweiten Sohn zu verlieren."

Jared fuhr sich mit beiden Händen durch die Haare und verteidigte sich: „Donovan war nie ein so guter Jäger und Fährtensucher wie ich. Deshalb hat er sich wahrscheinlich auch verlaufen."

„Dein Vater und dein Onkel Caleb sind gute Fährtensucher. Aber wenn alle Männer fort sind, wer soll dann auf die Frauen auf Rose Hill aufpassen?" Bailey verzog den Mund ein wenig. Aus ihren Augen funkelte ein Anflug von Belustigung. Sie sah, dass ihre Bemerkung Jared Mut machte.

„Das stimmt", gab Jared ihr schließlich recht. „Es muss auch jemand dableiben und die Frauen beschützen.“ Er verschränkte die Arme stolz vor der Brust.

Zögernd verlangsamte Bailey das Gespann und schaute ihn ernst an. „Es tut mir leid wegen der Schulkinder. Sie verstehen nichts, nicht wahr?“

„Ich glaube auch.“ Er zuckte gleichgültig mit den Achseln.

„Wenn wir Donovan gefunden haben, werden sie sicher froh sein, ihn wiederzusehen.“

„Bestimmt, Miss Templeton. Machen Sie sich keine Sorgen. Donovan hat viele Freunde. Sie vermissen ihn bestimmt.“

Bailey konnte sich ein Schmunzeln nicht verkneifen. Sie hatte gehofft, sie könnte Jared trösten, aber jetzt war er es, der ihr Trost spendete. „Los, fahren wir nach Hause. Ich habe einen Bärenhunger.“

Im Haus herrschte nicht das übliche ausgelassene Treiben. Sogar die Bediensteten schlichen betrübt durch das Haus, und eine schweigende Wolke der Verzweiflung verdüsterte trotz der Schönheit des Oktoberhimmels ihre Blicke. Bailey erkundigte sich nicht nach dem Stand der Suchaktion, denn sie wusste auch ohne Fragen Bescheid. Amelia saß am Tisch und unterhielt sich ruhig mit Katy und Kelsey.

„Oh, schaut“, sagte Amelia und versuchte, sich zu einem fröhlichen Lächeln zu zwingen, aber ihre Augen verrieten ihren Schmerz. „Sie sind zu Hause.“

„Jared, ich habe dir einen Strudel gekocht“, sagte Katy liebevoll zu ihrem jüngsten Sohn. „Sei bitte leise, wenn du nach oben gehst. Corbin schläft noch.“

„Setzt du dich zu uns, Bailey?“ Kelsey zog einen Stuhl unter dem Tisch hervor. „Tee und Kekse, frisch aus der Prentice-Bäckerei.“

Bailey atmete tief ein und legte ihre Bücher ab. „Ich würde mich gern zu euch setzen, danke.“

„Wir sprechen gerade über das Rum-Corps.“ In Kelseys Worten lag ein vielsagender Unterton.

„Wisst ihr denn inzwischen irgendetwas?" Bailey goss sich eine Tasse Tee ein. „Wurde Macarthur verhaftet?"

„Allerdings! Bligh hat diesen Schurken hinter Gitter gebracht. Ich hoffe, er bleibt dort, aber ich habe meine Zweifel daran." Amelia schüttelte den Kopf.

„Genug von Politik. Wie war dein Tag in der Schule?" Kelsey band ihre goldenen Haare zu einem Knoten zusammen und richtete ihre Aufmerksamkeit auf Bailey.

„Ziemlich gut. Jareds erster Tag wieder in der Schule ..." Als sie Katys besorgten Blick sah, brach Bailey ab. „... verlief gut. Er hält den Kopf hoch. Wir könnten alle von ihm lernen, denke ich." Sie beschloss, von den Gerüchten unter den Schülern ein anderes Mal zu sprechen. „Wir geht es *dir*, Katy?"

Katy antwortete nicht sofort, sondern zuckte nur mit den Achseln. „Dwight und Caleb haben die ganze Siedlung durchkämmt. Keine Menschenseele hat Donovan gesehen, seit er verschwunden ist." Katys Augen waren vom vielen Weinen ganz rot. Sie schaute wehmütig durch das Fenster auf die fernen Berggipfel. „Allein ist er bestimmt nicht in die Wildnis gegangen. Dessen bin ich mir ganz sicher, Bailey." Ihre Unterlippe zitterte.

„Das denke ich auch, Katy, aber man muss jede Möglichkeit in Betracht ziehen." Bailey rührte ein Stück Zucker in ihren Tee. „Vielleicht ist Donovan überhaupt nicht davongelaufen."

„Ich erschaudere allein schon bei diesem Gedanken." Katy legte die Stirn auf ihre gefalteten Hände.

„Wir sollten alle nicht vergessen, dass Donovan ein kluger Junge ist." Amelia war wie immer die liebevolle Großmutter. Sie streckte beide Hände aus und ergriff Baileys und Katys Hand. „Bailey hat recht. Diese Möglichkeit besteht. Es wäre ein großer Trost für mich, wenn ich wüsste, dass Donovan nicht dem böswilligen Handeln eines gottlosen Menschen zum Opfer gefallen ist. Aber solange wir nicht mehr wissen, schaden wir uns nur selbst, wenn wir die Augen vor dieser Möglichkeit verschließen." Ihre Augen wurden feucht, und sie tätschelte Baileys Hand.

„Ich weiß, Mama." Katys Stimme versagte. „Aber ich weiß, dass Donovan irgendwo da draußen ist, und dass das wahrscheinlich auch noch meine Schuld ist." Sie warf ihre Serviette auf den Tisch, schob ihren Stuhl zurück und schritt benommen zur Esszimmertür.

Bailey fühlte, wie der nagende Schmerz in ihrem Inneren immer stärker wurde. *Arme Katy. Du quälst dich selbst Tag und Nacht.*

Ein Klopfen an der Tür lenkte die Blicke der Frauen erwartungsvoll zur Haustür.

„Wir bekommen Besuch." Kelsey spähte durch das Fenster.

Katy verkrampfte die Finger zu ängstlichen Fäusten, blieb abrupt stehen und schaute zu den anderen zurück. Da sie nur wenige Schritte von der Tür entfernt war, atmete sie tief durch und ging schnell, um die Tür zu öffnen. „Bitte, Herr ..." Ihre Stimme zitterte.

Bailey stand auf. „Katy, wenn du hinaufgehen willst, dann gehe ich an die Tür."

„Nein, ich gehe schon." Katy strich ihren violetten Seidenrock und ihre schwarze Jacke glatt. Sie steckte den Kamm in ihrem Haarknoten fest und öffnete die Tür. Ihr tränenbenetztes Gesicht verriet ihre Anspannung und Sorge.

Bailey sah, wie ihr Blick weicher wurde.

„Hallo, Robert." Sie trat zurück. „Bitte, komm herein."

Robert Gabriel trat zögernd ins Zimmer. Er sah die Frauen im Esszimmer nicht gleich. Mit einem aufrichtigen Kopfnicken sagte er leise: „Liebste Katy, darf ich dir von Herzen mein Mitgefühl für eure Notlage ausdrücken."

„Danke, Robert." Sie drehte sich um und kündigte ihn offiziell an: „Meine Damen, wir haben einen Gast."

Amelia lächelte als Erste. „Setzen Sie sich zu uns, Sir Robert", bot sie liebevoll an.

„Ich kann nicht bleiben, Madam." Er nahm seinen Dreispitzhut ab. „Ich bin in einer dringenden Angelegenheit hier."

„Bitte sprich." Katy nahm seinen Arm und drängte ihn, ihr ins Esszimmer zu folgen.

Bailey trat auf die beiden zu, Amelia und Kelsey folgten ihr. „Ist etwas passiert, Herr Kapitän?"

„Nichts Schlimmes. Aber ich muss fort. Ein Freund von mir, William Lawson, ist staatlich anerkannter Fährtensucher in Hobart. Wenn ich ihn überreden kann, nach Neu-Südwales zurückzukehren, könnte er einen Suchtrupp für Donovan zusammenstellen."

„Hobart?" Diese Nachricht erregte Amelias Aufmerksamkeit.

„Oh, Robert ..." Katys lange Wimpern warfen einen Schatten auf ihre Wangen. „Bitte verstehe mich nicht falsch, aber ich finde, wir haben so wenig Zeit. Du weißt, welche schrecklichen Verbrechen hier in der Wildnis passieren. Was ist, wenn Donovan ..."

„Mein Schiff läuft noch heute aus", warf Gabriel ein. „Aber wenn du es mir verbietest, werde ich nicht nach Hobart fahren."

„Ich werde es nicht verbieten." Katy lehnte sich an ihre Mutter und ergriff ihre Hand. „Aber wir werden die Suche bis zu deiner Rückkehr fortsetzen. Ich hoffe, dass ich dir bei deiner Rückkehr sagen kann, dass deine Fahrt vergeblich war."

Ein freudiges Lächeln zog über sein Gesicht. „Das wäre schön, Lady Katherine."

„Und bringen Sie meinen abenteuerlustigen Neffen, Grant Hogan, mit zurück." Amelias Lippen zitterten, und ihre Augen glänzten feucht.

„Ja, bitte", platzte Bailey, ohne nachzudenken, heraus. Als sie die neugierigen Blicke sah, die sich auf sie richteten, schloss sie ihre abrupte Bemerkung mit: „Hauptmann Hogan wird von seiner Familie sehnsüchtig vermisst."

„Allerdings!" Amelias rechte Braue zog sich fragend nach oben. „Allerdings. Er wird von allen vermisst."

14. Baileys Nachfolger

Der australische Frühling brachte im November eine üppige Palette bunter Bäume hervor, die mit rosaroten, gelben und violetten Blüten überzogen waren. Das Land duftete nach neuem Leben. Auf den Farmen breiteten sich die Decken aus grünen und goldgelben Feldern aus. Die Flüsse waren angeschwollen, und der Hawksbury River war über die Ufer getreten und hatte die angrenzenden Farmen überschwemmt. Rose Hill hatte weder Überschwemmung noch Feuer erlebt, aber dafür viele ungelöschte emotionale Brände. Bailey gab die Hoffnung nicht auf, dass Donovan Farrell bald gefunden würde und im Haus der Farrells wieder Frieden einkehren könnte. Sie hatte einen weiteren arbeitsreichen Tag in der Schule hinter sich und beruhigte sich allmählich mit dem Gedanken, dass die Junta wahrscheinlich größere Probleme habe, als einer Lehrerin Steine in den Weg zu legen. Sie ordnete einen Blumenstrauß auf ihrem Pult und merkte, wie wieder ein gewisser Friede in ihr aufstieg. Eine Siedlerstochter hatte ihr das duftende, selbstgepflückte Biedermeiersträußchen geschenkt. Ihre Schwester, Laurie, die schon immer hausfraulich begabt war, hätte die Blumen höchstwahrscheinlich anders arrangiert. Aber Bailey ordnete die Blumen so gut, wie sie konnte, und stellte ihre Lieblingsblumen vorne in den Strauß.

Von Zeit zu Zeit wanderten ihre Gedanken immer noch zu Laurie und waren mit einer gewissen Melancholie gemischt. Die Hochzeitsfeier fände in wenigen Monaten statt. Sie hatte gehofft, dass sie, wenn der Tag näher rückte, mehr Frieden darüber fände. Als Mädchen hatte sie sich immer ausgemalt, dass sie als Erste heiraten würde. Und sie hatte stets geglaubt, wenn Laurie einmal heirate, würde sie zu ihrer engsten Vertrauten gewählt werden. Und jetzt fand dieses Ereignis ohne sie statt. Hier in Neu-Südwales würde Bailey diesen Tag genauso wie alle anderen Feiertage begehen – sie würde an ihre Schwester denken, aber nicht feiern.

Bailey schaute noch einmal auf ihre goldene Uhr und kam schon fast zu dem Schluss, dass weder Cole noch Blaine Dobbins sie mit dem Besuch, um den sie gebeten hatte, beehren würden. Cole war an diesem Tag nicht zur Schule gekommen, und sie fragte sich, ob er seinem Vater ihren Brief überhaupt gezeigt habe.

Ihre gestreifte kleine Schleppe raschelte hinter ihr, während sie ungeduldig durch das Klassenzimmer schritt. Das hellgrüne Kleid hatte sie in England gekauft und einige Veränderungen daran vorgenommen. Sie war froh, dass ihre Mutter ihr das Nähen beigebracht hatte. Sie hatte sich gefragt, wie lange ihr begrenzter Vorrat an Kleidern in einem solchen Land ausreichen würde, aber mit dem gelegentlichen Nachschub an Kurzwaren im Regierungsladen, mit ein paar neuen Spitzen und ein wenig Glück hatte sie es geschafft, sich eine bescheidene Garderobe zu erhalten.

„Miss Templeton?", rief eine strenge Stimme von der Schultür.

Bailey fuhr herum. „Major Johnston." Sie versuchte, die Überraschung in ihrer Stimme zu verbergen.

„Ich habe gehört, dass Sie heute ein Gespräch mit Mr Dobbins und seinem Sohn, Cole, gefordert haben." Johnstons Temperament verriet, dass er nicht mit sich scherzen ließe. Er stolzierte erhobenen Hauptes in den Raum. Blaine und Cole Dobbins folgten dicht hinter ihm. „Ich bin gekommen, um zu vermitteln."

Bailey war über diese Unverfrorenheit aufgebracht. Es kostete sie viel Mühe, ihre Worte zu beherrschen, aber sie sagte ruhig: „Major Johnston, wenn ich gewusst hätte, dass Sie die Angewohnheit haben, Gesprächen zwischen mir und den Eltern meiner Schüler beizuwohnen, hätte ich Sie schon viel früher davon unterrichtet." Sie verschränkte die Arme über der modischen Schärpe, die ihre schlanke Taille unterstrich, wandte den Blick von Coles rachsüchtiger Miene ab, drehte sich resigniert um und kehrte zu ihrem Pult zurück.

Johnston sprach mit kräftiger Stimme weiter: „Mr Dobbins hat erneut das Gefühl, Miss Templeton, dass er die Hilfe des Militärs benötigt. Wollen Sie ihm diese verweigern?"

Baileys Lippen wurden vor Wut ganz dünn. „Mr Dobbins ...", wandte sie sich an Coles Vater. „Sie wissen von unseren Sorgen wegen Cole. Warum haben Sie mich nicht zuerst allein aufgesucht? Wenn Sie mich für so *unflexibel* halten, hätten Sie danach immer noch die Königliche Marine einschalten können." Sie ließ einen Anflug von Ironie in ihrer Stimme anklingen.

Dobbins warf einen unbehaglichen Blick auf den Offizier und zog es vor, über Baileys Kopf hinweg zu reden. „Sie macht meinem Jungen von Anfang an nichts als Schwierigkeiten. Aber Cole hat bis jetzt alles für sich behalten."

„Cole ..." Bailey musste sich mehr denn je bemühen, um versöhnlich zu klingen, merkte aber, wie ihre Wut wuchs. „Stimmt das, was er sagt? Hast du das deinem Vater erzählt?"

Cole ließ den Kopf hängen, warf die Schultern zurück und steckte die Hände in seine Taschen.

„Richten Sie Ihre Worte an Mr Dobbins und an mich, Miss Templeton." Johnston nickte Cole Dobbins fast entschuldigend zu. „Wir können doch nicht erwarten, dass ein Junge sich so unterhält wie wir Erwachsenen, nicht wahr?"

Bailey schaute ihn von der Seite an und entdeckte einen einvernehmlichen Blickwechsel zwischen dem Major und Cole.

„Es sieht so aus, als hätten Sie bereits mit dem Jungen gesprochen, Sir. Außerdem habe ich den Eindruck, dass Sie Ihre Schlussfolgerungen schon gezogen und Ihr Urteil bereits gefällt haben – alles, ohne mit mir zu sprechen."

„Aber, Miss Templeton. So vorschnelle Schlüsse dürfen Sie doch nicht ziehen. Ich bin gerecht, und ich bin hier, um Ihnen die Gelegenheit zu geben zu sprechen." Ein deutlicher Spott sprach aus seinem Blick.

Bailey wollte sich von ihm nicht drohen lassen. „Wie großzügig von Ihnen, Major Johnston“, fauchte sie. „Und wie sauber Sie die Notlage dieses armen, ungerecht behandelten Jungen verpackt haben.“ Ihre aufgewühlten Gefühle kochten und tobten in ihr, aber sie beherrschte sich.

„Sehen Sie!“, warf Dobbins gereizt ein.

„Aber jetzt möchte ich hören, was Sie zu sagen haben, Mr Dobbins.“ Sie senkte die Stimme, nahm hinter ihrem Pult Platz und schaute erwartungsvoll zu den beiden Männern auf. „Ich bin hier, um Ihnen und Ihrem Sohn zu helfen, und nicht, um mich unnötig zu streiten.“

„Sehr gut.“ Johnston setzte sich nicht, sondern schritt vor Bailey auf und ab. „Ich bat Sie, Miss Templeton, dem Sohn dieses Freigelassenen zu erlauben, in unsere Schule zu kommen, und zwar aus einem einzigen Grund: um ihm dieselbe Bildung zuteil werden zu lassen wie allen anderen Kindern in der Kolonie.“

Bailey schaute verblüfft zu Johnston auf.

„Wir sind uns bewusst, dass diese Kolonie einige Vorurteile gegenüber den Kindern von ehemaligen Strafgefangenen hat ...“

„Herr Major...“ Ihr Rücken wurde steif, und sie konnte ihr Unbehagen nicht länger verbergen.

„Sie haben versprochen zuzuhören, Miss Templeton.“

Ein benommenes Gefühl machte sich wie ein schwerer Stein in Baileys Magengegend breit, während Johnston seine Schimpftirade fortsetzte. Er wusste besser als jeder andere, welches Mitgefühl sie für die Freigelassenen hatte. Einige ihrer liebsten Freunde waren ehemalige Sträflinge – Amelia Prentice, Rachel Whitley, Dwight Farrell, um nur einige zu nennen. Der Plan der Junta, sie aus der Kolonie zu vertreiben, war schon mehrmals gescheitert. Jetzt schlug man also einen subtileren Weg ein – *sie wollen meinen Ruf zerstören, meine Fähigkeit zu unterrichten in Misskredit bringen.*

„Und man hat Ihnen bei mehr als einer Gelegenheit erklärt, dass Sydney Coves Schule keine passende Lösung für eine junge Dame wie Sie ist. Auch wenn wir Ihre Hartnäckigkeit wirklich bewundern, so ist doch eine feste Hand nötig, um einige dieser Kinder in Zaum zu halten."

Baileys Gedanken weigerten sich, die Bedeutung seiner Rede zu registrieren. Sie hatte vor Monaten beschlossen, Sydney Cove zu ihrer Heimat zu machen, und deshalb keine anderen Vorkehrungen für ihre Zukunft getroffen. Bei ihrer Ankunft war die Kolonie ohne Schule gewesen. Sie war, wie sie glaubte, Gottes Führung gefolgt, und hatte sie aus dem Nichts – sozusagen aus der Asche – aufgebaut. Sie hatte die Beziehungen zu den Familien gepflegt und sich ihr Vertrauen erworben. Sie besaß jetzt selbst feste Freundschaften. Aber vor allem war Sydney Cove trotz ihrer Sorgen und Schwierigkeiten ihr Zuhause geworden, und sie wollte nicht fortgehen. Sie legte ihre Hände auf das Pult und stand auf. Sie schaute Johnston direkt ins Gesicht, warf die Schultern zurück und fragte mit so viel Mut, wie sie aufbringen konnte: „Major Johnston, verlangen Sie meine Kündigung?"

Johnstons Gesicht spiegelte seine Überraschung über diese Frage wider. „Ich habe nichts dergleichen gesagt." Er warf einen vielsagenden Blick auf Dobbins und seinen Sohn. „Hat einer von Ihnen mich so etwas sagen gehört?"

„Nein." Dobbins schüttelte den Kopf. Cole kauerte sich hinter seinen Vater. Der Ernst ihres Wortwechsels schüchterte ihn so ein, dass er es vorzog zu schweigen.

„Dann frage ich noch einmal", sagte Bailey betont. „Major Johnston, verlangen Sie meine Kündigung?"

„Ich verlange sie nicht, nein." Johnston wurde sichtlich aus der Ruhe gebracht.

„Dann habe ich auch nicht die Absicht, sie anzubieten."

Ein düsteres Schweigen machte sich im Raum breit. Bailey räumte ihre Bücher in ihre Tasche. „Mr Dobbins, ich werde Cole weiterhin zusammen mit den anderen Schülern unterrichten. Wenn Sie wollen, dass er in der Schule erfolgreich abschneidet, dann müssen Sie ihn motivieren, seine Hausaufgaben zu machen. Denn sonst fällt er noch weiter zurück, und das wäre schade." Sie schaute Cole direkt in seine dunkelbraunen Augen. „Er ist erstaunlich intelligent, auch wenn er seine eigenen Fehler nicht einsehen kann." Bailey schlug ihre Tasche zu und klemmte sich ihre Sachen unter den Arm. „Ich kann mir gar nicht vorstellen, woran das liegt." Sie schritt forsch an ihnen vorbei und winkte Jared, der geduldig auf dem Wagen saß. Bevor sie ging, warf sie einen kurzen Blick zurück. Die anderen schauten ihr sprachlos nach.

* * *

„Wir brauchen seine Hilfe nicht, Katy. Ich kann mir nicht vorstellen, warum du einem solch lächerlichen Plan zugestimmt hast." Dwight schritt mit sichtlichem Missmut vor seiner verzweifelten Frau auf und ab, während sie eine seiner Hosen flickte. Mit angespanntem Gesicht sprach er von Allgemeinheiten, obwohl es eine konkrete, nicht ausgesprochene Angst war, die ihn bedrückte.

Katy schaute mit Tränen in den Augen zu ihrem Mann auf und fühlte, wie seine Gefühle unter einer äußeren Fassade beherrschter Selbstkontrolle in ihm tobten. „Ich würde fast alles tun, um Donovan zurückzubekommen, Dwight. Ich würde fast meine eigene Seele dafür verkaufen!" Katy schaute wieder auf den aufgerissenen Saum. „Und selbst das ..."

„Aber warum ausgerechnet Robert Gabriel? Caleb und ich haben jeden Teil von Sydney Cove und Parrametta durchsucht. Wir werden unseren Sohn bald finden."

„Wir wissen überhaupt nichts mit Gewissheit." Katy legte ihr Nähzeug zur Seite. Dwight war nicht er selbst, und sie auch nicht. Aber sie musste es ihm begreiflich machen. „Donovan kann irgendwelchen skrupellosen Leuten in die Hände gefallen sein. Du hast doch von den schrecklichen Überfällen auf Siedler draußen in der Wildnis gehört. Wenn ihm nun irgendetwas zugestoßen ist?" Sie schüttelte mit vor Angst weit aufgerissenen Augen verzweifelt den

Kopf. „Ich würde Robert Gabriels Hilfe genauso wie die Hilfe von jedem anderen, der sie uns anbietet, annehmen. Jetzt ist nicht der richtige Zeitpunkt für Stolz, Dwight Farrell!"

„Ich verstehe einfach nicht, warum ich in eine so wichtige Entscheidung nicht einbezogen wurde. Du weißt, dass ich diesem Mann nicht traue. Er kam aus einem einzigen Grund nach Sydney Cove."

„Dwight Farrell! Robert Gabriel ist ein Ehrenmann. Er war ein Jugendfreund. Er rettete mir einmal das Leben, und das ist alles, was es zwischen uns beiden gibt!"

„Und du glaubst nicht, dass er Gefühle für dich hegt?"

„Nicht in der Art, wie du andeutest. Robert hat mich gesucht, das stimmt. Aber nur, um mich von den Schuldgefühlen, die mich all diese Jahre quälten, zu befreien. Ich habe mir die Schuld für seinen Tod gegeben, Dwight. Kannst du das denn nicht verstehen?" Ihre Augen wurden feucht, und sie wandte sich traurig und ungläubig von ihm ab.

„Und du empfindest keine Gefühle für ihn?"

„Du machst mich mit deinen Worten krank. Ist das alles, was uns im Leben noch geblieben ist – Misstrauen und Argwohn?"

„Ich mache dich also krank! Gut, dass ich das endlich weiß."

„Hör auf! Bitte!"

„Vielleicht hättest du mir schon längst sagen sollen, was du fühlst."

„Dwight!" Katy fuhr herum. Auf ihren Wangen glänzten die Tränen. „Kannst du denn nicht über deine eigene blinde Angst hinaussehen?" Sie trat auf ihn zu. „Ich liebe dich, Dwight." Ein lautes Schluchzen kam über ihre Lippen. „Mehr als mein Leben – ich liebe dich!"

Dwight schaute Katy an und kniff ernst die Augen zusammen. Er konnte nicht sprechen oder sich bewegen oder irgendetwas sagen, um den angerichteten Schaden wiedergutzumachen. Mit zitternden Händen streckte er die Arme nach ihr aus. „Hilf mir,

Katy." Seine Stimme war leise und kehlig. Er atmete mehrere Male stockend ein. „Ich ... ich verliere alles, was mir wichtig ist. Ich fühle ... mich verloren."

Katy lehnte sich an die Brust ihres Mannes und fühlte, wie sich seine starken Arme um sie legten. Sie schloss die Augen wie im Gebet. Dann schaute sie zu ihm auf, und ein seltsames Lächeln zog über ihr Gesicht. „Du hast mich nicht verloren, Dwight Farrell! Du hast nur ein wenig Angst bekommen. Das ist alles."

„Gott stehe mir bei!" Er hielt Katy fest, als würde sie verschwinden, wenn er sie losließe. Und vielleicht würde sie das auch, also ließ er sie einen langen Augenblick nicht mehr los.

* * *

Die Nachmittagssonne wanderte schnell dem Horizont entgegen. Bailey und Jared beeilten sich, nach Hause zu kommen.

„Geht es Ihnen gut, Miss Templeton?"

„Ja."

Seine Hände waren müde davon, die Zügel zu halten, und Jared klemmte die Lederriemen zwischen seine Knie. Er faltete die Finger, streckte die Hände aus, gähnte träge und nahm dann die Zügel wieder in die Hand. „Cole Dobbins ist ein gemeiner Kerl, nicht wahr?"

„Du kennst meine Regel, Jared. Ich spreche mit niemandem über andere Schüler."

Jared zuckte mit den Achseln. „Ich weiß."

„Das gehört sich nicht."

„Hmm." Er nickte.

Schließlich lachte Bailey laut auf. „Aber falls ich diese Regel jemals brechen sollte, dann müsste ich dir wenigstens ein Stück weit recht geben." Sie kam sich unfair vor, weil sie so etwas zugegeben hatte, aber Jared hatte eine Art an sich, ihr die Wahrheit zu entlocken.

Jareds Augen wurden weit, und er lächelte mit zusammengekniffenen Lippen. „Das weiß ich."

Mit zusammengebissenen Zähnen sagte Bailey: „So ein frecher Junge!"

„Ich?"

„Nein, dummer Junge. Cole Dobbins."

„Miss Templeton?" Jared zog nachdenklich die Lippen zusammen. „Vermissen Sie Ihre Familie? Ihren Vater und Ihre Mutter?"

Bailey antwortete nicht sofort. Sie stellte sich ihre Gesichter vor – Vater, wie er dominierend durch sein Geschäft schritt, und Mutter, wie sie mehrere Damen beim Tee bewirtete. „Ich vermisse sie sehr. Besonders meinen Vater, Fern Templeton. Er arbeitet sehr viel und ist ein guter Arbeitgeber. Aber vor allem versteht er mich besser als irgendjemand sonst, den ich kenne."

„Was gibt es da zu verstehen, Miss Templeton?"

Bailey musste erneut lachen. Sie löste die Schleife von ihrem graugrünen Hut, der mit Strohblumen verziert war, und nahm ihn ab. Sie tat, als seufze sie verzweifelt auf. „Mister Farrell! Du hast anscheinend noch nicht begriffen, dass ich eine zutiefst komplizierte Frau bin. Du musst noch sehr viel über mich lernen!" Sie zog in gespieltem Zynismus die Brauen hoch.

„Entschuldigen Sie, Miss Templeton." Der Junge kauerte sich leicht zusammen, aber ein verspieltes Lächeln zog über seine geröteten Wangen. „Ich wollte Sie nicht beleidigen."

„Natürlich nicht." Bailey band die Enden ihrer Hutschleifen zusammen und warf einen Blick auf die wenigen Geschäfte am Weg. Die mageren Läden waren im Zuge des Bevölkerungswachstums wie Pilze aus dem Boden geschossen. „Wenn es dir nichts ausmacht, können wir bei Farradays Geschäft anhalten."

„Ja, Miss Templeton." Jared zog an den Zügeln. „Sie müssen etwas einkaufen?" Er schob den Kragen an seinem dünnen Mantel hoch, um seinen Nacken vor der Sonne zu schützen.

„Apfelwein. Kommst du mit?" Sie sah die Vorfreude in Jareds

Gesicht. „Ich dachte mir doch, dass du einverstanden wärst. Außerdem sagte Mr Farraday, dass er heute einen Sack Briefe für die Siedler in Parrametta habe. Wir sparen uns alle eine weite Fahrt in die Regierungsläden, wenn ich sie gleich mitnehme."

Ein Gruppe Bauern und ihre Frauen scharten sich um die Verkaufstheke. Alle warteten auf Nachrichten von ihren Lieben aus der Ferne. „Holen wir uns zuerst den Apfelwein. Danach können wir uns nach den Briefen erkundigen." Bailey schritt gutgelaunt an den wartenden Menschen vorbei. Dicht hinter ihr folgte Jared. Ihr Blick wanderte wie immer suchend über die Kurzwaren. Sie fand aber nur wenig, das für sie interessant war. Die besseren Stoffe waren in den Regierungsgeschäften zu finden. Sie baute sich vor einem Regal auf, in dem einige Käsesorten, die Bauersfrauen aus der Gegend gemacht hatten, lagen. Neben der Käseauswahl erspähte sie zwei große Behälter, auf denen von Hand „Apfelwein" geschrieben stand. „Hier haben wir es. Meine Güte, diese Behälter sind ja viel zu groß. Fragen wir lieber, ob die Farradays uns etwas von diesem Apfelwein in einen kleineren Behälter umfüllen können."

„Ich gehe und frage, Miss Templeton." Jared stürmte zum Eingang des Geschäfts und drängte sich durch die vielen Farmer.

Bailey nahm ihr Handtäschchen, um nachzusehen, wie viel Geld sie bei sich hatte. Anfangs bemerkte sie die zwei Männer überhaupt nicht, die sich im hinteren Teil des Geschäfts nicht weit von dem Regal, vor dem sie stand, unterhielten. Einer trug die Uniform der Königlichen Marine, der andere war in Zivil gekleidet und sprach in schnellem, gestochen scharfem Englisch. „Ich bin vorerst bei meinem Bruder angestellt, aber ich warte ungeduldig auf die Stelle, für die ich angeworben wurde."

„Wie geht es Richard?"

Bailey ging an den beiden Männern vorbei und schaute sich auf dem Tisch hinter ihnen um. Sie kannte den Engländer nicht, obwohl sie mit den meisten Bewohnern der Siedlung flüchtig vertraut war. Er war ein kurzgewachsener, kahlköpfiger Mann mit unauffälligem Körperbau. Sein Gesicht verriet die deutlichen Spuren seines Alters. Er wirkte nervös und schaute sich während des Sprechens immer wieder argwöhnisch um.

„Gut, wie nicht anders zu erwarten ist, Herr Kommandeurleutnant." Der kurzgewachsene Engländer faltete die Hände hinter sich. „Vater hat seinen ganzen Einfluss eingesetzt, um Richard diese Stelle beim Kriegsgericht zu verschaffen. Er ist sehr erleichtert, mich hier zu wissen, damit ich ein wenig auf ihn aufpassen kann."

„Oh, ich entsinne mich. Ihr Vater hat einen Adelstitel, nicht wahr?" Der Kommandeurleutnant führte eine Pfeife an seine Lippen.

„Baronet." Der Engländer nickte selbstgefällig. „Ein vererbter Titel, aber ein Titel, der untalentierten Nachkommen bequeme Nischen eröffnet", sagte er glatt.

Bailey hatte irgendwo von einem Baronet gehört, aber wo genau, konnte sie nicht mit Bestimmtheit sagen. Einige hübsche Knöpfe erregten ihre Aufmerksamkeit. Sie rollte sie in ihrer Hand. *Katy würden diese Knöpfe bestimmt gut gefallen. Sie sehen wie kleine rosafarbene Rosetten aus.* Sie hatte nach ihren Einkäufen ein wenig Geld übrig, und da sie sich um ihre Wohnung und ihr Essen keine Sorgen zu machen brauchte, konnte sie sich einen kleinen Luxus für eine gute Freundin leisten.

„Richard wird für Ihre Ratschläge bestimmt sehr dankbar sein."

„Davon bin ich nicht überzeugt", erwiderte der Engländer trocken. „Ein Trinker hört selten auf Ratschläge. Nein, Richard ist eher der Typ, der einen glauben machen will, er sei vernünftig."

Betrunkener Sohn eines Baronets? Bailey verkrampfte ihre Finger um die Knöpfe und fühlte sich schmerzlich verraten. *Johnston?* Katy hatte sie schon vor Monaten vor dem Plan des Kriegsgerichtsrats gewarnt, seinen Bruder auf ihren Posten zu bringen. Sie wusste von Johnstons Verbindungen zu Richard Atkins. Aber innerlich hoffte sie, dass die Eltern ihrer Schüler sich für sie einsetzen würden. Die meisten hatten ihren Dank und ihre Wertschätzung ihr gegenüber zum Ausdruck gebracht und erklärt, dass sie als Sydney Coves einzige Lehrerin nichts als positive Veränderungen bei ihren Kindern bewirkt habe. Nie hätte sie geglaubt, dass die Junta so weit sinken und zu solch raffinierten Taktiken greifen würde. *Bailey, du bist so naiv.* Sie fügte die einzelnen Puzzleteile zusammen. Die heutige Auseinandersetzung wegen Cole Dobbins ließ an Johnstons Absichten keinen Zweifel aufkommen. Falls Bligh irgendeinen greifbaren Beweis ausgegraben hatte, der auf eine Verwicklung der Junta in den Anschlag auf sie schließen ließ, dann hatte man sie davon nicht informiert. Ihr Verdacht, dass der Heckenschütze vom Rum-Corps angeheuert worden sei, war nie bewiesen worden, aber der Gedanke, dass ihr Nachfolger wenige Zentimeter neben ihr stand, entfachte in ihr eine solche Wut, dass sie nur mit Mühe die Fassung behielt. Sie fühlte, wie sich vor ihr alles drehte und ihr Magen rebellierte. Das heutige Fiasko an der Schule mit dem Dobbinsjungen war lediglich ein Komplott gewesen, um sie zu einer Kündigung zu zwingen. *Das funktioniert nicht, Major Johnston!*

„Mr Atkins, nicht wahr?" Sie legte ihre Finger ineinander und schob gelassen ihre weißen Handschuhe zurück.

Der Engländer drehte sich um und schaute Bailey an. „Haben Sie mit mir gesprochen, Madam?"

„Sie sind doch Mr Atkins, nicht wahr? Richard Atkins' Bruder?" Ihre Augen wanderten zu seinem Gesicht hinauf und schauten ihn würdevoll an.

„Ja. Ich bin Orville Atkins, und Richard ist mein Bruder." Er sprach mit einer gewissen Abneigung, als er den Namen seines Bruders erwähnte.

„Sehr erfreut, Sie kennenzulernen." Bailey reichte ihm eine Hand, die er höflich ergriff. Noch bevor er nach ihrem Namen fragen konnte, sprach sie weiter: „Ich bin sicher, Richard freut sich sehr, Sie hier zu wissen. Werden Sie länger bleiben?"

„Allerdings. Ich plane, Sydney Cove zu meinem festen Wohnsitz zu machen."

„Wie interessant." Es kostete sie immer mehr Selbstbeherrschung, ihren Ärger zu verbergen. Sie sagte mit äußerlicher Gelassenheit: „Nehmen Sie eine staatliche Stelle an? Richard ist in solchen Dingen ein Genie."

Orville Atkins war geschmeichelt und tapste ahnungslos in Baileys Falle. „Ich bin Lehrer."

„Interessant!" Bailey bemerkte einen Anflug von Tadel in ihrer Stimme, der von ihrem wachsenden Zorn kam. „Sydney Cove braucht dringend einen Lehrer?"

Atkins warf dem Kommandeurleutnant einen vielsagenden Blick zu und grinste unbescheiden. „Das habe ich auch gehört."

Baileys Finger verkrampften sich fest um den grünen Wollstoff ihrer Röcke. Sie durfte die Wut, die sich jeden Augenblick über diesen ahnungslosen Mann zu ergießen drohte, nicht zeigen. „Ich muss gehen. Wenn die Herren mich entschuldigen ..."

„Hier ist ein kleinerer Behälter." Jared hob den Behälter vor ihr hoch.

Bailey wandte sich schnell von den zwei Männern ab. „Wir müssen los, Jared." Sie zwang sich zu einem förmlichen, strengen Tonfall und hoffte, Jared würde sie nicht verraten. Sie legte die rechte Hand hinter den Nacken des Jungen, als wollte sie ihn sanft voranschieben. Wenn sie auch nur noch einen einzigen Augenblick bliebe, würde sie zweifellos Worte sagen, die sie später bestimmt bereute. So weit wollte sie nicht sinken.

Atkins zuckte bei ihrem plötzlichen Abschied mit den Achseln und rief ihr nach: „Entschuldigung, ich habe nicht nach Ihrem Namen gefragt."

Bailey konnte sich nicht überwinden zu reagieren. Aber Jared schaute über seine Schulter zurück. Über ihren plötzlichen Aufbruch verwirrt, öffnete er den Mund, um etwas zu Miss Templeton zu sagen. Dann schaute er den Engländer an, der ihnen mit in die Hüften gestemmten Armen nachschaute, und antwortete ruhig: „Mein Name ist Jared Farrell, Sir."

Atkins lächelte den freundlichen Jungen an. „Danke, Junge. Auf Wiedersehen, Mrs Farrell."

Bailey bezahlte ihren Apfelwein, nahm einen Brief aus Amerika von Mr Farraday entgegen und eilte schnell aus dem Geschäft. Sie durfte keine impulsiven Entscheidungen treffen, das wusste sie. Sie hatte geschworen, nie aufzugeben. Aber sie konnte nicht tatenlos daneben stehen und zulassen, wie Männer wie Johnston sich hinter ihrem Rücken heimlich ins Fäustchen lachten. Wenn das Gottes Art war, sie aus diesem Land fortzuschicken, hätte sie es sehr vorgezogen, diese Botschaft auf andere Weise vermittelt zu bekommen. Sie blieb einen Augenblick stehen, um ihre Gedanken zu ordnen. Die Angst lag wie eine düstere Wolke über ihr. *Bitte sprich zu mir, himmlischer Vater. Ich weiß nicht, wohin ich gehen soll. Ich kann deine Stimme nicht hören.* Sie schaute auf und wartete fast auf eine Antwort, aber alles, was sie hörte, war der Wind, der durch die raschelnden Zweige der Bäume wehte, und alles was sie sah, war der Regen, der in der Ferne im Anzug war.

Teil drei

Von Ewigkeit zu Ewigkeit

„Die Gnade aber des Herrn währt von Ewigkeit zu Ewigkeit
über denen, die ihn fürchten,
und seine Gerechtigkeit auf Kindeskind.“

Psalm 103,17

15. Die Entführer

Drei Gestalten schlängelten sich um einen Felsvorsprung herum, eine Böschung hinab und über eine steinige Erhebung. Ihre schattenhaften Umrisse bewegten sich wie Phantome vor dem immer dunkler werdenden Blau des Horizonts. Ein Mann blieb stehen und drohte dem Letzten und Kleinsten in ihrem Zug, der etwas zurückblieb, wütend mit der Hand. „Du gehst zu langsam. Du hältst uns auf. Das werde ich nicht zulassen!"

„Gönnen Sie mir eine Pause, Sir! Ich kann nicht …" Der erschöpfte Junge flehte darum, sich niederlegen zu dürfen. „Ich kann nicht mehr gehen."

„Halt den Mund, Junge! Ich kann dein Jammern nicht mehr hören."

„Was haben Sie mit meinem Pferd gemacht?", wollte der Junge wissen, dessen Erschöpfung inzwischen größer war als seine Angst.

„Das brauchst du nicht mehr."

„Ich kann keinen Schritt mehr weitergehen!"

Der stämmige Mann baute sich drohend vor dem Jungen auf. „Ich sagte: *Beweg dich!*"

Der Junge stöhnte und schaute ihn mit weit aufgerissenem Mund und schweren Augenlidern müde an. Er konnte nicht mehr klar denken. Die Stunden und Tage waren wie weit entfernte, nicht greifbare Punkte. Er hatte jegliches Zeitgefühl verloren und konnte nicht mehr sagen, was Wirklichkeit war und was nicht. Er war sich fast sicher, dass er schon seit Wochen von seinem geliebten Zuhause fort war. Er sehnte sich danach, die Zeit zu wissen, und wenn seine wenigen Habseligkeiten ihm nicht gestohlen worden wären, hätte er sie bestimmt verkauft, nur um zu erfahren, welcher Wochentag und wie viel Uhr es war. Aber seine Entführer hatten ihm alles abgenommen, was er besessen hatte – die wenigen Münzen in seiner Tasche und sein Pferd. Nachts zitterte er vor Kälte.

Nur die Erinnerung an zu Hause wärmte ihn etwas. Aber inzwischen nahm er alles nur noch verschwommen wahr, so ausgelaugt und benommen war er. Der kräftige Mann, der ihn damals von seinem Pferd gezerrt hatte, hatte seinen Namen kein einziges Mal ausgesprochen. Also sprach der Junge von Zeit zu Zeit seinen eigenen Namen aus und dachte an Papa und Mama, an Großmutter, an seine Tante und seinen Onkel, seine Geschwister, Kusinen und Spielkameraden. *Ich bin Donovan – Donovan Farrell.* Seine Entführer waren schlau genug, sich nicht mit Namen anzusprechen. Und so nannte Donovan sie insgeheim beide Ungeheuer. Ihm graute kaum noch vor den Schlägen, die ihm bevorstanden. Er stolperte kraftlos weiter und landete auf der harten Erde. In den ersten Nächten mit seinen Entführern hatte er das Landstreicherleben, zu dem sie ihn zwangen, gehasst. Aber inzwischen empfand er die Erde als ganz angenehm. Er rollte sich wie ein Kleinkind zusammen, während das große Ungeheuer ihn wütend anschrie. „Du nichtsnutziger, fauler Kerl! Steh auf! Ich sage, steh auf, sofort!" Donovan hörte den Mann, und obwohl er eine eigensinnige Natur besaß, war es nicht seine unnachgiebige Art, die ihn veranlasste, ihm zu trotzen. Er hatte das Gefühl, auf dem Felsboden zu erstarren, und fragte sich, ob er vielleicht im Sterben liege. Er konnte genauso wenig aufstehen wie die Felsen unter ihm. Der Partner des Ungeheuers, der kleinere Mann, der einen schäbigen blauen Mantel trug, beruhigte seinen erregten Kumpan. Donovan rollte sich auf den Rücken und fand einen weicheren Platz, an dem er schlafen konnte. Er öffnete die Augenlider nur so weit, dass er die ersten Sterne sehen konnte, die im Zwielicht am Himmel zu erkennen waren. Er machte sich bewusst, dass er unter demselben Himmel lag wie Rose Hill, und diese Verbindung machte ihm Mut. *Warum kommst du mich nicht holen, Papa? Ich will nach Hause. Ich bin hier, Papa.* Seine Gedanken verschwammen. *Genau hier …*

* * *

„Land in Sicht!“

Kapitän Robert Gabriel winkte dem Matrosen, der hoch oben im Ausguck Stellung hielt, dankbar zu. Er drehte sich ruhig um und wiederholte die Nachricht: „Land in Sicht, Hauptmann Hogan“, meldete er seinem seemüden Passagier aus Hobart.

Grant Hogan verschränkte die Arme vor der Brust und lehnte sich an die Reling. „Ich habe schon lange nicht mehr so etwas Schönes gehört, Gabriel.“ Er dachte mit großer Vorfreude an das Wiedersehen, das vor ihm lag.

„Und ich war schon lange nicht mehr so froh, einen Fahrgast loszuwerden“, erwiderte Gabriel schmunzelnd.

„Ich werde nie wieder so weit oder so lange von Sydney Cove fortfahren, das schwöre ich.“ Hogan betrachtete das Land, das sich vor ihnen erhob.

„Sie wollen also eine Landratte werden, was? Sie wollen Sydney Cove zu Ihrer Heimat machen?“

Allein schon bei der Erwähnung des Namens Sydney Cove wurde Hogan warm ums Herz. Er erinnerte sich an die Sonntagsgottesdienste in der Kirche, den Klang der Kirchenlieder, die zu dem mit Zweigen bedeckten Dach aufstiegen, die fröhlichen Picknicks, den Duft nach Hausmannskost, das herzliche Lachen der Männer und das aufgeregte Plappern der Frauen. Als ihm bewusst wurde, dass er nur noch wenige Kilometer von alledem entfernt war, meldeten sich aber gleichzeitig besorgte Gedanken. Er hatte in Hobart schwer gearbeitet und schließlich einen geeigneten Nachfolger gefunden. Jetzt konnte er die Not dort hinter sich lassen, aber nur zu einem gewissen Grad. Denn er hatte die Last dieser Menschen erst begriffen, als er ein Teil ihres Lebens geworden war. Jetzt ließ er einen Teil von sich selbst zurück, genauso wie damals, als er Sydney Cove verlassen hatte. Er verglich es mit der Liebe zu zwei Frauen, die man aus vollkommen unterschiedlichen Gründen liebte. Einer gehörte sein Herz, und die andere war seine Bestimmung. Aber sein Herz siegte über seine Bestimmung und trieb ihn zu ihren lockenden Ufern zurück. Neben den angenehmen Erinnerungen an zu Hause gab es aber auch Gedanken und Fragen, die ihn insgeheim quälten. Trotz des Briefes, den er unmittelbar vor seiner Abfahrt geschrieben und Bailey Templeton hatte überbringen lassen, war sein Brief nie beantwortet worden. Katy hatte Baileys Namen nur ein einziges Mal erwähnt, aber mit keiner Silbe angedeutet, dass sie nach ihm gefragt habe. Allem Anschein nach hatte sie ihn aus ihrem Leben gestrichen. *Bailey Templeton, du musst mich verachten. Sobald ich dich sehe, falle ich wie ein Bettler vor dir auf die Knie.* Er schüttelte diesen Gedanken von sich ab, als er merkte, dass Gabriel ihn fragend anschaute. Er konnte sich nicht an Gabriels letzte Worte erinnern. „Wie bitte?"

Robert Gabriel lachte. „Ich fragte, ob Sie mit Bestimmtheit wissen, dass Sie Sydney Cove zu Ihrem Zuhause machen wollen?"

Grant nickte. „Ohne jeden Zweifel, Kapitän Gabriel. Ich bin auf dieser letzten Reise zu weit von zu Hause fort gewesen. Diesen Fehler werde ich bestimmt kein zweites Mal machen. Und wie steht es mit Ihnen?"

„Sobald ich Ihr seekrankes Gerippe abgeladen habe, setze ich Segel nach England."

„England ist also Ihr Zuhause."

„Das Meer ist meine Heimat. Aber wenn ich in England bin, werde ich eine Witwe besuchen. Sie ist noch jung und hat mir seit dem Tod ihres Mannes vor fast drei Jahren regelmäßig geschrieben."

„Meine Kusine wird Sie bestimmt sehr vermissen. Und ihre Kinder auch."

„Sie ist eine liebe Freundin. Ich wünsche mir nichts mehr, als dass ihr Junge wieder gesund nach Hause zurückkommt. Deshalb habe ich ja Sie und William Lawson geholt. Aber ich bin damit zufrieden zu wissen, dass es ihr gut geht und dass sie mich quicklebendig gesehen hat und nicht länger glaubt, ich sei von den Haien gefressen worden." Er grinste.

„Ich danke Ihnen für Ihr schnelles Handeln. Wir *werden* Donovan finden und zu Katy zurückbringen. Und ich werde dafür sorgen, dass Dwight sich unserem Suchtrupp anschließt."

„Katy hat einen guten Mann gefunden, der sich liebevoll um sie kümmert. Eine starke Leistung in dieser Kolonie."

„Ja, die beiden haben allen Grund, dankbar zu sein." Hogan dachte an Katy und Dwight. Hogans Familie war nach Neu-Südwales gezogen, als er noch ein Junge gewesen war, und er hatte sowohl die Stärken als auch die Schwachstellen ihrer Ehe kennengelernt. Aber inmitten aller Stürme brannte immer eine Flamme leidenschaftlicher Liebe füreinander. Jetzt standen sie vor einer Zerreißprobe, die ihre ganze Familie zu zerstören drohte. „Katy muss außer sich vor Angst sein."

„Sie ist krank vor Sorge." Gabriel seufzte. „Sie ist es nicht gewohnt, auf jemandes Hilfe angewiesen zu sein, und allein das zerreißt ihr schon fast das Herz."

„Wenn Donovan zurück ist, wird alles wieder ins rechte Lot gebracht werden. Wir werden ihn finden, und wenn ich dazu jedes einzelne Haus in der Siedlung auf den Kopf stellen muss. Danach kann ich vielleicht anfangen, mein eigenes Leben in Ordnung zu bringen."

„Und zu der Frau zurückkehren, die Ihnen den Kopf verdreht hat?"

Hogan wandte das Gesicht vom Meer ab und schaute Gabriel fragend an. Als er die Belustigung sah, die aus seinen Augen leuchtete, fragte er mit vorsichtiger Zurückhaltung: „Von wem sprechen Sie bitte?"

„Von der Lehrerin natürlich."

Beiläufig ließ er seine Augen wieder zum weiß bedeckten Horizont wandern. „Ich weiß beim besten Willen nicht, was Sie meinen."

„Natürlich wissen Sie das, Hauptmann Hogan. Auf die hübsche Lehrerin hatten Sie doch schon die ganze Zeit ein Auge geworfen."

„Würden Sie mir verraten, wie Sie auf so etwas kommen?" Hogan wusste nicht, was und woher Gabriel davon wusste. Sein Herz wurde zwar weich, aber er war zu eigensinnig, um es zuzugeben. „Sagen Sie es, wenn Sie nicht ins Meerwasser getaucht werden wollen." Sein Mundwinkel zog sich auf einer Seite nach oben.

„Lieber Hauptmann Hogan. Ihr Geheimnis ist bei mir gut aufgehoben." Gabriel hielt einen Finger an seine Lippen. „Sie sind so undurchsichtig wie Leder, und niemand hätte eine Ahnung davon, wenn ich nicht zufällig in der Nähe des Restaurants meinen Abendspaziergang am Strand gemacht hätte. Und was sah ich da? Zwei Verliebte! Ich hatte aber den Eindruck, Sie hätten sich davongeschlichen."

„Sie sind verrückt!" Hogans Brauen zogen sich in einem verletzten Runzeln zusammen, aber er konnte ein leises Schmunzeln nicht verbergen.

„Vielleicht, aber ich bin nicht blind."

Hogan schaute zuerst in die eine und dann in die andere Richtung. Seinen ersten Gedanken – den ganzen Vorfall zu leugnen – gab er unter dem drückenden Gewicht der Wahrheit auf. Er schritt zu dem Mast hinter dem Kapitän und lehnte sich daran. Dann beugte er den Kopf, schloss die Augen und sagte leise: „Nein, lieber Kapitän Gabriel, Sie sind nicht blind."

* * *

Bailey setzte sich zu den Damen von Rose Hill, die sich leise unterhielten. Vergeblich beharrte Amelia darauf, dass ihre junge Schwiegertochter Kelsey eine genauso gute Näherin werden müsse, wie sie selbst eine war. Sie führte ihr einen Stich vor und reichte Kelsey dann die Näharbeit. Kelsey musste über ihre eigene Ungeschicklichkeit mit Nadel und Faden lachen.

„Ich kann das nicht, Amelia!" Kelsey zwinkerte Bailey zu. „Versuch du es, Katy. Ich bin nicht die Richtige für so etwas."

Bailey schaute das irische Mädchen bewundernd an. Sie saß aufrecht auf einem gepolsterten Stuhl, um den sich ihr elegantes Kleid aus feinem violetten Kreppstoff ausbreitete. Ihre goldenen Haare fielen in weichen, glänzenden Wellen über ihren Nacken und ihre Schultern. Obwohl sie zwei Kinder geboren hatte, besaß sie immer noch eine auffallend schlanke Figur. Katy, die genauso elegant gekleidet war und ein blauweißes Tuch auf ihren Schultern trug, saß schweigend neben ihr und hatte betrübt den Blick von den beiden Frauen abgewandt. Obwohl die Verzweiflung in Katys betrübter Miene sie deprimierte, musste Bailey bei dem Anblick der zwei Frauen, die mit dem Nähzeug kämpften, lächeln.

„Willst du es nicht auch einmal probieren, Bailey?" Kelsey hielt ihr den Stoff hin. Ein neckisches Funkeln strahlte aus ihren Augen.

Bailey dachte einen Augenblick über diesen Vorschlag nach. Sie hasste Näharbeiten, würde das aber Amelia gegenüber nie zugeben. Sie wollte sie auf keinen Fall enttäuschen. „Vielleicht probiere ich es später." Sie zog die Nase kraus und kniff die Augen zusammen. Als Amelia das Gesicht beugte, um die Näharbeit zu begutachten, zwinkerte Bailey Kelsey verschmitzt zu.

„Oh, dann gib es mir." Ein Anflug von Verzweiflung lag in Amelias Stimme, als sie Kelsey die Handarbeit aus der Hand nahm. „Ich nähe es selbst."

Immer noch mit einem leichten Lächeln auf den Lippen fragte Bailey Katy: „Wo ist dein Mann heute?"

„Er ist von dem Gebiet hinter Parrametta noch nicht zurückgekehrt. Er hat zwei Männer mitgenommen. Es gab Gerüchte, dass ein Junge gesehen worden sei, der zu Fuß in dieser Gegend unterwegs sein soll."

„Ja." Kelsey runzelte die Stirn. „Aber kein Anzeichen von Donovans Pferd. Es ist alles so rätselhaft." Das Sonnenlicht, das durch das Fenster schien, fiel auf ihr Gesicht. „Caleb ist zurückgekommen, um nach den Herden zu sehen und um sich um Rose

Hill zu kümmern. Es ist alles so schwierig." Sie stand auf und zog die Vorhänge zu.

Als Bailey die Traurigkeit in ihrer Stimme hörte und sah, wie schwer die Sorge um den Jungen auf ihnen allen lastete, brachte sie es nicht über das Herz, ihnen ihre eigene schlechte Nachricht zu erzählen, die sie in dem Geschäft erfahren hatte. Stattdessen verkündete sie: „Ihr müsst unbedingt wissen, dass trotz der Sorgen, die auf diesem Haus lasten, der kleine Jared gestern fast den Lesewettbewerb in der Schule gewonnen hätte."

„*Mein* Jared?" Katy legte die Hand auf ihre Brust.

Als sie Katys Reaktion sah, erfüllte Bailey eine starke Erleichterung. Sie glaubte, ein leichtes Lächeln entdeckt zu haben, wenn auch ein sehr beherrschtes, als könnte Katy damit den Erfolg der Suche nach Donovan gefährden.

Stolzesröte zog über Amelias Wangen. „Der kleine Gauner!"

„Er hat kein Wort gesagt." Katy blickte sich in dem gemütlich eingerichteten Salon um und faltete die Hände auf ihrem Schoß. „Hat er dir davon erzählt, Mama?"

„Nein." Amelia schüttelte mit einem fragenden Blick den Kopf.

„Mir auch nicht", bemerkte Kelsey.

„Warum sollte er auch? Wir sind alle so damit beschäftigt, Donovan zu finden ..." Katys Blick wanderte in die Ferne. Ihre Stimme brach, von schmerzlichen Gefühlen überwältigt, ab.

Bailey sah, wie Katy sich noch mehr Schuldgefühle auflud, und konnte es nicht länger ertragen. „Katy, bitte, du musst aufhören, dir für alles, was in letzter Zeit geschehen ist, die Schuld zu geben."

„Ja", nickte Amelia. „Bailey hat recht. Sorgen bringen unseren geliebten Donovan nicht zurück, Katy." Sie strich über ihr schwarzes Mieder und setzte sich vor.

Aber Bailey konnte sehen, dass die Sorgen auch bei Amelia ihren Tribut forderten. Ihr Gesicht war von ihren ständigen Sorgen gezeichnet.

„Ich weiß, Mama." Katys Stimme wurde wieder fester. Sie kniff die Augen zusammen und verteidigte sich. „Aber es *ist* meine Schuld. Ich würde es mir nie vergeben, wenn …“

„Jared!“ Baileys Augen wurden größer. Ein Lächeln zog über ihr Gesicht. „Wir haben gerade von dir gesprochen.“ Sie deutete mit dem Kopf zum Türrahmen, um die anderen darauf aufmerksam zu machen, dass der Junge unbemerkt ins Zimmer getreten war.

„Warum?“ Er biss in sein Obst.

Mit gerötetem Gesicht nahm Katy wieder Haltung an, auch wenn in ihren Augen immer noch bittere Tränen standen. „Miss Templeton hat uns von dem Lesewettbewerb erzählt“, antwortete sie schließlich. „Ich bin sehr stolz auf dich, mein Sohn.“

„Ich habe doch nicht gewonnen“, sagte er nüchtern. „Ich habe gelernt und geübt, aber trotzdem nicht gewonnen. Donovan hätte gewonnen. Das hat er immer.“

„Donovan wird stolz auf dich sein, wenn dein Papa ihn nach Hause zurückbringt.“ Katy fuhr mit ihren schlanken Fingern über seinen Arm. „Genauso stolz wie wir.“

Froh, dass ihre Aufmerksamkeit sich um angenehmere Themen drehte, sagte Bailey schnell: „In Jared ist ein Feuer entfacht. Es würde mich nicht überraschen, wenn er den nächsten Wettbewerb gewönne. Ich bin mir ziemlich sicher, dass er das schafft.“

Das fröhlichere Thema und Amelias Getue mit ihrer Näharbeit halfen, den langen Samstagnachmittag zu überstehen. Nach dem Tee entspannte sich Bailey in der Gemeinschaft mit den Frauen. Doch der Drang, ihre Entscheidung zu verkünden, wurde in ihrem Herzen immer stärker. „Bevor du dich heute Nachmittag zu deinem Mittagsschlaf zurückziehst, Amelia, muss ich noch etwas loswerden, das mich bedrückt.“

Die Frauen schauten einander erstaunt an. Amelia fragte: „Willst du damit sagen, dass du uns schon den ganzen Tag etwas sagen wolltest? Meine Güte, Bailey, du hättest viel früher mit der Sprache herausrücken sollen.“

Bailey konnte mit dem, was sie belastete, nicht mehr hinter dem

Berg halten und begann: „Es ist so schwer, darüber zu sprechen oder es einzugestehen. Wie ihr alle wisst, hatte ich in der Schule meine Probleme."

Amelia nickte verstehend und bemerkte: „Und du hast sie alle wie ein tapferer Soldat angegriffen, kann ich nur sagen."

„Ich wünschte, dem wäre so, Amelia. Wie sehr ich das wünschte. Aber ich glaube, durch meine Weigerung, die Schule zu verlassen, habe ich einige der Schwierigkeiten auf Rose Hill ausgelöst."

„Das ist doch absurd!" Kelsey runzelte die Stirn.

„Das stimmt doch nicht", widersprach Katy ihr ebenfalls vehement.

„Hört mich bitte zu Ende an." Der Schmerz war größer, als Bailey gedacht hätte, und sie wendete den Blick von den anderen ab, um, so gut sie konnte, Haltung zu bewahren. „Katy, dein Vetter Grant Hogan versuchte, mich vor der Junta zu warnen. Während ich lange glaubte, er wolle mich loswerden, versuchte er die ganze Zeit, mich zu beschützen. Wenigstens drängt sich mir diese Schlussfolgerung inzwischen auf."

Katy erwiderte: „Bailey, wenn ich von deinen Vermutungen gewusst hätte, hätte ich es dir schon früher sagen können. Mein Vetter ist bei zahlreichen Gelegenheiten für dich eingetreten. Er bat deinetwegen sogar um ein Gespräch bei Gouverneur Bligh. Über das Ergebnis dieses Gespräches habe ich nie etwas erfahren, denn am nächsten Tag wurde er versetzt."

„Er sprach mit Bligh über mich?" Diese Worte verblüfften Bailey. Katy nickte bestätigend. „Er hat mir davon nie etwas gesagt." Sie erinnerte sich an die Zeit mit ihm am Strand. Damals hätte er ihr etwas davon sagen können, hatte es aber nicht getan.

„Aber du hast doch nur sehr selten mit Grant gesprochen, nicht wahr?", fragte Katy, in deren Augen plötzlich ein neugieriges Funkeln aufleuchtete.

„Ja, selten." Bailey schwieg und kam wieder zu ihrem Gedankengang zurück. „Nach Hauptmann Hogans Abreise wurde mein

Haus überfallen und mein Garten wurde zerstört. Ihr erinnert euch?"

„Wir wissen das alles. Deshalb luden wir dich doch ein, hier zu wohnen." Katy setzte sich vor, ihre Stimme verriet einen Anflug von Verzweiflung. „Du fühlst dich hier doch sicher, oder etwa nicht?"

„Das habe ich. Aber jetzt, da Donovan verschwunden ist, kann ich mich des Gedankens nicht erwehren, dass damit noch nicht alles vorbei ist. Irgendwie steckt die Junta dahinter. Dessen bin ich mir sicher."

„Das können wir nicht wissen, Bailey." Kelsey stand auf und trat an Baileys Seite. „Donovan war aufgeregt, als er verschwand."

„Er ist aber auch ein vernünftiger junger Mann." Bailey hob ihre Hand und legte sie auf Kelseys Schulter. „Und ich habe noch etwas erfahren. Mein Nachfolger wohnt bereits hier in Sydney Cove. Er kann es kaum erwarten, dass ich ihm meinen Platz frei mache."

„Weißt du das mit Bestimmtheit, Liebes?" Amelia legte ihre Näharbeit zur Seite.

„Ja, Amelia. Er heißt Atkins, und er ist der Bruder des Kriegsgerichtsrats."

„Diese hinterlistigen Ungeheuer!" Katy stand auf und ballte die Fäuste.

„Dadurch, dass ich immer noch nicht meine Kündigung einreiche, wächst der Druck auf Major Johnston immer mehr."

„Du glaubst also, Macarthurs Rum-Corps habe Donovan entführt, weil wir dir zu Hilfe gekommen sind?" Katys Brust hob sich. Ihre Besorgnis war unübersehbar.

„Sie arbeiten gegen jeden, der sich ihnen in den Weg stellt. Ihr Anführer wurde inhaftiert, und Rache ist das Gesetz der Stunde." Bailey legte die Arme um sich. Es fiel ihr immer noch schwer, Katy direkt in die Augen zu schauen. „Aber wenn ich meine Kündigung einreiche ..."

„Nein! Das lassen wir nicht zu.“ Katy trat schnell mit raschelnden Röcken auf Bailey zu.

„Nein, das werden wir nicht zulassen!“ Amelia gab ihr recht und gesellte sich ebenfalls zu Bailey.

Bailey fühlte, wie Amelias Arm sich um ihre Taille legte. Sie schätzte die Unterstützung ihrer Freundinnen sehr. Seit sie von zu Hause fort war, hatte sie eine solche Liebe und Ermutigung nicht mehr erfahren. Sie legte den Arm um Amelias Schultern und schaute zuerst sie und dann die anderen beiden Frauen an. „Ihr habt mir alle so viel geholfen. Man stelle sich das nur einmal vor – eine Amerikanerin, die versucht, im australischen Busch eine Schule zu leiten. Wenn ich genauer darüber nachgedacht hätte, hätte ich eine solche Herausforderung wahrscheinlich kaum angenommen. Aber ich habe es getan, und ich bin froh darüber. Doch wenn ich durch mein Bleiben das Leben der Menschen, die ich von Herzen liebe, gefährde, dann liege ich mit meinem Standpunkt vielleicht falsch, auch wenn wir ihn für noch so edel halten.“

„Aber Sydney Cove ist jetzt dein Zuhause“, warf Kelsey ein. „Die Junta hat uns schon das Leben schwergemacht, bevor du kamst, und wir werden uns auch in Zukunft mit ihr herumschlagen müssen, bis England sich endlich imstande sieht, ihre Macht zu beschneiden.“

„Die letzten Monate waren emotional äußerst angespannt. Triff jetzt keine endgültige Entscheidung. Bitte!“, flehte Katy, deren Verzweiflung deutlich in ihr Gesicht geschrieben stand. „Wenn du Atkins das Feld überlässt, wird die Schulbildung unserer Kinder in die Hände der Korruption gelegt.“

„Über all das, was ihr da sagt, habe ich mir schon den Kopf zerbrochen, Katy. Aber die Tatsache bleibt bestehen, dass das Rum-Corps vor nichts zurückschrecken wird, um diese Kolonie unter seine Kontrolle zu bringen. Und solange England das nicht einsieht und etwas dagegen unternimmt, ist eine einzige amerikanische Lehrerin eine leichte Beute, und auch alle, die sich mit ihr anfreunden. Ich habe euch alle zur Zielscheibe ihrer zerstörerischen Machenschaften gemacht."

„Dwight muss das, was du da sagst, alles hören, Bailey." Katy ließ nicht locker. „Wenn das Rum-Corps irgendetwas mit dem Verschwinden unseres Sohnes zu tun hat, dann kann es sein, dass wir an den falschen Stellen suchen. Und was ist, wenn ..." Katy versagte die Stimme. „Wenn es zu spät ist?"

„Quäle dich doch nicht mit solchen Gedanken." Bailey ergriff ihre Hände und schaute zu Katy auf. „Wenn wir verzweifeln, kommen wir überhaupt nicht weiter."

„Sie hat recht." Amelia streckte beide Hände aus. „Wir alle haben schon jeder für sich gebetet. Aber jetzt wollen wir gemeinsam vor Gott treten." Sie ergriff auf einer Seite Baileys und auf der anderen Kelseys Hand. Katy vervollständigte den Kreis. Amelia beugte den Kopf. „Lieber Vater ..."

16. Ehrliche Bekenntnisse

Obwohl diese Enthüllung einen düsteren Schatten über das Haus gelegt hatte, war Bailey erleichtert, dass wenigstens die Frauen von den Plänen der Junta wussten, sie aus ihrem Amt zu vertreiben. Wenn nötig, könnte sie nach London und nach Williamsburg schriftliche Bewerbungsunterlagen schicken und die nötigen Vorkehrungen treffen, um ihre Abreise so schnell wie möglich zu bewerkstelligen, falls Johnston mit seinem Bemühen, sie aus der Schule zu vertreiben, Erfolg hätte. Aber falls sie die Schule verließ, so hatte sie Katy und Amelia versprochen, dann müsse das durch einen Gewaltakt seitens der Junta und nicht durch eine Kündigung ihrerseits geschehen. Sich Macarthurs Junta zu ergeben wäre das Gleiche, als ergäbe man sich dem Teufel.

Bailey hatte die Fenster geöffnet, um die frische Luft und den Sonnenschein in ihr Zimmer zu lassen. Sie hatte jedes einzelne Kleid herausgeholt, um es zu überprüfen, und festgestellt, dass einige Näharbeiten dringend erforderlich waren. Bevor die letzten Sonnenstrahlen von ihrem Fenstersims verschwanden, ging sie schnell daran, die nötigen Arbeiten zu erledigen. Sie betrachtete kritisch ihre Handarbeit an einem hellblauen Seidenkleid im Empirestil – ein weit ausgeschnittenes Kleid mit hoher Taille. Die Farbe war so blass, dass sie gedacht hätte, der Stoff sei weiß, wenn in den Falten nicht die blaue Farbe noch zu erkennen gewesen wäre. Sie hatte eine Naht am Ärmel zugenäht, zog jetzt ihr Baumwollkleid über den Kopf und schlüpfte in das hellblaue hinein. Sie fühlte, wie die kühle Seide in einer zärtlichen Berührung über ihre Hüften und Beine glitt. Ihr gefiel dieser französische Schnitt, und sie war der Turnüren und Unterröcke so müde, auch wenn sie bezweifelte, dass die Frauen je ganz davon frei sein würden.

Sie hatte sich gerade vom Spiegel abgewandt, als sie ein leises Klopfen an ihrer Tür vernahm. Ein Dienstmädchen brachte ihr die Nachricht, dass jemand gekommen sei, um Bailey zu besuchen – ein Offizier namens Evans. Überrascht, dass Evans nach diesen langen Monaten an ihrer Tür auftauchte, zögerte Bailey. Sie seufzte leise. Aber da sie nicht unhöflich erscheinen wollte, öffnete sie dem Dienstmädchen die Tür. „Wie bitte? Sagten Sie Evans?"

„Ja, Miss." Das Mädchen hatte die Arme in die Hüften gestemmt und wartete auf Baileys Antwort.

Sie antwortete in der erwarteten Weise, aber ihre Gedanken schweiften ab. „Würden Sie dem Leutnant bitte ausrichten, dass ich in ein paar Sekunden zu ihm hinunterkomme?"

Das Mädchen nickte und verschwand auf dem Gang.

Bailey betrachtete sich noch einmal im Spiegel, auch wenn es ihr gleichgültig war, wie sie auf den Leutnant wirkte. Sie steckte ihre Füße in ein Paar Lederschuhe, die mit einer blauen Rosette und einer schwarzen Seidenschleife geschmückt waren, und bereitete sich in Gedanken auf das vor, was der Mann ihr zu sagen hatte. Sie empfand immer noch leichte Schuldgefühle darüber, wie sie die Beziehung zu ihm abgebrochen hatte. Sie hatte Jonathan in der Kirche gesehen, ihn aber genauso behandelt wie jeden anderen Bekannten auch. Vielleicht hatte sie die ganze Sache falsch angefangen, und er wollte eine versöhnlichere Lösung herbeiführen. Sie beschloss, ihn, wie auch immer, zu Ende anzuhören. Und sie betete darum, dass sie in Dingen, die die Gefühle anderer Menschen berührten, lernte, immer mehr auf Gott zu hören. Bislang war sie auf diesem Gebiet kläglich gescheitert und hatte eine Spur von Verletzungen und Leid hinter sich zurückgelassen.

Bailey stieg die Treppe hinab. Als sie unten ankam, teilte ihr das junge Hausmädchen mit, dass der Leutnant von Mrs Farrell eingeladen worden sei, im Salon zu warten. Bailey drehte sich abrupt um und stieß in ihrer unübersehbaren Nervosität beinahe mit einem Hausangestellten zusammen, der unauffällig an ihr hatte vorbeischlüpfen wollen. „Entschuldigen Sie." Sie strich ihr Kleid glatt und ließ den Mann schnell weitergehen, merkte aber, wie ihre Wangen sich röteten. „Um Himmels willen", murmelte sie bei sich. Sie hatte nicht die Absicht, sich in dieser Verfassung von Jonathan Evans sehen zu lassen. Er könnte ihre Nervosität in eine Richtung interpretieren, in die sie diesen Mann auf keinen Fall lenken wollte. Sie nahm erneut Haltung an und betrat mit einer ruhigen Sicherheit und einem freundlichen Lächeln auf den Lippen den Salon.

Evans, der auf Amelias Mahagonisofa saß, stand sofort auf. Ein seltsamer, düsterer Blick verdunkelte sein normalerweise selbstsicheres Lächeln. „Hallo, Bailey." Er nahm den Hut ab und hielt ihn vor sich.

„Jonathan." Bailey nickte höflich, aber zurückhaltend.

„Entschuldige, dass ich so unangemeldet vor deiner Tür stehe." Evans drehte sich um und schritt vor dem Kamin auf und ab. Er legte die Hände auf den Rücken und spielte nervös mit seinem Hut.

„Du brauchst dich doch nicht zu entschuldigen." Als sie sah, dass der Mann sich nicht wohl in seiner Haut fühlte, sagte sie: „Bitte setz dich doch."

Ohne sie anzuschauen, ging Evans weiter auf und ab. In seinen Worten lag eine nervöse Anspannung. „Nein, danke. Was ich zu sagen habe, sollte ich am besten sofort sagen, damit ich nicht womöglich wieder versucht werde, meine Absicht zu verschweigen, und nie die Worte ausspreche, die ich schon vor langer Zeit zu dir hätte sagen sollen."

Bailey kniff die Lippen zusammen. Jetzt war sie es, die ihm nicht in die Augen schauen konnte. „Jonathan, falls es dabei um uns beide geht, muss ich sagen, dass ich damals ..."

Evans drehte sich um und hob entschlossen das Kinn. „Du glaubst, ich sei gekommen, um dir den Hof zu machen?"

Bailey wollte den Kopf schütteln. Eine derartige Vermutung war ihr nie in den Sinn gekommen. Aber statt ihm direkt zu antworten, hielt sie vorsichtshalber ihre Worte zurück und wartete auf seine Antwort.

„Wie du siehst, ist das immer noch das Problem, nicht wahr?"

„Ich glaube, ich verstehe dich nicht." Sie setzte sich, obwohl er stehenblieb.

„Dann lass es mich erklären." Evans baute sich direkt vor Bailey auf. Sein Blick wich jetzt nicht von ihren Augen. Als er ihr ins Gesicht schaute, konnte er die Zärtlichkeit und die Zuneigung, die er für sie empfand, nicht verheimlichen.

Ein seltsames Mitgefühl für diesen Mann stieg in Bailey auf. Aber sie empfand keine Zuneigung für ihn, so sehr sie sich das vielleicht auch wünschen mochte.

„Ab dem ersten Augenblick, als ich dich sah, Bailey, war ich sicher, dass wir ein Paar werden könnten. Du bist nicht nur eine wunderschöne Frau, sondern hast auch klare Ziele und einen tadellosen Charakter. Aber damals warnte ich dich gleichzeitig davor, dass ein anderer Mann dir nachstellen würde."

„Grant Hogan." Bailey hatte seinen Namen so lange nicht mehr ausgesprochen, dass sie über die Gefühle, die sich in ihrem Inneren regten, als sie ihn jetzt aussprach, überrascht war. „Er ist fort, Jonathan. Warum sollen wir uns noch mit diesem Thema aufhalten?"

Ein verächtlicher Blick schoss aus Evans' Augen. Er baute sich vor ihr auf und warf die Schultern zurück. „Er hatte schon genug Frauen in der Kolonie. Es überraschte mich also nicht, dass er ein Auge auf dich warf und auch auf Emily Parkinson und jede andere unschuldige Frau, die er zu seiner Beute machen wollte."

„Du stellst ihn ja wie einen gemeinen Schurken hin, Jonathan." Bailey wendete den Blick ab. Bei diesem Thema fühlte sie sich nicht wohl in ihrer Haut.

„Ich bin mir dessen ziemlich sicher", sagte er verteidigend, während er weiter auf- und abschritt. „Aber einer anderen Tatsache bin ich mir ganz sicher."

Bailey konnte sich eines Seufzens nicht erwehren. „Und welche Tatsache sollte das sein?"

„Dass Hauptmann Grant Hogan dich liebt."

Bailey schüttelte den Kopf, stieß ein schweres Seufzen aus und schaute ihm direkt ins Gesicht. „Das ist doch alles Unsinn."

„Wirklich? Was ist mit jenem Abend in dem Restaurant und deinem kleinen Spaziergang am Strand?"

Ihre Muskeln spannten sich an, aber sie behielt einen beiläufigen Tonfall bei. „Ich weiß nicht, wovon du sprichst." Die Lüge blieb ihr fast im Hals stecken. Sie biss sich auf die Lippe und fühlte, wie ihr die Röte ins Gesicht stieg. Sie hatte zu schnell gesprochen. Die Worte waren wie wilde Vögel aus einem Käfig unbedacht aus ihrem Mund geflattert.

Evans grinste süffisant und zog zynisch die Augenbrauen hoch. „Nein? Eine liebe Freundin von Miss Emily Parkinson hat an jenem Abend etwas ganz anderes gesehen."

Bailey faltete die Hände und führte ihre Finger an ihre Lippen. „Glaubt sie diese Geschichte schon die ganze Zeit?" Sie richtete ihren Blick auf den Boden, da sie überzeugt war, dass er ihre Gedanken gelesen habe.

„Die meiste Zeit glaubte sie es nicht. Erst vor Kurzem hat sie Wind von diesem Geschwätz bekommen und von ihrer Freundin verlangt, ihr die Wahrheit zu verraten."

Bailey war jetzt nicht mehr imstande, ihm in die Augen zu schauen. Eine Welle der Scham überrollte sie. „Ich bin sehr verlegen. Sie muss schreckliche Dinge von mir denken." Sie faltete die Hände auf ihrem Schoß. „Jetzt ist alles so außer Kontrolle geraten."

„Nicht ganz." Evans schob seinen Säbel zur Seite und setzte sich neben sie. „Sie liebte Grant Hogan nicht."

„Woher willst du das wissen?"

„Weil ich sie fragte und sie es mir sagte."

„Ich verstehe aber immer noch nicht, warum *dich* solche Dinge interessieren sollten, Jonathan. Du bist besessen wegen Hauptmann Hogan. Seine Frauengeschichten sollten nicht deine Sorge sein."

„Oh, liebe Miss Templeton, diese Dinge sind von großer Wichtigkeit für mich. Du musst nämlich wissen, dass Miss Emily Parkinson eingewilligt hat, mich zu heiraten."

Bailey blieb bei seinen Worten fast die Luft weg. „*Du* heiratest Emily Parkinson?"

Das zufriedene Grinsen auf Evans' Gesicht bewies, dass er ihre Überraschung genoss. „Ich würde gern glauben, dass du schrecklich enttäuscht bist, aber ich weiß es besser."

Als sie sich von dem Schreck erholt hatte, sagte sie: „Natürlich bin ich nicht enttäuscht, Jonathan." Bailey bewahrte ihre Würde. Diese Nachricht hatte sie unvorbereitet getroffen. Aber sie konnte die Überraschung in ihrer Stimme nicht verbergen. „Ich gratuliere dir. Miss Parkinson ist eine hübsche junge Frau."

„Danke. Und ich halte es für eine Fügung des Schicksals, dass unsere Wege durch die Ereignisse des letzten Jahres zusammengeführt wurden. Aber ich muss mich trotzdem noch meiner Verpflichtung dir gegenüber entledigen."

Jetzt versuchte sie, seine Gedanken zu lesen. Sie schüttelte leicht den Kopf und warf ihm einen Blick von der Seite zu. „Du bist mir gegenüber absolut keine Verpflichtung eingegangen. Du bist mir zu nichts verpflichtet."

„Doch, eine Verpflichtung habe ich."

„Und ich sage dir, dass du keine hast." Bailey wurde hartnäckig.

Evans griff in seine Jackentasche und zog einen vergilbten Brief heraus. Mit den Handschuhen an den Fingern öffnete er den Brief und blickte darauf hinab. „Dieser Brief hat mich viel Schlaf gekostet. Nicht so sehr wegen seines Inhalts, sondern hauptsächlich, weil ich es nicht übers Herz brachte, ihn wie versprochen abzugeben."

„Du hast einen Brief für mich?"

„Von Hauptmann Hogan. Als er von seiner plötzlichen Versetzung erfuhr, war ich das letzte bekannte Gesicht, das er in Sydney Cove sah. Sein Schicksal wurde im Grunde genommen in meine törichten Hände gelegt."

„Grant Hogan bat dich, mir einen Brief zu überbringen, und du hast ihn für dich behalten?"

„Bitte verstehen Sie, Miss Templeton, dass es in Ihrem Leben zwei Schurken gibt, und einer davon ..." Er schluckte schwer, zwang sich aber, weiterzusprechen. „... bin ich."

Diese verblüffende Nachricht traf Bailey wie ein Schlag. Sie hatte alle Mühe, ihre Wut zu zähmen. „Ich verstehe nicht, wie du so etwas tun konntest!" Ihre Stimme zitterte mehr, als sie beabsichtigt hatte. Sie hob ernst das Gesicht. Ihre Augen waren ein einziges Fragezeichen. „Ich verstehe das nicht."

„Wirklich nicht, Bailey?" Evans hob seine rechte Hand und legte sie unter ihr Kinn. „Auch die Besten von uns können in Besessenheit verfallen."

Bailey zog ihr Gesicht weg und erschrak über seine Ehrlichkeit. „Nein!"

„Ich schwöre, dass so etwas bestimmt nie wieder vorkommen wird." Er hob, immer noch mit dem Brief zwischen seinen Fingern, kapitulierend die Hände. „Ich bin geheilt – dank Emily." Er erhob sich und setzte seinen Hut auf. „Aber eines musst du wissen: Du hast den Besten gegen den Schlechtesten eingetauscht."

„Das sehe ich anders." Bailey war seiner Abneigung gegenüber Grant Hogan müde, wollte aber das Gespräch in eine andere Richtung lenken. „Ich habe nichts aufgegeben, und ich habe nichts dafür bekommen. In wenigen Wochen wird Sydney Cove für mich vielleicht nichts anderes als eine vage Erinnerung sein. Ich habe nämlich herausgefunden, dass Major Johnston Pläne für die Schule getroffen hat, die keinen Platz für mich vorsehen." Sie begleitete Evans zur Haustür. „Wie du siehst, weißt du trotzdem nicht alles."

„Dessen bin ich mir ziemlich sicher. Aber die Last dieses Briefes ist von mir genommen – und darüber bin ich sehr erleichtert. Alles andere wird sich ergeben. Ich habe noch nie erlebt, dass Bailey Templeton einen Krieg verliert." Evans ergriff zart Baileys Unterarm. „Und es wäre mir ein großer Trost zu wissen, dass du mich nicht verachtest." Er hob ihre Hand hoch und drückte ihr Grants Brief in die Hand.

Bailey sah einen Anflug von ungeheucheltem Bedauern in seinen Augen. Sie lächelte und war froh, dass sie ihre Gefühle nicht länger verbergen musste. Sie nahm den Brief und entschied sich, ihn in einer intimeren Atmosphäre zu lesen. „Ich hasse dich nicht. Und ich freue mich für dich, Jonathan." Sie küsste ihn auf die Wange. „Emily Parkinson hat großes Glück."

„Und du bist nicht im Geringsten eifersüchtig?" Er hielt sie von sich ab und warf ihr einen schiefen Blick zu.

Baileys Lächeln, mit dem sie ihm die Tür öffnete, verriet ihre Belustigung. Mit ehrlicher Offenheit sagte sie: „Ich bin eifersüchtig auf dein Glück."

„Du verdienst es mehr als ich, Bailey. Unser Herr hat dich nicht vergessen. Davon bin ich fest überzeugt."

„Nein, das hat er nicht", antwortete sie leise. „Aber es tut manchmal weh, wenn er an uns arbeitet." Sie verabschiedete sich von Evans. Dabei fiel ihr ein, dass sie immer noch ihr Seidenkleid trug. Sie musste zum Abendessen ein passenderes Kleid anziehen. Auf dem Weg zur Treppe hörte sie Katy hinter sich.

„Wie ich sehe, hattest du Herrenbesuch."

Eine seltsame Melancholie stieg in Bailey auf, auch wenn sie den genauen Grund dafür nicht bestimmen konnte. „Hallo, Katy. Ja, er brachte gute Neuigkeiten. Leutnant Evans wollte seine Verlobung bekannt geben."

Katy trat am Fuß der Treppe zu ihr. Aus ihren Augen sprach Mitgefühl. „Liebe Bailey, das tut mir leid. Macht dich diese Nachricht traurig?"

„Nein. Nicht im Geringsten. Ich freue mich für ihn." Bailey hielt immer noch den ungelesenen Brief von Grant Hogan in der

Hand. „Ehrlich gesagt, Katy, bin ich erleichtert. Ich wusste, dass ich ihn nie liebte. So ist es viel besser."

Katy legte die Hand an ihre Brust. Ihr Gesicht verriet ihre Erleichterung. „Ich bin so froh, dich das sagen zu hören. Er ist ein wunderbarer Mann, aber ich hatte so etwas vermutet." Sie ging neben Bailey die Treppe hinauf. „Und wer ist die glückliche junge Frau, die der Leutnant heiraten will?"

Bailey fürchtete sich fast zu antworten und zögerte. „Es ist eine Frau, die du bestimmt nicht vermuten würdest."

Katy biss sich auf die Unterlippe. Ihre Augen funkelten vor Neugier. „Sag es mir, bevor ich vor Neugier platze."

„Miss Emily Parkinson." Noch bevor Katy sprechen konnte, warf Bailey schnell ein: „Ich weiß, dass das alles etwas plötzlich kommt. Aber sie sind ineinander verliebt, Katy. Das konnte ich an Jonathans Augen sehen."

Katy schaute geradeaus, als denke sie über diese Worte nach. „Ja, natürlich. Können wir es nicht immer als Erstes an den Augen der Männer sehen? Wir Frauen können unsere Gefühle so geschickt verstecken." Sie folgte Bailey ins Gästezimmer. „Aber die Männer – sie können uns nie etwas vormachen."

„Ich glaube nicht, dass das für alle Männer gilt." Bailey schob den Brief unter ein Paar Handschuhe auf dem Ankleidetisch. Sie genoss Katys Gesellschaft, aber die Neugier auf den Inhalt des Briefes brannte wie ein Buschfeuer in ihr.

„Nehmen wir zum Beispiel meinen Vetter. Du weißt schon, Grant Hogan."

Bailey nahm ihren Rock in die Hand und hob ihn hoch. Sie wollte Katy keine Antwort auf ihre Frage geben, da sie fürchtete, ihre eigenen Gefühle könnten sie verraten. „Könntest du mir bitte bei meinem Kleid helfen?"

Katy nahm den Seidensaum und hob ihn über Baileys Kopf. „Dieses Kleid ist wunderschön." Sie drehte das Kleid wieder um und schüttelte den langen Seidenrock aus. „Wie ich gerade sagen wollte: Ich wusste schon immer, dass Grant in Wirklichkeit keine ernsten Gefühle für Miss Parkinson empfand. Ihre Beziehung war rein freundschaftlicher Natur – und nicht mehr."

Bailey zog sich das andere Kleid über den Kopf und murmelte mit nach innen gezogenen Lippen, um den Stoff nicht zu beschmutzen: „Wie kommst du darauf?"

„Es war nicht so sehr die Art, wie er *sie* anschaute ..." Sie half Bailey bei den kleinen Knöpfen an ihrem Mieder. „Sondern vielmehr die Art, wie Grant ..."

Als Bailey das Zögern in Katys Stimme hörte, zog sie die Wimpern hoch. „Sprich weiter", sagte sie ruhig.

„Es war die Art, wie Grant *dich* anschaute."

Bailey drehte sich um, da sie nicht wollte, dass Katy die roten Flecken auf ihren Wangen sähe. „Das Abendessen müsste schon fertig sein, oder?" Sie wollte das Thema wechseln. Aber als Katy ihr keine Antwort gab, fuhr sie herum und fühlte, wie ihre Wangen glühten.

„Schau sich einer das an!" Katy verschränkte die Arme vor der Brust. Eine befriedigte Miene zog über ihr Gesicht. „Ich wusste es die ganze Zeit, Bailey Templeton. Ich wusste es einfach!"

* * *

„Sie sind sicher, dass Sie sich uns nicht anschließen können, Gabriel?" Grant hatte gehofft, Robert Gabriel dazu überreden zu können, sich gemeinsam mit ihm und Lawson auf die Suche nach Donovan Farrell zu begeben.

Die drei Männer hatten sich zum Abschied in eine Kneipe gesetzt. „Nein, Männer. Ich muss weiterfahren. England ruft. Es macht mich zwar traurig, loszufahren, ohne mich von den Farrells richtig zu verabschieden, aber es ist besser so. Sie schreiben mir doch, Hauptmann Hogan, und erzählen mir von Ihrer Suche nach Katys Jungen?"

„Ich werde schreiben. Das verspreche ich. Und ich werde Ihnen ewig dankbar sein, dass Sie kamen und Lawson und mich holten." Hogan beschloss, dieses Versprechen zu halten.

„Ich auch, Gabriel. Ich hatte von Hobart die Nase voll." William Lawson hob seinen weitkrempigen Hut und fuhr sich mit den Fingern durch seine dunklen Haare. Er war ein groß gewachsener, hagerer Mann, dessen Haut von seinen vielen Ritten durch Neu-Südwales wie Leder gegerbt war. Er und Robert Gabriel waren vor fünf Jahren Freunde geworden, und er freute sich, Gabriels Freunden helfen zu können. „Ich bin dir sehr dankbar." Er bestellte sich noch ein Bier. Seine kleinen, tiefliegenden Augen waren voll Mitgefühl.

„Du brauchst mir nicht zu danken. Lasst mich einfach wissen, dass ihr Erfolg hattet. Dann kann ich den Rest meiner Tage in Frieden leben", versicherte Gabriel ihnen.

„Gabriel, dann erzähl mir doch einmal von dieser Witwe aus England. Ist sie hübsch?", forderte Lawson den Kapitän heraus.

„Sie ist wirklich eine gute Frau mit einem unauffälligen Gesicht, aber sie hat schöne flachsblonde Haare, die wie Gold schimmern. Sie ist sanft und höflich und ihren Kindern eine gute Mutter." Gabriel nahm von der Kellnerin, die mit einem vollen Tablett an ihren Tisch trat, einen Krug.

„Wie viele Kinder?", fragte Hogan mit einem Anflug von Belustigung in seiner Stimme.

„Sie hat vier Kinder. Sie lebt bei ihrer Schwester und ihrem Schwager. Sie kümmern sich gut um sie. Aber in letzter Zeit fühlt sie sich einsam und hat mir schon zweimal geschrieben."

Lawson nahm einen langen Zug von seiner Pfeife und kippte sein Bier herunter. „Ich habe noch nie erlebt, dass Robert Gabriel dem Meer lange den Rücken kehrt. Wird deine Freundin dich in der Nähe ihres Herdes festhalten wollen?"

„Du weißt nicht alles über Robert Gabriel, würde ich sagen. Ich bin es müde, ständig unterwegs zu sein, und freue mich darauf, mir eine Farm auf dem Land zu kaufen", verteidigte Gabriel gutgelaunt seine Pläne.

„Gabriel wird weich im Kopf." Lawson deutete mit einem Finger an seine Stirn und zwinkerte Grant zu.

„Hah!" Gabriel stellte seinen Krug auf den Tisch, lehnte sich zurück und schmunzelte leise. „Ich bin nicht weich geworden, nur weiser."

„Ich gratuliere Ihnen." Hogan wünschte ihm alles Gute. „Sie haben eine Entscheidung getroffen, die Ihnen sicher viel Freude bringen wird."

„Danke, Sir!" Gabriel verschränkte seine muskulösen Arme vor der Brust, legte den Kopf zurück und schaute nach oben. „Ich habe im Leben genug Wind abbekommen. Es wird höchste Zeit, dass Robert Gabriel seine Belohnung bekommt."

„Und Sie sind sicher, dass Sie Rose Hill nicht noch einen letzten Besuch abstatten wollen?", beharrte Hogan freundschaftlich. Er wusste, dass Jared den Kapitän und seine abenteuerlichen Geschichten liebgewonnen hatte. Aber in seiner Loyalität zu der Familie wusste er auch von der außergewöhnlichen Spannung zwischen seiner Kusine und ihrem Gatten.

Gabriel schüttelte den Kopf. „Mehr als sicher, Hogan. Die Farrells können es nicht brauchen, dass ich ihnen zwischen den Füßen herumlaufe. Was sie brauchen, ist Friede in ihrer Welt. Ich bete darum, dass unser Herr ihnen den schenkt."

„Vollkommen richtig." Lawson nickte ernst und zustimmend.

„Dann sollten wir allmählich aufbrechen, Mr Lawson." Hogan erhob sich. „Wünschen Sie uns Gottes Segen, Gabriel, dann brechen wir auf."

„Gottes Segen, Hauptmann Hogan, und dir auch, Lawson."

Die Männer schüttelten einander die Hand und traten in die aufziehende Abenddämmerung hinaus. „Wenn wir uns beeilen, Mr Lawson, müssten wir bis Mitternacht auf Rose Hill sein. Hoffentlich freut sich Katy so sehr, mich zu sehen, dass sie mich wegen dieses nächtlichen Überfalls nicht lyncht", grinste Hogan.

„Grant Hogan? Bist du das?"

Die unerwartete Stimme hinter ihm ließ Grant überrascht herumfahren. Als er den Mann sah, der ihn angesprochen hatte, rief er erstaunt: „Dwight Farrell? Du bist es wirklich, alter Junge!"

Dwight warf die Arme um ihn und schüttelte ihn kräftig. „Du bist zurück! Katy wird überglücklich sein!"

„Nicht so glücklich wie ich, dass ich endlich wieder zu Hause bin, das garantiere ich dir", rief Hogan überschwänglich.

„Was führt dich nach Hause?" Dwight nahm ein schweres Paket von seiner Schulter und drückte es einem seiner Knechte in die Hand. „Amelias Küche?"

„Das wäre Anreiz genug, aber ..." Hogan zögerte und konnte ahnen, welchen Schmerz Dwight empfinden musste. „Robert Gabriel hat mich geholt. Dwight, wir sind gekommen, um Donovan zu suchen – ich und William Lawson – wenn du es erlaubst."

Dwights Gesicht verriet, dass er über seine Worte ernsthaft nachdachte. „Ich stehe für immer in eurer Schuld." Er stieß ein resigniertes Seufzen aus und sagte schließlich: „Du bist ein guter Kerl. Das habe ich immer gewusst, Grant Hogan. Natürlich erlaube ich es." Dann schaute sich Dwight um und fragte schließlich: „Und wo ist .... Robert Gabriel?"

Robert trat aus dem Türrahmen der Kneipe und ging langsam auf Dwight zu. Er reichte ihm die Hand, zog seinen Hut vor ihm und schaute ihn mit ernsten, aufrichtigen Augen an. „Ich bin hier, Mr Farrell."

Dwight, dessen Gesicht seine Gebrochenheit verriet, schlug in Roberts Hand ein. „Ich stehe tief in Ihrer Schuld, Kapitän Gabriel." Seine Worte klangen etwas steif, aber seine Augen wurden weicher, und seine Stimme bekam einen neuen Klang. „Sie haben uns den alten Hogan zurückgebracht. Vielleicht können er und Mr Lawson meinen Sohn finden."

„Ich freue mich, wenn ich helfen konnte. Sie sind ein guter Ehemann und Vater. Diese Siedlung wäre ohne Männer wie Sie noch nicht so weit, wie sie heute ist. Es ist mir eine Freude, einem solchen Ehrenmann helfen zu können." Gabriel legte seine zweite kräftige Hand auf Dwights Hand.

Die beiden Männer standen wie große, dunkle Silhouetten vor dem ruhigen blauen Zwielicht des Abendhimmels. Sie schüttelten sich in einer freundschaftlichen Geste die Hand und schauten sich wortlos an. Die Nacht legte sich schweigend über sie, und alte Wunden fingen an zu heilen.

* * *

„Es kann sein, dass uns jemand zuhört. Sprechen Sie leise." John Macarthur lehnte sich an die kalten Eisengitter, hinter denen er gefangen war. Er schaute den Mann an, der den Schlüssel zu seiner Befreiung in Händen hielt. „Johnston, sind die Männer bereit, Bligh zu beseitigen?", murmelte er in seinem abgehackten, schottischen Dialekt leise, aber nicht ohne innere Erregung.

„Sie sind bei uns, Sir." George Johnstons Stimme zitterte und seine Augen schauten sich ängstlich um. „Glauben Sie wirklich, wir können es schaffen, uns Blighs zu entledigen?"

„Seien Sie kein Feigling, Johnston. Bligh ist ein unfähiger Idiot, das weiß jeder. Ich habe diese Kolonie mit voller Unterstützung von allen Seiten beherrscht, bis uns England seinen Abschaum als Gouverneur schickte. Er wird John Macarthur nicht so schnell vergessen."

„Wie, glauben Sie, wird England darauf reagieren?" Die Angst schlich sich wieder in Johnstons Augen.

„Langsam." Macarthur zog das Wort in die Länge und badete selbstsicher darin. „Bevor sie davon hören, schicken wir ihnen die Gewinne zurück. Solange sie ihren Anteil bekommen, wird man uns als Helden bejubeln."

„Wir können die Männer in Windeseile zusammenstellen, Sir."

„Wartet noch zwei Wochen, aber unternehmt erst etwas, wenn ich das Kommando gebe. Dann schnappt ihr euch als Ersten Bligh. Sie werden ihre Waffen nicht gegen ihre eigenen Leute erheben. Dann müssen wir nur noch sehen, wie wir die Männer loswerden, die nicht mitmachen. Jeder Mann, der nicht bereit ist, sich dem Corps anzuschließen, kann in Neu-Südwales nicht gebraucht werden."

„Jawohl, Sir." Major Johnston warf seinem Mitverschwörer einen vielsagenden Blick zu. Es war jetzt Zeit, vor dem Wachmann ihre Rollen zu spielen. Er räusperte sich und sagte unter Einsatz seiner überzeugendsten Theatralik laut: „Sie werden monatelang hier festsitzen, Macarthur. Unser Gouverneur lässt es nicht durchgehen, dass Offiziere sich in seine Angelegenheiten einmischen. Schlucken Sie also Ihre Medizin mit Würde. Diese Lektion wird man nicht so schnell vergessen."

„Bitte richten Sie unserem Gouverneur mein tiefstes Bedauern aus", erwiderte Macarthur mit hämisch funkelnden Augen.

„Wache!", rief Johnston mit strenger Autorität in der Stimme.

Der Wachmann erschien nicht sofort, sondern zeigte sein Gesicht erst in dem vergitterten Durchgang, als Johnston ein zweites Mal gerufen hatte.

„Ich komme schon, Sir. Ich muss eingenickt sein."

„Wenn das noch einmal vorkommt, lasse ich Sie auspeitschen, Mann!" Steif drehte sich Johnston zu Macarthur um, nickte zufrieden über den neuen Wachmann und verschwand, ohne ein weiteres Wort zu sagen.

* * *

Wie an so vielen sonnigen Nachmittagen ging Bailey in Katys englischem Garten spazieren, nippte an ihrem Apfelwein und brachte so viel Abstand zwischen sich und das Wohnhaus wie nur möglich. Sie setzte sich auf die elfenbeinfarbene Bank hinter dem Rosenstrauch, löste die Schleife von ihrem Hut und fächerte ihrem Nacken mit dem immer noch ungeöffneten Brief Wind zu. Sie hatte ihr Lieblingskleid angezogen und achtete sorgfältig darauf, die grüne Schleppe nicht zu verknittern. Als sie in der Ferne die Stimmen der Hausangestellten vernahm, blickte sie sich um. Dankbar, dass sie allein war, öffnete sie schnell den geheimnisvollen Brief des Hauptmanns. Das Papier war schon etwas abgegriffen, und die Tinte war verblasst. Sie strich ihn mit ihren schlanken Fingern vorsichtig glatt. Dann atmete sie tief ein, schaute zum Himmel hinauf, als erwarte sie die Billigung des Himmels, bevor sie den Brief behutsam auseinanderfaltete. Mit großer Erwartung begann sie die niedergeschriebenen Worte zu lesen, die ihren Augen so lange vorenthalten worden waren:

Meine liebste Bailey,
du wirst meine plötzliche Abreise von Sydney Cove nach Hobart gewiss nicht verstehen. Ich kann nur darauf vertrauen, dass du die Worte, die aus meinem Herzen kommen, von diesem gesichtslosen Papier lesen wirst. In Hobart gibt es keinen Arzt. Obwohl ich die Motive derjenigen, die mich sozusagen über Nacht versetzen, infrage stelle, werde ich meine Aufgaben pflichtbewusst erfüllen, so sehr es mich auch schmerzt, eine so wunderbare Frau wie dich zu verlassen. Wenn ich gewusst hätte, dass unser Leben so brutal auseinandergerissen wird, hätte ich dich noch an demselben Abend, an dem du mein Herz stahlst, davon informiert. Unsere Zeit am Strand bedeutet mir mehr als nur ein kurzer Augenblick des Glücks. Die Erinnerung daran brennt wie ein Feuer in mir. Aber ich kann weder heute Abend noch an irgendeinem anderen Tag an deiner Tür sein. Falls ich mit viel Glück einen neuen Mann in Hobart ausbilden kann, der meine Aufgabe, die großen Nöte dieser Siedlung zu lindern, übernimmt, werde ich sofort

zurückkehren, um dich um Vergebung zu bitten und neu anzufangen, was so abrupt unterbrochen wurde ...

Es folgten höfliche Grüße. Bailey las den Brief mehrmals wieder und suchte nach irgendeinem Hinweis darauf, dass er bald zurückkehren würde. Aber solche Andeutungen waren nicht zu finden, was jede Hoffnung, dass ihre Wege sich in naher Zukunft wieder kreuzten, im Keim erstickte. Sie warf erneut einen Blick auf den Brief – *unsere Zeit am Strand.* Diese Worte weckten lebhafte Erinnerungen in ihrem Herzen und erfüllten sie mit einer starken Sehnsucht. Gleichzeitig empfand sie eine gewisse Erleichterung, weil ihre Trennung für ihn genauso schmerzlich war wie für sie. Auch wenn es ihr ein Trost war, dass er sie nicht absichtlich sitzen gelassen hatte, wie sie anfangs fälschlich vermutet hatte, begriff Bailey doch, dass er nur wenig Hoffnung auf eine baldige Rückkehr sah. Sie schüttelte den Kopf und war erfüllt von einem Schmerz, den sie ihrem Herzen bis jetzt nicht zugestanden hatte. Der kleine Teil von ihr, der sich wünschte, ihre Wege hätten sich nie gekreuzt, wich jetzt einer kleinen Flamme der Hoffnung. Ein anderer Teil von ihr sehnte sich danach, ihn gesund und wohlbehalten wiederzusehen – *aber nicht nur für einen kurzen Augenblick.* „Ich muss dich wiedersehen, Grant Hogan", flüsterte sie. „Aber wann?" Sie faltete den Brief zusammen und legte ihn aufgewühlt neben sich. Sie blieb allein im Garten sitzen, bis die Nacht hereinbrach.

17. Der Schmelztiegel

Weihnachten verging schnell auf Rose Hill. Katys Verzweiflung war schlimmer geworden. Aber Amelia, die fest entschlossen war, die Geburt des Herrn um ihrer Enkel willen standesgemäß zu feiern, hatte auf die selbstgemachten Geschenke genauso geachtet wie auf ein gutes Festessen. Bailey hatte ihren Beitrag zu dem Fest geleistet, auch wenn sie mit ihren eigenen Sorgen rang. Als der Dezember hinter ihr lag, hatte sie trotz ihrer unsicheren Zukunft ihren Schülern vorsichtig ihre Pläne für das neue Jahr dargelegt.

Aber ohne Vorwarnung waren ihre Pläne mitsamt ihren guten Absichten auf den Felsen korrupter Politik zerschellt.

Bailey rauschte durch den Gang des Regierungsgebäudes. Die kurze leuchtend rote Schleppe ihres Rockes raschelte über den Holzboden. Von Zeit zu Zeit warf sie einen Blick auf einen Brief, den sie verkrampft in der Hand hielt. Ihr Gesicht war vor Enttäuschung ganz angespannt. Der Brief war ihr gestern, am zehnten Januar, von einem Boten überbracht worden. Nicht in der Stimmung, irgendein Protokoll einzuhalten, marschierte sie forsch an dem Gefreiten, der hinter einem Schreibtisch am Eingang saß, vorbei. Der lange und hohle Gang kündigte durch ihre laut widerhallenden Schritte ihr Kommen an.

Die Glocke schlug sechs Uhr und läutete das Ende des Arbeitstages ein. Das Gebäude war um diese späte Stunde vom Publikumsverkehr wie leergefegt. Dadurch hatte sie vielleicht eine größere Chance zu einem Gespräch mit Major George Johnston. Ein unangenehmes Grauen stieg in ihr auf und wollte sich nicht abschütteln lassen, während sie im Geiste ihre Worte formulierte. Sie wusste, wenn sie so spräche, wie ihr zumute war, würde sie sich in den Augen dieses Mannes nur als jammernde Frau darstellen. Sie blieb vor Johnstons Tür stehen und lauschte. Das Rascheln von Papier war schwach durch die Tür zu hören. Sie streifte ihr Mieder aus erdbeerrotem Satin glatt und rückte ihren Hut mit der Straußenfeder gerade. Mit unerschütterlicher Zuversicht las sie den Brief noch einmal, holte tief Luft und klopfte entschlossen an die Tür. Ein Stuhlbein wurde über den Boden geschoben und verriet, dass sich jemand hinter dieser Tür befand. Sie klopfte erneut, wollte sich aber noch nicht zu erkennen geben.

„Smith?" Johnstons Stimme wurde lauter und grober.

Bailey biss sich auf die Lippe und schloss die Augen, gab aber keine Antwort.

„Ich komme ja schon!" Eine deutliche Ungeduld sprach jetzt aus dem Tonfall des Majors. Sie konnte ihn leise etwas brummen hören. Ein weiteres kratzendes Geräusch war zu hören, gefolgt von dem harten Trommeln der Absätze auf dem Holzfußboden.

Bailey holte tief und beherrscht Luft und baute sich aufrecht auf, als die Tür sich langsam vor ihr öffnete. Sie schaute ihm direkt in die Augen und stellte deprimiert fest, dass sein Blick eiskalt wurde, als er sie sah. „Major Johnston, ich glaube, Sie haben mich erwartet."

„Miss Templeton." Der Major beherrschte seine Worte, obwohl aus seinen Augen eine nicht zu leugnende Erregung sprach. „Nein, ich habe Sie nicht erwartet. Ehrlich gesagt, habe ich meine Kutsche bestellt und wollte gerade für heute Feierabend machen. Ich bin sicher, dass wir zu einem späteren Zeitpunkt miteinander sprechen können. Gefreiter Smith kann ..."

„Ich kann Ihnen versichern, Herr Major, dass diese Angelegenheit sich nicht auf später verschieben lässt." Bailey legte ihre schlanke Hand, die in einem Handschuh steckte, auf die Tür und verhinderte damit, dass er sie ihr vor der Nase zuschlug. „Sie können den Grund für meinen Besuch bestimmt erraten, nicht wahr?" Sie trat ungebeten in sein Büro, bewahrte aber ihre vornehme, würdevolle Haltung.

Ungeduldig trat Johnston zurück und ließ sie an sich vorbeigehen. „Möchten Sie nicht eintreten?" Sarkasmus gesellte sich zur

Resignation in seinen Worten und in seinem Verhalten. Er zog seine Brauen überrascht nach oben, dann drehte er den Docht an seiner Laterne höher und stellte sie neben seinem massiven Schreibtisch auf ein Bücherregal. „Reden wir nicht lange um den heißen Brei herum, Miss Templeton. Ich nehme an, Sie haben unsere Korrespondenz erhalten?"

Bailey hielt ihm den Brief vor die Nase. „Sie nehmen den Mund wirklich sehr voll." Sie faltete den Brief auseinander und las laut: *„Wir haben unumstößliche Beweise, dass die Nöte in unserer Kolonie eine zu schwere Last für eine junge Frau sind."* Das Papier knisterte in ihrer Hand. „Welche Beweise, Herr Major? Aus welchen Gründen können Sie mich fristlos entlassen?"

„Sie wissen von den Klagen, die von der Familie Dobbins gegen Sie vorliegen?"

„Blaine Dobbins ist ein frustrierter Mann, der versucht, seinen Sohn allein zu erziehen, und das ohne jede Disziplin oder Ordnung. Sie haben noch andere Beweise, nehme ich an?"

Johnston zögerte und schaute schließlich mit einem kalten, berechnenden Blick zu ihr auf. Er machte sich nicht mehr die Mühe, eine diplomatische Maske aufzusetzen. Seine rücksichtslose Natur trat ungeschminkt zutage. „Meinetwegen, Miss Templeton, wenn Sie die nackte Wahrheit wissen wollen, dann bitte sehr." Er nahm einen Messingschlüssel von seinem Schreibtisch, ging damit selbstsicher zu einem Glasschrank und schloss die glatt verarbeitete Tür auf.

Bailey regte sich unbehaglich. Er zog einen kleinen Stoß Briefe heraus und legte sie vor Bailey auf den Tisch.

„Lesen Sie sie alle – bitte schön. Sie sollen alles wissen", forderte er sie mit einem süffisanten Grinsen auf.

Eine gewisse Übelkeit regte sich in Bailey. Sie wusste instinktiv, dass die Siedler nie Klagen gegen sie vorbrächten. Vielmehr wären fast alle Familien bereit, sich schriftlich für sie einzusetzen, wenn sie darum bäte. „Sie haben bei Ihrem Ziel, mich aus Sydney Cove zu vertreiben, fast keinen niederträchtigen Weg ausgelassen, Major Johnston. Sie haben mich bedrängt. Ich wurde tätlich angegriffen. Jetzt greifen Sie meinen Charakter an? Wie können Sie nachts nur schlafen?"

„Sehr gut, danke." Er zog einen der Briefe heraus und legte ihn direkt vor sie auf den Tisch. „Aber was einen tätlichen Angriff oder irgendeine Kampagne, Sie zu vertreiben, angeht, so bin ich unschuldig. Ich habe nur die Interessen der Schule im Sinn. Den Familien von Sydney Cove gilt meine Hauptsorge."

„Ja, wir wissen beide sehr gut, welches Mitgefühl Sie haben, nicht wahr, Major Johnston?" Bailey zog den Brief zu sich heran. Sie las schweigend und bewahrte unter Aufbietung ihrer ganzen Willenskraft die wenige Haltung, die sie noch zustande brachte. Der erste Brief, von der Mutter eines ihrer Schüler geschrieben, verblüffte sie. Die aus der Luft gegriffenen Anschuldigungen prasselten wie Steingeschosse auf sie nieder und erschütterten sie. Sie las die schlecht geschriebene Handschrift der freigelassenen Frau. „Das stimmt nicht ...", flüsterte sie hauptsächlich zu sich selbst, denn jede weitere Diskussion mit diesem Mann wäre zwecklos. Ihre Wimpern schossen in die Höhe. „Das ist eine Lüge, Major Johnston!" Sie schob den Brief zur Seite und fürchtete sich nicht länger vor seiner strengen Einschüchterungstaktik. „Ist es so weit gekommen ... dass Sie gezwungen sind, eine Familie, die ums nackte Überleben kämpft, dafür zu bezahlen, dass sie Lügen erfindet? Habe ich so wenig Anstoß erregt, dass Sie sich gezwungen sehen, Beweise gegen mich vorzutäuschen?" Sie stand auf, ohne auf seine Antwort zu warten. „Ich habe für einen kurzen Augenblick die Möglichkeit in Betracht gezogen, Sydney Cove zu verlassen und mir anderswo eine Stelle als Lehrerin zu suchen. Aber Sie Erpresser lassen mir kaum eine andere Wahl. Ich werde gegen Sie kämpfen, Mister! Bis zum bitteren Ende!"

Sie schritt, über sein teuflisches Spiel bitter erbost, aus seinem Büro. So sehr sie die Farrells von ihrer gefährlichen Anwesenheit befreien und auch die unangenehmen Erfahrungen in Sydney Cove hinter sich lassen wollte, konnte sie dennoch nicht zulassen, dass ihr ihre Würde geraubt wurde. *Gouverneur Bligh muss auf der Stelle von diesem Verrat erfahren. Er wird diesen Schurken das Handwerk legen!*

* * *

„Müssen wir sofort losreiten, Dwight?“ Grant zog den Lederriemen am Sattel seines Pferdes fest. Da sie für den langen Ritt in den Busch Proviant brauchten, hatten die Männer in einer Pension in der Nähe der Regierungsläden übernachtet. Hogan war bei ihnen geblieben und hatte angesichts von Dwights Sorgen nicht klagen wollen. Er müsste seine persönlichen Wünsche zurückstellen und um Donovans willen seine Kräfte schonen. Mit Proviant beladen und für den beschwerlichen Ritt gut ausgeruht, waren sie alle mit der Morgendämmerung aufgestanden und hatten sich zu letzten Anweisungen versammelt. Lawson hatte eine Strategie ausgearbeitet, bei der sie das ganze Land von Parrametta bis zum Fuß der Blauen Berge abdecken würden. Hogan kam ein Gedanke in den Sinn. „Katy weiß noch nicht einmal, dass ich wieder in der Stadt bin.“

„Umso besser, findest du nicht, Grant?“ Dwight studierte Lawsons Karten. „Je weniger Katy Farrell weiß, umso besser. Sie ist außer sich vor Sorge.“

Hogan nickte mit dem Kopf, als gebe er ihm recht. So sehr er seine eigene Familie und die Farrells und die Prentices auch vermisste, sehnte er sich doch noch schmerzlicher danach, Bailey wiederzusehen. Er war sicher, dass er mit einem einzigen Blick feststellen könnte, ob sie ihn hasste oder nicht. *Wenn ich Gewissheit hätte, könnte ich wenigstens wieder Frieden finden.* Er versuchte es auf einer anderen Schiene bei Dwight. „Du sagst also, dass die Lehrerin jetzt auf Rose Hill wohnt?“

„Ja, wir fürchteten um Miss Templetons Sicherheit. Wir mussten darauf bestehen – sie ist eine eigensinnige Frau."

Dwights Gedanken drehten sich offensichtlich um den bevorstehenden Ritt. Er bemerkte die Anspannung in Hogans Gesicht nicht. Hogan sprach mit gelassener Stimme weiter. „Ja, ich erinnere mich an ihren eigensinnigen Charakter. Aber warum musstet ihr um ihre Sicherheit fürchten? Ich hatte sie mit einem regelmäßigen Begleitschutz und Anweisungen, ihr Haus zu beschützen, zurückgelassen." Er rollte sein Ölzeug zusammen und band es hinten auf seinen Sattel. „Wurden meine Anweisungen nicht befolgt?"

Ohne vom Packen aufzuschauen, seufzte Dwight und zögerte mit einer Antwort.

„Dwight, ich habe gefragt, ob Miss Templetons Sicherheit gefährdet war?"

Dwight band sein Gepäck mit einem letzten Knoten fest und schaute Hogan mit ernster Miene an. „Auf Bailey Templeton wurde geschossen ..."

„Was!" Hogans Gesicht rötete sich. Zorn entbrannte in seinen Augen. „Ich bringe diesen Kerl um!"

„Sie hat es überlebt", beruhigte ihn Dwight schnell und warf dem ungestümen Vetter seiner Frau einen schiefen Blick zu. „Wenn wir von deiner Sorge um sie gewusst hätten, dann hätten wir dir bestimmt in unseren Briefen von diesem Vorfall berichtet." Dwight verschränkte seine muskulösen Arme vor der Brust und spuckte auf die Erde. Seine Stirn runzelte sich. „Irgendwie meinte Katy, du hättest mehr Interesse daran, von Emily Parkinson zu hören."

„Nun, ich fühle mich einfach für Miss Templeton verantwortlich. Immerhin war ich so dumm und habe sie in dieses Land kommen lassen."

„Das klingt, als sprächen wir von zwei vollkommen verschiedenen Frauen. Du sprichst von einem hilflosen Geschöpf. Ich spreche von Bailey Templeton – einer Bastion der Stärke. Das musste sie auch sein, um so viel bei unseren Söhnen zu leisten. Sogar der kleine Jared fängt an, den Unterricht zu mögen und gern zu lernen. Während unserer Sorgen um Donovans Verschwinden ist sie für Katy eine starke moralische Unterstützung geworden."

„Es freut mich, das zu hören." Grant mäßigte seine Worte. Aber seine Gewissensbisse waren geweckt, und der Drang, Bailey zu sehen, wurde noch stärker. „Dann sollten wir am Schulhaus vorbeireiten. Ich werde mich bei Miss Templeton für die ganzen Schwierigkeiten entschuldigen."

Lawson schwang sich auf seinen grauen Hengst. „Das liegt zu weit abseits von unserem Weg, fürchte ich. Kann die Sache nicht warten, bis wir zurück sind? Der Junge ist jetzt wichtiger." Dwight nickte.

„Natürlich, Mr Lawson", entschuldigte sich Hogan schnell. Während er seinen Stiefel in den Steigbügel stellte, quälte ihn eine Mischung aus Besorgnis und Selbstvorwürfen. Er war zu lange in Hobart gewesen. In der Zwischenzeit hatten die Menschen, die ihn am meisten brauchten, gelitten. „Unser dringendstes Ziel ist es, unseren lieben Donovan gesund und wohlbehalten zu finden." Eine Wolke gemischter Gefühle hing während des ganzes Tages über ihm. Je weiter sie Sydney Cove und Parrametta hinter sich zurückließen, um so sorgfältiger war er darauf bedacht, einen Hoffnungsfunken zu finden, der sie zu Katys und Dwights Sohn führen würde, damit sie mit dem Jungen schnell wieder nach Hause zurückkehren könnten.

Sie folgten den ganzen Tag einem schmalen Pfad, bis Lawson ihnen signalisierte, dass sie unter einer Baumgruppe Rast machen sollten. „Wir können unsere Pferde an dem Bachbett hier unten tränken. Wir haben sowieso nur noch eine Stunde Tageslicht und können also genauso gut gleich hier unser Lager aufschlagen."

„Wenn wir noch eine Stunde Tageslicht haben, warum reiten wir dann nicht weiter?" Dwight lenkte sein Pferd neben Lawsons heran.

Hogan wischte sich den Schweiß aus dem Nacken. „Wenn du noch so viel Kraft hast, dann bleibe ich bei dir, Dwight. Lawson?"

„Wir können eine Stunde früher aufstehen. Dann haben wir die Stunde wiedergutgemacht“, entgegnete Lawson. „Mr Farrell, überfordern Sie sich nicht, sonst ist nichts mehr von Ihnen übrig, wenn wir Ihren Jungen finden.“

„Jede Stunde, die wir uns unnötig ausruhen, ist eine Stunde mehr, die Donovan sich in Gefahr befindet. Ich habe das Gefühl, wir sollten weiterreiten. Bitte, Männer.“ Mit flehender Miene schwang Dwight sein Bein über den Sattelknauf und sprang auf die Erde. Er rückte sein Gepäck wieder zurecht, ohne jedoch den Blick von Lawson abzuwenden.

Hogan hatte zu große Schuldgefühle, um mit Lawsons vernünftigem Vorschlag einverstanden zu sein. Er sah den Schmerz in Dwights Augen und sah, wie sich Resignation in Lawsons ledrigem Gesicht spiegelte.

„Wir reiten weiter, Mr Farrell, wenn Ihnen das lieber ist. Aber die Pferde müssen sich wenigstens ein paar Minuten ausruhen.“ Lawson stieg ab und führte sein Pferd zum Bach, ohne zu den beiden zurückzuschauen.

Die Schwierigkeiten in Hobart lagen jetzt zwar weit hinter ihm, dafür lastete aber die Not der Farrells schwer auf Hogan. Er wusste, dass Dwight ganz und gar nicht er selbst war, wenigstens nicht, was seine logische Besonnenheit anging. Er griff nach den Zügeln von Dwights schwarzer Stute. „Warum ruhst du dich nicht dort unter dem Baum aus, Dwight? Ich tränke dein Pferd für dich.“ Es war nicht zu übersehen, dass die Müdigkeit ihren Tribut von dem Mann forderte. „Ich bestehe darauf.“

„Ich fürchte, wenn ich mich hinsetze, stehe ich nie wieder auf.“

„Doch. Dafür sorge ich schon.“ Hogan zog seine Feldflasche heraus und ließ den Rest des warmen Wassers in seinen ausgetrockneten Mund laufen. „Ich fülle unseren Wasservorrat wieder auf.“ Er gesellte sich zu Lawson an das schattige Ufer.

Die Luft kühlte sich ab, als die Sonne am fernen Horizont verschwand. Hogan merkte, wie die Müdigkeit auch ihn übermannen wollte. „Ich sehe am besten nach Dwight. Wenn er einschläft, gibt er womöglich noch mir die Schuld dafür."

Er überließ es Lawson und Dwights Knechten, sich um die Pferde zu kümmern, und schüttelte das starke Verlangen danach ab, sich neben seinem Sattel zusammenzurollen und auf der Stelle einzuschlafen. Wie er vermutet hatte, hatte sich Dwight an einen mit Moos überzogenen Baumstamm gelehnt und seinen weitkrempigen Hut tief ins Gesicht gezogen. „Farrell!" Er hob sein muskulöses Bein und stieß Dwight mit seiner Stiefelspitze. Als Dwight sich nicht bewegte, schmunzelte er bei sich. „Es geschähe dir ganz recht, wenn ich dich bis morgen früh schlafen ließe." Als er Dwight seinen Hut vom Gesicht zog, sah Hogan aus den Augenwinkeln einen fremden Reiter, der auf sie zugeritten kam.

Der Reiter winkte freundlich mit der Hand. Hogan konnte sehen, dass der Mann Bauernkleidung trug. Er kannte die meisten Siedler, aber als der Reiter näher kam, stellte er fest, dass dieser Mann ein Fremder war. „Guten Abend!", rief er aus. Er hörte Dwights schwaches Stöhnen, das einen schläfrigen Protest anmeldete, entschied sich aber, nicht auf ihn zu achten.

„Ich muss mein Pferd tränken, Herr Offizier", rechtfertigte der ältere Mann sein Näherkommen – eine Notwendigkeit, wenn man sich im Busch einer unbekannten Gruppe näherte.

„Kommen Sie nur." Hogan stand auf und zog höflich den Hut. Er griff nach den Zügeln des Mannes und hielt sein Pferd fest, während dieser abstieg.

„Danke, Sir."

Hogan reichte ihm die Hand: „Ich bin Grant Hogan, Hauptmann Hogan von der Königlichen Marine."

Dwight stieß ein ruheloses Seufzen aus und setzte sich mit unübersehbarer Verärgerung auf. Er blinzelte und starrte den Reiter stirnrunzelnd an.

„Siehst du, du hast die Ruhepause doch gebraucht, alter Junge." Hogan half ihm auf die Beine.

Der Fremde war bereits mit seinem Pferd in Richtung Fluss weitergegangen. Er war nur ein paar Schritte weit gekommen, als Dwight rief: „Sie da! Stehen bleiben!"

Als Hogan Dwights Ärger sah, fuhr er herum, um ihn zu besänftigen. „Beruhige dich doch, Dwight. Er ist nur ein Bauer, der sein Pferd tränken will. Wach erst einmal richtig auf." Er wollte freundschaftlich die Hand auf Dwights Schulter legen, aber Dwight machte einen Satz vor und stürmte geradewegs auf den Bauern zu. Aus seinen Augen funkelten ungewohnte Rachegelüste.

Hogan folgte ihm schnell, da er fürchtete, der Bauer könne sie beide für verrückt halten. „Halt, Dwight! Hörst du!" Seine Verärgerung verwandelte sich in Wut.

„Dieb!" Dwight stürzte sich auf den alten Mann und riss ihn unter dem Widerrist seines Pferdes zu Boden.

Das Ross stapfte und wieherte über ihnen, und Hogan fürchtete schon, es würde die beiden zertrampeln. „Dwight! Bist du verrückt!"

Aus dem Wald kam Lawson auf sie zugelaufen und legte seine Muskete an. „Was geht hier vor?"

Hogan begriff, dass er schnell handeln musste, und nahm Dwights Kopf in den Schwitzkasten. Mit einem kräftigen Stoß riss er ihn von dem alten Mann los und warf ihn zu Boden. Die drei lagen ausgestreckt auf der Erde und rangen um Atem.

Lawson schob seine Waffe wieder auf seinen Rücken und ließ seinen Blick von Dwight zu Hogan wandern. „Erklärt mir jemand, was hier los ist?"

Immer noch keuchend und wütend riss Dwight seinen Arm von Hogans eisernem Griff los. „Es gehört Donovan. Schaut doch, könnt ihr es nicht alle sehen?"

„Was gehört Donovan, Dwight?" Hogan schaute sich überall um und hoffte, ihm ein Lachen entlocken zu können.

„Es ist sein Pferd. Der alte Mann reitet das Pferd meines Sohnes." Dwight stand auf und hob die Hand, um den Hengst zu streicheln. Seine Augen wurden feucht, und ein tiefes, kehliges Schluchzen ließ seinen Körper erzittern. *„Donovan!"*

„Er hat recht!" Hogan half dem alten Bauern auf die Beine, warf ihm dabei aber einen argwöhnischen Blick zu. „Das ist Donovans Pferd!"

* * *

Bailey lief in ihr Zimmer, warf ihr Handtäschchen auf das Bett und setzte sich schnell an den kleinen Tisch. *Ich muss Gouverneur Bligh sofort einen Brief schreiben!* Sie nahm die Feder aus dem Tintenfass und zog einen Bogen Briefpapier aus einer Schublade. Ihre Hände zitterten. Alle ihre Sorgen hatten sich jetzt zu einer großen Angst in ihrer Magengegend zusammengeballt. *Sie haben mir grundlos gekündigt! Wie soll ich das meiner Familie erklären? Lieber Herr, bitte …*

Die Tür ging einen Spaltbreit auf, und eine schlanke Hand klopfte an den Türrahmen. „Bailey?"

Nicht in der Stimmung, Besuch zu empfangen, richtete sich Bailey, so gut sie konnte, auf. „Ich bin hier", antwortete sie ruhig, auch wenn in ihrer Stimme ein leichtes Zittern lag.

„Ich bin es, Kelsey." Die junge Irin spähte ins Zimmer. „Ich habe dich die Treppe herauflaufen sehen. Geht es dir gut?" Mit besorgt zusammengezogenen Brauen legte sie die Finger um die Kante der gestrichenen Tür und öffnete sie ganz.

„Mir geht es gut, Kelsey. Kein Grund zur Besorgnis." Leichte Schuldgefühle meldeten sich in ihrem Gewissen, weil sie diese nette Frau anlog. Sie legte die Feder zur Seite und zog einen Kamm aus der Schublade. Dann nahm sie ihren Hut ab und legte ihn auf die Tischplatte. Ihre dunklen Haare hingen in glänzenden Strähnen um ihr Gesicht. Sie kämmte die losen Haare nach oben und steckte sie wieder in ihren hochgesteckten Zopf. Als sie die Augen hob, sah sie, dass Kelsey sie beobachtete.

„Bailey Templeton, ich kenne dich inzwischen gut genug, um zu sehen, wenn du ein Problem hast!"

„Kelsey, ich ..." Die Worte blieben Bailey im Halse stecken. Wenn sie jetzt weiterspräche, würden sich ihre Gefühle Bahn brechen. Sie legte ihr Gesicht in ihre Hände und stieß ein leises Seufzen aus.

„Erzähl es mir. Friss es doch nicht in dich hinein. Dadurch wird die Sache für dich doch nur noch schlimmer. Du musst so etwas nicht allein tragen." Kelsey zog einen Stuhl heran und setzte sich neben Bailey.

„Ich habe schlechte Nachrichten." Bailey fühlte, wie die Last der letzten Monate über ihr zusammenstürzte. „Johnston hat mir gekündigt." Als sie Kelseys sanfte Umarmung um ihre Schultern fühlte, konnte sie ihre Tränen nicht mehr zurückhalten, auch wenn sie sich gleichzeitig dafür tadelte, dass sie die Beherrschung verlor. Kelsey zog sie nahe an sich heran, und beide weinten miteinander.

Bailey hörte Katys Stimme an der Tür. Katy lief auf Bailey zu, um ihr ebenfalls Trost zu spenden. Die beiden Frauen saßen neben ihr, während sie laut schluchzte. Johnstons süffisante Worte hallten in ihren Gedanken wider, und sie erinnerte sich an die verletzenden Briefe, die gegen sie vorlagen. „Ich habe an euch allen versagt", murmelte sie schließlich.

„Sag doch so etwas nicht", sagte Katy sanft. „Johnston ist Macarthurs niederträchtiger Handlanger. Den beiden ist es vollkommen gleichgültig, wen sie zerstören, solange ihr kleines Reich wächst und gedeiht. Du hast dich ihnen nicht untergeordnet, und das ließ sie schwach aussehen."

„Wenn du nur die Briefe der Freigelassenen gesehen hättest, Katy. Ich hätte schon längst gehen sollen. Ich bin so blind gewesen." Bailey trocknete sich das Gesicht mit einem Taschentuch, das ihr Kelsey reichte.

Katy sprach mit unerschütterlichem Selbstvertrauen. „Es können doch nicht mehr als zwei oder drei gewesen sein – sei einmal ehrlich, Bailey."

„Drei, die ich außer dem Brief von Dobbins' Vater sah. Und wie viele von den Eltern, die genauso empfinden wie diese Leute, haben keinen Brief geschrieben?"

„Weißt du, wie viele Freigelassene von Macarthurs Corps geschmiert wurden? So viele von ihnen leiden Hunger – wie hoch ist schon der Preis für einen Brief, wenn man eine Kiste Rum und ein paar Schilling dafür geboten bekommt?"

„Ich hatte den gleichen Verdacht und habe ihm auch meine Zweifel genannt. Aber in meinem Herzen kann ich mich des Gefühls nicht erwehren, dass ich nie nach Sydney Cove hätte kommen sollen."

Kelsey rief ein Dienstmädchen und bat sie, ihnen den Tee nach oben zu bringen. „Weiß Bligh von der Sache?"

„Das bezweifle ich, Kelsey. Ich wollte ihm gerade einen Brief schreiben." Erschöpft und innerlich ausgelaugt legte Bailey den Kopf zurück und schloss die Augen. „Aber ein Teil von mir will einfach die Taschen packen und den Staub von meinen Füßen abschütteln."

„Bitte, Bailey, schreibe wenigstens diesen Brief an den Gouverneur. Unternimm einen letzten Versuch und lege die Sache dann in Gottes Hände. Wenn Bligh nicht helfen kann, steht es schlecht um uns alle." Katy ging dem Dienstmädchen an der Tür entgegen und nahm ihr das Tablett ab. „Ich weiß, dass es Zeiten gibt, in denen Gott uns in eine neue Richtung führt. Aber nicht jede Situation, die wie eine Niederlage aussieht, ist wirklich eine. ‚Wie der Tiegel das Silber und der Ofen das Gold, so prüft der Herr die Herzen.' Es gibt auch Tage, in denen wir gegen die Wirren ankämpfen und dadurch gestärkt werden sollen."

„Ich bin doch aufgestanden, oder nicht? Sind wir das nicht alle?", fragte Bailey und bekam ein vielsagendes Nicken von beiden Frauen zur Antwort. „Aber wann soll ich eine Niederlage akzeptieren? Ich wurde entlassen, Katy. Wann soll ich die Tatsache akzeptieren, dass Gott jetzt höchstwahrscheinlich in Sydney Cove mit mir fertig ist?"

Katys Gesicht wurde blass. Sie legte die Hand unter ihr Kinn. Ohne aufzuschauen, flehte sie: „Bitte verlass uns nicht, Bailey. Bleib auf Rose Hill."

Bailey schaute erst die eine und dann die andere Frau nüchtern an und fragte achselzuckend: „Warum?"

„Weil wir dich lieben." Katy schaute von dem Teeservice auf. Ein leichtes Lächeln zog über ihr Gesicht.

Kelsey nickte.

„Das ist Wahnsinn!" Als sie ihre nassen Augen sah, stieß Bailey ein schweres Seufzen aus, legte das Papier vor sich und tauchte die Feder in das Tintenfass. „Ich kann nicht glauben, dass ich so einer Sache zugestimmt habe." Sie schrieb die Adresse von Blighs Büro auf das Papier. Ihr Blick war immer noch tränenverschwommen. „Wo finde ich einen Boten, der den Brief überbringt?"

18. Vorwarnung an Bligh

Hogan hielt sein Pferd an und ließ seinen Blick über das dichtbewaldete Gebiet, das sich vor ihnen erstreckte, wandern. Das Ausmaß der Berge, die sie nun erklimmen wollten, überwältigte ihn. Vor ihm stapfte William Lawson schweigend zu Fuß dahin und suchte nach frischen Spuren auf der Erde oder an den Zweigen. In den letzten zwei Tagen hatten sie einen großen Teil des östlichen Gebiets abgedeckt, da sie glaubten, ihre erste heiße Spur bei der Suche nach Donovan Farrell gefunden zu haben. Ein Gefühl von starker Verzweiflung, begleitet von der Erschöpfung durch den strapaziösen Ritt zehrte an ihm. Als Lawson auf ihn zutrat, fragte er leise: „Glauben Sie diesem alten Bauern, Lawson?"

Lawson hielt einen abgerissenen Stofffetzen in der Hand. Seine durchdringenden blauen Augen drückten neue Hoffnung aus. „Ja, Hauptmann Hogan. Der Bauer hat das Pferd einem Mann abgekauft, den er als herumziehenden Landstreicher beschrieb. Ich kann eigentlich nicht glauben, dass der Mann sich nicht fragte, wie ein Landstreicher zu einem so ausgezeichneten Pferd kommt."

„Ich auch nicht."

„Aber der Bauer hat dem Mann das Pferd abgekauft. Er hat sogar eine Quittung über den Kaufpreis."

„Ja, das stimmt, Lawson." Hogan erinnerte sich an das ehrliche Gesicht dieses Mannes und an seinen Schreck, als er begriffen hatte, dass dieses Pferd einem vermissten Jungen gehörte. Der Bauer hatte ihnen gezeigt, in welche Richtung der Mann weitergegangen war, und hatte ihnen berichtet, dass er sich zu zwei anderen Männern gesellt habe, die ebenfalls ohne Pferd unterwegs gewesen seien. Aber Dwight hatte dem alten Mann nicht getraut und gleichzeitig angefangen, Lawsons Führung infrage zu stellen. Je weiter sie zogen, umso angespannter und gereizter wurde Dwight. „Was ist das in Ihrer Hand?" Hogan bemerkte den Stofffetzen.

„Ein abgetragener, schwerer Stoff. Sieht aus, als stamme er von einer Männerhose."

„Was ist?" Dwight ritt mit seinem Pferd näher und bemerkte, dass die Männer im Kreis zusammenstanden.

„Lawson hat das hier gefunden." Hogan hoffte, dass er den verzweifelten Dwight ermutigen könnte.

„Wo haben Sie es gefunden?" Dwights Tonfall war kurz angebunden. Er streckte nervös seine Hand nach dem Stoff aus.

Die Spannung zwischen den beiden Männern war unübersehbar. Hogan seufzte und zog besorgt die Brauen zusammen.

„An einem Strauch. Der Fetzen könnte von jedem stammen." Lawson warf den Stoff in Dwights ausgestreckte Hand.

Dwight streifte den Stoff schnell glatt und betrachtete ihn von allen Seiten. „Ich kann mich einfach nicht erinnern, ob Donovan etwas hatte, das aus diesem Stoff genäht war." Die Enttäuschung in seiner Stimme wuchs, und eine Schweißperle lief über seine Schläfe.

Hogan hörte die tiefere Bedeutung aus seinen Worten heraus, sah seinen schuldbewussten Blick und wusste auf der Stelle, dass Dwight sich selbst bestrafte. „Ich kann mich nicht erinnern, dass Donovan je so etwas angehabt hätte. Aber rege dich nicht auf, alter Junge. Es könnte von einem der Männer stammen, die sein Pferd gestohlen haben."

„Es könnte von jedem x-Beliebigen stammen", sagte Lawson distanziert. „Aber es ist der einzige Anhaltspunkt, den wir besitzen. Ich habe das Gebiet abgesucht. Es hat seit einer Woche nicht mehr geregnet. Ich fand Fußspuren, die auf den Berg hinaufführen, und ich habe auch ein bisschen an einer Stelle gescharrt, an der die Erde verändert worden war. Ich fand die Spuren eines Lagerfeuers unter der Erde, die ziemlich neu aussahen. Die meisten Männer, die unter freiem Himmel ein Feuer anzünden, bedecken die Glut mit Erde, aber sie versuchen nicht, alles zu verstecken."

„Aber haben Sie auch kleinere Fußspuren gesehen?" Die Hartnäckigkeit in Dwights Stimme strapazierte Lawsons Geduld sehr.

Lawson betrachtete Dwights Gesicht. Seine Miene verwandelte sich von Ärger in Mitgefühl. „Kommen Sie, ich zeige Ihnen die Fußspuren, Mr Farrell.“

Dwight stieg ab, klopfte sich den Staub von der Hose und folgte dem Fährtensucher.

Hogan band die Pferde an und ließ den Knecht allein zurück, um auf die Tiere aufzupassen. Statt den anderen zu folgen, beschloss er, eine kurze Strecke bergauf zu klettern und den Weg zu erkunden, der vor ihnen lag. Er griff am Fuß einer Felsmauer nach oben und fand festen Halt für seine Hand. Er stellte seinen Stiefel auf einen großen Felsen und bewältigte die leicht zu erklimmende Felswand. So kletterte er immer höher, bis er schließlich auf die Gruppe hinabschauen konnte. In der Hoffnung, eine bessere Aussicht auf das Gebiet zu bekommen, schaute er sich um. Er winkte den anderen zu, legte die Hände als Sprachrohr an seinen Mund und rief: „Ich klettere noch weiter hinauf! Wartet auf mich!“

Der Wind wurde stärker, und Hogan zog seine Jacke enger um sich. Wenn er noch zehn bis zwanzig Meter weiter bergauf kletterte, hätte er einen noch besseren Überblick auf den Weg, der vor ihnen lag. Sein Fuß stand auf einem sicheren Halt, und sein Körper war dicht an den Felsvorsprung gedrückt, als er sich auf den Vorsprung direkt über seinem Kopf hinaufzuziehen wagte. Da er wusste, dass Dwight Farrell bald die Geduld verlöre, wollte er nach einem letzten Blick über die Ausläufer der Berge wieder nach unten steigen. Er ergriff die Kante des Vorsprungs und zog sich nach oben. Der Stein unter seinem Fuß rutschte weg. Er erstarrte, als er hörte, wie der Felsbrocken in die Tiefe polterte. Stöhnend fing er sein Gewicht auf und zog sich mit einer letzten Kraftanstrengung auf den flachen Vorsprung. Er rollte auf die schmale Oberfläche und blieb einen kurzen Augenblick ruhig liegen, um Atem zu holen. Über den Gipfeln der blauen Berge hingen in einer sauberen weißen Parade ein paar Wolkenfetzen. Hogan verstand ihre

Botschaft so deutlich, als habe er sie in einem Buch gelesen. Es gab kein Anzeichen von Regen. Dankbar für dieses Zeichen schloss er die Augen und bat Gott um noch ein wenig mehr Zeit, bevor er die Erde tränkte. Obwohl ein kräftiger Regen die Chancen auf sichtbare Spuren im Schlamm vor ihnen erhöhen würde, könnte er gleichzeitig die wenigen Spuren, die sie im Augenblick auf ihrem Weg fanden, fortwaschen. *Führe uns zu Donovan, Vater. Und halte deine schützende Hand über ihn, bis wir ihn finden.*

Hogan betrachtete das Gelände, das vor ihm lag. Es war dichter bewaldet, als er es sich vorgestellt hatte. Der Weg wand sich um den Berg und teilte sich in zwei Richtungen. Er klopfte sich den Staub von den Handschuhen und bereitete sich auf den Abstieg vor. Bald gesellte er sich wieder zu den anderen und sah, dass Dwight erneut mit Lawson stritt.

„Wenn wir noch ein paar Stunden weiterreiten würden, könnten wir diese Männer eher einholen." Dwights Tonfall verriet, dass er gern die Führung an sich reißen würde. Er nutzte bereits seine Autorität über die Knechte, die ihn begleiteten, und jetzt sah es so aus, als wolle er am liebsten auch noch die Leitung des gesamten Suchtrupps übernehmen. „Ich reite mit meinen Männern weiter, Lawson. Ich kenne diese Berge genauso gut wie jeder andere."

Hogans Nackenhaare sträubten sich, als er das hörte. Er konnte seine Sorgen nicht länger für sich behalten und ergriff Dwight am Arm. „Kann ich kurz mit dir unter vier Augen sprechen, Dwight?"

Widerspenstig warf Dwight die Schultern zurück und versuchte, sich loszureißen. „Hogan, misch dich nicht ein!"

„Wenn Sie uns bitte entschuldigen, Lawson." Hogan ließ nicht locker. Er sah, wie Lawson kopfschüttelnd wegging.

Mit angespanntem Gesicht griff Dwight nach Hogans Hand, die sich in einem eisernen Griff um seinen Arm legte. „Lass mich los, oder ich werde gewalttätig!"

Hogan hörte seinen drohenden Ton, aber statt ihn loszulassen, packte er auch noch seinen anderen Arm. „Hör mir doch zu!" Mit angespanntem Gesicht und unübersehbarer Besorgnis betrachtete er Dwight. „Du bist auf diesem ganzen Ritt nicht du selbst. Wir haben dein Verhalten bis jetzt entschuldigt, aber du treibst Mr Lawson zu weit. Er ist ein ausgebildeter Fährtenleser, Dwight. Er kennt dieses Gebiet besser als jeder andere und kann diese Verbrecher aufspüren. Aber wir können nicht weiterziehen, wenn du immer wieder seine Leitung infrage stellst." Dwights Widerstand wurde schwächer, und Hogan ließ ihn los. „Willst du Lawsons Hilfe oder nicht?"

Mit deutlicher Frustration in den Augen zuckte Dwight mit den Achseln und wandte sich ab.

* * *

Bailey saß im Esszimmer. Die frühe Morgensonne tauchte das Zimmer in ein hellgelbes Licht. Gouverneur Bligh hatte einen Boten gesandt, der ihr eine Antwort auf ihren Brief gebracht hatte. Sie las seinen Brief mit lebhaftem Interesse, denn darin brachte der Gouverneur den starken Wunsch zum Ausdruck, sie noch am selben Tag zu sehen. Sie löffelte etwas Heißes, ließ aber den Brief keine Sekunde aus den Augen.

„Was schreibt er?" Katy konnte das Warten nicht länger ertragen.

Baileys Mund bewegte sich einen Augenblick schweigend, dann hob sie schließlich den Blick, und ein erleichtertes Lächeln zog über ihren Mund. „Gouverneur Bligh bittet um ein Gespräch mit mir. Er will einen vollständigen persönlichen Bericht von mir."

„Schreibt er wann?"

„Heute Nachmittag", antwortete Bailey leise und mit einem Blick, der ihre besorgten Gedanken verriet. „Es kann nicht schaden, wenn ich zu ihm fahre. Ich darf ja meinen Fuß nicht einmal mehr in die Nähe des Schulgebäudes setzen."

„Sie haben kein Recht dazu!", murmelte Katy, während sie mit dem Löffel ein loses Teeblatt aus ihrer Tasse entfernte. „Das ist aber genau Macarthurs Art."

„Macarthur sitzt im Gefängnis, Katy. Wir glauben alle, er hätte von Anfang an hinter dem Komplott gegen mich gesteckt. Aber wie konnte er das denn?"

„Weil er so ist, wie er ist." Katy hob ihre Tasse an den Mund, nippte aber nicht.

„Vielleicht hält Major Johnston mich tatsächlich für unfähig. In den letzten Monaten hatte ich nichts als Schwierigkeiten. Ich kann inzwischen seine Sorge verstehen. Vorher konnte ich das nicht."

„Willst du das Bligh erzählen?" Katy stellte die rosa bemalte Tasse ab und trommelte mit beiden Händen auf den Tisch. „Denn wenn du das beabsichtigst, dann kannst du genauso gut eine weiße Fahne hochhalten und kapitulieren."

„Nein. Aber wie kann ich einen Mann, der im Gefängnis sitzt, beschuldigen, dafür verantwortlich zu sein, dass ich so unfreundlich behandelt und meines Amtes enthoben wurde? Ich weiß nicht, wie ich mich gegen diese Männer wehren soll." Bailey wusste, schon während sie diese Worte sagte, dass sie Katys Zorn damit entfachte. „Du sagtest selbst, dass du versucht hast, gegen das Corps anzukämpfen. Sie werden uns unter ihren Füßen zermalmen."

„Wir haben nie aufgehört, gegen das Corps zu kämpfen, Bailey. Und wir haben manch eine Schlacht verloren. Aber eines Tages werden Männer wie Macarthur ihre letzten Opfer sehen, und ihre Macht wird gebrochen. Wenn nicht durch unsere, dann durch Gottes Hand."

„Ich bete um Neu-Südwales' willen dafür, dass das, was du da sagst, stimmt. Bitte bete für mich, dass ich nie zum Rückzug blase, solange ich nicht wirklich dazu gezwungen bin." Bailey schob ihre Schüssel zur Seite. Ein Dienstmädchen räumte sofort den Tisch ab. „Ich muss jetzt gehen und mich anziehen. Ich brauche mehrere Stunden zu Blighs Büro. Ich darf nicht zu spät kommen."

„Dann sorge ich dafür, dass du einen Fahrer bekommst. Soll ich dich begleiten?“ Katy verschränkte die Arme vor der Brust und warf Bailey mit einem hoffnungsvollen Funkeln in den Augen einen Blick von der Seite zu.

„Nein.“ Bailey schmunzelte und erhob sich, um in ihr Zimmer zu gehen. „Ich schwöre dir, dass ich stark sein werde und alles in meiner Macht Stehende tun will, damit den Interessen der Kinder oberste Priorität eingeräumt wird.“

„Willst du bleiben, Bailey? Bitte sag, dass du das willst.“

„Ja. Du weißt, dass ich es will. Aber ich glaube, es ist nicht so gut, jetzt meinen Gefühlen freien Lauf zu lassen. Ich bin zu aufgewühlt.“ Sie ging zur Tür, drehte sich noch einmal um und lächelte Katy an. Ihr gelbes Kleid verlieh ihr im frühen Tageslicht noch mehr Ausstrahlung. „Aber wenn es Gottes Wille ist, dass ich abreise, wird mein Herz immer um euch alle trauern. Ihr seid meine zweite Familie geworden. Dafür bin ich so dankbar.“ Als sie sah, wie Katys Augen feucht wurden, drehte sie sich um, packte oben schnell ihre Sachen zusammen und fuhr in der Kutsche, die Katy ihr zur Verfügung gestellt hatte, los. Während der Fahrt nach Sydney las sie den Brief von Gouverneur Bligh immer wieder, da sie sicherstellen wollte, dass sie in seine Zeilen keine falsche hoffnungsvolle Bedeutung hineinlas. Aber Blighs Schreiben, das knapp und kurz gehalten war, verriet eine große Besorgnis wegen ihrer Entlassung aus dem Schuldienst. Mehr als alles andere war sie jedoch darüber erleichtert, dass der Gouverneur bei dieser Sache nicht die Hand im Spiel gehabt hatte. Trotz der Kontroverse mit den ihm unterstehenden Männern war er ihr ein guter Freund. Eine seltsame Hoffnung keimte in ihr auf, als sie sich dem Regierungsgebäude näherte.

* * *

Bligh stopfte eine Prise Tabak in seine Wange, unterschrieb das letzte Papier, das ihm an diesem Morgen des achtzehnten Januar vorgelegt worden war, und sortierte dann die Papiere zu sauberen, ordentlichen Stößen. „Ich höre alles, was Sie sagen, Leutnant. Aber ich kann Ihre Befürchtungen zerstreuen. Wir haben eine gesonderte Wache nur für Macarthurs Gefängniszelle aufgestellt. Er geht nirgendwohin, solange ich es nicht befehle. Er hat seine Macht verloren."

Der junge Leutnant schritt vor Blighs Schreibtisch aus Mahagoniholz angespannt auf und ab. Seine Augen waren auf den Teppich gerichtet, und sein Gesicht war sorgenvoll. In einem erneuten Versuch, Bligh von einem möglicherweise bevorstehenden Umsturzversuch zu überzeugen, blieb er stehen und schaute den Gouverneur direkt an. „Die Reihen der Offiziere, Sir ..."

„Sind unter meiner vollständigen Kontrolle", versicherte Bligh ihm. Sein Gesicht war arglos und verriet nicht den geringsten Anflug vor Besorgnis. „Ihre Loyalität meinem Amt und der Krone gegenüber werden gewürdigt, aber Ihre Sorgen sind grundlos." Bligh füllte sein Glas mit Hochprozentigem.

„Aber ich kenne diese Männer. Ihre Loyalität ist geteilt. Viele von ihnen sind durch John Macarthur zu viel Land und Reichtum gekommen. Für einige ist er der Monarch in diesem Land."

„Ich weiß, dass Macarthur seine Machtbefugnisse überschritten hat. Das ist genau der Grund, warum er hinter Gittern schmort! Stellen Sie meine Autorität in den Offiziersreihen infrage, Leutnant?" Bligh kippte mit einer schnellen Bewegung seines kräftigen Handgelenks, um das sein gerüschter Ärmel wie eine Flagge wehte, den Alkohol hinunter.

„Ich nicht, Sir. Aber einige der Männer – die zum Corps gehören – sie kennen nur eine einzige Loyalität."

Bligh rieb mit der Hand über sein breites Kinn, stieß einen tiefen Seufzer aus und richtete seinen Blick auf den Offizier. „Unsinn!"

„Sir, Sie kennen meinen Respekt für Sie und Ihr Amt, aber verraten meine Hartnäckigkeit und meine detaillierten Berichte in dieser dringenden Angelegenheit nicht mein Wissen und meine Kompetenz? Ich weiß, wovon ich spreche, und ich bin fest davon überzeugt, dass John Macarthur plant, an Ihrem Stuhl zu sägen!"

Bligh wog die Worte des Offiziers sorgfältig ab, betrachtete den Bericht, den er ihm vorgelegt hatte, und lächelte ihn zuversichtlich an. „Unsinn!"

Als er ein Klopfen an der Tür hörte, zog der Leutnant seine Handschuhe an, salutierte respektvoll und sagte ruhig: „Ich entschuldige mich höflichst, Herr Gouverneur, dass ich Sie bei Ihrer Arbeit gestört habe."

„Das haben Sie ganz und gar nicht. Und bitte zögern Sie nicht, mir jederzeit Ihre Bedenken mitzuteilen. Das Büro des Gouverneurs von Neu-Südwales wird in Zukunft ein offenes Ohr für alle Bedenken des Militärs haben. Sie sind das Rückgrat dieser Kolonie."

Mit einem schwachen Lächeln auf seinen schmalen Lippen verließ der Leutnant ohne weitere Formalitäten das Büro. An seiner Stelle trat ein Gefreiter ein und verkündete: „Die Lehrerin ist gekommen, Herr Gouverneur, auf Ihre ehrenwerte Aufforderung hin, Sir."

„Führen Sie sie bitte herein, Gefreiter." Bligh stand auf und setzte ein unbewegtes Lächeln auf.

Bailey rauschte, ohne zu zögern, ins Büro. „Ich grüße Sie, Sir." Sie machte einen Knicks und wartete auf seine Antwort.

„Bitte setzen Sie sich, Miss Templeton." Er bot ihr einen gepolsterten Stuhl an. „Ich möchte im Namen der Regierung von Neu-Südwales nein tiefstes Bedauern ausdrücken. Anscheinend sind Sie einer kleineren Ungenauigkeit in unserem immer umfangreicheren System zum Opfer gefallen. Wie Ihnen bei Ihrer Ankunft in unserem Hafen deutlich erklärt wurde, ist es nicht immer leicht, diese junge Kolonie weitab von Englands Küste großzuziehen."

Er goss sich Tee ein und bot ihr ebenfalls eine Tasse an. „Von Zeit zu Zeit kann ein Irrtum unterlaufen, und die Probleme, die sich daraus unglücklicherweise ergeben, wirken sich leider nachteilig auf das Leben eines Menschen aus – in diesem Fall, auf Ihr Leben."

„Für mich keinen Tee. Danke." Bailey nahm höflich Platz und hörte aufmerksam zu, was der Gouverneur ihr zu sagen hatte.

„Im Augenblick wäre ich für Ihre Geduld in dieser Angelegenheit sehr dankbar. Eine vollständige Aufklärung dieser Frage wird in Gang gesetzt."

Das Wort *Aufklärung* beunruhigte Bailey, aber sie verriet ihre Gefühle mit keiner Miene.

„Ich habe Sie heute in das Regierungsgebäude eingeladen, da ich hoffe, dass Sie so viele Einzelheiten wie möglich nennen können, damit wir Ihren Fall besser beurteilen können." Er strich mit einer gewissen Förmlichkeit sein Halstuch glatt und setzte sich langsam, ohne den Blick von Bailey abzuwenden.

„Danke. Ich komme dieser Bitte sehr gern nach, Herr Gouverneur, aber um ehrlich zu sein: Sich in dieser Kolonie zu beweisen ist eine größere Aufgabe geworden, als die, für die ich hier angestellt wurde."

„Ich verstehe." Bligh faltete die Hände über seinem Bauch. „Gefreiter", rief er. „Bitte kommen Sie. Ich brauche Ihre Hilfe." Er verlangte, dass der Mann alles, was die Lehrerin zu sagen hatte, schriftlich festhielt und später als Zeuge zur Verfügung stünde. Der uniformierte Mann gehorchte und nahm hinter Bailey Platz.

Bailey fühlte die Augen der beiden Männer auf sich gerichtet, befeuchtete ihre Lippen und begann mit ihrer Geschichte. Sie erzählte, wie schon vor mehreren Monaten im Haus des Gouverneurs, von den persönlichen Übergriffen auf ihr Haus. Sie wiederholte die Befürchtung, dass das Corps die Angriffe initiiert habe, berichtete, dass auf sie geschossen wurde und dass sie an dem Tag, an dem sie vom Pfarrhaus nach Hause fuhr, verwundet wurde, obwohl Bligh diese Einzelheiten bereits genau kannte. Sie schilderte auch ihre Gespräche mit Major George Johnston, wobei sie sorgfältig darauf achtete, nach den Monaten, die seitdem verstrichen waren, nichts zu ihrem Wortwechsel hinzuzufügen. Sie war sich bewusst, dass sie, wenn sie Johnstons Namen erwähnte, wahrscheinlich aufgefordert würde, ihre Worte in seiner Gegenwart zu wiederholen, und sie wollte sichergehen, dass ihre Klage der Richtigkeit entsprach. Sie beschrieb außerdem in allen Einzelheiten die Klagebriefe, die gegen sie vorgebracht worden waren.

„Soll Miss Templeton Ihnen etwas von ihrem Bericht wiederholen. Gefreiter?"

Der Soldat schüttelte den Kopf.

„Obwohl ich viel davon halte, Untergebenen volle Entscheidungsfreiheit in ihrem Verantwortungsbereich zu übertragen, muss ich Major Johnstons Motive, aus denen er Ihren Nachfolger schon in Wartestellung brachte und nur noch auf Ihre Kündigung wartete – und diesen Mann auch noch ohne mein Wissen aus England anreisen ließ – infrage stellen."

„Genau meine Meinung, Gouverneur Bligh. Und ich möchte betonen, dass es nicht mein Wunsch ist, Major Johnstons Fähigkeiten als Militärkommandant oder seine Loyalität Ihnen gegenüber infrage zu stellen. Vielmehr bitte ich, dass die Untersuchung sich allein darauf konzentriert, ob ich meine Aufgabe, Sydney Coves Schulkindern immer die bestmögliche Ausbildung zu gewähren, erfüllt habe oder nicht. Wenn dieser Mr Atkins sich als ein besserer Lehrer auf diesem Posten erweist, werde ich genauso schnell von hier abreisen, wie er gekommen ist."

Bligh war mit ihren Worten zufrieden und lächelte. „Ihre Integrität ist lobenswert, Miss Templeton. So soll es geschehen."

Bailey zog ihre schwarzen Handschuhe über ihre Fingerspitzen und verabschiedete sich höflich von dem Gouverneur. Sie war dankbar für dieses Gespräch, aber sie empfand auch eine gewisse Skepsis, da sie fürchtete, die Untersuchung werde bald in der korrupten Bürokratie untergehen. Bligh, der für sein starres Organisationstalent bekannt war, musste erst noch Beweise über den Heckenschützen oder irgendwelche heimlichen Bemühungen, sie aus der Schule zu vertreiben, aufdecken. Was seine täglichen Pflichten betraf, so genoss er einen tadellosen Ruf. Aber wenn er unter Beschuss geriet oder im Stress stand, hatte er sich einen weniger perfekten Ruf erworben. Katys Bruder, Caleb, hatte einmal eine Schiffsmeuterei gegen Bligh erwähnt. Die Untersuchungen hatten Blighs Führungsqualitäten in einem sehr zweifelhaften Licht dargestellt. Die Meuterer waren auf eine Insel geflohen und bewohnten sie bis auf diesen Tag, ohne von Englands langem Arm behelligt zu werden.

Bligh war bestimmt nicht der Retter ihrer Person oder gar der ganzen Kolonie.

So sehr ihr Gespräch mit Bligh Hoffnungen in ihr geweckt hatte, wusste sie doch ohne jeden Zweifel, dass sie nicht darauf vertrauen konnte, dass irgendein Mensch ihr die Steine aus dem Weg räumen würde. *Ich setze mein Vertrauen ganz auf dich, Jesus Christus. Du bist der Herr über Sonne, Mond und den Regen. Meine Zeit steht in deinen Händen.*

19. Der Rumaufstand

26. Januar 1808

Hogan rutschte auf seinem Sattel auf die andere Seite und schaute mit deutlichem Unbehagen zu, wie Dwight Farrell und sein Knecht einen steinigen Hang erklommen und verschwanden. Ungeduldig hatte Dwight das Gebiet, in dem die Fußspuren entdeckt worden waren, abgesucht. Sobald Lawson ihnen erklärt hatte, in welche Richtung die Spuren mit Sicherheit führten, hatte Dwight verkündet, dass er seine Pläne geändert habe. Er war überzeugt, wenn er einen unerforschten Pass durch eine Gebirgsschlucht einschlage, könne er Donovans Entführern zuvorkommen, und beschloss, auf eigene Faust weiterzusuchen. Hogan konnte wegen Dwights Entscheidung weder verärgert sein, noch konnte er ihm zustimmen. Er war nicht sicher, ob er, wenn er gezwungen würde, in die Haut des verzweifelten Vaters zu schlüpfen, noch klar denken könnte. Dwight brach mit seinem älteren Knecht, in Hogans Augen ein Mann, der nur aus Haut und Knochen bestand, auf und verschwand im unerforschten australischen Busch.

„Es tut mir leid, Mr. Hogan", entschuldigte sich Lawson nun schon zum zweiten Mal.

„Lawson, geben Sie sich keine Schuld dafür. Ich kenne Dwight Farrell nun schon seit vielen Jahren, und ich kann Ihnen versichern, dass er momentan nicht er selbst ist. Wir können nichts anderes tun, als weiterreiten und versuchen, den Jungen zu finden – das heißt, wenn Sie dazu noch bereit sind?" Hogan schaute den Mann mit einer gewissen Unsicherheit fragend an.

„Natürlich reiten wir weiter. Was denken Sie denn von mir? Dass ich nur wegen ein paar kleinlicher Meinungsverschiedenheiten einen Jungen tatenlos in der Wildnis sitzen lasse?" Lawson zog seinen Sattel fest, überprüfte seinen Wasservorrat und steckte seine handgezeichneten Landkarten ein. „Außerdem empfinde ich für Mr Farrell nichts als tiefstes Mitgefühl. Er denkt ja nur an seinen Sohn, und er kann die Suche keinem anderen anvertrauen als sich selbst.“ Er steckte die Ersatzmunition in seinen Lederbeutel.

Hogan stieg auf, und bald ritten er, Lawson und ein Knecht, den Dwight bei ihnen zurückgelassen hatte, in den Urwald am Fuß der Blauen Berge hinein. Der Ritt verlief mehrere Stunden lang ohne Zwischenfall. Die Männer erzählten sich Geschichten, und Hogan begann, Lawsons Lebensgeschichte zu bewundern. Er war von der englischen Krone beauftragt worden, die unerforschten Gebiete von Neu-Südwales zu erkunden, und verbrachte seine Nächte mit einem Holzverschlag als Dach und der gnadenlosen Erde als Bett. Seine Erfahrungen in der Wildnis erwiesen sich für die erschöpfte Gruppe als unschätzbar wertvoll. Sie hatten normalerweise frisches Fleisch oder Fisch zum Abendessen und einen reichen Schatz an Geschichten. Es spielte keine Rolle, wie übertrieben die Schilderungen im Laufe der Zeit geworden waren, solange sie nur halfen, die Last der sorgenvollen Suche zu erleichtern.

„Diese Männer – falls uns die Spuren tatsächlich zu den Entführern bringen – müssen entflohene Sträflinge sein. Je weiter sie kommen, umso unvorsichtiger werden sie.“ Lawson berührte einen abgebrochenen Ast in Brusthöhe. „Hier muss in den letzten anderthalb Tagen jemand durchgegangen sein. Es ist verrückt, sich ohne Pferd in dieses Gebiet vorzuwagen. Wir holen sie bald ein, Hogan!“ Aus Lawsons Stimme sprach neuer Mut.

Hogan untersuchte das beschädigte Blattwerk. Als er sah, dass der Zweig in der Mitte noch grün war, nickte er, aber Lawsons Bemerkung beunruhigte ihn gleichzeitig. „Warum sollten sich Sträflinge bei ihrer Flucht die Last aufladen und einen fremden Jungen mitschleppen?“

„Das weiß ich auch nicht. Wir wissen ja nicht einmal, ob wir tatsächlich Donovans Entführer vor uns haben.“ Er mäßigte seine

Worte, konnte aber nicht verheimlichen, wie belastend und ernst die ganze Situation war. „Wir haben bis jetzt weder einen Fetzen von der Kleidung des Jungen noch seine Spuren entdeckt. Das alles bereitet mir starkes Kopfzerbrechen, das kann ich Ihnen sagen." Lawsons Stimme wurde leiser, während seine Augen aufmerksam über eine Lichtung wanderten. „Gott stehe diesem armen verlorenen Jungen bei."

„Reiten wir weiter?" Hogan ordnete sich Lawsons Erfahrung unter.

„Ja, es geht weiter." Lawson biss die Zähne zusammen und gab seinem Pferd die Peitsche. Sein Blick war ernst und distanziert, während er mit den Augen einen Punkt in der Ferne anvisierte und auf die Lichtung steuerte.

* * *

Der Gefreite, der am Eingang des Regierungsgebäudes postiert war, seufzte träge. Seine Lethargie wich einer unübersehbaren Schläfrigkeit. Er verschränkte die Arme vor der Brust und ließ den Kopf sinken. Er sah weder, wie die Eingangstüren langsam aufgingen, noch bemerkte er die bewaffneten Soldaten, die an seinem Posten vorbeischlichen.

Von Major George Johnston angeführt, teilte sich die Gruppe britischer Soldaten in zwei Einheiten, die sich beide mit angelegten Waffen vor den Türen zu den Offiziersbüros postierten. Johnston nutzte den günstigen Augenblick und führte den Schlag gegen das Regierungsgebäude genau so durch, wie er von John Macarthur angewiesen worden war. Er stand mit dem Rücken zur Wand, während die Soldaten seines Rum-Corps an ihm vorbeischlichen. Er lauschte mit angespannter Miene in das Schweigen hinein. Seine Stimme war nur ein heiseres Flüstern, als er befahl: „Auf meinen Befehl stürmt ihr das Gebäude. Nehmt Blighs Offiziere allesamt gefangen, genau wie ich befohlen habe." Er hob seine Hand, die in einem Handschuh steckte. Eine Schweißperle lief ihm über die Stirn. „Jetzt!“ Sein Arm fuhr nach unten, und die Männer stürmten durch die geschlossenen Türen.

Der Überraschungsangriff auf die Offiziere war ein voller Erfolg. Sie bereiteten sich auf das Ende ihres Arbeitstages vor und hätten nie im Leben mit einem gewaltsamen Umsturz aus ihren eigenen Reihen gerechnet. Die aufständischen Soldaten stürmten die Büros, drei Männer pro Zimmer, und drohten Blighs ahnungslosen Untergebenen mit ihren Pistolen. Mit erzwungener Schnelligkeit stolperten die überrumpelten Offiziere auf die schwach erhellten Gänge hinaus.

„Dafür hängen Sie, McComb! Ehe Sie sich versehen, stehen Sie unter dem Galgen!“, knurrte ein Offizier seinen aufständischen Bewacher an.

Der Gefreite wirbelte sein Gewehr herum und schlug dem Offizier den Griff zwischen die Schultern. „Mund halten, bevor ich die andere Seite benutze!“ Der Mann krümmte sich, taumelte vorwärts und rammte gegen einen Türpfosten.

Nervös beobachtete Johnston diesen Zwischenfall. „Passen Sie auf!“ Er richtete seine Worte an den Offizier. „Geben Sie uns keinen Anlass, unsere Waffen einzusetzen!“ Er schaute die Offiziere, die sich vor ihm aufreihten, drohend an. „Bringt sie vor das Gebäude, Männer! Reiht sie nebeneinander an der Wand auf. Bindet sie mit Seilen und Ketten.“

Der Gefreite, der am Eingang Wache gestanden hatte, sah, dass aller Augen auf den zusammengeschlagenen Offizier gerichtet waren, der sich wieder auf die Beine mühte. Er huschte leise hinter seine verblüfften Kollegen und verschwand unbemerkt durch eine Seitentür. Er war schon fast entkommen, als die Türangel ein verrostetes Quietschen von sich gab. Ohne sich umzudrehen, stürmte er zu den Schlafbaracken. Er wusste, dass Bligh mit mehreren Offizieren zu einer Inspektion der Unterkünfte unterwegs war. Der Gouverneur musste gewarnt werden!

* * *

„Bitte sorgen Sie dafür, dass einige dieser Decken durch neue ersetzt werden, Leutnant Fields." Gouverneur Bligh betrachtete die von Motten zerfressene Bettwäsche mit deutlicher Abscheu. „Die Böden sollten jeden Tag mit Schwefel ausgewischt werden, um eine Ansteckung zu verhindern."

„Jawohl, Sir." Field notierte jede Einzelheit.

„Nächste Woche sollen die Männer mit Besen die Zimmerdecken säubern. Überall hängen Spinnweben."

Mit einem Blick zur Decke nickte der Leutnant, obwohl eine leichte Verwirrung in seinem Blick lag. „Spinnweben, Sir?"

„Ja. Diese Baracken können schnell zu einem Nährboden für Krankheiten werden, wenn sie nicht ordentlich saubergehalten werden." Er fuhr mit einem Finger seiner Hand, die in einem weißen Handschuh steckte, über ein Fenstersims, hielt ihn demonstrativ hoch und rieb sich mit einem ungeduldigen Seufzen den Staub von den Fingern.

„Herr Gouverneur! Gouverneur Bligh!"

Bligh drehte sich schnell um und sah den Gefreiten mit hochrotem Kopf im Türrahmen stehen und um Atem ringen. „Was ist denn, Mann?", fuhr er ihn an.

„Ein Aufstand unter den Soldaten, Sir! Es ist das Corps! Sie haben das Regierungsgebäude gestürmt. Sie sind gerade dabei, alle Offiziere gefangenzunehmen ..."

In Blighs Innerem entbrannte ein rasender Sturm. Er richtete seinen Rücken steif auf. „Wer wagt so etwas?"

„Major George Johnston, Herr Gouverneur! Er lässt gerade die Offiziere in Reih und Glied aufstellen und in Ketten legen."

„Johnston? Dieser Idiot! England wird ihn hängen! Und ich auch!"

Aus dem Gesicht des Gefreiten wich jetzt jede Farbe. Er trat von der Tür weg und rief: „Sie kommen, Sir, geradewegs hierher!" Er schlug die Tür zu und verschwand außer Sichtweite. Vor den Baracken war das Knallen von Musketenschüssen zu hören. Die Tür wurde mit Wucht aufgestoßen, und zehn Soldaten des Rum-Corps stürmten mit angelegten Musketen durch den zersplitterten Türrahmen. Ein schwefeliger Gestank nach Schießpulver wehte in die Baracken und kündigte Major Johnstons Kommen an. Seine Männer schritten ihm mit drohender Wachsoldatenmanier voraus, während er langsam um die Pritschen der leeren Baracken stolzierte.

„Hier drüben habe ich einen!“, rief ein Leutnant.

Hinter einer leeren Munitionskiste, die auf eine Seite gedreht war und als Lagerschrank benutzt wurde, stand Fields langsam mit erhobenen Händen auf. „Was soll das, Johnston? Können Sie mir das bitte verraten?“ In seiner Stimme lag ein ruhiger, argumentierender Unterton.

„Wo ist Bligh?“

„Das weiß ich nicht!“, fauchte Fields.

„Er lügt!“ Der junge Leutnant holte mit seinem Gewehrkolben aus und zielte auf den Kopf des Mannes.

„Halt!“, befahl Johnston streng. „Unser lieber Leutnant ist ein vernünftiger Mann. Habe ich recht?“ Er richtete seinen Blick auf den Leutnant. „Wir haben die rechtmäßige Kontrolle über das Regierungsgebäude wieder zurückgefordert, Leutnant Fields. Es ist nur eine Frage der Zeit, bis Bligh gefunden und wegen des Verrates gegen die Königliche Marine verurteilt wird. Wenn Sie zu ihm stehen, werden Sie mit ihm zu Fall kommen.“ Seine Augen zogen sich zusammen. Auf seinem Gesicht zeigte sich die Genugtuung über seine frisch erlangte Macht. „Macarthur wird noch in dieser Stunde befreit. Sie können sich, solange noch Zeit dazu ist, auf unsere Seite stellen.“ Mit herausfordernd funkelnden Augen zog er eine Braue in die Höhe. „Wie entscheiden Sie sich, Herr Leutnant?“

Fields’ Blick wanderte über den harten, kalten Lauf der Muskete seines Offizierskollegen. „Sie sind wahnsinnig!“

„Wie Sie wollen.“ Ungeduld lag in seinem Blick. „Sie sind hiermit ab sofort Ihres Postens enthoben. Schafft ihn fort.“ Johnston schob mit der Spitze seiner Pistole seinen Dreizackhut zurück und ließ seinen Blick erneut durch den Raum schweifen. Er hatte beschlossen, einen Suchtrupp zusammenzustellen, der Bligh finden und festnehmen sollte. Er wollte gerade mit seinen blutdürstigen Gefolgsleuten die Baracke verlassen, als seinem aufmerksamen Auge eine leichte Bewegung in der hintersten Ecke der Baracke auffiel. Schweigend machte er eine Bewegung mit einer Hand und signalisierte mehreren seiner Männer, ihm zu folgen. Er baute sich am Fuß eines Feldbettes auf, nickte seinen Männern vielsagend zu und lenkte mit einer Kopfbewegung ihren Blick auf das wackelige Bett. Zwei der Männer ergriffen das Bett und kippten es zur Seite. Der andere legte seine Waffe an.

Mit dem Gesicht nach unten und den Händen über seinem Hinterkopf erstarrte Bligh, als er merkte, dass sein Versteck entdeckt worden war. Langsam erhob er sich. Die Soldaten grinsten leise.

„Gouverneur William Bligh, hiermit verhaften wir Sie im Namen der Krone! Leisten Sie keine Gegenwehr und warten Sie auf Ihr Gerichtsverfahren und Ihr Urteil.“ Johnston sprach mit monotoner Stimme. Seine Augen verrieten seine Machttrunkenheit.

„Sie haben den Verstand verloren, Johnston! Was werfen Sie mir vor?“, wollte Bligh wissen.

„Verrat gegen die Militärregierung von Neu-Südwales“, antwortete Johnston kühl.

Bligh stand steif da, während seine Glieder in Ketten gelegt wurden, und fragte mit beherrschter Wut: „Und auf wessen wahnsinnige Anweisung hin führen Sie solche Befehle aus?“

„Auf John Macarthurs Befehl hin. Er ist die gesetzliche Autorität, die von unserem Militär in dieser Kolonie anerkannt wird.“

„Pah! Er ist im Gefängnis!“ Bligh wurde von Johnstons Männern vorwärtsgestoßen und gegen seinen Willen zu dem Gefängnis geführt.

* * *

Auf der anderen Seite des Geländes rief ein Wachmann, der vor dem Gefängnis postiert war, drei auf ihn zueilenden Soldaten zu: „Stehen bleiben, sage ich, oder ich schieße!" Er hob drohend seine Muskete. Plötzlich fühlte er einen kalten, harten Druck auf seiner Schläfe. Seine Knie waren wie festgeschraubt. Er spähte mit offenstehendem Mund zur Seite. „Wer ist da?", fragte er mit angespannter Stimme, wagte aber nicht, den Kopf zu drehen.

„Keine Bewegung!", befahl eine raue Stimme. Im selben Augenblick wurden ihm von den anderen Soldaten die Schlüssel aus seiner Jackentasche gerissen.

Der Mann, der dem Wachmann die Waffe an den Kopf hielt, antwortete ihm nicht, sondern bellte stattdessen den anderen seine Befehle zu. „Bringt ihn hinaus!" Er warf einem ängstlichen Gefreiten die Schlüssel zu. Die Männer gingen daran, die Schlüssel auszuprobieren, bis sie einen fanden, bei dem das Schloss knarrend aufging. Dann warfen sie die Tür mit den Eisengittern auf und liefen mit einer Laterne, die die düstere, überfüllte Zelle erhellte, hinein.

Bald tauchten sie wieder auf, angeführt von dem Gefangenen des Wachsoldaten, John Macarthur. Er blinzelte in das grelle Sonnenlicht. Macarthur streckte seine Glieder und befahl: „Werft den Mann in die Zelle und sperrt ihn ein. Ihn und die anderen erledige ich später."

Die Soldaten gehorchten nervös. Ihre Nerven waren durch ihr riskantes Unternehmen aufs Äußerste angespannt.

„Wo ist Bligh?" Macarthur beobachtete das Treiben, das auf seinen Befehl hin ausgebrochen war. Er ließ sich von einem der Männer helfen, den Sträflingskittel auszuziehen, dann zog er vor aller Augen wieder seine Militäruniform an. „Ich will ihn in Ketten sehen."

„Sie bringen ihn gerade", antwortete ihm ein Leutnant mit leiser Stimme.

Macarthur beäugte die heranrückende Gruppe. Als er Bligh von bewaffneten Corpsleuten umringt sah, huschte ein leichtes Lächeln über seine Wangen. Schnell knöpfte er seinen Kragen zu und steckte seinen Säbel in die Scheide, während der andere Mann ihm half, in seine Stiefel zu schlüpfen. Er drehte sich zu der aufgeregten Brigade um und stand so unerschütterlich wie ein Bollwerk da und wartete auf sie.

Die Schwadron blieb stehen und stieß Bligh nach vorne, bis er Macarthur gegenüberstand. Ohne irgendwelche Gefühle zu zeigen, schauten sich die zwei Männer in die Augen. Ein pietätloses Schweigen lag zwischen ihnen. Nach einer Weile atmete Macarthur tief ein und sagte selbstbewusst: „Haben Sie etwas zu sagen, Kapitän Bligh?"

Bligh weigerte sich, seine Frage zu beachten, warf die Schultern zurück und wandte den Blick ab.

„Sie antworten mir jetzt, oder Sie antworten mir später bei Ihrer Verhandlung."

Immer noch keine Antwort.

Macarthurs Zorn war entfacht. Seine Lippen wurden weiß und sein Gesicht hart. „Bringt ihn fort – schafft ihn mir aus den Augen!"

Der Trupp Soldaten drängte den Gouverneur in eine steinerne Zelle. Immer noch war kein Laut von den Lippen des gestürzten Regierungschefs zu hören. Die einzigen Geräusche waren das Rasseln der Ketten und das Klirren der zugeschlagenen Gefängnistüren.

* * *

„Bin ich froh, wenn die Männer wieder zurück sind!" Müde kniete Katy neben einer fohlenden Stute. Sie und Bailey kümmerten sich schon seit dem Nachmittag und bis weit in die Nacht hinein um dieses Tier.

„Caleb müsste morgen von den Weiden zurück sein", beruhigte Bailey sie. „Außerdem hoffe ich jeden Augenblick auf die Rückkehr von Dwight und seinem Suchtrupp aus den Bergen." Sie wischte das Stroh von ihrer Schürze. „Aber wir können dieser Stute genauso gut helfen wie ein Mann. Ich habe meinem Vater oft geholfen, wenn eine Stute gefohlt hat."

Ein Knecht streute frisches Stroh hinter die Flanken der Stute.

„Es geht los." Bailey kroch vorsichtig zu dem unruhigen Tier vor.

Die Stute wimmerte, als der Kopf und das rechte Vorderbein des Fohlens erschienen. Das Fohlen sah nass und kohlrabenschwarz aus, als es unbeholfen das eine freie Bein hob. Bailey ergriff den nächsten langsam herauskommenden Huf und half ihm gekonnt hinaus in diese Welt. Katy unterstützte sie bei diesem Bemühen. Sie schauten ehrfürchtig zu, wie das kleine schwarze Tier versuchte, auf seinen wackeligen Vorderbeinen zu stehen. Nach einer Weile war die Geburt abgeschlossen, und die Stute setzte sich auf, um ihr Junges zu beschnuppern.

Katy rief mehr Knechte herein, die den Stall saubermachen und die Tiere versorgen sollten. Sie trat neben Bailey an den Scheuneneingang. „Ich bin müde", sagte sie, während sie die Hände auf ihren Rücken legte und ihre schmerzenden Muskeln streckte und dehnte.

„Aber es ist eine angenehme Erschöpfung, findest du nicht?" Bailey wusch sich in einem Eimer mit frischem Brunnenwasser die Hände. „Rose Hill hat ein neues Fohlen", sagte sie mit stiller Befriedigung.

Katy reinigte sich ebenfalls die Hände und schrubbte mit Seifenlauge den Schmutz unter ihren Nägeln weg. „Nichts kann angenehm sein, solange meine Familie nicht wieder komplett zu Hause ist. Ich sehne mich mehr nach Donovan als am Anfang, als er fort war."

Bailey hatte sich daran gewöhnt, Katy mit roten Augen zu sehen.

„Ich glaube, überhaupt nichts zu wissen ist schlimmer als zu wissen, dass ihm etwas Schlimmes zugestoßen ist." Katy trocknete sich die Hände an einem Tuch ab und legte die Arme um ihre Taille.

„Das stimmt wahrscheinlich", gab ihr Bailey recht. „Auch wenn es einige Dinge im Leben gibt, die ich lieber nicht wüsste."

Katy schaute sie fragend an. „Was zum Beispiel?"

Bailey ging auf das Haus zu, drehte sich kurz um und wartete, bis Katy sie einholte. „Ich wünschte, Laurie hätte mir nie von Gavin geschrieben. Und ich wünschte, ich hätte nie die Beschwerdebriefe der Freigelassenen gelesen."

„Aber was wäre, wenn du Jahre später zurückkehrst und dann damit konfrontiert wirst, dass Laurie mit Gavin verheiratet ist? Wäre diese Medizin nicht viel schwerer zu schlucken?"

Bailey sah die ehrliche Frage in Katys Gesicht genauso wie die blassen Schatten unter ihren Augen, die teilweise von ihrer Müdigkeit und teilweise von dem Zwielicht herrührten. Sie zögerte. Sie hatte diese Frage lange aus ihrem Denken verbannt. Den Schmerz der Vergangenheit wieder hervorzuholen war ihr noch nie leichtgefallen. Sie seufzte innerlich und gab ihr schließlich recht. „Du hast recht."

„Es tut mir leid. Ich hätte dir eine solche Frage nicht stellen sollen. Ich gehe so sehr in meinem eigenen Selbstmitleid auf, dass ich jeder Überzeugung, die nicht mit meiner eigenen übereinstimmt, auf den Zahn fühlen muss." Sie hakte sich bei Bailey unter. „Ich kann nie etwas ruhen lassen. Frag nur meine Mutter", sagte sie mit tiefer Resignation.

„Nein. Du brauchst dich nicht zu entschuldigen. Ich will erwachsen werden, Katy. Ich will alle Gefahren, die auf mich zukommen, mit Mut und im Vertrauen auf Gottes Versprechen, dass er mich hindurchführen wird, angehen." Sie blieb stehen und rückte ihr Tuch zurecht. „Und ich will mich vor der Wirklichkeit des Lebens nicht verstecken. Aber auf diesem Gebiet bin ich oft von mir selbst enttäuscht."

„Dann geht es dir genauso wie mir“, gab ihr Katy mit der gleichen Traurigkeit recht, die sie nun schon seit Monaten beherrschte. „Ich frage mich manchmal, ob ich überhaupt je aufhöre, von mir enttäuscht zu sein.“ Sie trat näher an Bailey heran und senkte ihre Stimme, als wäre sie dabei, ein streng gehütetes Geheimnis zu verraten. „Sag mir, Bailey, vergleichst du dich je mit anderen?“

Bailey lächelte schwach. „Die ganze Zeit.“

„Gut.“ Ihre Brauen zogen sich frustriert zusammen. „Wenigstens bin ich in meiner Unvollkommenheit nicht allein.“

„Du bist weit davon entfernt, meine Liebe.“

Ein Reiter näherte sich ihnen. Seine Silhouette stach vom hellen Mondlicht ab, und die Frauen konnten sehen, dass er geradewegs auf sie zu ritt.

„Das ist einer von Calebs Knechten.“ Bailey erkannte den Mann.

„Hoffentlich ist Caleb nichts zugestoßen.“ Katys Stimme klang nervös.

„Mrs Farrell!“, rief der Mann. „Ist Mrs Prentice in der Nähe?“

„Amelia oder Kelsey?“ Katy nahm eine würdevolle Haltung an.

Der Mann brachte sein Pferd abrupt zum Stehen und stieg in einer schnellen Bewegung ab. „Mrs Kelsey Prentice suche ich.“

„Sie ist höchstwahrscheinlich zu Bett gegangen, nachdem sie ihre Kleinen hingelegt hatte“, antwortete Katy mit äußerlicher Gelassenheit. „Kann ich ihr eine Nachricht von Ihnen ausrichten? Geht es Mr Prentice gut?“

„Oh ja. Mrs Farrell. Entschuldigen Sie, dass ich Sie zu so später Stunde beunruhigt habe. Aber Mr. Prentice wird einen Tag länger auf den Weiden aufgehalten. Er schickte mich, um Proviant zu holen und um seiner Frau zu sagen, dass sie sich keine Sorgen machen muss.“

Bailey und Katy seufzten dankbar auf. „Gott sei Dank!“, rief Bailey aus.

Mit Besorgnis in der Stimme wickelte der Reiter die Zügel um seine Hand. „Aber Mr. Prentice weiß nichts von den Unruhen in der Siedlung, und ich betrachte es als meine Pflicht, die Damen davor zu warnen."

„Sprechen Sie bitte weiter." Eine neue Besorgnis lag auf Katys Gesicht.

„Das Corps – Macarthurs Corps hat unseren Gouverneur abgesetzt und das Regierungsgebäude gestürmt."

„Das kann doch nicht wahr sein!" Katy schloss ungläubig die Augen.

„Ich wünschte, es wäre nicht wahr, Mrs Farrell, aber die Wahrheit ist, dass das Rum-Corps die Regierung über Neu-Südwales an sich gerissen hat."

„Woher wissen Sie das?", fragte Katy nach.

„Ich ritt in die Siedlung, um Vorräte zu kaufen. Die Regierungsläden wurden von Macarthurs Männern übernommen. Die besten Waren haben sie für sich beschlagnahmt. Das, was noch übrig war, war so überteuert, dass Mr Prentice bestimmt nicht will, dass ich diesen Preis bezahle."

„Das ist ja empörend!" Bailey verzog verächtlich das Gesicht.

„Die meisten Ladenbesitzer verbringen die Nacht in ihrem Geschäft, um Plünderer abzuwehren. Der Marktplatz in der Stadt befindet sich in einem schrecklichen Zustand. Alle Regierungsoffiziere wurden abgesetzt. Einige von ihnen wurden ins Gefängnis gesperrt."

„Wo ist Gouverneur Bligh? Weiß das jemand?", fragte Bailey ihn mit ernster Besorgnis.

„Niemand, den ich fragte, wusste etwas von ihm, Miss. Aber so wie ich den alten Bligh kenne, lässt er Macarthurs Männer noch vor Sonnenaufgang ketten und vierteilen."

„Wenn sie ihn nicht schon beseitigt haben", sagte Katy mit leichter Bitterkeit.

„Gouverneur Bligh würde so etwas bestimmt nicht zulassen", warf Bailey ein. „Er ist ein willensstarker Mann, der sich so etwas nicht gefallen lässt." Sie erinnerte sich an ihre kurzen Begegnungen mit dem Mann. „Ehe Macarthur sich versieht, sorgt er gewiss dafür, dass wieder Ordnung in der Kolonie einkehrt." Sie erinnerte sich an sein Versprechen, die Korruption in der Frage um die Schule untersuchen zu lassen, und spürte, wie die Angst in ihr aufstieg. „Ich bete darum, dass Gott hier eingreift."

* * *

Bailey konnte nicht schlafen und warf sich die ganze Nacht in ihrem Bett von einer Seite auf die andere. Sie beobachtete, wie die Morgendämmerung sich über das Land ausbreitete, und betete, dass Neu-Südwales mit einem Sieg für seine Bürger und einer Verheißung auf Hoffnung für die Zukunft diesen Tag begänne. Aber trotz des strahlenden Lichtes, das über die Baumwipfel spähte, wusste sie in ihrem Herzen, dass eine neue Bedrohung sich in ihrer aller Welt eingeschlichen hatte. Sie fiel auf die Knie und betete für Sydney Cove und seine Kinder.

20. Hilfe in der Not

Der Abend zog über das Land. Grant Hogan und William Lawson stellten sich auf eine weitere entmutigende Nacht in den kühlen, von Reptilien verseuchten Bergen ein. Doch als sie die nächste Anhöhe erklommen, erspähte Hogan in der Ferne plötzlich ein Lagerfeuer. Sie befolgten Lawsons Rat und führten ihren Trupp wieder ein Stück den Berg hinab, wo sie ihr Lager für diese Nacht aufschlugen. Sie waren sich alle einig, dass ein Lagerfeuer, das zu weit oben auf dem Berg sein Licht verbreitete, ungewollte Aufmerksamkeit auf sich ziehen oder ihre menschliche Beute aufschrecken könnte. Also begnügten sie sich mit geschmacklosem, geräuchertem Fleisch und trockenem Brot.

„Männer, ihr bleibt da und bewacht unsere Sachen", wies Lawson die Knechte an. „Hogan und ich werden weiterschleichen, um zu sehen, ob wir es da vorne mit Donovans Entführern zu tun haben. Das könnte der Glücksgriff sein, auf den wir alle hoffen." Er stopfte sich ein Stück Tabak in die Wange und rollte es mit der Zunge vor und zurück. „Vielleicht aber auch nicht."

Hogan biss sich von dem zähen, sehnigen Rindfleisch ein Stück ab und verzog den Mund. Er hatte den kärglichen Speiseplan satt, aber bis jetzt hatte er sich nicht beklagt. „Dieses Zeug ist ungenießbar." Er schüttelte den Kopf, riss sich mit den Zähnen ein kleines Stück ab und begab sich an den mühsamen Prozess, das ledrige Fleisch zu kauen. Er überlegte, ob es nicht besser wäre zu verhungern. Voller Verachtung spuckte er das Fleisch in hohem Bogen aus. „So etwas wirft man ja nicht einmal Hunden zum Fraß vor!"

„Es hat Nährwert, Hogan", schmunzelte Lawson. „Ich habe schon mit weitaus weniger überlebt."

„Wir sind gerade an einem Bach vorbeigekommen", erinnerte ein Knecht sie. „Morgen fange ich uns zum Frühstück ein paar Fische."

Lawson rollte seine Landkarten auf und band sie mit einer Schnur zusammen. „Hogan, ich habe ein paar neue Wege entdeckt, die in diese Berge hineinführen. Erinnern Sie sich an unseren ersten Tag? Unser Weg war zu anstrengend. Das Gebiet hinter dem östlichen Pass ist leichter zu überqueren. Wir schlagen auf dem Rückweg die südliche Route ein. Ich möchte wetten, dass wir damit mehr als einen Tagesritt sparen."

Hogan half dem Fährtenleser, die Karten wieder in seinen Knappsack zu stecken. „Ihre Hilfe ist unbezahlbar, Lawson. Ich wünschte nur, Dwight wäre bei unserem Suchtrupp geblieben." Er legte die Arme enger um sich, damit ihm wärmer würde, und zog seine Wildlederhandschuhe weiter hinauf. „Hoffentlich geht er hier draußen in der Wildnis weise vor." Er erinnerte sich an Dwight Farrells beunruhigten Blick, mit dem er ihn angesehen hatte, bevor er sich von ihnen trennte, und besonders an seine flehenden grünen Augen. Fragend und beunruhigt waren seine Augen über ihn gewandert und hatten ihn fast angefleht, ihn zurückzuhalten. Hogan hatte Dwights schweigende Bitte erst viel zu spät richtig gedeutet. Aber Männer waren im Umgang miteinander immer so. Frauen konnten die Gedanken einer anderen Frau lesen und auf ihre Gefühle eingehen – eine beneidenswerte Eigenschaft. Männer dagegen hatten ihre Gedanken immer tief in ihrer Seele vergraben, unerforscht und unergründlich.

„Die Liebe zu seinem Sohn kann ihn dazu verführen, unvernünftige Risiken einzugehen." Lawson drehte sich um und schaute erneut zu dem Feuer in der Ferne. Leise, um von den anderen nicht gehört zu werden, bemerkte er: „Ich weiß, was ich sage. Ich hatte einmal einen Jungen. Er war ungefähr in Donovan Farrells Alter ... als er starb."

Diese Nachricht überraschte Hogan, aber er konnte den Schmerz aus den Worten des Mannes heraushören und beherrschte seine Zunge.

„Seine Mutter war bei seiner Geburt gestorben. Ihre Schwester half mir, ihn aufzuziehen. Als er etwas älter wurde, bettelte er, mich in den Wald begleiten zu dürfen. Der Junge liebte die freie Natur." Ein gedankenverlorenes Lächeln spielte um seine Mundwinkel. „Ich war angeworben worden, geeignetes Holz für eine Werft ausfindig zu machen."

„Das war in England?", fragte Hogan.

Lawson nickte. „Wir hatten einen Wald mit Harthölzern gefunden, erstklassig zum Fällen. Da wir zwei Wochen von jeglicher Zivilisation entfernt waren, jagten wir Wild und bereiteten uns auf ein heißes Essen und eine ruhige Nacht vor. Aber mein Sohn, Thomas, wurde krank. Das Fieber war anfangs so leicht, dass er mir nichts davon sagte. Bis ich die Veränderung an ihm bemerkte, war das Fieber so weit fortgeschritten, dass ich ihm nicht mehr helfen konnte."

„Das tut mir leid", sagte Hogan mitfühlend. „Was taten Sie dann?"

„Ich geriet in Panik. Ich ritt mit ihm die ganze Nacht, ohne zu schlafen. Ich trieb mein Pferd stundenlang wie ein Verrückter an. Als die Morgendämmerung aufzog, schäumte das Tier und war selbst kurz davor, den Verstand zu verlieren. Dann wurde das Wetter schlechter, und der kalte Wind machte für Thomas alles noch schlimmer. Zwei Tage später starb er in meinen Armen."

Das Schweigen zwischen ihnen sprach lauter als Worte. Hogan hob seine Tasche vom Boden auf. „Aber jetzt helfen Sie einem anderen verzweifelten Vater." Er legte so viel Ermutigung wie möglich in seine Worte.

„Ich kann meinen geliebten Thomas nicht wieder lebendig machen. Aber wenn Donovan noch lebt, kann ich vielleicht ..." Seine Stimme brach ab.

„Mr Lawson?" Der Knecht war neben sie getreten, aber die Dunkelheit hatte jetzt so überhand genommen, dass sie kaum die eigene Hand vor Augen sehen konnten. „Wenn ich einen Vorschlag machen darf, Sir: Ich könnte die Pferde auf dieser Seite des Berges weiter nach unten führen und dort ein Feuer anzünden.

Wenn diese Männer auf der anderen Seite so weit unten im Tal sind, werden sie unser Feuer nie sehen. Der Wind kommt von Westen, also von ihnen zu uns, und kann uns nicht verraten."

„Eine gute Idee. Also los." Trotz seiner Müdigkeit war Lawsons Stimme immer noch höflich.

„Warum ruhen Sie sich nicht aus, Lawson?" Hogan merkte dem Fährtenleser seine Müdigkeit an.

„Nein. Ich bin nicht so weit geritten, um Sie jetzt zum Helden zu machen, Hogan. Wir gehen beide. Wenn der Farrelljunge noch am Leben ist ..." Er brach ab, um seine Gedanken zu ordnen. „... kann ich morgen immer noch ein bisschen Schlaf nachholen."

Hogan entdeckte ein Lächeln in Lawsons Stimme. „Dann gehen wir. Ich will heute nacht einen gesunden Jungen finden!"

* * *

Die Frauen saßen um den kleinen Tisch in der Küche. Bailey schnitt Brot und legte die Scheiben auf einen Teller. Mit einem großen Löffel schöpfte sie das Hühnerfleisch und die Brühe auf einen Teller und legte eine Scheibe Brot daneben. Sie reichte Kelsey den Teller, nahm den nächsten und wiederholte den Vorgang für die hungrigen Knechte. Zur selben Zeit schwirrten die Köchin und die Küchenmädchen durch das Haus, um alle Wertsachen in Sicherheit zu bringen.

„Die Smithfields, die nur ein paar Meilen von uns entfernt wohnen, wurden gestern Nacht ausgeplündert. Sie haben einen Reiter losgeschickt, um alle umliegenden Farmen zu warnen." Bailey hoffte, bei den wissbegierigen Knechten einen Funken Motivation entfachen zu können. Sie betrachtete ihre von der Sonne gegerbten Gesichter, ihre Arbeitsstiefel mit der dicken Schmutzschicht, aber vor allem ihre besorgten Mienen. Sie waren es alle gewohnt, die Anweisungen von Dwight Farrell und Caleb Prentice zu befolgen. Bestimmt wollten sie keine Frau, die das Ruder übernahm und das Schiff befehligte, und auf keinen Fall auch noch eine Amerikanerin. Sie und Katy müssten einen Anführer unter ihnen finden, der den Respekt der anderen Männer genoss und Rose Hill gegen die gewissenlosen Plünderer beschützte.

„Dwight und Caleb werden bald nach Rose Hill zurückkehren", sprach Katy weiter. „Wir haben Sie alle heute hier versammelt, um Ihnen zu erklären, in welcher Notlage wir stecken."

Weaver, der älteste Knecht, nahm seinen Hut ab und ergriff das Wort. „Die Männer sind nervös, Mrs Farrell. Die Junta besitzt in dieser Kolonie eine Macht, gegen die England nicht ankommt."

„Wie gut ich das weiß", seufzte Katy und baute sich mit verschränkten Armen vor den Männern auf. „Wir tun alle gut daran, in dieser Situation einen klaren Kopf zu bewahren."

„Haben wir noch viel Munition?", fragte Bailey Weaver mit einer gewissen Vorsicht und Zurückhaltung. Sie schaute ihn mit großen Augen an und zog mit einem für sie völlig untypischen wehrlosen Blick die Brauen nach oben.

„Ein wenig Munition haben wir schon. Wir alle haben etwas Munition. Mr Farrell hat seine Waffen höchstwahrscheinlich hier im Haus eingesperrt." Weaver kaute das dampfende Hühnchen und wischte sich seinen stoppeligen Schnurrbart ab, als hätte eine Stoffserviette noch nie seine Lippen berührt. „Das Essen schmeckt sehr gut, Miss."

Bailey nahm sein Kompliment mit einem Nicken dankbar an und hoffte, das Vertrauen der Männer zu gewinnen. „Die Läden haben ihre Preise für Lebensmittel und Munition stark angehoben. Wegen der Panik unter den Siedlern sind viele Vorräte erschöpft."

„Dann sollten wir lieber jetzt kaufen", riet Weaver, „ als zu warten, bis die Preise sinken, aber alles fort ist."

Katy nahm ihre Schürze ab und wischte sich eine Locke aus dem Gesicht. „Was meinst du, Bailey?"

„Vielleicht sollten wir unsere Munitionsvorräte überprüfen.

Dann wüssten wir wenigstens, wo wir stehen." Sie achtete darauf, dass ihre Stimme entspannt klang, und legte Wert darauf, Weaver anzusprechen. „Aber was meinen Sie, Mr Weaver?"

Der Schafhirte zuckte mit den Achseln, schluckte den Rest seiner Mahlzeit hinunter und nickte dann. „Wir könnten alle unsere Waffen und Munition ins Haus bringen und alles zählen." Er schaute sich unbehaglich um, als warte er auf die Zustimmung seiner Kameraden.

Ohne zu zögern, schaufelte Bailey eine zweite großzügige Portion auf Weavers Teller. „Das klingt nach einer weisen Entscheidung." Sie schaute nicht auf, sondern richtete ihren Blick auf den Teller.

Die anderen Knechte nickten. Als Weaver sah, dass die anderen ihm zustimmten, verkündete er seine Entscheidung. „Wir beschützen Ihr Land, Mrs Farrell. An den Wegen und um das Haus und die Scheune herum werden Männer postiert. Wir tragen die ganze Munition, die wir haben, zusammen und lagern sie im Vorratskeller."

„Sagten Sie, Macarthur habe die Regierung an sich gerissen?", fragte ein ehemaliger Sträfling, der jetzt Knecht auf Rose Hill war. Die anfängliche Schüchternheit war aus seiner Stimme gewichen.

Katy nickte. „Ja. Und von Gouverneur Bligh fehlt jede Spur."

„Dieser Mistkerl von Macarthur – er hat mich einmal um meinen Lohn betrogen." Der Arbeiter tauchte sein Brot in den Teller.

„Zum Kuckuck, was sagst du da?" Weaver verschlang seine zweite Portion. Er schluckte schwer. Aus seinen hellblauen Augen funkelte ein glühendes Feuer. „So ist Macarthur immer – er kassiert das, was anderen zusteht."

„Und du kannst wetten, dass England davon noch nichts weiß." Der Arbeiter schüttelte den Kopf, bemühte sich aber um einen ruhigen Tonfall, der seine Resignation verriet.

Bailey warf einen Blick auf Katy und zog ermutigend die Mundwinkel nach oben.

„Mr Weaver, wir danken Ihnen und Ihren Männern für Ihren Mut", sagte Katy.

Bailey spürte das wachsende Zusammengehörigkeitsgefühl unter den Männern und erklärte mit einem zuversichtlichen Kopfnicken: „Rose Hill kann eine Zuflucht für andere Siedler in Not sein."

„Allerdings." Katy wies zwei Mägde an, die leeren Teller einzusammeln. „Können wir irgendetwas tun, um zu helfen, Mr Weaver?"

Der alte Knecht schüttelte den Kopf. „Bitte versprechen Sie, dass Sie es sich nicht in den Kopf setzen, allein irgendwohin zu fahren, und falls Sie tatsächlich irgendetwas brauchen, dann sagen Sie es dem alten Weaver." Sein ernstes Gesicht spiegelte seine ehrliche Besorgnis wider.

„Sie haben unser Wort, Mr Weaver." Katys Gesicht entspannte sich. „Wir müssen uns um unsere Kinder kümmern."

„Dann gehen wir jetzt und holen alle unsere Munition ins Haus." Weaver trieb die anderen Knechte durch die hintere Küchentür ins Freie.

Bailey wartete, bis sie fort waren, dann legte sie die Hände auf eine Stuhllehne und seufzte erleichtert auf. „Wir haben es geschafft", sagte sie ruhig. „Die Männer helfen uns."

„Du hattest recht mit der heißen Hühnerbrühe und dem Brot, Bailey", erwiderte Katy zufrieden und lachte leise.

Bailey verzog die Lippen und wischte sich die Hände an einem Handtuch ab. „Ich wollte die Männer nicht übervorteilen, Katy. Aber wir mussten sie doch für uns gewinnen, nicht wahr?"

„Allerdings."

Bailey drehte sich um und warf einen kurzen, fragenden Blick über ihre Schulter. „Dwight und Caleb sind bestimmt überrascht, wenn sie das hören."

„Hoffentlich werden wir das bald erfahren. Dwight ist länger fort, als wir erwartet hatten. Und von Kapitän Gabriel und seinem Freund, dem Fährtensucher, haben wir immer noch nichts gehört." Katy stellte die unbenutzten Teller in den Küchenschrank zurück, während die Mägde das schmutzige Geschirr wegräumten.

Ohne aufzublicken, sammelte Bailey die Leinenservietten auf ein Holztablett und sagte ruhig: „Und auch von deinem Vetter habt ihr kein Wort gehört."

„Von meinem Vetter?"

„Hauptmann Hogan." Bailey hätte sich dafür ohrfeigen können, dass ihr diese Worte so unüberlegt herausgerutscht waren. Sie drehte sich um, da sie hoffte, Katy würde die leichte Röte auf ihren Wangen nicht bemerken. Aber ihre Hoffnungen zerschlugen sich, als sie ein liebevolles leises Lachen von Katys Lippen hörte. Sie tat so, als höre sie es nicht, und öffnete die Tür zum Wäscheschrank, um die schmutzigen Servietten wegzuräumen.

„Dein Interesse an meinem Vetter ist in letzter Zeit sichtlich gestiegen. Es gab Zeiten, in denen du tagelang seinen Namen kein einziges Mal erwähntest. Jetzt kannst du nicht einmal ein paar Stunden warten."

„Unsinn!", verteidigte sich Bailey schnell. „Ich habe seinen Namen heute den ganzen Tag noch nicht erwähnt." Als sie mit dem leeren Tablett zurückkehrte, fing sie Katys vielsagenden Blick auf und warf empört die Schultern zurück. Dann traf die Wahrheit sie wie ein Schlag. „Oder etwa doch?" Die Resignation raubte ihren Worten alle Kraft.

Katy hakte ihren Arm bei Bailey unter. „Gehen wir in den Salon, Miss Templeton." Sie zog die rechte Braue nach oben und spitzte wie eine alte Jungfer verschwörerisch die Lippen. „Dort können wir in Ruhe plaudern." Mit einem vielsagenden Nicken in Richtung der Küchenmädchen führte sie Bailey in den Salon.

Bailey wusste instinktiv, was nun auf sie zukäme. Sie seufzte und ließ sich wie ein Schulmädchen in das ruhige Zimmer führen, in dem sie unausweichlich eine hartnäckige Befragung erwartete. Katy strich mit der Hand über einen gepolsterten Sessel und forderte Bailey auf, Platz zu nehmen. Dann zog sie einen zweiten Stuhl direkt neben Bailey.

Bailey spielte nervös mit einem abgebrochenen Fingernagel.

Noch bevor Katy ein einziges Wort aussprechen konnte, sagte sie: „Ich weiß, was du denken musst."

„Es geht nicht darum, was ich denke, Bailey." Katy zeigte kein Erbarmen. „Es geht darum, was ich weiß."

Baileys Wimpern fuhren in die Höhe, und ihre braunen Augen wurden ganz groß. „Was weißt du?"

„Was inzwischen jeder in diesem Haus wissen muss."

Bailey schloss die Augen und flehte sie mit einem heiseren Flüstern an: „Bitte sag es nicht, Katy."

„Was? Dass du in meinen Vetter verliebt bist?"

Bailey senkte das Gesicht und stützte den Kopf in ihre Hände. Sie saß schweigend da. Ein seltsames Lächeln spielte um Katys Mundwinkel. Sie hob das Gesicht und faltete wie in einer Gebetshaltung die Hände.

Katy murmelte leise: „Jetzt bin ich mir vollkommen sicher!"

21. Ein Augenblick der Schwäche

Hogan strengte seine Ohren an und verfolgte das Zirpen der Grillen im Dickicht. Er schlich langsam in der Dunkelheit weiter und wusste sehr wohl, dass die vier Sträflinge, die um das Lagerfeuer herumsaßen, gewarnt würden, falls die Grillen plötzlich verstummten. Lawson hatte sich von ihm getrennt, um sich näher an die Männer heranzupirschen, und ihn aufgefordert zu warten, bis er ihm ein Zeichen gab. Er würde sich einen der Männer, die mit überkreuzten Beinen neben Donovan Farrell saßen, schnappen und ihn von hinten ergreifen. Das sollte für Hogan das Zeichen sein, die anderen drei Männer mit einem Angriff von der Seite zu überraschen. Er beobachtete, wie die träge Gruppe mit schillernden Worten düstere Geschichten erzählte, und fürchtete, Donovan habe in den letzten Wochen für einen Jungen in seinem Alter viel zu viel gesehen und gehört.

Er betete schweigend und hoffte, alle etwaigen Waffen, die sie bei sich hatten, steckten in ihrem Gepäck und lägen nicht griffbereit neben ihnen.

Er schob einen großen, blättrigen Zweig, der ihm die Sicht versperrte, vorsichtig zur Seite und behielt Donovan besorgt im Auge. Er kochte innerlich vor Wut, als der Junge die Männer um Essen bat und sie nicht im Geringsten auf ihn achteten, sondern mit ihrem rauen Gelächter fortfuhren und sich in ihrer Torheit vollkommen sicher fühlten. Das Gesicht des Jungen hatte im Feuerschein eine blasse Farbe. Als Hogan Donovans müdes, abgezehrtes Gesicht sah, litt er innerlich mit ihm mit. Bald, so schwor er sich, wäre Donovan wieder bei Dwight und Katy zu Hause und könnte diese Nacht vergessen. Er musste sich überzeugen, nein, sich versprechen, dass dem Jungen außer dem Schrecklichen, was er schon durchgemacht hatte, kein Leid mehr zugefügt würde.

Der Gedanke, nach Hause zurückzukehren, weckte neues Leben in seinen Sinnen. Er wäre überglücklich, seine Familie und auch seine Verwandten wiederzusehen. Aber den Luxus, an die andere Sehnsucht zu denken, die sein ganzes Fühlen beherrschte und wie ein Hammer auf seine Sinne einschlug, wollte er sich nicht erlauben. Es war nicht so sehr die Erinnerung an ihre Haare, die ihm ins Gesicht geweht waren, oder die reizvollen Formen ihrer weiblichen Figur, als er sie fest an sich gedrückt hatte. Vielmehr stellte er jetzt fest, dass es der Blumenduft war, der sie umgeben hatte und ihn in seinen Erinnerungen verfolgte. *Du warst viel zu lange in der Wildnis, Hogan.* Er hatte keine Ahnung von Parfüms oder anderen weiblichen Utensilien, aber als er sich an jenem Abend schlafen gelegt hatte, hatte ihr Duft sein Zimmer erfüllt, und er hatte mit seinem ganzen Willen gegen den Wunsch ankämpfen müssen, sofort zu ihr zu reiten und sie selbstsüchtig für sich zu stehlen und nicht wieder herzugeben. Das Einzige, was ihn in seinem einsamen Bett gehalten hatte, war das Wissen um ihren starken Charakter und ihre unverrückbare Moral gewesen. Er wusste, dass er dieses zarte, edle Geschöpf, das ihn schier um den Verstand brachte, verlieren würde, wenn er so überstürzt voranpreschen würde.

Er spähte erneut in das Lager. Wenn Lawson es auf die andere Seite geschafft hatte, dann war er dabei nicht bemerkt worden, denn die Männer zeigten keinerlei Reaktion. Hogan lauschte ihrem Gespräch.

„... Uns passiert bestimmt so schnell nichts. Das Corps stellt die alte Ordnung wieder her. Das wird sich für uns alle auszahlen", bemerkte ein ungepflegter Mann mit einer klaffenden Wunde neben seinem Auge. Er schien ihr Anführer zu sein.

„Oder es zahlt sich nur für sie aus", sagte der Mann, der neben ihm saß, mit einer gewissen Verachtung in der Stimme. „Und ihr zwei seid sicher, dass euch niemand hierher gefolgt ist?"

Die beiden Männer, die offensichtlich Donovans Entführer waren, schüttelten vehement den Kopf und nagten weiter hungrig an einem Knochen.

„Sie glauben alle, der Junge sei getürmt“, erklärte der größere Mann in aller Ruhe.

„Der Bursche musste seine Spuren mit einem Zweig hinter sich verwischen. Falls jemand die Spuren sieht, muss er glauben, zwei Männer seien zu Fuß unterwegs gewesen“, sprach der andere Entführer weiter. „Henry und ich haben keinen Fehler gemacht. Darauf kannst du wetten.“

Donovan hob den Blick nicht von der Erde, wiederholte aber noch einmal, was er schon vor wenigen Augenblicken laut gesagt hatte. „Ich sagte, ich habe Hunger.“

Der größere Entführer rupfte etwas Fleisch von dem Knochen und reichte es dem Jungen. „Nimm das und lass uns in Ruhe, oder du bekommst Prügel.“

„Oder du wirst selbst gegessen.“ Der dritte Sträfling schaute Donovan Farrell mit finsterer Miene an.

Donovan tat so, als höre er die Drohung nicht, sondern machte sich hungrig über das Fleisch her.

„Ich habe gehört, dass es im Busch Leute gibt, die Menschenfleisch fressen.“ Der Sträfling setzte seine Schauergeschichte fort. „Sie hätten bestimmt nichts gegen einen zarten Jungen als Abendessen.“

„Nein!“, antwortete Donovan furchtlos. „Ich würde sie vorher aufessen!

Die entflohenen Sträflinge brüllten vor Lachen.

Hogan hob seine Pistole und rüstete sich zum Angriff.

Eine durchdringende Stimme durchschnitt rau und drohend die Luft hinter ihm. „Keine Bewegung, Mann!“ Die kalte Spitze eines Gewehrs wurde unsanft gegen Hogans Hinterkopf gedrückt. Von dem Hinterhalt überrascht und auf sich selbst wütend, weil er sich hatte überrumpeln lassen, spannte er sich an, schloss die Augen und bereitete sich auf das Unausweichliche vor. *Bleiben Sie, wo Sie sind, Lawson. Bitte, bleiben Sie, wo Sie sind!*

* * *

Das Knallen von Schüssen drang aus der Ferne in Baileys Träume ein. Sie wachte nicht auf. Die Geräusche des mitternächtlichen Tumults wurden Teil ihres Schlafes und vermischten sich mit ihrem friedlichen Traum. Er verwandelte sich in einen Albtraum mit drohenden Bildern, die von allen Seiten auf sie einprasselten. Sie sah sich mit den Schulkindern wie eine Glucke, die ihre Küken beschützen wollte, fliehen. Sie konnte nicht vernünftig denken. Ohne Plan oder Ziel lief sie immer weiter durch diese dunkle Traumwelt und drängte die Kinder, weiterzulaufen, während die Junta ihnen zusehends näher kam.

Baileys Augenlider zuckten. Allmählich wachte sie auf. Als sie begriff, dass sie im Gästezimmer der Farrells friedlich in ihrem Bett lag, atmete sie erleichtert auf, aber der entsetzliche Albtraum steckte ihr immer noch tief in den Knochen. Sie konnte ihr Herz bis in den Ohren schlagen hören. Das Nachthemd klebte auf ihrer feuchten Haut. Sie lauschte aufmerksam in die Stille hinein. Entsetzt fuhr sie zusammen, als sie Musketenschüsse über den verschlafenen Weiden von Rose Hill knallen hörte. Die Schüsse waren kein Traum gewesen, wie sie gemeint hatte.

Sie warf ihre Bettdecke zurück, zog schnell ihr Nachtjäckchen an und kauerte sich vor dem Fenster nieder. Erneut knallte eine Muskete. Sie sah das Licht von Laternen, die wie Glühwürmchen aus allen Winkeln des Hofes zusammenliefen. Die Scheune war von Männern mit brennenden Fackeln umstellt. Die Knechte, die auf diesen Angriff vorbereitet gewesen waren, stürzten sich von allen Seiten auf sie.

Ohne sich aufzurichten, lief Bailey in gebückter Haltung aus dem Zimmer. Auf dem Gang stieß sie auf Katy, die die dreijährige Corbin auf dem Arm hatte. „Sie sind gekommen, Katy!“, flüsterte Bailey heiser.

„Hilfst du mir?“, fragte Katy zittrig.

„Ich wecke Jared." Bailey erriet ihre Gedanken. „Wo treffen wir uns? Im Salon?"

Katy nickte und floh mit ihrer Tochter nach unten. „Ich hole Mama und Kelsey. Sie schlafen heute Nacht mit ihren Kindern alle in einem Zimmer."

Bailey riss Jareds Tür auf, schüttelte den Jungen sanft, um ihn aufzuwecken, und half ihm auf die Beine. „Komm schnell, Jared", flüsterte sie und wickelte ihm sein Bettuch um die Schultern. Er murmelte im Halbschlaf irgendwelche unzusammenhängenden Worte, während sie ihn die Treppe hinabführte. „Es ist alles gut, Jared. Aber wir müssen uns leise verhalten", sagte sie beruhigend. „Bei diesem Spiel darf uns niemand hören."

Er murmelte wieder etwas, aber dieses Mal öffnete er leicht die Augenlider. „Was für ein Spiel, Miss Templeton?", fragte er verschlafen.

„Wir tun so, als wäre der Salon unser Versteck vor bösen Verbrechern." Sie stützte ihn, bis sie den Fuß der Treppe erreichten.

„Einverstanden." Jared nickte, zog seine Decke enger um seinen halb bekleideten, dünnen Körper und folgte ihr in den Salon. Schüsse durchschnitten erneut die ruhige Nachtluft, und das Klappern von Pferdehufen kam näher. „Beeile dich, Jared!" Bailey sah Katy auf einem Schaukelstuhl sitzen. Auf dem Tisch neben ihr brannte die Laterne auf niedriger Flamme. Amelia saß zusammengekauert in einer Ecke. Mit aschfahlem Gesicht drückte sie Kelseys Säugling an ihre Brust. Kelsey saß ruhig neben ihr, da sie ihr anderes Kind, das auf einer Decke auf dem Boden schlief, nicht wecken wollte.

„Ich sperre die Tür zu." Bailey reagierte schnell. „Hier drinnen brauchen wir uns wenigstens keine Sorgen zu machen, dass jemand durch ein Fenster ins Haus eindringen könnte."

„Hier stimmt doch etwas nicht! Mama?" Jared sah das verängstigte Gesicht seiner Mutter. Er ging um Bailey herum und schaute ihr ins Gesicht. „Das ist kein Spiel, oder?"

„Nein. Es tut mir leid, Jared. Du bist schon so ein großer Junge – ich ... ich hätte es dir sagen sollen“, entschuldigte sich Bailey und streichelte leicht die Tolle über seiner Schläfe.

„In der Siedlung treiben Plünderer ihr Unwesen, mein Sohn.“ Katy streckte ihm einen Arm entgegen. Er lief auf sie zu. „Das heißt, dass irgendwelche bösen Männer versuchen, andere zu bestehlen, aber das lassen wir nicht zu, nicht wahr?“

„Ich hole Papas Gewehr!“ Jared lief zu Dwights Waffenschrank.

Bailey stand vor den verschlossenen Schranktüren. „Die Männer deines Vaters werden uns beschützen, Jared. Und Gott wacht über uns.“ Sein enttäuschter Blick schmerzte sie zutiefst. Als er sich auf dem Absatz umdrehte und wieder an Katys Seite lief, fiel ihr Blick auf den Messingschlüssel, der auf einem kleinen Eichentisch lag. Sie nahm ihn, steckte ihn in den Waffenschrank und drehte ihn um. Das Schloss klickte. Die meisten Musketen waren unter Weavers wachsamem Auge an die Knechte verteilt worden. Aber eine einzige Muskete war für den Fall, dass Dwight oder Caleb zurückkehrten, im Schrank gelassen worden.

„Was hast du vor, Bailey?“, fragte Katy nervös.

„Ich nehme die Waffe – nur für alle Fälle.“ Bailey nahm die Waffe in die Hand und untersuchte die Kammer. „Ich war oft mit meinem Vater auf der Jagd.“

„Wir brauchen keine Jäger.“ Katy lächelte schwach und schaute sie fragend an.

„Ich hoffe nicht.“ Sie zog einen Stuhl neben Katy heran und legte die Waffe neben sich.

* * *

„Seht, was ich gefunden habe! Einen Spion!“

Hogan hielt beide Hände hoch und stolperte weiter, während der raue Kerl ihn an den Haaren festhielt. Seine letzten Hoffnungen auf Flucht zerbarsten, als er sah, wie die anderen drei nach ihren Waffen griffen. Der Mann hinter ihm war kleiner als er und zwang ihn deshalb, seinen Nacken schief zu halten.

„Sie haben mir doch schon meine Waffe abgenommen, Mann“, versuchte er, vernünftig mit ihm zu sprechen. „Könnten Sie nicht wenigstens meine Haare loslassen?“

Der Mann ließ ihn schließlich los, versetzte ihm aber einen unsanften Stoß nach vorne, wo er für alle deutlich zu sehen war.

Grant sah, wie Donovans Augen größer wurden, wusste aber genau, wenn er seine Identität preisgäbe, würde er damit seine und Donovans Chancen, dieses Abenteuer lebendig zu überstehen, nur verringern. Also richtete er sich steif auf und warf dem Jungen einen beschwörenden Blick zu. „Es tut mir leid, wenn ich so ungebeten in Ihr Lager hereinplatze. Anscheinend glaubten Sie, ich wollte Sie bestehlen.“

Donovan musste seine Absicht durchschaut haben, denn er kauerte sich zusammen und schaute in die andere Richtung.

„Warum schleichen Sie denn sonst um unser Lager herum?“, fragte der Sträfling mit dem vernarbten Auge misstrauisch.

„Ich habe bei Sonnenuntergang mein Pferd verloren. Eine Schlange schreckte es auf, als ich es tränkte. Ich wandere jetzt schon seit Stunden in der Dunkelheit herum. Als ich Ihr Feuer sah, hoffte ich, mich für diese Nacht zu Ihnen gesellen zu können, aber wenn Sie mich wieder fortschicken ...“

„Er lügt!“, ergriff der jüngere der Männer aufgeregt das Wort. „Er ist hier, um ...“

„Halt den Mund!“, befahl der Anführer. In fast entschuldigendem Tonfall erklärte er die Aufregung in der Stimme des Mannes. „Der junge Flynn da drüben hat Angst, dass Sie aus dem Sträflingslager in Sydney entflohen sein könnten. Dieses erbärmliche, räuberische Pack läuft manchmal bis in diese Berge.“

Hogan gab ihm schnell recht und nickte. „Man kann nicht vorsichtig genug sein. Ich kann Ihnen jedoch versichern, dass ich kein Sträfling bin.“ Er überlegte schnell. „Wissen Sie, ich bin ...“ Er richtete sich mit einem Anflug von Förmlichkeit auf. „William Lawson, Geograph im Auftrag Englands. Ich soll dieses neue Land erkunden und auf Landkarten festhalten. Deshalb muss ich auch unbedingt mein Pferd wiederfinden. In den Satteltaschen stecken meine ganzen Karten und Entwürfe – ich befinde mich in einer schrecklichen Klemme.“ Er erinnerte sich an seine Uniform. Zum Glück hatte er sein Ölzeug zugeknöpft. Die Männer schienen nicht zu bemerken, dass er ein Marineoffizier war. Mit einem kurzen Blick auf Donovan sah er, dass sich seine Mundwinkel nach oben zogen, und hoffte, die Männer bemerkten diesen belustigten Blickwechsel zwischen ihnen nicht. Er genoss es, seiner Rolle ein wenig mehr Würze zu verleihen.

Flynn hob seine Waffe und ließ seine kleinen dunklen Augen argwöhnisch über die umstehenden Büsche wandern. „Sie sind allein? Sie sind Geograph und reiten ohne einen Assistenten hier in die Wildnis?“

Hogan begriff, dass seine Glaubwürdigkeit wackelte. Er verschränkte die Arme selbstsicher vor seiner breiten Brust. „Nein ...“ Er zögerte, als er den Argwohn in ihren Augen sah. „Mein Gehilfe, der mich begleitet, ist in die eine Richtung geritten, und ich bin in die andere gegangen, um mein Pferd zu finden. Ich hatte gehofft, dass er ebenfalls von Ihrem Feuer angelockt würde.“ Er versuchte, ihre Blicke einzuschätzen, und konnte nur raten, ob sie seine Geschichte glaubten oder nicht. Er fragte mit tiefer Besorgnis in der Stimme: „Heute Nacht ist also noch kein Reiter zu Ihnen gestoßen?“

Der Mann mit der Narbe am Auge legte seine Pistole zur Seite und antwortete: „Niemand außer Ihnen. Flynn, gib dem Mann eine Decke.“

„Er kann meine haben“, bot Donovan an, bevor Flynn Protest einlegen konnte.

* * *

„Mach bitte das Licht aus, Katy!“, flüsterte Bailey. Das laute Krachen von zerberstendem Holz erfüllte sie mit einer nervösen Angst. Die großen Hunde auf dem Hof bellten und knurrten. Katy drehte das Feuer aus. Bailey trat einen Schritt zur Salontür. Murmelnde Stimmen störten den schweigenden Frieden im Haus und machten ihr schlagartig bewusst, dass sie nicht mehr allein im Haus waren. „Sie sind ins Haus eingebrochen!“ Sie ergriff Katys Arm und fühlte, wie jede Faser ihres Körpers sich besorgt anspannte. Ihr Magen verkrampfte sich, und ihre Kehle war wie zugeschnürt. Ihre Augen wichen nicht von der einzigen Tür, die in den Salon führte. Ein Schatten war unter dem Türrahmen zu sehen. Bailey hörte ein leises Wimmern und legte die Arme um Jared. „Still jetzt.“ Sie legte die Lippen auf sein Ohr und flüsterte leise: „Sonst hören sie uns. Sei tapfer wie dein Papa.“ In der Dunkelheit fühlte sie, wie Jared die Arme fest um sie schlang, und hörte ihn schnell und abgehackt atmen. „Du bist ein tapferer Junge.“ Bailey nahm den Mund nicht vom Ohr des Jungen. Sie drückte ihn fest an sich. „So tapfer.“ Ihre Stirn war auf die Seite seines Kopfes gedrückt. Sie gab ihm einen sanften, beruhigenden Kuss auf den Kopf.

Polternde Stiefelschritte stapften die Treppe hinauf und beunruhigten den Jungen erneut. „Lieber Herr Jesus, beschütze uns. Mach uns für unsere Feinde unsichtbar“, betete Bailey leidenschaftlich und in der Hoffnung, diese Worte könnten Jared irgendwie Trost zusprechen. „Beschütze Dwight und Caleb“, betete sie weiter.

Jareds leise Stimme sagte in einem zittrigen Flüstern: „Ja, Gott, und bitte pass auf unseren Donovan auf.“

Im oberen Stockwerk zerbarsten Glasscheiben. Bailey hörte Kelseys Baby weinen. Kelsey versuchte panisch, das kleine Mädchen zu beruhigen. Mit dem Quietschen ihres Schaukelstuhls erhöhte sie die Gefahr jedoch nur noch mehr.

„Ich stille sie.“ Ihre Stimme verriet trotz ihres Zitterns eine feste Entschlossenheit. Das Baby ging dankbar auf das Angebot seiner

Mutter ein und drückte sich an ihre Brust. Bald war nur noch ein leises Schmatzen zu hören.

Jared lockerte seinen Griff um Bailey. „Wir werden es schaffen, Jared. Uns wird nichts geschehen", versicherte sie ihm erneut. Jared gab keine Antwort, aber Bailey wusste instinktiv, dass er ruhiger geworden war.

Eine Stunde verging, und bald wurde es im Haus wieder ganz ruhig. Bailey hatte sich mit Jared auf ein Sofa gesetzt und seine Decke um sie beide gezogen. „Ich glaube, sie sind fort", flüsterte sie dem Jungen zu.

Ein leises Lächeln spielte um Baileys Lippen. „Katy?" Sie hob leicht die Stimme, blieb aber vorsichtig. „Willst du das Licht wieder anmachen?"

Als Katy keine Antwort gab, legte sie den schlafenden Jungen auf den Boden, stand auf und durchquerte den verdunkelten Raum zu der Stelle, an der sie Katy vermutete. „Amelia? Kelsey?"

„Ich bin hier", flüsterte Kelsey. „Ich glaube, sie sind alle eingeschlafen."

Bailey verlor das Gleichgewicht und stieß gegen ein Möbelstück. Schließlich fand sie aber den Tisch mit der Laterne. Sie drehte die Flamme an, und der Salon wurde von einem gelben Licht erhellt. Auf dem Boden kuschelten sich Katy und Corbin friedlich schlafend neben Amelia. Baileys Augen wurden feucht. Ein überwältigendes Glücksgefühl erfüllte sie. *Sie schlafen alle tief und fest. Du hast ein Wunder getan, himmlischer Vater. Du hast uns vor unseren Feinden unsichtbar gemacht, und du gabst uns so viel Frieden, dass sie sogar einschlafen konnten.* Sie nahm eine karierte Decke von dem Sessel, auf dem Katy vorher gesessen hatte, und legte sie sanft über Mutter und Kind. *Ich habe in meinem Zweifel gebetet, aber du warst treu.*

Sie hob die Waffe auf, nahm ihren ganzen Mut zusammen und ging zur Tür. Bevor sie das Schloss drehte, bückte sie sich und spähte darunter hindurch. Sie konnte überall zerbrochenes Glas sehen, hörte aber keine bedrohlichen Geräusche. Atemlos drehte sie den Schlüssel und schob die Tür auf. Sie spähte vorsichtig hinaus, bereit, die Tür in Sekundenschnelle wieder zuzuschlagen. Das Haus war verwüstet. Möbel lagen umgeworfen auf dem Boden, eine Vase mit frischen Blumen, die den Eingang geziert hatte, war auf den Boden geschmettert worden. Als sie eine Stimme hinter sich hörte, fuhr sie herum. Ihre Kehle war wie zugeschnürt. Bevor sie denken konnte, rief sie: „Wer ist da?"

Die Tür zu den Räumen der Bediensteten unter der Treppe ging knarrend auf, und drei Dienstmädchen spähten mit vor Angst weit aufgerissenen Augen auf den Gang hinaus. „Wir sind es nur, Miss", sagte eine mit leiser, zitternder Stimme.

Bailey lief erleichtert auf sie zu. „Geht es Ihnen gut? Wurde jemand von Ihnen verletzt?"

Das Dienstmädchen richtete sich auf und antwortete: „Nein, Miss Templeton. Mary, Velda und mir ist nichts geschehen. Wir haben uns im Rübenkeller versteckt. Die Männer – sie müssen geglaubt haben, das Haus sei leer." Sie schüttelte verwundert den Kopf. „Es ist ein Wunder, dass sie uns nicht gesucht haben. Aber wo sind unsere Hausherrin und ihre Kinder?"

„Sie schlafen im Salon auf dem Fußboden. Wir Frauen sind alle in Sicherheit, aber wie steht es um die Männer? Wir sollten das Gelände absuchen ..."

„Oh nein, Miss! Gehen Sie keinen Schritt hinaus, bis wir von Mr Weaver hören. Bitte ..."

Bailey hörte erneut Männerstimmen und ein lautes Trampeln auf den Holzbrettern der Veranda. Ihr Verstand war wie gelähmt, sie konnte keinen klaren Gedanken fassen. Benommen legte sie die Muskete an, baute sich breitbeinig auf und nahm den Eingang ins Visier. Das Dienstmädchen keuchte und suchte eilig Schutz. „Laufen Sie, Miss!", rief sie über die Schulter. „Es sind zu viele!"

Aber Bailey blieb keine Zeit zu fliehen. Sie fühlte, wie ihre Kraft schwächer wurde und der Raum anfing, sich um sie zu drehen. Sie konnte ihr Handeln genauso wenig erklären, wie sie in diesem Augenblick ihren eigenen Namen hätte sagen konnte. Ihr Verstand riet: *Lauf und versteck dich!* Aber ihre Füße bewegten sich nicht. Ihre Sicht war verschwommen, und sie konnte nichts sehen. Die Tür ging weit auf, und sie fühlte, wie ihr Kopf mit eisiger Angst nach hinten zuckte.

„*Bailey!*“

Bailey begann noch stärker zu zittern, als sie Katys Stimme hörte. Sie rief heiser: „Lauf, Katy! Zurück in den Salon und verriegle die Tür!“ Sie schaute sich nicht um, sondern behielt unverwandt die Eingangstür im Auge.

„Nicht schießen, Miss!“, rief eine bekannte Stimme vom Eingang her. „Erschießen Sie uns nicht!“

Baileys Arme erlahmten. Ihr Magen wollte sich umdrehen, und die Muskete fiel neben ihr zu Boden. „Mr Weaver!“ Sie konnte kaum noch sprechen. Sie taumelte vor und stützte sich an dem Tisch ab. Die Dienstmädchen strömten aus ihrem Zimmer. Katy eilte an Baileys Seite. Eine schlaftrunkene Amelia spähte aus dem Salon.

„Meine Güte!“, kreischte das Dienstmädchen und drückte die Fingerspitzen an ihre farblosen Wangen. „Was hatten Sie denn vor, Miss Templeton? Hätten Sie es mit dem gesamten Corps aufgenommen, wenn es gekommen wäre?“

„Ich weiß es nicht.“ Baileys Stimme war kaum hörbar, und in ihrem Kopf hämmerte es wie eine pausenlose Trommel. „Ich hatte keinen Plan, ich wollte nur ...“

„Du bist ein bisschen verrückt, würde ich sagen! Du hast mich fast zu Tode erschreckt, Bailey Templeton!“ Katy legte die Arme um Baileys Schultern.

Weaver schleppte einen verwundeten Knecht ins Zimmer. Hinter dem Schafhirt folgten seine erschöpften Männer. „Wir brauchen medizinische Hilfe, meine Damen!“ Er half dem geschwächten Arbeiter auf ein Sofa. „Verbandszeug und Salbe, aber vor allem viele Verbände. Dieser Mann wurde angeschossen. Zwei andere wurden ebenfalls getroffen."

„Ich komme sofort, Mr Weaver." Katy trat in Aktion. „Mary, kümmern Sie sich bitte um meine Kinder. Sie schlafen im Salon."

„Sofort, Miss! Ich bringe sie hinauf in ihre Betten."

„Warten Sie!", ermahnte Katy sie zur Vorsicht. „Mr Weaver, würden Sie bitte einem Ihrer Männer sagen, er soll Mary hinaufbegleiten, um nachzusehen, ob oben alles in Ordnung ist?"

Weaver suchte zwei kräftige Arbeiter aus, die mit angelegten Musketen die Treppe hinaufliefen.

„Velda, fangen Sie beide doch bitte schon einmal an, etwas von diesem Chaos aufzuräumen."

Die Dienstmädchen machten einen Knicks und waren froh, wieder ihrer gewohnten Arbeit nachgehen zu können.

Bailey setzte sich immer noch zitternd auf einen Stuhl und nahm von einem der Dienstmädchen dankbar ein Glas Wasser entgegen. „Mr Weaver, wissen Sie es mit Sicherheit – sind alle Plünderer fort?"

„Wir haben sie abgewehrt, aber ein paar kamen durch und liefen schnell zum Haus. Sie trugen Säcke über dem Kopf, aber wir haben einen erschossen." Weavers dicke Brauen überschatteten seine Augen. „Ich kenne den Mann nicht – er ist tot. Er könnte vom Militär sein oder auch ein Sträfling. Ich weiß es nicht. Einige von den Kerlen haben auf der Farm Schaden angerichtet, aber wir haben sie verjagt."

„Ein paar von ihnen sind ins Haus eingebrochen." Bailey betrachtete den angerichteten Schaden. „Wir hatten uns im Salon vor ihnen versteckt."

Weaver betrachtete die Muskete, die Bailey immer noch in der Hand hielt, und schüttelte den Kopf. „Bitte entschuldigen Sie. Zwei von den Verbrechern brachen die Haustür auf. Drei meiner Männer sahen die Kerle und verjagten sie, aber ein paar Ihrer schönen Sachen wurden zerstört ..." Er zögerte und schaute Katy entschuldigend an. „Es tut mir leid, Mrs Farrell."

„Sie haben uns das Leben gerettet, Mr Weaver", beruhigte Katy den Mann ernst. „Wir sind Ihnen allen sehr dankbar. Ein paar Sachen lassen sich leicht ersetzen." Sie lachte leise und schaute ihn dankbar an.

Vor dem Haus bellten die Hunde erneut. Weavers Männer fuhren herum und hoben schnell ihre Waffen.

Eine von tiefer Traurigkeit erfüllte Stimme rief von draußen: „Hallo! Ist jemand da?"

Bailey stand auf und versuchte, über die Köpfe der Männer hinweg, die neugierig an der Tür standen, etwas zu sehen. Sie konnte die Männer in der Dunkelheit kaum ausmachen. Aber es sah so aus, als trügen zwei Männer einen dritten auf die Veranda.

„Macht Platz!", befahl Weaver. Die Arbeiter machten sofort einen Weg frei.

Bailey wollte ihre Röcke zurückziehen. Doch als sie nach unten blickte, stellte sie entsetzt fest, dass sie in der Anwesenheit all dieser Männer in ihrer Nachtwäsche dastand. Ihre Wangen färbten sich in ein leichtes Rosa, aber zu ihrer Erleichterung hatte das Geschehen vor der Tür die ganze Aufmerksamkeit der Leute auf sich gelenkt. Sie wollte sich gerade zu Katy umdrehen und sagen, dass sie in ihr Zimmer gehe, als eine bekannte Stimme an ihr Ohr drang.

„Ist Mrs Farrell in der Nähe?"

Bailey und Katy schauten einander fragend an. Katy trat vor und antwortete: „Ich bin hier."

„Katy!" Der kräftig gebaute Mann hob den Kopf und schaute sie mit betrübten Augen an. „Es ist dein lieber Mann, den ich nach Hause bringe. Ich fürchte ..." Er schaute auf Dwight Farrells regungslosen Körper hinab.

„Kapitän Gabriel?", formte Baileys Mund tonlos. Sie sah die Besorgnis in seinen Augen. Langsamen Schrittes trugen er und Dwights bester Knecht Dwight Farrell ins Haus.

Katys schlanke Finger fuhren an ihre Lippen. Sie schüttelte benommen den Kopf. Ihre Augen wurden groß, und ihre Stimme klang erstickt. „Dwight? Was ist passiert, Robert? Erzähl es mir bitte!"

„Dein Knecht sagte, dass Dwight sich von Donovans Suchtrupp getrennt habe."

Katy lief auf ihren Mann zu und kniete neben ihm nieder. Sie strich ihm seine verklebten Haare aus dem Gesicht und konnte ihre Gefühle nicht länger unterdrücken. Mit einem erstickten Schluchzen rief sie seinen Namen noch einmal. „Dwight?"

Bailey schaute sich um und hoffte, den verlorenen Jungen zurückkehren zu sehen, aber ihre Augen enttäuschten sie.

„Er wurde von einer Schlange gebissen, Madam. Ich habe ihn, so schnell ich konnte, zurückgebracht. Aber mit einem verwundeten Mann konnte mein Pferd nicht schneller laufen." Der alte Knecht nahm seinen Hut ab und hielt ihn in den Händen. „Ich kann nicht einmal sagen, was für eine Schlange es war, Mrs Farrell. Es war so verdammt dunkel. Entschuldigen Sie bitte, Madam, wenn ich falsch gehandelt habe."

„Sie haben das Richtige getan", versicherte Gabriel ihm und gab Katy dann eine Erklärung. „Er konnte nicht schnell genug vorankommen, und als er einen Mann traf, schickte er ihn als Boten voraus. Der Mann fand uns auf der Straße, und wir fuhren mit dem Wagen los, um Dwight zu holen. Euer Knecht hatte den Biss mit einer scharfen Klinge und Whisky behandelt, bis wir eintrafen." Er legte Katy mitfühlend eine Hand auf die Schulter und sagte leise: „Wir haben ihn, so schnell wir konnten, hierher gebracht."

Katy legte ihr Ohr auf Dwights Brust. „Ist er – noch am Leben?"

Gabriel nickte, aber sein Gesicht war todernst. „Ja, aber sein Herzschlag wird immer schwächer."

Ein Dienstmädchen kam aufgeregt mit Decken angelaufen. „Decken Sie ihn damit zu, Mrs Farrell! Damit er es warm hat."

Gabriel stand auf. „Wenn du mich bitte entschuldigst. Ich gehe hinaus und warte auf der Veranda vor dem Haus ..." Er zögerte unbeholfen. Es war ihm anzusehen, dass er Katys Schmerz teilte.

Dann drehte er sich um und wandte sich an die Männer. „Wir sollten alle hinausgehen und Platz machen!“ Die Arbeiter versuchten, der verzweifelten Frau ihres Vorgesetzten Trost zuzusprechen, und folgten Kapitän Gabriel zur Tür.

Bailey kniete neben Katy nieder. „Dwight wird es schaffen, Katy.“ Sie legte die Hand auf Katys Schulter, schaute sie aber nicht direkt an, da sie ihre tiefe Verzweiflung nicht verraten wollte. Dwights Gesicht hatte eine aschfahle Farbe angenommen, und sein Handgelenk fühlte sich feucht und kalt an, als sie es ergriff. Er war in den Unterarm gebissen worden, der angeschwollen war und bedrohlich farblos aussah.

Katy blickte zu den Männern auf, die das Haus verließen. „Ich danke Ihnen allen“, sagte sie mit gebrochener Stimme. Sie erhob sich und versuchte, ihre zerbrechliche Selbstbeherrschung zu bewahren. „Danke, Robert, für alles, was du getan hast.“

Robert verbeugte sich höflich und lächelte sie schwach an. Bailey war sicher, dass sie seine Unterlippe zittern sah.

Bailey wartete, bis der Raum sich geleert hatte, und half Katy auf die Beine. „Er soll sich hier ein wenig ausruhen, bevor wir ihn nach oben bringen.“

Katy nickte und ließ ihren Blick in die Ferne schweifen. Ihre Schultern zitterten, als sie mühsam sprach. „Zuerst verliere ich meinen Donovan ... jetzt Dwight ...“

Bailey hielt ihre geliebte Freundin fest, die herzzerreißend weinte. Ihr fiel nichts ein, was sie hätte tun können, und so schwieg sie. Katy Farrell war in ihrem Leben stark genug für zehn Frauen gewesen. Ihr stand ein Augenblick der Schwäche zu.

22. Heimkehr

In jener Nacht vergingen die Stunden in dem Schlafzimmer im ersten Stock, in dem Dwight und Katy Farrell früher einmal friedlich und glücklich geschlafen hatten, sehr langsam. Die Arbeiter hatten noch ein wenig herumgestanden, waren dann aber in ihre Unterkünfte zurückgekehrt, um ein wenig Schlaf nachzuholen.

Kurz danach kamen die Whitleys. Rachel versorgte den Patienten, badete ihm das Gesicht und die Gliedmaßen, um das Fieber zu senken, und ordnete an, dass Dwight in sein Schlafzimmer gebracht werden sollte. Heath versammelte alle und betete für Dwight, für den vermissten Donovan und für das ganze Haus. Katy fand durch Heaths Gebete Trost und neue Kraft.

Kapitän Robert Gabriel verabschiedete sich und erklärte Katy mit schmerzlichem Bedauern, dass er sein Schiff nicht länger warten lassen könne. Er würde in zwei Tagen Segel in Richtung England setzen. Sowohl die Krise in der Kolonie als auch das Corps hatten Roberts ursprünglich geplante Abfahrt verhindert. Aber jetzt hatte Macarthur mit Blighs Kolonie alle Hände voll zu tun – eine gestohlene Verantwortung, bei der ihm keine Loyalität entgegengebracht wurde. Gabriel würde seine Fracht verladen, während die Junta ihre Wunden leckte. Außerdem wollte er die Klagen der Kolonie persönlich vor das Parlament in London bringen.

Katy saß die ganze Nacht an Dwights Bett, kontrollierte sein Fieber und fühlte seinen Puls, wie Rachel Whitley sie angewiesen hatte. Das Gift hatte sein Herz geschwächt. Ein beunruhigendes Rasseln in seiner Brust, das er sich bei seiner strapaziösen Suche im Busch zugezogen hatte, verschlechterte seinen Zustand noch zusätzlich. Doktor White war eine Stunde, nachdem die Whitleys sich verabschiedet hatten, gekommen. Er hatte einen Aderlass vorgenommen und Katy erklärt, dass das Gift aus Dwights Körper herausgeholt werden müsse. Pflichtbewusst hielt sie die Schüsseln unter seine Handgelenke und leerte sie fast wie bei einem religiösen Ritual, aber Dwight hatte sich nicht gerührt, noch reagierte er auf irgendeine der Maßnahmen des Arztes.

Bailey spähte besorgt ins Zimmer, wie sie es schon die ganze Nacht getan hatte, aber jetzt hatte ihre Mission eine neue Bedeutung angenommen. Sie sah, dass Katy sich erneut neben das Bett ihres Mannes gesetzt hatte und ihr Ritual, ein Tuch anzufeuchten, um seine Stirn zu kühlen, wiederholte. Der Anblick ihrer besorgten Miene rührte Bailey zutiefst an, aber sie wusste, dass sie Grund genug hatte, sie zu stören. „Katy?" Sie konnte weder das jubelnde Lächeln noch die Tränen, die über ihre Wangen liefen, zurückhalten.

Katys Gesicht war von der durchwachten Nacht und ihrem Schmerz ganz blass. Sie blickte unsicher auf. „Bailey, du solltest dich schlafen legen. Wir können jetzt nichts mehr tun." Sie warf ihrer Freundin einen zweiten, verstohlenen Blick zu und zog vielsagend die Brauen zusammen.

„Du bekommst Besuch. Ich dachte, du würdest diesen wichtigen Gast vielleicht gern begrüßen ..."

„Um diese späte Stunde?" Eine leichte Verärgerung lag in Katys Stimme, aber sie war nicht gegen Bailey gerichtet. Müde fragte sie: „Welcher normale Mensch ..."

Bailey, die ihre große Freude über diesen lang ersehnten Augenblick nicht länger verbergen konnte, riss schwungvoll die Tür auf. Hinter ihr stand jemand, der keine Geduld mehr für Baileys Spiel aufbrachte. „Mutter!", rief Donovan.

Katy sank auf ihren Stuhl zurück und starrte ihn an, als stehe ein Gespenst vor ihr. Ihre Stimme zitterte. Sie umklammerte den Stuhl, weil sie keine Kraft mehr hatte, um aufzustehen.

Glücklich trat Bailey zurück, um das freudige Wiedersehen nicht zu stören. Sie war vor einigen Minuten nach unten geschlichen, weil sie nicht hatte einschlafen können. Für den Fall, dass Dwight aufwachte oder Katy eine Tasse Tee trinken wollte, um wach zu bleiben, hatte sie noch einen Topf Wasser kochen wollen. Zuerst hatte sie auf das Klopfen an der Tür gar nicht geachtet, weil sie glaubte, sie hätte sich getäuscht. Aber das Klopfen hatte nicht nachgelassen. Misstrauisch, ob möglicherweise die ungebetenen Gäste dieses Abends zurückgekehrt sein könnten, war sie an die massive Haustür getreten. Als sie durch die verschlossene Tür vorsichtig gefragt hatte, wer da sei, hatte sie geglaubt, jemand wolle ein böses Spiel mit ihr treiben, denn eine männliche Stimme hatte laut geantwortet: „Öffnet die Tür und lasst eure verlorenen Schafe ins Haus!“

Sie hatte mit aller Kraft den Riegel vor der Tür zurückgeschoben und gespannt hinaus in die Nacht gespäht. Ein zerzauster, aber über das ganze Gesicht strahlender Donovan Farrell war hereingestürmt und hatte die Arme um ihre Taille geworfen. Hinter ihm standen ein glücklich grinsender Grant Hogan und ein Mann, den er Lawson nannte.

„Hauptmann Hogan?“ Sie war erstaunt – nein sogar erschrocken –, dass er mit dem Jungen zurückkehrte. Als Dwight ohne seinen Sohn zurückgekehrt war, hatte sie geglaubt, alles sei verloren. „Wie … ? Ich verstehe das nicht.“

Grant Hogan sah unsäglich müde aus. Sie empfand ein starkes Mitleid mit ihm und auch noch ein anderes ungebetenes Gefühl. „Kapitän Gabriel kam nach Hobart und holte uns zurück. Bei der bedrohlichen Familienkrise wurde meine Versetzung zurück nach Sydney Cove bewilligt. Wir schlossen uns Dwight und seinem Suchtrupp an, aber er trennte sich von uns. Wir fanden Donovan in einem Lager mit ehemaligen Sträflingen – die meisten waren Buschdiebe, aber es war auch ein Gefreiter der Marine dabei. Sie hatten ihn entführt. Diese Männer waren dafür bezahlt worden …“

„Dafür bezahlt? Von wem?“

„Von Major Johnston, unserem alten Freund.“

„Aber warum? Meinetwegen?“ Schuldgefühle überrollten Bailey.

„Die Prentices und die Farrells haben in der Kolonie zu viel

Einfluss erlangt. Das Corps dachte, eine kleine Ablenkung würde bei ihrem kleinen Regierungsumsturz das Zünglein an der Waage auf ihre Seite ausschlagen lassen."

„Wie habt ihr sie erwischt?"

„Durch Genialität und die große Hilfe meines Freundes, des Fährtensuchers Mr Lawson." Er nickte Lawson dankbar zu. „Wir warteten, bis sie eingeschlafen waren, und dann ..."

„Dann sind wir über sie hergefallen, Miss Templeton!", rief Donovan mit begeistertem Eifer. „Und haben dafür gesorgt, dass sie wieder ins Gefängnis kommen."

„Diese Kerle waren nicht gerade schlau." Grant konnte seine Erheiterung nicht ganz verbergen. „Wir stießen auf eine kleine Gruppe Soldaten, die auf dem Rückweg zur Sträflingskolonie waren. Sie haben uns die Männer dankbar abgenommen."

„England wird das nicht durchgehen lassen, Grant." Ärger funkelte aus ihren Augen, aber gleichzeitig ein Anflug von Besorgnis. „Oder doch?"

„Das wird die Zeit zeigen. Was wurde aus unserem Gouverneur Bligh?"

„Die Gerüchte sagen, dass Macarthur und Johnston ihn deportiert haben. Aber er könnte auch tot sein. Genaueres weiß niemand." Bailey legte die Hand auf Donovans Schulter, wandte sich aber wieder an Grant. „Kapitän Gabriel hat euch zu Dwight geführt?"

„Ja, aber Dwight blieb nicht bei uns. Er war so besorgt ..." Er schwieg kurz, ließ seinen Blick in die Ferne schweifen und sprach dann weiter: „So besorgt um seinen lieben Sohn. Ich habe Angst um ihn. Ich muss wieder in den Busch zurückreiten und ihn finden." Er strich Donovan beruhigend über die Schulter. „Und wir werden ihn finden! Aber zuerst muss ich zu Katy und ihr alles berichten." Frustration trat in seine Augen.

Bailey ergriff seinen Unterarm und hielt ihn zurück. „Nein, Grant. Dwight ist schon zu Hause. Aber ..."

„Dwight ist zu Hause?“ Er sah an ihrem Blick, dass etwas nicht in Ordnung war. „Etwas ist passiert. Was?“

Als sie die Besorgnis in seinem Gesicht und die Angst in Donovans jungen Augen sah, berichtete sie mit knappen Worten, was an diesem Abend geschehen war, und schilderte kurz den Überfall auf Rose Hill und Kapitän Gabriels Rückkehr mit Dwight. Dann fügte sie hinzu: „Ich bin froh, dass du auch nach Hause gekommen bist, Grant – das heißt, ich bin sicher, Katy wird sich freuen, dich zu sehen. Aber zuerst ...“ Sie strich mit zärtlicher Zuneigung über Donovans verklebte Locken. „Zuerst, glaube ich, sollten wir deine Mutter überraschen, junger Mann.“

Der Junge, der so müde war, dass er kaum noch sprechen konnte, fragte mit mühsamer Stimme: „Wird mein Papa – wird er am Leben bleiben?“

„Gehen wir zu ihm hinauf, ja?“ Wie ein Feigling war sie seiner direkten Frage nach dem Zustand seines Vaters ausgewichen. „Aber stell dich auf das Schlimmste ein. Deine Mutter könnte in Ohnmacht fallen, wenn sie dich sieht.“ Bevor sie ihn zu seiner Mutter begleitete, warf sie noch einmal einen Blick auf den Mann, der früher einmal „Hogan, der Eroberer“ genannt worden war. Jetzt sah sie ihn mit ganz neuen Augen. *Du bist wirklich ein Eroberer, Grant Hogan. Die anderen hatten sich in dir geirrt, und ich auch.* Aber sie konnte sich nicht überwinden, ihre Gedanken laut auszusprechen. Dafür war jetzt nicht der richtige Zeitpunkt. Ihre ganze Aufmerksamkeit musste dem Jungen gelten und dass er schnell zu seiner Mutter und an das Bett seines Vaters gebracht würde. Höflich bot sie Grant und Mr Lawson an, sich in der Speisekammer zu bedienen, und ging mit Donovan zur Treppe.

Als sie jetzt Donovan und Katy sah, die einander mit Tränen in den Augen in den Armen lagen, konzentrierte Bailey ihre Gedanken wieder auf die Gegenwart und lächelte. Sie wischte sich die Augen mit dem Ärmel ihres Nachthemdes ab. „Willkommen zu Hause, Donovan.“

„Wie ist er nach Hause gekommen, Bailey?“ Katy küsste sein verschmutztes und tränenüberströmtes Gesicht. „Donovan, was ist passiert?“

„Ein paar Männer – ganz böse Männer haben mich mitgenommen, Mama.“ Er brach in ein Schluchzen aus. „Aber dein Vetter Grant – er kam, um mich zu befreien ...“ Ihm versagte die Stimme. Er konnte nicht weitersprechen und sank erschöpft in ihre Arme.

Entsetzt über diesen kurzen Bericht zog Katy fragend die Brauen in die Höhe.

„Katy, es ist so, wie er sagt. Grant Hogan und ein anderer Mann haben Donovan heute Nacht zu dir zurückgebracht. Sie sind unten in der Küche. Soll ich sie heraufbringen?“, bot Bailey an.

„Ja, bitte“, nickte Katy. Sie umarmte ihren Sohn erneut und wollte ihn nicht mehr loslassen. „Ich liebe dich, mein Sohn ...“

Bailey hörte, wie Katy ihre Liebesbeteuerung unter Tränen wiederholte, während sie barfüßig auf den Gang hinaustrat. Sie blieb oben an der Treppe stehen und zögerte, bevor sie wieder herunterging. Die aufwühlenden Ereignisse dieser Nacht lasteten mit einem Mal zu schwer auf ihr. Etwas, das sie nicht länger unterdrücken konnte, brach sich in ihrem Herzen Bahn. Sie lehnte sich an das Geländer, um sich abzustützen. Sie hörte ein Schluchzen aus ihrer Kehle aufsteigen, auch wenn sie hätte schwören können, dass es von jemand anderem komme. Sie glaubte, sie hätte sich fest im Griff. Zu müde, um gegen die gemischten Gefühle aus Schmerz und Freude anzukämpfen, die sie für ihre Freunde empfand, und zu verwirrt, um mit ihrer eigenen unsicheren Welt fertig zu werden, gab sie dem Drang zu weinen nach und sackte wie ein Häufchen Elend auf dem Boden zusammen. Sie ärgerte sich über ihre Tränen und betete, dass Katy sie nicht hören würde. Ihr Körper wurde von ihrem unkontrollierbaren Schluchzen so sehr geschüttelt, dass sie das schnelle Poltern von Stiefelschritten auf der mit Teppich überzogenen Treppe kaum wahrnahm.

Noch bevor sie aufblicken konnte, fühlte sie, wie starke Hände sie hochhoben. Sie konnte nichts anderes tun als sich schwach und hilflos an die Brust ihres Trösters zu lehnen.

„Bailey!“ Grant drückte sie eng an sich. „Bailey, ich bin da!“ Er lief mit ihr die Treppe hinab. Lawson schaute ihnen verständnislos nach. Grant sprach mit sanfter Stimme weiter, und sie weinte weiter, auch wenn sie dafür keinen konkreten Grund hätte nennen können. Sie versuchte, sich zu entschuldigen, aber sie konnte nichts sagen. Die einzigen Worte, die sie über die Lippen brachte, waren: „Es tut mir leid, es tut mir so leid.“

Grant setzte sie vorsichtig auf das Sofa. Er wischte mit einer Hand ihre zerzausten Haare zurück und streichelte mit der anderen ihre Wange. *„Dir tut* es leid? Ich bin derjenige, der ...“

„Bitte nicht!“ Sie beugte sich vor und hielt das Gesicht in den Händen. „Ich kann im Augenblick nicht klar denken. Wir müssen uns verantwortungsbewusst verhalten.“ Sie fuhr mit den Fingern durch ihre langen Locken und wischte sich die Haare aus dem Gesicht.

Grant blickte auf und sah, dass Lawson immer noch an der Tür stand und sie beide erstaunt beobachtete. Grant zog eine Augenbraue in die Höhe und gab ihm mit einer leichten Kopfbewegung ein Zeichen. Dann wartete er, bis der Fährtensucher sich umdrehte und wieder in Richtung Küche auf dem Gang verschwand. Ein Lächeln zog über seine Wangen, als er ihr zärtlich antwortete, wie er es sich bei zahllosen Gelegenheiten gewünscht hatte. „Uns verantwortungsbewusst benehmen?“

„Ja.“ Mühsam darum ringend, die Fassung wiederzuerlangen, und wegen ihres Gefühlsausbruchs beschämt, nahm Bailey ihr letztes Körnchen festen Willen zusammen und sagte: „Wir sollten alle schlafen gehen. Morgen können wir wie Erwachsene über alles sprechen, wenn wir – wenn ich wieder einen klareren Kopf habe.“ Sie hoffte, sich selbst genauso davon überzeugen zu können wie ihn.

„Bailey Templeton, ich bin nicht einer deiner Schüler“, sagte er mit einem liebevollen Lächeln.

Bailey schaute zu ihm auf und sah die Belustigung in seinem Blick. Plötzlich fühlte sie sich genauso unbeholfen wie die Jugendlichen manchmal in ihrem Schulzimmer. Sie stammelte: „Ich ... es tut mir leid. Ich wollte damit nicht sagen ..."

„Ich will nicht, dass du einen klaren Kopf hast. Ich will, dass du heute Nacht genauso verrückt bist, wie ich es in so vielen schlaflosen Nächten war." Er drehte sich herum, ging auf die Knie und schaute sie direkt an.

Als sein Gesicht so nahe bei ihrem war, fiel Bailey überhaupt nichts mehr ein, was sie hätte sagen sollen. Ihr Verstand war vollkommen ausgelaugt. Sie entspannte sich in seiner Gegenwart und hatte das Gefühl, ihre Seele sei durch eine Wüste gewandert und jetzt endlich nach Hause gekommen. Sie ließ ihren Blick auf jeder einzelnen Facette seines Gesichts ruhen. Als sie ihm in die Augen schaute, drang ihr Blick bis in sein tiefstes Inneres vor. Er strich zärtlich eine Träne von ihrer Wange. Nichts, das sie dachte oder wollte, ergab einen Sinn, aber sie genoss diese Verrücktheit. Sie bewegte sich näher an ihn heran, und ehe sie sich dessen bewusst wurde, berührte sein Mund ihre von den Tränen salzigen Lippen. Ihre Wimpern fuhren überrascht in die Höhe. Er liebkoste die Seite ihres Gesichts mit seiner Wange und hielt sie von sich ab, als wünsche er sich nichts anderes, als sie anzusehen.

„Ich habe mir diesen Augenblick viele Male ausgemalt, Bailey Templeton", sagte er ruhig. „Ich will ..."

„Bailey!", rief Katy vom oberen Treppenabsatz. „Grant! Kommt schnell!"

Grant stand sofort auf, nahm Baileys Hand und half ihr auf die Beine. Plötzlich zog er sie nahe an sich heran, hielt seine Lippen an ihr Ohr und flüsterte: „Dieses Mal entkommen Sie mir nicht, Miss Templeton."

Bailey stand einen Augenblick regungslos da und wollte sich nicht eingestehen, wie sehr sie seine Aufmerksamkeit genoss. Aber sie wusste, dass sie schließlich gezwungen wäre, ihm die Wahrheit über ihre Situation zu sagen. Sie drehte ernst das Gesicht zur Tür und rief zu Katy hinauf: „Wir kommen sofort!“ Sie fühlte sich wie von einem Magneten zu ihm hingezogen und stellte sich auf die Zehenspitzen. Langsam und bewusst drückte sie ihm einen Kuss auf die Wange und versuchte, davonzueilen, aber er hielt sie am Unterarm fest und drehte sie wieder zu sich herum. Sie schüttelte den Kopf und schaute ihn mit großen Augen an. „Katy wartet, Grant.“

„Und wir müssen zu ihr gehen.“ Er zog die Brauen in die Höhe und zog sie an seine Brust. „Aber erst, wenn du die Worte gehört hast, die ich – Bailey, die mir keine Ruhe lassen, weil ich sie dir damals nicht gesagt habe.“

Eine Mischung verschiedenster Gefühle durchflutete sie, aber sie wusste, dass Katy sie beide an ihrer Seite brauchte.

„Es gibt viel zu besprechen, aber wir brauchen mehr Zeit“, sagte sie schwach, obwohl sie in ihrem Herzen wusste, dass er nicht lockerlassen würde.

„Ich will dir sagen ...“

Sie versuchte, stark zu sein, merkte aber, wie sie sich seiner Umarmung ergab. Sie legte die Hände auf seine Brust und schob sich von ihm weg. Sie musste dem Unausweichlichen ins Auge sehen, und er auch. „Grant, ich glaube, ich sollte dir sagen, dass ich aus der Schule entlassen wurde.“ Sie beobachtete seinen Blick und sprach weiter. „Das ist alles Johnstons Werk. Niemand kann ihn aufhalten.“ Ihre Worte hingen wie das Schweigen zwischen ihnen in der Luft.

Grant bewegte seine breiten Hände an ihrem Rücken nach oben bis zu der sanften Beugung ihrer Schultern. Dann ergriff er ihre schlanken Arme und sagte mit zärtlicher Stimme: „Du brauchst nicht wegzugehen.“

Sie zwang die Worte über ihre Lippen, auch wenn sie sich seiner Antwort nicht sicher war. „Warum nicht?“

„Bailey? Wo bleibt ihr denn?“ Katys Stimme klang aufgeregt.

Mehrere Dienstmädchen liefen mit besorgten Gesichtern die Treppe hinauf.

Ein Seufzen blieb Bailey in der Kehle stecken, und sie schaute Grant flehend an.

Seine mitfühlenden, wunderbaren grünen Augen sagten mehr als Worte. Er beugte sich zu ihr vor, gab ihr einen Kuss auf die Stirn und drehte sie dann zur Treppe herum. „Wir sollten lieber gehen."

Bailey und Grant stiegen schnell ins obere Stockwerk hinauf und gingen auf das Schlafzimmer der Farrells zu. Die Dienstmädchen standen auf dem Gang und murmelten mit besorgter Stimme miteinander. Bailey wollte ihre Angst nicht zur Schau tragen. Sie nahm mühsam Haltung an und bewegte sich mit ernster Miene durch die Menschen hindurch. „Lassen Sie uns bitte vorbei." Sie trat in das Zimmer, das jetzt von zwei Laternen hell erleuchtet war. Als sie Donovan auf der Brust seines Vaters liegen und weinen sah, legte sie eine Hand an ihren Mund. Katy stand hinter ihm. Sie war vollkommen angekleidet und streichelte ihrem Sohn den Kopf. Auf der anderen Seite des Bettes standen Kelsey und Amelia. Ihre Gesichter verrieten die Last, die auf diesem Moment lag.

„Katy? Ist Dwight ..." Dwights Lider öffneten sich leicht. „Noch nicht", flüsterte er, dann musste er husten.

Katy lächelte. „Er ist aufgewacht."

„Na, alter Junge!" Grant schritt schnell an die andere Seite des Bettes. „Du lässt dich nicht so leicht unterkriegen. Sage ich das denn nicht immer?" Er verschränkte die Arme vor der Brust. Seine Freude und Erleichterung waren nicht zu übersehen. „Willkommen im Land der Lebendigen."

Dwight nickte. Sein blasses Gesicht bemühte sich, ein schwaches Lächeln zu zeigen.

Bailey legte den Arm um Katys Taille. „Welch ein glücklicher Morgen das wird!"

Ein Stirnrunzeln verdunkelte Katys Blick, aber sie gab keine

Antwort. Bailey, die das Unbehagen ihrer Freundin fühlte, presste die Lippen zusammen und flüsterte: „Stimmt etwas nicht?"

Katy nickte, aber sie brauchte nichts zu sagen. Bailey konnte die Antwort an ihrem schmerzerfüllten Blick sehen. Sie schaute Dwight genauer an und sah die Schatten des Todes auf seinem Gesicht.

Dwight bemühte sich zu sprechen. Es war offensichtlich, dass er etwas zu seinem Sohn sagen wollte.

„Donovan, bitte schau deinen Vater an", forderte Katy ihren Sohn leise auf.

Der Junge hob den Kopf und schaute mit geröteten Augen seinen Vater an. „Ja, Papa. Ich höre." Das Schweigen war eine zu schwere Last für den Jungen. „Ich liebe dich, Papa."

Bailey konnte sehen, dass der Junge sich bemühte, Mannesmut zu zeigen, aber angesichts solchen Leides war sein junges Herz hilflos überfordert.

Dwight sprach stockend, brach immer wieder ab, um zu husten, und rang um den nächsten Atemzug. „Ich ... lag lange im Busch ... dachte ... wusste, ich würde da draußen allein sterben. Aber Gott ... erhörte meine Gebete. Ich bat ihn, dich noch einmal sehen zu dürfen, Donovan, und meine geliebte Katy und unsere Kinder noch einmal sehen zu dürfen."

Tränen strömten über Katys Augenränder. Sie ergriff die zitternde Hand ihres Mannes. Dann drehte sie sich zu ihren Dienstboten um und gab ihnen mit ruhiger Stimme klare Anweisungen. „Beeilen Sie sich bitte! Wecken Sie unsere anderen Kinder und bringen Sie sie zu ihrem Vater."

„Und jetzt bist du da, mein Sohn. Hör mir jetzt gut zu ... du musst das Leben so leben, als könnte jeder Tag dein letzter sein. Du bist mein kleines Wunder ... meine Gebetserhörung, und ich gebe dich meinem himmlischen Vater zurück."

„Nein, Papa, bitte verlass mich nicht!", flehte Donovan.

„Es dauert nicht lange, bis wir uns wiedersehen. Irgendwie ... weiß ich jetzt, dass das die Wahrheit ist. Und ich werde auf dich warten. Dort ist ein goldenes Tor, das mit einer Perle geschmückt ist, und gleich hinter diesem Tor, mein Sohn, werde ich auf dich warten. Enttäusche mich nicht – komm durch dieses Tor, Junge." Er ließ seinen Blick über jedes einzelne Familienmitglied, das um sein Bett stand, schweifen. „Ich werde auf euch alle warten. Versteht ihr, was ich sage?"

Bailey merkte, wie sie zusammen mit den anderen nickte. Ihr ganzer Körper zitterte bei dem mühsamen Kampf, die Tränen zurückzuhalten. Sie sah die Spuren der harten Jahre auf Katys Gesicht. Sie und Dwight hatten die besten und die schlimmsten Zeiten miteinander erlebt, aber inmitten von allem hatte immer ihre leidenschaftliche Liebe zueinander gebrannt. Katy liebte ihn abgöttisch wie eine frisch vermählte Braut. Mehr als einmal hatte sie ihren geliebten Ehemann geküsst und gefürchtet, jeder Kuss könnte der letzte sein.

„Mein Mann sollte sich jetzt ausruhen", ordnete Katy weise an, da sie die emotionale Erschöpfung aller Anwesenden sah.

Nach und nach verschwanden alle Bediensteten auf dem Gang. Katy hatte Mary gebeten, ihrem völlig übermüdeten Sohn beim Waschen zu helfen und ihn dann ins Bett zu bringen. Nachdem Dwight einen sehr schläfrigen Jared und eine genauso müde Corbin geküsst hatte, ließ sie auch die beiden wieder in ihre Betten bringen. Sie selbst weigerte sich jedoch, von Dwights Seite zu weichen. Sie war fest entschlossen, bis zum Morgen an Dwights Bett zu wachen.

Bailey und ein emotional ausgelaugter Grant verabschiedeten sich mit dem feierlichen Versprechen, ihr Gespräch am nächsten Morgen weiterzuführen. Sie kehrte in ihr Zimmer zurück und schlief ein paar Stunden. Plötzlich fuhr sie aus dem Schlaf in die Höhe und sah, dass ihr Zimmer allmählich heller wurde. Sie warf ihren Morgenmantel über, zog ihre Hausschuhe an und schlich über den Gang zum Schlafzimmer der Farrells zurück. Die Tür stand nur wenige Zentimeter weit offen. Sie konnte Katy vor dem großen Fenster, dessen Vorhänge weit zurückgezogen waren, stehen und hinausschauen sehen. Das Sonnenlicht fiel in den Raum und beleuchtete Katys Gesicht mit dem goldenen Glanz des frühen Morgens. Leise trat Bailey an ihre Seite. Katy spürte ihre Nähe und drehte sich zu ihr um. Bailey sah eine Träne auf ihrer Wange glitzern.

„Er ist von uns gegangen, Bailey." Sie atmete abgehackt ein und begann dann, laut zu weinen und langsam vor- und zurückzuschwanken.

Bailey sah, dass Dwights Gesicht mit dem steifen weißen Bettlaken zugedeckt war, und nickte und umarmte sie mitfühlend. Auch über ihre Wangen liefen ungehindert die Tränen. „Es tut mir so leid, Katy." Sie zögerte. „Wann ist es passiert?"

„Gerade, als die Sonne durchbrach. Er starb bei Sonnenaufgang." Sie stieß ein weiteres Schluchzen aus. „Er kämpfte tapfer gegen den Tod an. Genauso wie er alle Kämpfe in seinem Leben und in dieser schrecklichen Kolonie anging. Er war ein guter Mann, Bailey. Es gab keinen besseren, treueren Mann als meinen geliebten, wunderbaren Dwight."

Bailey nickte und wusste, dass alles, was Katy sagte, richtig war. Dwight Farrell war an einem Sonntag heimgegangen. Sie wusste nicht, wie lange sie nebeneinander am Fenster standen und in den Sonnenaufgang hinausschauten, aber sie wusste, dass sie einen Vater kennengelernt hatte, dessen Liebe zu seiner Familie keine Grenzen gekannt hatte – er hatte bereitwillig sein Leben für seine Familie gegeben. Wie tröstend, dass er jetzt in der Gegenwart des Einen stand, der dasselbe auch für ihn getan hatte.

23. Um der Kolonie willen

Hogan stand vor dem Regierungsgebäude und wartete darauf, dass ein Offizier – irgendein Offizier – auftauchte. Die letzten Monate waren schmerzlicher gewesen als alles, was er in Hobart erlebt hatte. Er war zutiefst bestürzt darüber, bei seiner Rückkehr die Kolonie in einem Zustand der Anarchie vorzufinden. Und auch Dwight Farrells Tod hatte ihm einen sehr schweren Schlag versetzt, von dem er sich immer noch nicht ganz erholt hatte. Er hatte sich die Schuld dafür gegeben, weil er Dwight erlaubt hatte, sich von dem Suchtrupp zu trennen. Obwohl Lawson ihn wiederholt an Dwights hartnäckigen Eigensinn erinnerte – „Er wollte nicht auf uns hören, Hogan. Sie wissen, dass ich recht habe." – wanden sich die Schuldgefühle wie ein loser Zaundraht um sein Herz.

Noch schlimmer war die Wut, die er Gott gegenüber empfand. Er hatte in Hobart viele gute Männer sterben sehen, einige waren Heilige und einige waren Sünder gewesen. Obwohl mit jedem Menschen, den sie verloren, ein kleiner Teil von ihm selbst gestorben war, hatte er gleichzeitig die Erfahrung gemacht, dass ein unerklärlicher Friede mit der Zeit seinen Schmerz abgelöst hatte. Aber Katy von morgens bis abends über den Tod ihres Mannes weinen zu sehen war mehr, als er ertragen konnte. Er kam sich hilflos und nutzlos vor. Jeder Versuch, sie zu trösten, war vergeblich. Ihre Trauer mit anzusehen hatte in ihm einen inneren Konflikt geschaffen, der seine spitzen Krallen bis in seine Seele gebohrt hatte. Dwight Farrell war nicht einfach irgendein Freigelassener von vielen gewesen. Sein Leben war ein Sinnbild für Durchhaltevermögen und Hoffnung in einer Kolonie gewesen, in der viele andere verzweifelt aufgegeben hatten und dem Rum verfallen waren. Er war ein Vater und ein Ehemann gewesen, den seine Frau und seine Kinder von ganzem Herzen geliebt hatten. Er hatte eine unsichere Schafzucht begonnen und sie in einer Wildnis, in der die meisten gescheitert waren, zum Erfolg geführt. *Wie wird Katy es je ohne ihn schaffen, Herr? Und was ist mit Donovan ? Er ist noch ein Junge und gibt sich die Schuld für den Tod seines Vaters.* Aber trotz der Wolke, die über Rose Hill hing, wusste er, dass er seine Gedanken von dem Kummer losreißen und um der Kolonie willen weiterkämpfen musste. Seine Briefe und Anfragen um einen Gesprächstermin bei dem neuen Macarthur-Regime waren unbeantwortet geblieben. Nach vergeblichen Versuchen, Major Johnston oder John Macarthur persönlich zu sprechen, beschloss er, bis zum Sonnenuntergang vor ihren Büros zu warten. Früher oder später würden diese skrupellosen Geier auftauchen müssen.

„Hauptmann Hogan?"

Die Stimme hinter ihm riss ihn aus seinen besorgten Gedanken. Er fuhr herum und sah Leutnant Evans, der ihn aus roten Augen anschaute. Die dunklen Ringe um seine Augen verrieten, dass es ihm nicht gut ging. „Evans? Zum Kuckuck, Soldat! Was ist Ihnen denn Schlimmes zugestoßen?"

Evans blickte sich nervös auf dem Gelände um, als fürchte er, ein Spitzel könnte seine Geschichte hören. Nur Gott wusste, wie viele Denunzianten in diesen Tagen herumlungerten. „Ich wurde entlassen, Hauptmann Hogan." Er verkrampfte die Finger, bis seine Knöchel weiß hervortraten. „Und das, obwohl ich frisch verheiratet bin."

Diese Nachricht entfachte Grants Zorn nur noch mehr. „Welcher Schurke hat Sie entlassen?" Um Evans willen blieb seine Stimme leise, als er einen sicheren Tip abgab. „Macarthur, nehme ich an?"

„Es war Johnston, aber sie sind alle gleich, wenn Sie mich fragen. Ich wurde nach meiner Loyalität gefragt, und ich schwor, dass meine Loyalität der Krone und unserem Gouverneur Bligh gelte. Diese Antwort, fürchte ich, hat mich meinen Posten gekostet. Die Männer wurden alle hineinbestellt und befragt. Wenn Sie noch nicht an die Reihe kamen, dann werden Sie bestimmt als Nächster drankommen, das schwöre ich Ihnen."

„Das ist bis jetzt leider noch nicht geschehen. Ich habe mich um einen Gesprächstermin sowohl bei Johnston als auch bei Macarthur bemüht. Ich wurde vollkommen übergangen. Es hieß, dass ich wochenlang auf ein Gespräch warten müsse." Hogans Aufmerksamkeit wich nicht vom Eingang des Gebäudes. „Jetzt sind es schon Monate."

„Dann fürchten sie Sie vielleicht. Aber Männer von höherem Rang als Sie wurden entlassen. Macarthur wird keinem erlauben, sich seinem Corps in den Weg zu stellen."

„Aber ohne Kooperation in der Bevölkerung kann er die Kontrolle nicht lange behalten. Die Siedler verlangen Antworten. Sie planen eine Versammlung, und wenn Macarthur sich weigert zu erscheinen, könnte er es mit einer schlimmen Meuterei zu tun bekommen."

Evans antwortete nicht, sondern kniff die Lippen zusammen, als wäre jedes Wort zu schwer. „Sind Sie – wurden Sie gebeten, im Namen der Siedler zu sprechen?"

Als Hogan die Besorgnis in seinem Blick sah, erwiderte er mit erzwungener Ruhe: „Das ist es, was Ihnen Sorgen bereitet, nehme ich an?"

Evans nickte mit einem Anflug von Vorsicht in den Augen. „Sie werden dafür hundertprozentig verhaftet. Man wird Sie anklagen, einen Aufstand anzustacheln, oder etwas Ähnliches. Ich will einem Hauptmann nicht sagen, was er zu tun hat, aber an Ihrer Stelle würde ich mich umdrehen und verschwinden, solange ich meinen Rang noch habe. Sollen die Siedler ihre Angelegenheiten doch selbst regeln."

„Zu viele Leute denken so, Evans. Deshalb ist Sydney Cove auch in diesem Zustand."

„Gott ist mein Zeuge, Sir. Sie wissen, dass ich nie ein Kriecher war. Deshalb wurde ich auch entlassen. Aber dieses Rum-Corps, wie einige es nennen, ist zu mächtig, und niemand kann es mit ihm aufnehmen. Wir sind einfach zu weit von England fort, fürchte ich."

„Es ist doch hoffentlich nicht mächtiger als Gott, Evans?" Hogan wartete und hoffte, Evans direkt in die Augen schauen zu können.

Evans' Gesicht schoss in die Höhe. Seine blassen Wangen wurden rot.

Hogan verstand das Schweigen, das sich zwischen sie legte. „Es tut mir leid. Ich weiß, dass Sie in einer schwierigen Situation stecken. Ich verstehe, dass Sie Angst haben. Wer hat die nicht? Aber wenn wir aufgeben, dann verliert ganz Neu-Südwales."

„Sir, ich habe eine Frau, um die ich mich kümmern muss. Meine Familie ist nicht ganz mittellos, aber ich hätte Emily nie zur Frau genommen, wenn ich gewusst hätte, dass ich bald kein persönliches Einkommen mehr habe. Wenn ihre Familie davon hört, werden sie Antworten von mir verlangen, und meine Loyalität zum Gouverneur wird ihnen wenig bedeuten."

„Was wollen Sie tun?"

„Deshalb bin ich ja heute zurückgekommen. Wenn unsere neue Regierung Loyalität verlangt, werde ich nicht der Einzige sein, der sich gegen sie stellt ..."

„Evans, Sie können Macarthurs Marionettenregime doch nicht eine Regierung nennen! Sobald England erfährt, dass sie Bligh abgesetzt haben, werden sie alle hängen – Macarthur, Johnston und das ganze Pack. Jeder, der zu ihnen steht, wird mit ihnen fallen." Trotz Evans' persönlicher Notlage konnte Hogan keine gemeinsame Basis mit diesem Mann finden. „Es ist nur eine Frage der Zeit."

„Ich hoffe, Sie behalten recht." Evans' Augen zogen sich eigensinnig zusammen. „Aber die Wahrheit bei der ganzen Sache ist doch, dass Bligh deportiert wurde, und er wird nicht zurückkommen. Macarthur ist eine geachtete Führungspersönlichkeit und wird genug Leute finden, die seine Geschichte stützen. Er wird

Bligh als inkompetenten Despoten hinstellen, und man wird ihm glauben. Macarthur hat diesen Umsturz von langer Hand geplant." Evans' Augen wurden vor Unruhe ganz groß. „Vielleicht können Sie es jetzt noch nicht sehen, aber Macarthur hat gewonnen."

Hogan war mit Blighs Ruf bestens vertraut. Er hatte eine unrühmliche Meuterei auf seinem Schiff, der *Bounty*, erlitten, aber trotz dieses Makels in seinen Akten war er in Englands Augen rehabilitiert und wurde als geschätzte und fähige Führungsperson gelobt. Evans reagierte aus seiner Angst heraus. „Solange wir glauben, dass wir verloren haben, haben wir wirklich keine Chance." Hogan schaute an der besorgten Miene des Leutnants vorbei, als die Tür des Regierungsgebäudes aufging. Er klopfte Evans mit einer gewissen Diplomatie auf die Schulter. „Heute Abend findet im Schulhaus eine Versammlung statt, Evans. Warum bringen Sie nicht Ihre Gemahlin mit und hören, was die Siedler zu sagen haben. Vielleicht werden Sie feststellen, dass Macarthur trotz allem ohne Land dasteht."

„Das ist nicht möglich, Hauptmann Hogan. Wie soll ich leben ohne ..."

Hogan konnte nicht länger warten. Sein lang erhoffter Augenblick war gekommen. Er schob sich eilig an dem Leutnant vorbei. „Entschuldigen Sie bitte, wenn ich Sie unterbreche, aber ich habe einen Termin, den ich nicht versäumen darf. Ich sehe Sie dann heute Abend."

Evans folgte Hogan mit den Augen und trat dann vorsichtig zwei Schritte zurück. Auf den überdachten Gang vor dem Regierungsgebäude trat kein anderer als John Macarthur hinaus. Er beobachtete, wie Hauptmann Hogan mit der Entschlossenheit eines hungrigen Bären auf ihn zuschritt. Evans trat hinter einen Baum und versteckte sich, da Macarthur nicht glauben sollte, er stecke mit Hogan unter einer Decke. Die meisten der entlassenen Militärs hatten sich eine Schiffspassage nach England gesichert, um ihren Fall im Parlament vorzubringen. Evans hasste seine Feigheit, aber für ihn stand persönlich so viel auf dem Spiel, dass er nicht einfach abreisen konnte, und er hatte auch keine Ader für Politik. Er würde morgen wiederkommen und der neuen Regierung von Sydney Cove seine Loyalität schwören. Hogan war ein guter Mann, aber verrückt. Er würde letztendlich auch lernen, was alle anderen bereits begriffen hatten – nichts und niemand konnte der Macht der Junta widerstehen. Keine Macht auf Erden oder im Himmel. Er flüsterte ein zweifelndes Gebet für den Hauptmann und huschte davon, um sich zu seiner deprimierten Frau an den Tisch ihres Vaters zu setzen.

* * *

Bailey ordnete Lauries Briefe zu einem sauberen Stoß und band sie mit einer Schleife zusammen. Trotz des Schmerzes, den sie beim Lesen ihrer Zeilen empfunden hatte, war die Liebe zu ihrer Schwester weitaus stärker als ihre gemischten Gefühle hinsichtlich ihrer Hochzeit mit Gavin Drummond. Im zurückliegenden Jahr hatte eine spürbare Heilung in ihrem Herzen stattgefunden. Sie wusste, dass sie jetzt Laurie und Gavin in die Augen sehen und ihnen Glück und Gottes Segen wünschen konnte. Das war einer der Gründe, die ihr die Entscheidung, nach Amerika zurückzukehren, nicht leicht machten. Obwohl ihr bewusst war, dass sie ihrer Vergangenheit ins Auge blicken musste, wollte sie gleichzeitig alles vermeiden, was Lauries Hochzeit möglicherweise trüben könnte. Doch am schlimmsten von allem war, dass Atkins immer noch als neuer Schulmeister im Amt war und Johnston ihr nicht einmal mehr einen Gesprächstermin einräumte. Ohne Arbeitsstelle und eigenes Einkommen konnte sie nicht lange in Sydney Cove bleiben. Ihre Ersparnisse waren rasch geschrumpft.

Aber bevor sie eine endgültige Entscheidung traf, musste Bailey mit Grant Hogan über ihre Sorgen wegen dieser Situation sprechen. So stark ihre Gefühle für ihn auch waren, sie weigerte sich doch, ihn als Lösung für ihre Probleme zu sehen. Nach Dwights Tod war er für Katy und ihre Kinder eine Bastion der Stärke und des Trostes gewesen. Sie hatte ihn in dieser Hinsicht voll und ganz unterstützt. Bailey hatte er so zuvorkommend und liebevoll wie nur irgend möglich den Hof gemacht. Aber in Bezug auf die Schule waren auch ihm die Hände gebunden, und er wurde von Tag zu Tag mutloser, da er wusste, dass sie ihren Wunsch zu unterrichten nicht aufgeben wollte, und dass er nichts tun konnte, um die nötige Veränderung zu ihren Gunsten herbeizuführen. Sie fragte sich, ob es Gottes Vorsehung gewesen sei, dass sie so lange voneinander getrennt gewesen waren. Falls Gott sie nicht zusammenführte, wäre sie gezwungen, dem Trennungsschmerz bald erneut ins Auge zu blicken. *Wenn es durch deine Hand geschieht, Herr, und durch keine andere, dann sei es so,* dachte sie traurig. Heute Abend nach der Siedlerversammlung würde sie zuerst Grant und dann ihren Freunden ihre Entscheidung mitteilen. Eine traurige Resignation legte sich auf sie. Aber es war nun einmal raue Realität, dass sie nicht mehr lange ohne Arbeitsstelle in diesem Land bleiben konnte. Ihr Leben hatte sich zu einem bitteren Kampf entwickelt.

„Du packst schon?“ Katy spähte durch den Türrahmen. „Wir sind doch nicht in Eile, oder?“

Bailey saß über das Bett gebeugt und sortierte ihre persönlichen Sachen, blickte aber mit einem liebevollen Nicken auf. „Nicht im eigentlichen Sinn, auch wenn ich beschlossen habe, einige meiner wärmeren Kleidungsstücke in meiner Truhe zu verstauen. Ich versuche dieses Mal, meine ganzen Sachen ein wenig besser zu organisieren. Ich kann gar nicht glauben, dass ich in der kurzen Zeit, die ich hier bin, so viel angesammelt habe.“

Ein melancholischer Blick zog über Katys Gesicht. „Es war eine kurze Zeit – viel zu kurz.“ Ihr Gesicht sagte mehr als ihre Worte, genauso wie das schwarze Trauerkleid, dessen Rock um ihre Füße raschelte.

Bailey richtete sich auf und stemmte die Arme in die Hüften.

„Wenn du jetzt mit Abschiednehmen anfängst, verliere ich bestimmt die Kontrolle über meine Gefühle. Ich habe meine Entscheidung noch nicht endgültig getroffen." Sie lächelte, aber ihre Augen spiegelten ihren tiefen inneren Schmerz wider. Katy war der einzige Mensch, dem sie ihre Befürchtungen anvertraut hatte. „Du weißt, dass ich gern bleiben möchte, aber die Regierung lässt mir keine Wahl." Sie hoffte, ihr Gesicht spiegele einen Anflug von Diplomatie wider und nicht die Unsicherheit, mit der sie innerlich rang.

Katy schaute zur Decke hinauf, schloss die Augen und strich sich über das Kinn. Ihre ganze Miene verriet ihre Besorgnis. Ihre Stimme klang verzweifelt. „Aber wir könnten eine andere Arbeit für dich finden. Dieser Lehrer – Orville Atkins oder wie er auch heißen mag – hält bestimmt nicht lange durch. Du kannst abwarten, bis er aufgibt und von selbst die Segel streicht. Ich weiß, dass du das könntest."

„Diese Versuchung ist sehr verlockend. Aber dazusitzen und zu warten ist nicht meine Vorstellung von Leben, Katy. Und es sieht so aus, als hätte ich meine ganze Zeit in Sydney Cove mit nichts anderem verbracht ..." Ihre Stimme verstummte. Katys Augen ruhten auf ihr. Sie schüttelte konzentriert eine Bluse aus und richtete ihre Aufmerksamkeit wieder auf die vor ihr liegende Aufgabe. „Ich habe den Eindruck, als säße ich ständig da und wartete." Nach Dwights Tod waren sie und Grant übereingekommen, ihre Beziehung langsam aufzubauen, um Katy in ihrer Zeit der Trauer mehr zur Seite stehen zu können, auch wenn sie ihr von dieser Entscheidung nichts gesagt hatten. Und jetzt, da ihr bewusst wurde, dass sie gezwungen sein könnte, Neu-Südwales zu verlassen, sah sie, wie weise diese Entscheidung gewesen war. Für Bailey Templeton stand Warten auf der Tagesordnung.

„Ich sehe diesen sehnsüchtigen Blick in deinen Augen, Bailey. Und ich kenne noch jemanden, der ebenfalls lange genug gewartet hat. Aber du lässt diesem Mann nicht genug Zeit. Bitte versteh doch: Als Grant mit Donovan aus den Bergen zurückkehrte, wurde unsere Welt erschüttert. Dwights Tod warf uns alle aus dem Gleichgewicht." Sie senkte den Blick und umklammerte das seit Monaten allgegenwärtige Taschentuch.

„Ich schwöre dir, dass ich das alles und noch vieles mehr sehr gut verstehe. Bitte halte mich nicht für unsensibel. Ich verurteile Grant nicht, und ich habe auch nicht das Gefühl, er vernachlässige mich. Er ist wunderbar. Aber kannst du denn nicht Gottes Hand in dieser ganzen Situation sehen? Vielleicht ist dies Gottes Art, mich zu schützen oder ihn – oder uns beide. Dein Vetter ist ein komplizierter Mann. Er braucht bestimmt keinen wie mich, der ihm ins Handwerk pfuscht."

„Unsinn! Bailey Templeton, du weißt sehr gut, dass du Grant eine wunderbare Frau wärst. Er ist verrückt nach dir." Katy schritt um das Bett herum und setzte sich auf die baumwollene Decke. „Außerdem würdest du dann ein Mitglied unserer Familie werden."

„Seine Frau? Grant Hogan und ich haben es nie bis zu diesem Stadium geschafft." Sie hielt einen Rock hoch und klopfte die Falten aus.

Katy nahm einen Stoß von Baileys Blusen und drückte sie an sich. „Du unterschätzt dich, Bailey. Merk dir meine Worte: Wenn du ihm heute Abend verkündest, dass du abreisen willst, rechne ich fest damit, dass es den armen Kerl umwerfen wird."

„Wohl kaum." Ein erheiterter Blick zog über Baileys Gesicht. „Unser Hauptmann Hogan ist nicht der Typ, der sich von jemand wie mir umwerfen ließe."

Katy stand auf, ging auf die andere Seite des Zimmers und begann, Baileys Kleidungsstücke wieder in den Schrank zu räumen und sie sauber in die Schubladen ihrer Kommode zurückzulegen. „Warten wir es ab." Ihre Stimme nahm jetzt einen mütterlichen Tonfall an.

Baileys Stirn zog sich in Falten. „Katy, diese Sachen gehören in die Truhe."

Katy machte weiter, als hätte sie Bailey nicht gehört, und legte die letzte Bluse in die Schublade. „Wenn ich meinen Vetter so gut kenne, wie ich glaube, wird er wütend auf dich sein." Sie drehte sich auf dem Absatz um und schaute Bailey direkt an. „Du solltest dich am besten wie ein Dieb aus der Stadt hinausschleichen, wenn du ungeschoren davonkommen willst."

Bailey verschränkte die Arme vor der Brust und schüttelte den Kopf. „Hörst du mir überhaupt zu?"

Katy nickte lebhaft, jedoch ohne zu lächeln. „Mm-hmm."

„Warum hast du dann die ganzen Sachen wieder in die Kommode geräumt?" Sie lachte leise. „Jetzt muss ich wieder alles ausräumen."

Katy hob mehrere Winterkleider auf und begann, sie in den Schrank zurückzuhängen.

Baileys rechte Braue zog sich nach oben. „Du ignorierst mich absichtlich?"

„Ich spare dir die Mühe zu packen. Du wirst nirgendwohin fahren."

Bailey setzte sich auf das Bett, dahin, wo Katy gesessen hatte, und schaute ihrer eigensinnigen Freundin sprachlos zu. Ihre Augen funkelten belustigt. Sie gähnte schläfrig und ließ sich kapitulierend auf das Bett zurückfallen. Katy würde ihres Theaters bald müde werden, und sie müsste von Neuem an die lästige Aufgabe gehen, ihre Sachen für die lange Schiffsreise, die vor ihr lag, zu ordnen. Katys Meinung hatte sich bei vielen Gelegenheiten als richtig erwiesen, aber jetzt stand ihr Herz ihrem eigenen Verstand im Weg. Zu glauben, dass Grant Hogan sie auf seine Arme schwingen und überreden würde, ihre Entscheidung rückgängig zu machen, war nicht mehr als eine schöne Kindheitsphantasie. *Männer wie Hauptmann Hogan erliegen nicht den Launen eingebildeter junger Frauen.* Darüber, so redete sie sich ein, war sie sehr froh. Sie achtete einen Mann, der auf keinen Fall Manipulationsversuchen zum Opfer fiel. Er hatte einen kühlen Kopf bewahrt, als alle anderen die Kontrolle verloren hatten. Sie bewunderte ihn so sehr und würde sich immer an die glücklichen Minuten am Strand erinnern, aber ihr wurde langsam bewusst, dass sie über diesen gestohlenen Augenblick hinaus nie einen gemeinsamen Weg gehen würden. Aber genauso wie damals bei Gavin würde sie weiterleben und danach umso stärker sein. Eine tiefe Traurigkeit erfüllte sie erneut.

Ein leichtes Klopfen an der Tür ließ beide Frauen fragend zum Eingang schauen. „Ja, Mary?" Katy sprach das Dienstmädchen, das an der Tür stand, an, ohne jedoch ihre selbst auferlegten Pflichten zu unterbrechen.

„Das Essen ist serviert, Mrs Farrell. Mrs Prentice meinte, wegen der Versammlung in der Schule sollten wir heute etwas früher essen."

„Danke", antwortete Katy freundlich, während Bailey sich aufsetzte und ihren Rock glattstrich. „Wir kommen in einer Minute nach unten." Katy schritt entschlossen zum Bett, nahm zwei Paar weiße Handschuhe hoch und steckte sie mit Bestimmtheit in die obere Schublade der Kommode. „Gehen wir. Alles erledigt."

Bailey konnte sich ein Lächeln über Katys triumphierende Miene nicht verkneifen. Sie trat an den Spiegel, um zu sehen, ob ihre Haare in Ordnung seien, und steckte dann die Füße in ihre Stoffschuhe. „Das stimmt." Sie nickte streng. „Alles erledigt ..." Ihre Augen wurden weicher und verrieten eine gewisse Resignation. „... für den Augenblick." Sie faltete die Hände vor sich, senkte den Blick auf den Boden und schaute dann wieder zu Katy auf. „Ich würde dich sehr vermissen. Du bist die stärkste Frau, der ich je begegnet bin – du und auch deine Mutter." Aber ihre Worte fielen auf taube Ohren. Mit verschränkten Armen sah sie zu, wie Katy ihre leere Truhe zuklappte. Dann ging sie zur Tür und hielt sie Bailey auf.

„Gehen wir zum Abendessen?", fragte Katy selbstsicher, aber mit feuchten Rändern um die Augen.

Bailey nickte, schritt auf sie zu und drückte ihr liebevoll einen Kuss auf die Wange. Während sie schnell an ihr vorbeiging, glaubte sie, ein leises Schluchzen zu hören. Aber sie schaute sich nicht um, sondern richtete ihren Blick geradeaus. Sie war in den letzten Wochen Zeugin zu vieler Tränen gewesen. Ihr Herz konnte keine weiteren Tränenfluten mehr ertragen.

* * *

„Die Versammlung der Siedler von Sydney Cove und Parrametta ist hiermit eröffnet!" Ein Hammer schlug auf ein verwittertes Pult, und ein Siedler mittleren Alters brachte die dicht zusammengedrängte Gruppe zur Ruhe.

Ein Murmeln ging durch das bis an den Rand seines Fassungsvermögens gefüllte Schulzimmer. Viele Bürger waren zu Hause geblieben, da sie in die politischen Auseinandersetzungen zwischen der selbsternannten Regierung und den Bürgern von Neu-Südwales nicht verwickelt werden wollten. Aber eine große Zahl von ihnen war zu der Versammlung gekommen, wenn auch aus keinem anderen Grund, als um ihre Neugier zu befriedigen und um Zeugen der neuesten Diskussionen zu werden. Plappernde Frauen lachten laut, manche hatten einen Sitzplatz ergattert, andere standen. Sobald sie eine Nachbarin oder die Frau des Metzgers aus der Siedlung erkannten, begrüßten sie einander lautstark, während sie gleichzeitig versuchten, ihre aufgeregten Kinder zu bändigen. Männer standen in Gruppen beieinander, diskutierten über die hohen Preise für die Waren und sprachen davon, wie wichtig es sei, unter den rumsüchtigen Bewohnern die Ordnung wiederherzustellen.

Eine imposante Gestalt schritt in der stolzen Uniform der Königlichen Marine durch die Reihen nach vorne zum Podium. Grant Hogan nahm seinen Hut ab und verbeugte sich leicht. Ein respektvolles Schweigen legte sich über den Raum. „Guten Abend. Ich bin Hauptmann Hogan von der Königlichen Marine Seiner Majestät."

Bailey stand neben Katy; Donovan und Jared standen links und rechts von ihnen. Caleb und Kelsey waren je mit einem Kind auf dem Arm dicht hinter ihnen. Amelia hatte es vorgezogen, mit Katys kleiner Tochter draußen in der Kutsche zu sitzen. Das Menschengewühl drängte sich um die Paare. Sie bewegten sich leicht vor, um zwischen sich und der Menge einen kleinen Raum zu schaffen. Bald gesellten sich Pfarrer Heath Whitley und seine Frau Rachel zu ihnen. Sie unterhielten sich leise miteinander. Ihren ernsten Gesichtern war ihre Besorgnis abzulesen. Bailey faltete die Hände und bemühte sich um ein leichtes Lächeln, als sie glaubte, Grant habe einen Blick in ihre Richtung geworfen. Aber die Pflicht, die er zu erfüllen hatte, war so groß und schwer, dass sie beschloss, so wenig seiner Aufmerksamkeit wie möglich auf sich zu ziehen.

Katy wedelte mit einem Fächer in ihrem Nacken. „Wenn sie nicht bald ein paar Fenster aufmachen, falle ich in Ohnmacht." Sie lockerte ihren schwarzen Hut.

Hogan begann: „Bürger von Neu-Südwales, wir haben uns hier im Kerzenschein versammelt, und es bleibt uns nur wenig Zeit, bis wir alle wieder aufstehen und unserer Arbeit nachgehen müssen." Er sprach mit ruhiger Autorität in der Stimme, als schwebe Englands Krone über seinem Haupt. „Um diese Abendstunde fangen wir an, die Probleme des Tages hinter uns zu lassen, und denken daran, dass morgen ein neuer Tag anbricht und wir die Verantwortung dafür übernehmen müssen."

Bailey ließ ihre Augen fragend über die Gesichter wandern und versuchte, die Gedanken der neugierigen Zuhörer an ihren Mienen abzulesen.

„Wir haben die Geburt eines neuen Landes erlebt – einige mit unangenehmen Gefühlen. Oft genug vegetiert dieses Land wie ein ungewolltes Waisenkind dahin, das seine Mutter England verworfen hat."

Bailey und Katy rückten näher zusammen, während das Gemurmel unter Sydneys allmählich aufkommender Bürgerschicht lauter wurde. Mit würdevoller Haltung konzentrierte Bailey ihre Aufmerksamkeit auf den Sprecher.

Hogan lenkte die Aufmerksamkeit der Menge wieder auf sich und sprach zuversichtlich weiter. „Wir werden bald erfahren, ob wir wirklich im Stich gelassen wurden. Aber lassen Sie uns, meine sehr verehrten Bürger und Bürgerinnen dieses Landes, auf die aktuelle Situation zu sprechen kommen. Unser Gouverneur Bligh, von der englischen Krone in dieses Amt berufen, wurde abgesetzt, aus unserer Mitte verbannt und unrechtmäßig in die Verbannung nach Van Diemen's Land gebracht. Diese Verbrecher, sie haben sich gegen unsere Regierung verschworen – hatten sie uns vorher überhaupt gefragt, ob sie in unserem Namen sprechen dürfen?"

Ein Freigelassener hob wütend eine geballte Faust in die Luft und rief: „Nein! Das haben sie nicht!" Andere, die um den Mann herumstanden, erhoben ebenfalls ihren Protest.

Mit einem automatischen Nicken und einer unübersehbaren Selbstsicherheit antwortete Hogan: „Nein, das haben sie nicht. Und als sie die Macht an sich rissen – und ich möchte hinzufügen, so blitzschnell wie eine Giftschlange ..."

Die Menge war von seinen Worten wie gebannt. Bailey fühlte, wie ein tiefer Friede sich in ihr ausbreitete. Hogan hatte die Leute in seinen Bann gezogen. *Genauso, wie Sie es so oft schon mit mir getan haben, lieber Hauptmann Hogan.*

„Was kam dabei heraus, dass sie unsere Leute und unser Land in ihren gierigen Besitz brachten?" Er machte eine Pause. Schweigend warteten alle auf seine Antwort. „Billigere Waren? Eine stärkere Regierung? Höhere Löhne?"

Ein Ruf kam aus der Menge: „Nein!" Das Temperament der Leute war entfacht, und die Rufe gaben die wütenden Gefühle, die sich im Raum breit machten, wieder.

„Bringen Sie uns Macarthur!"

„Hängt diesen Verbrecher!"

„Meine sehr verehrten Damen und Herren!" Als Hogan ihre

feindliche Stimmung sah, hob er die Hände, um den Saal zur Ruhe zu bringen. „Wir stehen jetzt vor den dunklen Jahren dieses Landes, in denen wir eine Kerze brauchen. Die Dunkelheit legt sich über uns. Aber verzweifeln wir deshalb?“ Er machte eine feierliche Pause. „Nein. Das tun wir nicht! Ist alles verloren? Müssen wir die Hände in den Schoß legen, die Augen schließen und zulassen, dass die Anarchie sich wie der Schleier der Nacht über unser Land legt? Nein! Das werden wir nicht. Denn morgen ist ein neuer Tag, und wenn die Nacht vergeht, bricht ein neuer Morgen an! Genauso wie kein Mensch die Sonne zurückhalten kann, kann auch kein Verbrecher die Gerechtigkeit verhindern, die mit Sicherheit kommen wird.“

Bailey hing an jedem seiner Worte. *Er ist so redegewandt,* dachte sie, wagte es aber nicht, ihre Meinung laut zu äußern. Durch die Menschenmenge drängten sich Leutnant Evans und seine frisch angetraute Frau, Emily. Bailey begrüßte sie mit einem höflichen Lächeln, richtete dann aber ihre Augen wieder nach vorne.

„Hängt Macarthur! Johnston soll ausgepeitscht werden!“, rief die Menge im Chor.

„Bitte glauben Sie es mir, wenn ich Ihnen sage, dass ich Ihre Rufe höre.“ Er nickte erneut, um ihnen zu verstehen zu geben, dass er ihre Forderungen verstand. „Es war meine Absicht, unsere *selbsternannten* Führer zu bitten, heute Abend zu kommen und zu uns zu sprechen. Ich wollte ihnen eine Gelegenheit geben, uns über ihre Absichten zu informieren. Aber ich konnte weder John Macarthur noch Major George Johnston bitten oder zwingen, uns mit ihrem Besuch zu beehren, denn während unserer gestrigen Versammlung versuchten sie törichterweise, mich aus meinem Dienst zu entlassen ...“

Laute Rufe erschallten aus der aufgeregten Menge.

„... etwas, das ihnen nicht gelang. Denn ich, Hauptmann Grant Hogan von der Königlichen Marine Seiner Majestät des Königs von England, erkenne die Autorität illegaler Anarchisten nicht an ...“

Laute Jubelrufe ließen das Schulhaus in seinen Grundfesten wackeln. Bailey senkte den Kopf und kniff die Lippen fest zusammen, um ihr Lächeln zu verbergen. Sie legte die Lippen auf Katys Ohr und flüsterte: „Ich glaube, unser guter Hauptmann Hogan ist gerade dabei, einen Aufstand anzuzetteln."

„Bei meinem Versuch, erneut eine Brücke zwischen mir und dem größten Verbrecher in diesem Land, John Macarthur, herzustellen, sagte man mir heute kurz nach Tagesanbruch, dass John Macarthur unsere Gestade verlassen habe ..." Die jubelnde Menge übertönte seine letzten Worte fast. „... und spurlos verschwunden sei."

Bailey zog Jared nahe an sich heran. Als die ohrenbetäubenden Freudenrufe den Raum erfüllten, legte der Junge die Hände auf seine Ohren. Männer warfen ihre Hüte in die Luft, die Frauen umarmten einander. Bailey warf Katy einen ungläubigen Blick zu, und beide schüttelten verwundert den Kopf. In einem letzten Versuch, die aufgeregte Bürgerschaft zu beruhigen, fügte Hogan hinzu: „Ebenso plötzlich ist sein ehrenwerter Verbündeter, Major George Johnston, abgereist. Nachdem sie von ihrer schwindenden Unterstützung aus den Reihen der Bürger offenbar überzeugt wurden, sind viele ihrer treuesten Anhänger ebenfalls geflohen. Wir hoffen, ihre Reise wird ..." Hogan, der von der jubelnden Menge erneut gezwungen wurde, seine wortgewandte Rede zu unterbrechen, warf den Kopf zurück und begann zu lachen.

Bailey fühlte, wie Katy ihre Hand drückte, wagte es aber nicht, in ihre Richtung zu schauen, da sie bereits ihren vielsagenden Blick ahnte.

Siedler und Freigelassene begannen gleichermaßen, Fragen zu stellen. Die Nachricht von Macarthurs Verschwinden hatte sie aufgewühlt, und die Angst vor einem Land ohne Regierung breitete sich aus. Hogan sprach ihre Befürchtungen an.

„Wir werden unser Militär organisieren, um den Bürgern unserer Kolonie den gewohnten Schutz zu bieten. Das versichere ich

Ihnen. Und unsere Bitte an England um einen neuen Gouverneur steht unmittelbar bevor. Können wir als zivilisierte Menschen überleben, bis unsere Regierung wiederhergestellt ist? Die Antwort auf diese Frage liegt in Ihren Händen, in den Händen der Bürger von Neu-Südwales."

„Was ist mit den Regierungsläden? Und mit der Schule?" Die Fragen rissen nicht ab.

„Wir werden die Läden wieder öffnen, genauso, wie wir weiter Lieferungen aus England bekommen. Natürlich zu den Preisen, die wir alle gewohnt sind." Hogan legte die Hände auf den Rücken, ließ den Blick über die Menge schweifen und betrachtete die zufriedenen Gesichter.

Bailey betete im Stillen darum, dass er sie in die Diskussion um die Schule nicht mit hineinziehen würde. Aber seine Augen schauten sie direkt an. Er lächelte mit derselben Zuversicht und strahlte dasselbe Selbstvertrauen aus, das er schon den ganzen Abend an den Tag legte.

„Was unsere Schule betrifft, so stehen wir vor einem ernsthaften Problem. Unser Kriegsgerichtsrat, Mr Richard Atkins, und sein Bruder sind ebenfalls außer Landes geflohen und haben uns für den Augenblick ohne Lehrer zurückgelassen."

Bailey konnte die Blicke ihrer Freunde, die nicht von ihr wichen, nicht länger ignorieren. Tränen traten ihr in die Augen. Ihre Mundwinkel zogen sich vor Freude nach oben. Katy küsste sie auf die rechte Wange, während Rachel die andere Seite küsste.

Lautes Gemurmel erhob sich, und eine Frau meldete sich aufgeregt. „Was ist mit der Amerikanerin, Miss Templeton, die diese Verbrecherbande abgesetzt haben!"

Bailey sah, dass eine Frau sie erkannte, und senkte den Kopf, als die Frau rief: „Sie steht dort drüben! Miss Templeton ist da!"

Wäre die drängende Menschenmenge nicht gewesen, dann hätte Bailey sich umgedreht und sich leise aus dem Raum geschlichen. Aber die Leute, die um sie herumstanden, ließen nicht ab, die

Aufmerksamkeit der ganzen Versammlung auf sie zu lenken. Mit einem schweren Seufzen schaute sie widerwillig zu Hogan hinauf.

„Ja. Ich sehe, dass sie hier ist." Hogan forderte sie mit einer weit ausholenden Handbewegung auf, das Podium zu betreten. „Wenn es Ihnen nichts ausmacht, Miss Templeton, möchte ich Sie bitten, zu mir zu kommen. Wir können leichter mit Ihnen sprechen, wenn Sie hier oben stehen. Ich habe zwei Fragen an Sie zu richten. Danach werden wir Sie nicht länger belästigen."

Ihr Kopfschütteln war zwecklos, da Katy hinter ihr stand und sie vorwärtsschob. Die Bürger vor ihr machten Platz und lächelten sie ermutigend an, als sie an ihnen vorbeiging. Sie nickte jedem höflich zu, konnte aber ein leichtes Erröten nicht verhindern. Als sie neben Hogan trat, wandte sie das Gesicht von der Versammlung ab und sagte leise, damit nur er es hören könne: „Ich muss dir etwas sagen."

Aber er ließ nicht zu, dass ihr Gespräch eine Privatangelegenheit zwischen ihm und ihr würde, und sagte laut: „Ja, wir wollen alles hören, was Sie unserer Bürgerschaft zu sagen haben, Miss Templeton."

Bailey drehte den Kopf zur Seite und schaute ihn mit ungläubigen Augen an. Sie legte die Finger auf das Pult, räusperte sich und schaute in die erwartungsvollen Gesichter. In dem Raum wurde es ungemütlich ruhig. Sie suchte nach den richtigen Worten. Schließlich begann sie: „Ich will Ihnen allen sagen, dass ich keine negativen Gefühle Ihnen oder der Regierung von Neu-Südwales gegenüber hege. Hauptmann Hogan, als ich in Ihrem Hafen von Bord ging, hatte ich die feste Absicht, Sydney Cove zu meiner Heimat zu machen. Ich habe es zu meiner Heimat gemacht. Sie alle sind meine Freunde geworden." Sie warf einen Blick auf Katy und die Jungen und dann auf die Whitleys. „Einige von Ihnen sind inzwischen wie eine Familie für mich. Obwohl es nicht meine Entscheidung war, die Schule zu verlassen, glaube ich inzwischen, dass es so am besten war. Immerhin bin ich Amerikanerin." Sie sah die Verwirrung in einigen Gesichtern, beschloss aber, ihre Erklärung schnell zu Ende zu bringen und sich dann aus ihrer Mitte zu verabschieden. „Ich kann nicht einmal eine Tasse Ihres englischen Tees kochen."

Als Hogan sah, dass ihre Bemerkung bei den Zuschauern ein leichtes Schmunzeln auslöste, warf er ein: „Das stimmt, sie spricht die Wahrheit – das kann sie wirklich nicht." Seine Brauen zogen sich unschuldig nach oben.

„Sie haben meinem Jungen das Lesen beigebracht, Miss Templeton. Und Sie halfen ihm, anders zu denken", rief eine freigelassene Mutter laut über das Gemurmel in der Menge hinweg. Andere um sie herum nickten. „Sie haben ihn auch die Worte der Bibel gelehrt."

„Ihre Kinder sind mir alle sehr kostbar, genauso wie sie für Gott kostbar sind. Ich hoffe, ich habe ihnen das Lesen beigebracht, aber viel mehr als das hoffe ich, dass ich ihnen beigebracht habe, über die täglichen Aufgaben, die ich ihnen in diesem Schulzimmer vorlegte, hinauszublicken. Es ist mein Wunsch, dass sie alle das Werkzeug, das sie in die Hand bekamen, einsetzen werden. Hauptmann Hogan sprach zu Ihnen von der Verantwortung, die uns jeden neuen Tag auferlegt wird. Die Verantwortung für Ihre Zukunft liegt in Ihren Händen und in den Händen Ihrer Kinder. Ich vertraue darauf, dass Sie diese Verpflichtung nicht auf die leichte Schulter nehmen." Nachdem sie das alles gesagt hatte, fielen ihr plötzlich nicht mehr die richtigen Worte ein. Sie öffnete den Mund, um etwas zu sagen, machte aber eine Pause und schaute Grant von der Seite an. „Hauptmann Hogan – Sie sagten, Sie hätten zwei Fragen, die Sie mir stellen wollen. Habe ich Sie recht verstanden?" Sie hoffte, er würde sie davor retten, vor aller Augen unsicher herumzustammeln.

Hogan nickte und trat vor. „Ja. Ich glaube, wir werden uns alle Miss Templetons Worte zu Herzen nehmen. Mögen Sie in Zukunft fest in unserem Denken verankert sein. Aber ich will nicht abschweifen." Er schaute sie direkt an. Nüchternheit lag in seinem

Blick. „Meine erste Frage ist höchstwahrscheinlich schon beantwortet worden, aber ich werde sie noch einmal deutlich aussprechen und hoffe, die gewünschte Antwort zu hören."

Als sie sah, dass er auf ihre Reaktion wartete, nickte Bailey nur, aber ihr Augen stellten seine Absicht infrage.

„Wir befinden uns als Kolonie an einer Weggabelung, Miss Templeton. Wir sind Englands Gnade ausgeliefert und hoffen, es wird schnell zu unseren Gunsten handeln. Aber wir wollen die Zukunft unser Kinder nicht dem Zufall überlassen ..." Er schaute die anderen an, ob sie ihm zustimmten. „Nicht, wenn wir selbst Maßnahmen ergreifen können, um ihre Lebensumstände zu verbessern." Als er das nötige zustimmende Kopfnicken im Publikum sah, sprach er weiter: „Um der Kolonie willen, Miss Templeton, und um der Kinder von Neu-Südwales willen, frage ich Sie, ob Sie Ihre Entscheidung, nach Amerika zurückzukehren, nicht noch einmal überdenken wollen? Wir brauchen Sie hier. Unsere Kinder brauchen Sie."

„Bitte bleiben Sie, Miss Templeton!" Ellen Simons, die während Baileys Aufenthalt in Gouverneur Blighs Haus sein Dienstmädchen gewesen war, rief laut aus, was alle anderen dachten. Ihre Reaktion löste in der Menge eine Welle der Zustimmung aus.

Dade, ihr früherer persönlicher Begleitschutz, lächelte zu ihr hinauf und zwinkerte ihr aufmunternd zu.

Bailey ließ ihren Blick über die Menge schweifen und schaute den Menschen, deren Kinder sie unterrichtet hatte, ins Gesicht. Selbst die Eltern, von denen sie geschworen hätte, dass sie gegen sie wären, sprachen sich jetzt für sie aus.

„Ich weiß nicht, was ich sagen – das heißt ..." Ihre Augen fielen auf einen Jungen mit roten Wangen, der sie mit einem bittenden Kopfnicken anschaute. *Cole Dobbins?*

Hogan hob die Hand und legte sie unter ihr zartes Kinn. Seine Augen funkelten sie beschwörend an. „Wir *alle* brauchen Sie, Miss Templeton. Ich brauche Sie."

Sie warf einen Blick zur Seite und sah Katy, die sie mit tränenüberströmtem Gesicht anstrahlte.

„Ich brauche dich auch", flüsterte sie. Sie kam sich töricht vor, weil sie inmitten einer so großen Freude zu weinen anfing. Katy lief auf sie zu und warf die Arme um sie. Sie hielten einander fest und weinten noch mehr. Für Bailey war alles wie ein Traum. *Ein wunderbarer Traum!* „Ja! Ich werde bleiben."

Donovan und Jared schlangen die Arme um ihre Röcke, und sie musste gleichzeitig lachen und weinen. Während sie die beiden Jungen küsste, erklärte Hogan, dass die Versammlung bald beendet sei.

Dann rief Katy über den Lärm hinweg: „Hauptmann Hogan, ich glaube, Sie hatten zwei Fragen an Miss Templeton. Sie haben ihr erst eine gestellt. Haben Sie noch eine?"

Bailey wischte sich die Tränen aus den Augen und nahm wieder Haltung an. „Entschuldigen Sie bitte. Ja, Hauptmann Hogan. Noch Ihre letzte Frage, dann glaube ich, sollten wir diese braven Leute nach Hause fahren lassen."

„Selbstverständlich", sprach Hogan weiter. „Danke für Ihre Geduld. Sie können alle damit rechnen, dass unser Militär ab morgen früh wieder seine Arbeit in den Regierungsläden aufnimmt." Er drehte sich wieder zu Bailey herum. „Aber um unser aller willen, Miss Templeton, meine ich, dass viele gern Ihre Antwort auf meine letzte Frage hören möchten."

Seine Stimme klang ernst. Bailey bereitete sich darauf vor, seine Frage, wie auch immer sie lauten mochte, so direkt wie möglich zu beantworten. „Ja, Hauptmann Hogan, sprechen Sie weiter."

Er trat näher, ergriff mit seinen großen, kräftigen Händen ihre schlanken Finger und fragte: „Miss Templeton, um der Kolonie willen – wollen Sie meine Frau werden?"

Bailey war nie jemand gewesen, der leicht in Ohnmacht fiel, und sie weigerte sich auch jetzt, einem solchen Drang nachzugeben. Sie schaute in seine smaragdgrünen Augen, die sie erwartungsvoll anblickten, und zögerte. Sie wollte, dass ihre Antwort die richtige wäre. Ohne die Augen von ihm abzuwenden, atmete sie tief ein und betete im Stillen.

24. Sonnenaufgang

1. Januar 1810

Während der Himmel sich gerade bis zum Dachgiebel des Regierungsgebäudes erhellte, rollten Kutschen und einfache Wagen in die Siedlung, in der schon ein dichtes Gedränge herrschte. Viele Menschen hatten ihre besten Kleider angezogen, obwohl ihre besten Sachen in den Augen anderer vielleicht Lumpen waren. Männer halfen den Damen aus ihren Kutschen und tauchten dann in dem dichten Gedränge der Menschen unter, die aus allen Himmelsrichtungen zusammenströmten und sich vor dem Regierungsgebäude versammelten. Die Versammlung war viel früher zusammengekommen, als die Beamten der Kolonie erwartet hatten. Die eifrigen Bürger standen wie Schachfiguren in den blaugrauen Schatten der Morgendämmerung auf dem Marktplatz.

An der Seite des Regierungsgebäudes stand ein Regiment mit Querflöten und Trommeln in einer lockeren Zusammensetzung beieinander und unterhielt sich leise. Einige Beamte, die militärisch gekleidet waren und wichtige Dokumente in den Händen hielten, liefen geschäftig in das Gebäude. Mit bunter Seide bedeckt und von Flaggen gesäumt, wurde ein massiver Tisch zum Mittelpunkt der Aufmerksamkeit der Versammlung. Der untersetzte Kapitän eines Passagierschiffes schlängelte sich unauffällig durch die Zuschauer. Er hatte ein berechtigtes Interesse an der bevorstehenden Zeremonie, denn er hatte den Ehrengast immerhin persönlich in den Hafen von Sydney Cove gebracht. Er knöpfte seinen Rock zu, rückte seinen Dreispitzhut zurecht und ließ seinen Blick sichtlich angespannt über die Menge wandern. Als er glaubte, ein bekanntes Gesicht zu erkennen, sprach er einen Offizier an, der neben einer jungen Frau stand. „Entschuldigen Sie, Sir. Aber kennen wir uns nicht?“

Der Leutnant, ein großer Mann mit zurückhaltender Miene, lächelte freundlich und betrachtete das braungebrannte Gesicht des Kapitäns. „Ja, ich glaube, wir sind uns schon einmal begegnet." Er wandte sich an seine Frau. „Emily, Liebste?"

Die junge Frau, die gerade ihren Hut wieder zubinden wollte, hielt inne, schaute den Kapitän an und lächelte herzlich. „Oh, Sie sind doch ein Freund von Katy, nicht wahr? Katy Farrell?"

„Ja", antwortete der Kapitän leise. „Der Trauerfall in ihrer Familie traf mich sehr."

„Er traf uns alle, Sir", sagte der Leutnant nüchtern. Er reichte ihm die Hand. „Ich bin Jonathan Evans, und das ist meine Frau Emily."

„Jetzt erinnere ich mich." Der Kapitän nickte dem Paar zu. „Ich bin Kapitän Robert Gabriel."

„Ich habe viel über Sie gehört", sagte Emily. „Ihr Schiff brachte uns Lachlan Macquarie." Ihre Augen wanderten schnell nach vorne, als ein Raunen durch die Menge ging. „Da kommt er – unser neuer Gouverneur."

Auf dem dicht bevölkerten Marktplatz ging es zu wie in einem Bienenschwarm, sobald der neu ernannte Gouverneur von Neu-Südwales die Plattform bestieg. Die Menschen hatten seit dem Sturz ihres früheren Gouverneurs zwei Jahre lang auf seine Ankunft gewartet.

Robert Gabriel hielt seinen Hut in den Händen und stieß ein leises Seufzen aus. Er trat von einem Bein auf das andere, biss sich auf die Lippe und fragte den Leutnant. „Wie geht es ihr?"

Evans war auf die Eröffnung der Feierlichkeiten konzentriert und antwortete nicht sofort. Als er sah, dass der Kapitän auf eine Antwort wartete, fragte er: „Wie bitte? Was sagten Sie?"

Gabriel verzog die Lippen und fragte mit unsicherer Stimme: „Ich fragte, wie es ihr geht. Wissen Sie, wie es der Witwe geht?"

Leutnant Evans warf zuerst einen verständnislosen Blick auf seine Frau und dann auf Gabriel. Dann führte er mit fragend zusammengezogenen Brauen den Finger an seine Lippen. „Entschuldigen Sie bitte noch einmal, Kapitän Gabriel. Aber ich kann Ihnen nicht folgen."

Gabriel senkte den Blick und drehte nervös seinen Hut in den Händen. „Entschuldigen Sie bitte. Ich spreche von Mrs Farrell. Ich fragte lediglich, ob es ihr jetzt wieder besser geht."

„Oh, ich verstehe." Evans drehte leicht den Kopf und zog zweifelnd die Augen zusammen. „Dwight Farrell hat seine Frau gut versorgt hinterlassen, und sie hat ihre Familie um sich. Ich glaube, sie hat sich so weit erholt, wie man erwarten kann. Aber sie liebte ihren Mann sehr, und ich bin sicher, dass ihre Trauer zu einem gewissen Grad immer noch anhält."

„Sie trägt immer noch Trauerkleider." Emily hakte sich bei ihrem Mann unter. Sie hob das Kinn und sagte: „ Schau, Liebster. Jetzt geht die Feier los."

„Ja, das hat auch lang genug gedauert." Evans nickte Gabriel höflich zu. „Wenn ich Mrs Farrell sehe, werde ich ihr sagen, dass Sie sich nach ihrem Befinden erkundigt haben, und werde ihr Ihr aufrichtiges Beileid aussprechen."

Gabriel winkte mit der Hand ab. „Das ist nicht nötig, Herr Leutnant. Ich sprach an dem Morgen, an dem ihr lieber Ehemann beerdigt wurde, mit Mrs Farrell. Ich habe ihr mein Beileid bereits ausgesprochen. Ich wollte mich nur erkundigen, wie es ihr inzwischen geht. Ich habe ihrer Mutter damals versprochen, mich zu erkundigen. Es sind zwei Jahre her, seit Mr Farrell von uns ging, und ich möchte ein Versprechen, das ich gebe, gern halten."

„Dann seien Sie beruhigt: Ihr Landbesitz hat sich verdoppelt, und sie und ihr Bruder haben ihren Besitz so verwaltet, wie ihr Mann es sich nicht besser hätte wünschen können. Sie waren sogar noch erfolgreicher, als er es sich wahrscheinlich erhofft hätte."

Als Gabriel sah, dass die Aufmerksamkeit des Offiziers sich wieder auf die Plattform richtete, verabschiedete er sich höflich. „Was Sie da sagen, tröstet mich, Sir. Danke." Er drehte sich um und wollte zu seinem Schiff zurückgehen.

„Kapitän Gabriel?“, rief Emily ihm nach.

Er drehte sich um. „Ja, Mrs Evans?“

„Ich sollte es eigentlich nicht wissen, aber ich kann Ihnen verraten, wo Sie sie heute Morgen finden können.“

Da er keine persönlichen Gefühle zeigen wollte, warf Gabriel die Schultern zurück und zog teilnahmslos eine Braue in die Höhe. „Es liegt bei Ihnen, das zu entscheiden, Mrs Evans.“

Der Leutnant schüttelte ungeduldig den Kopf, als seine Frau mit einem verschmitzten Lächeln an ihm vorbeihuschte. „Dann verrate ich es Ihnen ...“

* * *

Die ersten Strahlen des Sonnenlichts wärmten die mit Moos überzogene Felskuppe, die Rose Hill überragte. Diese Felskuppe war eigens ausgewählt worden, weil sie sowohl einen Blick über das Land als auch auf den Sonnenaufgang an diesem nach Eukalyptus duftenden Morgen bot. Blütenblätter, die auf dem ganzen Weg, der zu der felsigen Erhebung hinaufführte, verstreut waren, legten sich sanft um die Füße derer, die den Weg zu dieser Erhöhung hinaufgingen. Die elegant gekleideten Frauen plauderten und lachten leise miteinander, während ihre Kleider sich in dem angenehm kühlen Morgenwind leicht aufbauschten.

Amelia Prentice ging langsam und stützte sich auf die kräftige Hand eines ihrer Enkelsöhne. Sie plauderte mit ihrer verwitweten Tochter und sagte ihr, wie sehr sie sich darüber freue, dass Katy endlich etwas weniger Deprimierendes als ein schwarzes Kleid angezogen habe.

„Diese zwei Jahre ohne ihn waren sehr schwer, Mama. Aber ich bin der schwarzen Kleider auch überdrüssig. Werden einige der Frauen schlecht von mir denken, wenn ich mich ein wenig heller und bunter kleide?“ Katy hielt die goldenen Taftfalten ihres Brokatkleides hoch.

„Wann hat sich Katy Prentice Farrell je darum gekümmert, was die Frauen in der Siedlung denken?“, schmunzelte Amelia.

„Ich weiß. Aber das ist etwas anderes. Ich möchte meinen verstorbenen Mann so lange wie nötig ehren.“

„Du wurdest immer als ehrenwert betrachtet, Katy. Aber jetzt ist es höchste Zeit, dass du wieder in den Kreis der Lebenden zurückkehrst.“

„Mein Verstand stimmt dir zu, aber mein Herz kettet mich an das Grab. Ich glaube, ich habe ein gutes Stück des Weges zurückgelegt, Mama. Aber hört es je auf, wehzutun?“

Amelia schüttelte den Kopf. „Nein.“

„Das ist tröstlich“, murmelte Katy mit einem Anflug von Sarkasmus.

„Aber es wird erträglicher. Aller Schmerz führt uns unausweichlich zu Gott zurück.“

„Das weiß ich.“ Sie nahmen ein paar Meter von dem Felsvorsprung entfernt ihren Platz ein und schalten die Kinder, die übermütig wie flügge gewordene Gänseküken um sie herumliefen.

Caleb und Kelsey stiegen in ihrer schönsten Sonntagskleidung Arm in Arm den Weg hinauf und lächelten glücklich. Katy und Amelia begrüßten sie.

„Sie sagten, wir sollten uns alle bei Sonnenaufgang hier versammeln. Wir sind alle da. Aber wo sind *sie?*“ Katy strengte ihre Augen an und spähte um den großen Felsen und das Gebüsch herum, das ihr die Sicht auf den kurvenreichen Weg versperrte. Ihre Miene erhellte sich, als Rachel Whitley hinter dem Gebüsch auftauchte.

Rachel blieb in ihrem olivgrünen, karierten Taftkleid stehen, um ihren modischen Hut mit Straußenfedern zurechtzurücken. „Heath und ich mussten unsere Kutsche weiter unten stehen lassen. Ich bin ganz außer Atem.“ Rachel steckte die roten Strähnen ihrer Haare wieder in ihren Knoten.

„Wir sind alle außer Atem!“, rief Katy. „Bailey Templeton ist so romantisch veranlagt.“

„Ist sie schon da?“, fragte Rachel.

„Ja.“ Amelia legte die Hand auf Jareds Rücken. „Bleib bitte bei deiner Mutter. Ich schaue, wo sie bleiben.“

Donovan kam den Weg heraufgelaufen. In einer Hand hielt er eine Violine und in der anderen einen Bogen. „Ich komme, Großmutter!“

„Wir warten schon auf euch“, rief Amelia ihm zu. „Wo bleiben die beiden?“

„Dr. Hogan kommt schon. Was mit Miss Templeton ist, weiß ich nicht. Ich kann sie nicht finden.“

In einem schwarzen Frack schritt Grant mit einem unsicheren Grinsen den Weg hinauf. „Es tut mir leid, dass ihr warten müsst, Amelia. Bailey legt viel Wert darauf, dass jede Einzelheit genau so ist, wie sie es sich vorgestellt hat.“

Amelia blieb mit verschränkten Armen stehen und schüttelte den Kopf. „Grant, wo ist Bailey?“

„Sie sagt, ich dürfe sie noch nicht sehen. Ich soll neben dem Felsen meinen Platz einnehmen.“

Amelia lachte laut auf. „Sie erzieht dich jetzt schon. Sehr gut. Dann gehen wir alle davon aus, dass die Braut auftauchen wird, wenn sie so weit ist.“ Amelia nickte dem attraktiven jungen Mann zu, der hinter Grant den Hügel heraufkam. Sie hatte ihn zuvor noch nie gesehen, aber von Bailey sehr viel über ihn gehört. „Guten Tag, Sir“, rief sie höflich.

Hinter Grant kam Pfarrer Heath Whitley angeeilt. „Wir sollten uns alle aufstellen.“ Er klemmte sein Buch mit dem Ehegelöbnis fest unter den Arm und übernahm die Führung. Neben ihm stand Katy, deren Tochter sofort vor ihr in die Hocke ging und mit den Blütenblättern spielte. Rachel stellte sich neben Amelia und bemühte sich vergeblich, alle Kinder auf das weiche, mit Moos überzogene Gras zu setzen. Hinter ihnen standen Caleb und Kelsey.

Pfarrer Whitley nickte Donovan zu. Dann schlug er sein Buch auf und lächelte alle an, während Donovan begann, auf der Violine den Hochzeitsmarsch zu spielen. Die Melodie wehte von der

Höhe hinab und bildete eine wohlklingende Harmonie mit den Vögeln, den leise schaukelnden Myrten und den sich neigenden Eukalyptussträuchern.

Bailey hob ihr Gesicht, als sie die Violinenklänge hörte. Sie hatte sich hinter Amelias Kutsche versteckt und mithilfe ihrer fürsorglichen Brautjungfer die letzten Kleinigkeiten an ihrem Kleid zurechtgerückt. Sorgfältig breiteten die beiden die Unterröcke ihres Kleides aus und zupften an dem Blumenkranz auf ihrem Kopf.

„Danke, dass du gekommen bist, Laurie." Bailey küsste ihre Schwester auf die Wange.

„Ich hatte mir so große Sorgen um dich gemacht, Bailey. Mutter wird sich freuen, wenn ich ihr erzähle, wie gut es dir in dieser unzivilisierten Kolonie geht." Laurie überprüfte die Knöpfe an ihrem eigenen Kleid. „Du siehst hinreißend aus!" Sie strahlte stolz. „Und dein Bräutigam ist genauso attraktiv – noch dazu ein Arzt."

„Grant hat sehr viel gelernt und gearbeitet. Die Kolonie braucht unbedingt einen guten Arzt."

„Ich bin so froh, dass du weiterhin in der Schule arbeitest", sagte Laurie leise.

„Ich auch. Sydney Cove braucht uns, Laurie."

„Nun, der gute Dr. Hogan hat jetzt zwei Jahre lang geduldig gewartet. Vielleicht sollten wir ihn nicht noch länger hinhalten." Laurie drückte Bailey ihr Biedermeiersträußchen in die Hand.

„Nach dir", lächelte Bailey. Der Tag war perfekt, der Sonnenaufgang lag genau hinter ihnen, wie sie es sich erhofft hatte. Und ihre Schwester war an ihrer Seite, wenn auch nur für kurze Zeit.

Die Hochzeitsgäste versammelten sich auf den grasigen Felsen über der fruchtbaren Erde von Rose Hill. Dr. Grant Hogan und Bailey Templeton hatten diese Zeremonie bei Sonnenaufgang bewusst gewählt, als Symbol für ihre Hoffnung, dass in ihrer jungen Kolonie ein neuer Tag anbrach.

Katy wischte sich die Augen, als das junge Paar sich lebenslange Liebe und Treue versprach. Ein tiefer Friede breitete sich in ihr aus und überflutete ihr Herz. Sie ließ ihren Blick über das Land, die grasenden Schafherden und die Straße, die zu ihrem ersten richtigen Zuhause führte, schweifen. Sie sah ein Pferd und einen Reiter auf diesem Weg genau in ihre Richtung reiten. Er hatte einen kräftigen Körperbau und schien es eilig zu haben. Fragend schaute sie ihre Mutter an. Sie wusste von keinen anderen Gästen, denn Grant und Bailey hatten um eine Feier im engsten Kreis gebeten. Sie stieß ein leises Seufzen aus und richtete dann ihre Aufmerksamkeit wieder auf das glückliche Paar.

Bailey und Grant gaben sich ihr Eheversprechen und besiegelten ihre Worte mit einem Kuss. Sie beugten den Kopf und beteten für ihre eigene Zukunft, für die Zukunft von Neu-Südwales und für den neuen Gouverneur, dem die Kolonie in den kommenden Tagen mit einer Feier und einem Fest der Hoffnung die Ehre geben würde.

Die Frauen bewarfen das Paar mit Blütenblättern, und die Kinder quietschten vor Entzücken. Bailey wischte Laurie die Tränen von den Wangen und ließ sich dann von ihrem Schwager, Gavin, sanft auf die Wange küssen. Sie hatte in Sydney Cove ein neues Zuhause gefunden in einer Welt, die ihre Familie nie verstehen würde, die sie aber aus Liebe zu ihr akzeptierte. Der Herr hatte ihre Gebete erhört und ihr ein vergebendes Herz geschenkt. Er hatte sie auch Geduld und Ausdauer gelehrt. Sie hatte festgestellt, dass Gott diese Gebete anscheinend sehr gern erhörte. Dadurch, dass sie Geduld geübt hatte, wurde ihre Freude jetzt vollkommen, weil sie von nun an ihr Leben mit Doktor Grant Hogan teilen sollte. Was die Zukunft Neu-Südwales auch brächte, sie könnte es mit allem aufnehmen, solange sie an seiner Seite stand. Ihr Bräutigam, der ihr wie ein Prinz erschien, legte seine starken Hände um ihre Finger. Während sie an seiner Seite den mit Blüten übersäten Weg hinabging, fühlte sie den Sonnenaufgang auf ihren Schultern und wusste, solange die Sonne über Sydney Cove jeden Tag auf- und wieder unterging, würde Gott Neu-Südwales in seinen Händen halten.

Die Australien-Saga von Patricia Hickman

Reise ohne Wiederkehr – Band 1
ISBN 978-3-86122-664-2
368 Seiten, kartoniert

Als Taschendieb verurteilt, entgeht George Prentice nur knapp dem Tod am Galgen. Stattdessen erwarten ihn Jahre der Zwangsarbeit in der Strafkolonie Australien. Was er nicht weiß – auch seine Frau teilt sein Schicksal!
Tapfer macht sich ihre Tochter Katy auf den Weg über das weite Meer, einen Herzschlag weit weg von ihren Lieben und doch so unendlich fern ...

Engel in der Wildnis – Band 2
ISBN 978-3-86122-699-4
384 Seiten, kartoniert

Sieben Jahre Verbannung in der Wildnis Australiens gehen zu Ende und Rachel Langley ist frei.
Doch ihr Start in eine bessere Zukunft droht zu scheitern, als ihre einzige Freundin ermordet wird. Rachel findet Unterschlupf bei Pfarrer Whitley und Arbeit auf der ärmlichen Farm der Prentices. Bald aber lockt man sie in eine Falle, die auch die Familie Prentice in ihrer Existenz bedroht ...

Flammen der Sehnsucht – Band 3
ISBN 978-3-86122-941-4
272 Seiten, kartoniert

Kelsey MacBride, die junge irische Verbannte in der Strafkolonie Australien, verzehrt sich vor Sehnsucht nach ihrer Heimat. Da taucht mit dem ersten Donnergrollen eines irischen Aufstandes ein sympathischer Mann auf, der Hilfe verspricht. Nun muss sie sich entscheiden: Für ihre Heimat oder für eine neue Liebe ...

Auf der Suche nach dem Glück –
Band 5
ISBN 978-3-86122-840-0
608 Seiten, kartoniert

Rogan Farell ist auf dem besten Weg, ein guter Architekt zu werden, als man ihn grundlos einer Unterschlagung bezichtigt. Er kann seine Unschuld nicht beweisen und ist auf Gedeih und Verderb einem tyrannischen Richter ausgeliefert. Doch Annie, die Nichte des Richters, stellt sich auf seine Seite – Grund für ihn, den Kampf ums Überleben aufzunehmen. Erst als in Australien der Goldrausch ausbricht, dringt ein Hoffnungsschimmer in das Gefängnis ihrer verzweifelten Lage ...